Christian Bleske

iOS-Apps programmieren mit Swift

Der leichte Einstieg in die Entwicklung für iPhone, iPad und Co. – inkl. Apple Watch

dpunkt.verlag

Christian Bleske
cb.2000@hotmail.de
christianbleske.wordpress.com

Lektorat: René Schönfeldt
Copy-Editing: Friederike Daenecke, Zülpich
Herstellung: Birgit Bäuerlein
Umschlaggestaltung: Helmut Kraus, www.exclam.de
Druck und Bindung: M.P. Media-Print Informationstechnologie GmbH, 33100 Paderborn

Bibliografische Information der Deutschen Nationalbibliothek
Die Deutsche Nationalbibliothek verzeichnet diese Publikation in der Deutschen Nationalbibliografie;
detaillierte bibliografische Daten sind im Internet über http://dnb.d-nb.de abrufbar.

ISBN:
Buch   978-3-86490-263-5
PDF   978-3-86491-832-2
ePub   978-3-86491-833-9
mobi   978-3-86491-834-6

1. Auflage 2016
Copyright © 2016 dpunkt.verlag GmbH
Wieblinger Weg 17
69123 Heidelberg

iOS-Apps programmieren mit Swift

Christian Bleske ist Autor, Trainer und Entwickler. Sein Arbeits-
schwerpunkt ist die Entwicklung von Client/Server- und mobilen
Anwendungen. In vielen namhaften Entwicklerzeitschriften erscheinen seine Fachaufsätze. Er lebt in Witten im Ruhrgebiet.

Vorwort

Liebe Leserinnen und Leser,

mobile Geräte wie Smartphones, Tablets und Smartwatches erobern den Erdball, gleichzeitig stagniert der Absatz von PCs oder ist sogar rückläufig. Durch den massenhaften Absatz mobiler Geräte wird auch der Hunger nach Anwendungen, die darauf ausgeführt werden können, immer größer – ein spannender und manchmal sogar lukrativer Markt für Entwickler.

Im Jahr 2011 schrieb ich mein erstes Buch für Entwickler, die sich diesen Markt über Windows Phone erschließen wollten (»Windows Phone 7 Apps entwickeln«). Im Jahr darauf erschien das zweite Buch zur Entwicklung von Apps, dieses Mal für Android (»Java für Android«). Nun, mit dem vorliegenden Buch zur iOS-Programmierung, schließt sich der Kreis.

iOS und Swift

iOS ist das universelle Betriebssystem von Apple, das sowohl die unterschiedlichen iPhone- und iPad-Modelle sowie iPod Touch, CarPlay, Apple TV und Apple Watch (Basis von watchOS ist iOS) antreibt.

Neben den unterschiedlichen Geräten gibt es seit einem Jahr bei Apple außerdem eine neue Programmiersprache, die die Entwicklung für die iOS-Plattform erleichtern soll: Swift. Swift ist der Nachfolger von Objective-C, das mit seinen fast 30 Jahren langsam, aber sicher abgelöst werden soll. Viele Entwickler setzen ihre neuen Projekte deshalb nur noch mit Swift um.

Grund genug, sich in diesem Buch, das Sie in die Programmierung von Apps für iOS-Geräte einführt, auf Swift zu konzentrieren, und zwar auf die seit dem September 2015 neue Version Swift 2.

Leser

Konzentrieren werde ich mich auch in Bezug auf die Leserschaft dieses Buches. Es spricht Leser an, die bisher noch keine iOS-Anwendungen entwickelt haben und auch mit Swift nicht vertraut sind. Auch mit Apples Entwicklungsumgebung

Xcode müssen Sie sich nicht auskennen, denn die lernen Sie hier ausführlich kennen. Sie sollten aber grundlegende Kenntnisse in einer beliebigen anderen Programmiersprache haben und über einen Mac-Computer als Entwicklungsrechner verfügen.

Damit ausgestattet sollten Sie kaum Probleme haben, meinen Ausführungen zu folgen und die Beispiele nachzuvollziehen. Nach der Lektüre werden Sie dann genügend über das Betriebssystem iOS, die Entwicklungsumgebung Xcode und die Programmiersprache Swift gelernt haben, um eigene Apps damit zu programmieren.

Beispielcode

Wie in meinen Büchern üblich, so finden Sie auch hier wieder viele Beispiele. Sie sind allesamt mit Swift 2 und Xcode 7 entwickelt worden, und ihren Code können Sie online von der Buch-Webseite herunterladen unter

www.dpunkt.de/swift2

Den Rückmeldungen der Leserinnen und Leser zu meinen bisherigen Büchern habe ich entnommen, dass sich viele etwas komplexere Beispiele und eine »richtige« App wünschen. Diesem Wunsch habe ich versucht in diesem Buch gerecht zu werden. So werden die meisten Themen anhand einer kompletten App, etwa einer App zur Wettervorhersage, erläutert.

Darüber hinaus zieht sich eine besondere Beispiel-App durchs ganze Buch: eine Passwortverwaltung, die in verschiedenen Kapiteln immer wieder aufgegriffen und themenbezogen weiterentwickelt wird.

Ein weiteres besonderes Beispiel ist der Schnelleinstieg, in dem ich Ihnen in kompakter Form die wichtigsten Dinge zeige, die die iOS-Entwicklung mit Swift ausmachen. Das komplette Einstiegsbeispiel finden Sie zusätzlich in Form eines kleinen Videos auf der Buch-Webseite.

Das Blog zum Buch

Begleitend zum Buch gibt es außerdem ein Blog, in dem ich Ihnen zusätzliche Informationen sowie ggf. Fehlerkorrekturen zum Buch bereitstelle und auf Änderungen in Xcode und der iOS-API hinweise. Sie finden es unter

http://christianbleske.wordpress.com

Über das Blog oder per E-Mail unter *cb.2000@hotmail* dürfen Sie mich auch gerne persönlich ansprechen, wenn bei der Lektüre zu diesem Buch Fragen auftreten sollten.

Christian Bleske, im September 2015

Inhaltsübersicht

Inhaltsverzeichnis

1 Einleitung

Viele Normalbenutzer waren wohl relativ enttäuscht, als auf der *World Wide Developers Conference* (WWDC) 2014 keine Uhr, kein Telefon bzw. kein neuer Rechner vorgestellt wurde – die Entwicklergemeinde freute sich dafür umso mehr. Denn im Juni 2014 wurde auf der WWDC eine neue Programmiersprache nebst passender Integration in Apples Entwicklungswerkzeug Xcode präsentiert. *Swift* heißt die neue Sprache, was man unter anderem als »Mauersegler« übersetzen kann, und der gilt als ganz schneller Vogel. Aber warum eine neue Programmiersprache? Mit Objective-C hatte man doch eigentlich die Mutter aller Sprachen im Programm – oder etwa doch nicht?

Um diese Frage zu beantworten, sehen wir uns folgenden Objective-C-Code-Auszug an: Hier wird einer String-Variablen eine URL zugewiesen und anschließend in einem Browser-Control aufgerufen:

```
NSString *urlString=@"http://";
urlString = [urlString stringByAppendingString:Id];
NSURL *url = [NSURL URLWithString:[NSString
    stringWithFormat:@"%@",urlString]];
NSURLRequest *requestObj = [NSURLRequest
    requestWithURL:url];
[uiWebView loadRequest:requestObj];
```

Selbst wenn man ein Fan von Objective-C ist, wird man zugeben müssen, dass die Syntax dieser Sprache im Vergleich zu anderen (Assembler einmal ausgenommen) gewöhnungsbedürftig ist. Gerade Ein- und Umsteigern bereitet die komplexe Syntax von Objective-C oft Probleme. Apple bzw. die Geräte des Unternehmens zeichnen sich dadurch aus, dass sie besonders einfach zu bedienen sind. Von der Haus- und Hofsprache Objective-C kann man das leider nicht sagen.

Es musste also etwas Neues her, um sicherzustellen, dass der Strom von neuen Apps für die iOS-Plattform und die damit verbundenen Geräte auch zukünftig nicht abreißt. So kam man bei Apple vor einigen Jahren auf die Idee, Objective-C noch eine zweite Sprache zur Seite zu stellen – eine moderne Sprache mit einem zeitgemäßen Funktionsumfang (z.B. Generics), die leicht zu erlernen sein soll.

Man kann durchaus festhalten, dass es Apple mit Swift gelungen ist, genau die »Problemzonen« von Objective-C anzugehen und trotzdem kompatibel zum Rest von Apples SDK zu bleiben. Denn neben den bereits genannten Vorzügen von Swift gibt es auch eine Brücke in die »alte« (Objective-C-)Welt. Natürlich ist auch das passende API (Cocoa Touch) in Swift-Apps nutzbar. So muss nicht alles neu entwickelt werden.

1.1   iPhone, iPad & Co.

Eine Programmiersprache allein – und sei sie noch so gut – bringt nichts, wenn die zugrunde liegende Plattform bzw. das Betriebssystem keinen Erfolg hat. Das kann man von iOS nicht sagen, denn es ist auf vielen Geräten im Einsatz.

Daher wird in diesem Buch bewusst nicht allein das iPhone angesprochen, denn iOS treibt darüber hinaus natürlich auch das iPad und den iPod Touch, Apple TV und die Apple Watch an. Seinen Ursprung hat iOS in Apples Mac-Betriebssystem OS X. Im Prinzip handelt es sich um eine abgespeckte Variante dieses Betriebssystems, die für die Bedienung mit der Hand und für die Ausführung der Software auf schwächerer Hardware optimiert wurde.

An dieser Stelle sollen Sie aber nicht mit der Historie rund um Apples Hard- und Software gequält werden. Die ganze Story ist sicherlich bekannt.

1.2   Für wen ist dieses Buch gedacht?

Dieses Buch ist für Einsteiger mit Programmierkenntnissen gedacht. Fachbegriffe aus dem Bereich der Softwareentwicklung, wie z.B. IDE (Entwicklungsumgebung), Variable oder Schleife, sollten Sie also kennen. Ideal wäre es, wenn Sie bereits mit einer anderen Programmiersprache (z.B. C, C# oder Java) gearbeitet haben. Es wird also vorausgesetzt, dass Sie sich mit dem Thema Programmierung bereits beschäftigt haben. Leser ohne diese Kenntnisse werden es schwer haben, mit dem Buch zurechtzukommen.

Außerdem wird davon ausgegangen, dass Sie die Bedienung von OS X beherrschen, also beispielsweise wissen, wie man Dateien kopiert oder Anwendungen aus dem App Store installiert.

Die Entwicklungsumgebung Xcode müssen Sie nicht kennen.

1.3 Benötigte Hard- und Software

Eine wichtige Frage ist, welche Hard- und Software man benötigt, um Apps für iOS zu entwickeln – vor allem, wenn man bisher auf einer anderen Plattform, z.B. Windows, gearbeitet hat.

1.3.1 Welcher Mac genügt?

Haben Sie bereits einen Mac oder suchen Sie noch ein passendes Gerät? Generell gilt: Jeder Mac, auf dem Mavericks, Yosemite oder El Capitan läuft, kann zur Entwicklung von iOS-Apps verwendet werden. Die neueste Version von OS X (El Capitan) kann auf den folgenden Macs installiert werden:

- iMac (Mitte 2007 oder neuer)
- MacBook (13", Aluminium, Ende 2008), (13", Anfang 2009 oder neuer)
- MacBook Pro (13", Mitte 2009 oder neuer)
- MacBook Pro (15" oder 17", Mitte/Ende 2007 oder neuer)
- MacBook Air (Ende 2008 oder neuer)
- Mac mini (Anfang 2009 oder neuer)
- Mac Pro (Anfang 2008 oder neuer)

Ferner werden mindestens 2 Gigabyte Arbeitsspeicher (besser 4) und 8 Gigabyte Festplattenspeicher benötigt. Sehen Sie diese Werte als Minimalwerte an – mehr ist immer besser!

Ein Tipp, wenn Sie noch keinen Mac haben und einen kaufen möchten: Schauen Sie sich einmal einen Mini an. Warum? Wenn Sie bereits einen anderen Computer (PC) zu Hause haben, dann können Sie vorhandene Hardware (z.B. Monitor, USB-Tastatur, USB-Maus) weiterverwenden. Sofern Sie nicht auf gebrauchte Hardware setzen, ist das die günstigste Variante (ab ca. 600 Euro), um in die Mac-Welt einzusteigen.

1.3.2 Welche OS-X-Version?

Mavericks, Yosemite oder El Capitan – diese Versionen können Sie zur Entwicklung von Apps mit Swift verwenden. Ältere Versionen von OS X, z.B. Mountain Lion, können *nicht* zur Entwicklung verwendet werden. Welche Version ist besser? El Capitan unterstützt zurzeit die größte Anzahl an APIs. Das liegt daran, dass El Capitan die aktuellste OS-X-Version ist. Man sollte aber generell darauf achten, dass es mit der neusten Version von OS X nicht zu Stabilitätsproblemen kommt. Konservative Zeitgenossen (der Autor zählt auch dazu) warten deshalb immer auch darauf, dass die aktuellste OS-X-Version mindestens ein oder zwei Updates erhalten hat, bevor ein Umstieg erfolgt.

Hinweis

Wenn Sie aus der Windows-Welt kommen, dann sind Sie es (bisher) in der Regel nicht gewohnt, ständig (also mindestens einmal im Jahr) auf eine neue Betriebssystem-Version zu aktualisieren. Unter OS X ist es mittlerweile quasi Standard, dass einmal pro Jahr ein Major-Update, also eine neue OS-X-Version, erscheint. Normalerweise funktioniert das Update auf die neueste Version auch problemlos. Trotzdem sollte man warten, bis mindestens die Version XX.1 oder besser XX.2 erreicht ist.

Benötigen Sie ein iOS-Gerät?

Nicht zwingend, aber es erleichtert die Entwicklung von Apps doch sehr. Außerdem kann man nur auf einem »echten« Gerät bestimmte Funktionen (z. B. den Beschleunigungssensor) auch aus dem Code heraus ansprechen. Ob Sie sich für ein iPhone, ein iPad oder gar einen iPod touch entscheiden, das bleibt Ihrem Geschmack überlassen. Möchten Sie in Ihrer App auch auf Telefoniedienste zugreifen, so muss das Testgerät natürlich ein iPhone sein. Achten Sie auch auf darauf, wie lange es noch Updates für das jeweilige Gerät gibt. Nichts ist ärgerlicher, als viel Geld für ein Gerät auszugeben, um dann festzustellen, dass das Gerät vom Hersteller nicht mehr mit neuen Versionen des Betriebssystems versorgt wird.

1.4   Xcode und das iOS-SDK

Apple hat eine Entwicklungsumgebung, die für die Entwicklung von Anwendungen sowohl für iOS als auch für OS X verwendet wird. Diese IDE trägt den Namen Xcode. Es gibt sie seit vielen Jahren (genauer gesagt seit 2003), und mittlerweile ist Xcode relativ umfangreich. Xcode unterstützt nicht nur eine Programmiersprache, denn neben Swift können Sie damit auch Programme in Objective-C, C++ und C schreiben. Im Gegensatz zu den bekannten Java-IDEs (Eclipse/Net Beans) gibt es Xcode nur für den Mac bzw. OS X.

Xcode besteht aus mehreren Komponenten. Zum einen ist da natürlich der Quellcodeeditor, in dem Sie den Code schreiben. Wenn eine grafische Oberfläche für eine Anwendung erstellt werden muss, dann kann man dafür den grafischen Designer von Xcode verwenden. Er trägt den Namen *Interface Builder*. Mit dem Interface Builder lassen sich Oberflächen von Anwendungen via Drag & Drop zusammenstellen. Das bedeutet: Ähnlich wie in Microsofts Visual Studio gibt es einen Bereich mit vorgefertigten Controls, die auf einem Formular (View) abgelegt werden können.

1.4.1   Download und Installation von Xcode

Neben Xcode benötigen Sie für die Entwicklung von Apps für iOS noch das entsprechende SDK. Es handelt sich dabei aber nicht um einen separaten Download neben Xcode, sondern Sie laden einfach die neueste Xcode-Version aus dem App Store herunter. Diese Version enthält dann alle benötigten Komponenten.

Es gibt mehrere Wege, um Xcode auf Ihren Mac herunterzuladen. Der einfachste Weg soll Ihnen an dieser Stelle vorgestellt werden. Er führt über den App Store von OS X zum Ziel. Öffnen Sie den App Store, und geben Sie im Suchfeld einfach »Xcode« ein. Nach Aktivierung der Suche sollte gleich der erste Treffer in den Suchergebnissen Xcode sein.

Abb. 1–1   *Download und Installation von Xcode über den App Store*

Wenn Sie den Xcode-Link auswählen, kommen Sie auf die Xcode-Homepage im App Store. Zum Download und zur Installation müssen Sie einfach den *Laden-*Button einmal anklicken und anschließend die grüne Schaltfläche mit der Beschriftung *App installieren* betätigen. Der Rest läuft vollautomatisch ab. Das heißt, nach dem Download wird Xcode auch gleich automatisch installiert. Informationen zur Größe des Downloads und zur aktuellen Versionsnummer finden Sie ebenfalls auf der Xcode-Homepage. Nach dem Download und der Installation können Sie Xcode über das Launchpad starten. Dort wurde ein entsprechendes Icon angelegt. Alternativ ist natürlich der Start aus dem Verzeichnis *Programme* möglich. Alle notwendigen Dateien von Xcode befinden sich im Xcode-Package. Das bedeutet: Wenn Sie Xcode wieder loswerden möchten, müssen Sie

nur das entsprechende Paket aus dem *Programme*-Verzeichnis auf den Papierkorb ziehen.

Hinweis

In Abschnitt 1.7 wird Ihnen noch eine alternative Möglichkeit zur Installation von Xcode
vorgestellt.

1.4.2   Xcode im Detail

Nachdem Start von Xcode gibt es zwei Möglichkeiten, wie sich Xcode meldet:
Entweder zeigt Xcode den Willkommens-Dialog an (siehe Abb. 1–2) oder es öffnet automatisch das bzw. die zuletzt geöffneten Projekte. Direkt nach der Installation wird der Willkommens-Dialog angezeigt.

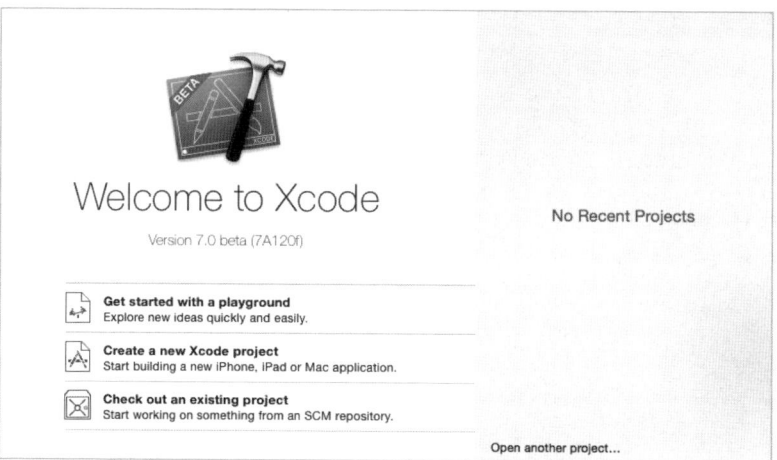

Abb. 1–2   *Der Willkommens-Dialog von Xcode*

Der Willkommens-Dialog von Xcode bietet unterschiedliche Optionen. Im linken
Bereich werden unter anderem folgende Punkte angeboten:

- Neues Playground-Projekt
- Neues Xcode-Projekt (App)
- Ein Projekt aus einem angeschlossen Versionskontrollsystem auschecken

Wenn man bereits ein paar Projekte mit Xcode erstellt bzw. bearbeitet hat, dann
werden zusätzlich im rechten Bereich die bisher geöffneten Projekte angezeigt.
Wird ein neues Projekt angelegt, so zeigt Xcode das Projekt anschließend in der
Übersicht an. In dieser Ansicht sind nun mehrere Bereiche von Xcode gut sichtbar
(siehe Abb. 1–3).

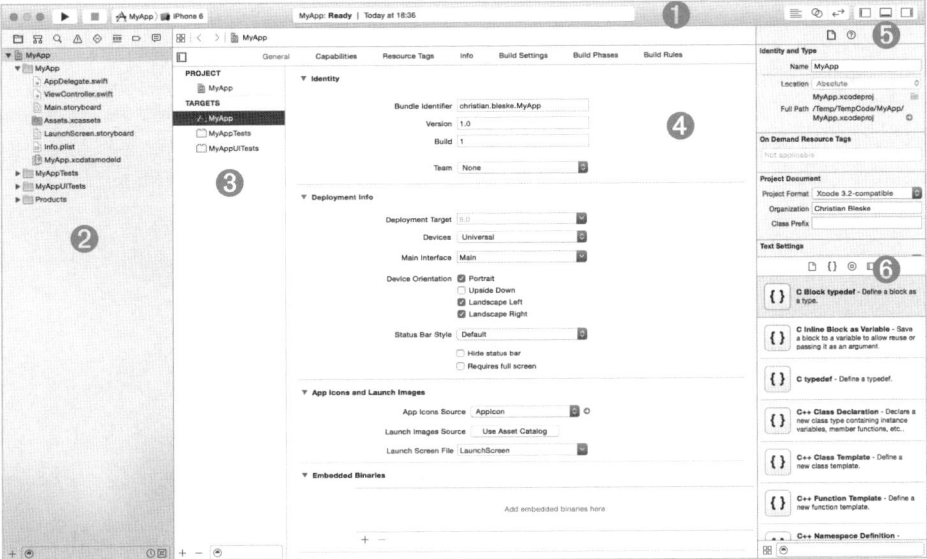

Abb. 1–3   *Die Bereiche von Xcode mit einem geöffneten Projekt*

Im oberen Bereich von Xcode (❶ in Abb. 1–3) befindet sich die Toolbar von Xcode. In der Toolbar wird mittig das gerade geöffnete Projekt angezeigt. Direkt unterhalb des Projektnamens befindet sich ein Textfeld, dem Sie den aktuellen Status des Projekts entnehmen können. Wenn Sie beispielsweise ein Projekt starten, so zeigt hier ein Fortschrittsbalken (blau), wie lange es noch dauert, bis das Projekt übersetzt und gestartet wird.

Im linken Bereich der Toolbar befindet sich die *Build and Run*-Schaltfläche, mit der das Projekt (im Simulator oder auf einem angeschlossenen iOS-Gerät) gestartet wird. Direkt danach kommt die Schaltfläche zum Beenden eines laufenden Projekts. Dann folgen der Projektname und das Gerät, auf dem die App gestartet wird. Auch wenn es nicht offensichtlich ist: Es handelt sich hierbei um ein Auswahlfeld. Aufgelistet finden Sie hier die möglichen (simulierten) Geräte sowie ein eventuell angeschlossenes iOS-Gerät.

Im rechten Bereich der Toolbar befinden sich sechs Schaltflächen. Die erste (von links nach rechts) aktiviert den *Standard Editor.* Darin werden die Projektdetails angezeigt, z.B. die Versionsnummer oder Informationen zum Deployment (Zielversion von iOS oder Zielgerät).

Unterhalb der Toolbar befindet sich im linken Bereich (❷ in Abb. 1–3) der *Project Navigator.* Diesem können Sie die aktuelle Struktur des Projekts entnehmen. Es handelt sich hierbei allerdings nicht um eine reine Ansicht auf Dateiebene, sondern um eine logische Ansicht des Projekts. Änderungen, die an dieser Stelle vorgenommen werden können, müssen sich aber nicht auf die physikalische Struktur des Projekts auswirken. Abhängig vom im *Project Navigator* ausgewählten Element des Projekts ändert sich auch die Ansicht in Xcode. Wählt

Abb. 1–4   *Auswahl des iOS-Geräts zur Ausführung des Projekts*

man an dieser Stelle beispielsweise eine Codedatei aus (ihr Name endet auf
.swift), dann wird zentral das Codefenster von Xcode geöffnet.

Von links folgt dann die *Project and Target*-Übersicht (siehe ❸ in Abb. 1–3).
Darin können Sie zwischen den Einstellungen für das Projekt selbst (*Project*) und
der Konfiguration zur Erstellung der Anwendung (*Target*) umschalten. Im Target-
Bereich befindet sich auch die Konfiguration der Anwendungstests.

In der Mitte (❹ in Abb. 1–3) sehen Sie das zentrale Fenster, in dem beispielsweise die Projektkonfiguration, der Quellcodeeditor oder auch der Interface Builder angezeigt werden.

Am rechten Rand von Xcode (❺ und ❻ in Abb. 1–3) befinden sich dann noch
zwei Bereiche mit unterschiedlichen Funktionen. Im Bereich von ❺ werden die
sogenannten Inspektoren angezeigt. Je nach Auswahl im Project Navigator oder
Interface Builder werden in einem Inspektor unterschiedliche Informationen angezeigt bzw. können dort bearbeitet werden. Der letzte Bereich (❻ in Abb. 1–3) enthält ebenfalls unterschiedliche Werkzeuge. Hier befindet sich unter anderem die
Object Library (enthält die Controls), die *File Template Library* (Vorlagen für
Dateien) oder auch die *Code Snippet Library* (Codevorlagen).

1.4.3   Projektübersicht

Im letzten Abschnitt wurde unter anderem der *Project Navigator* bereits kurz vorgestellt. Dieser erlaubt die Navigation im Projekt. Im *Project Navigator* ausgewählte Elemente haben Einfluss auf das, was zentral in Xcode angezeigt wird. Wählt man in diesem Bereich z.B. eine Quellcodedatei aus, so wird automatisch der Codeeditor von Xcode geöffnet. Aber auch der Interface Builder lässt sich hier aktivieren. Hierzu müssen Sie im *Project Navigator* nur eine passende Datei auswählen, die den Interface Builder zur Darstellung verwendet. Sie erkennen diese Dateien an der Endung *.storyboard* und *.xib*.

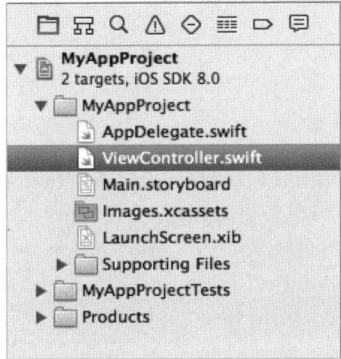

Abb. 1–5   *Der Project Navigator von Xcode*

Neben dem *Project Navigator* gibt es aber auch noch andere Funktionen, die in diesem Teil der IDE angezeigt werden. In der Leiste direkt oberhalb des Project Navigator gibt es dafür noch weitere Schaltflächen. Das erste Symbol (Ordner) aktiviert den Project Navigator. Der zweite Button aktiviert den *Symbol Navigator*, in dem die Klassen eines Projekts angezeigt werden. Es folgt der *Find Navigator*, über den sich im Projekt suchen lässt. Das nächste Icon aktiviert den *Issue Navigator*, der Informationen zu Problemen im Projekt enthält. Danach folgen der *Test Navigator* (Übersicht der Tests im Projekt), der *Debug Navigator*, der *Breakpoint Navigator* und der *Report Navigator*.

1.4.4   Quellcodefenster

Wählt man im *Project Navigator* eine Quellcodedatei (diese Dateien enden auf *.swift*) aus, so wird automatisch der Quellcodeeditor geöffnet.

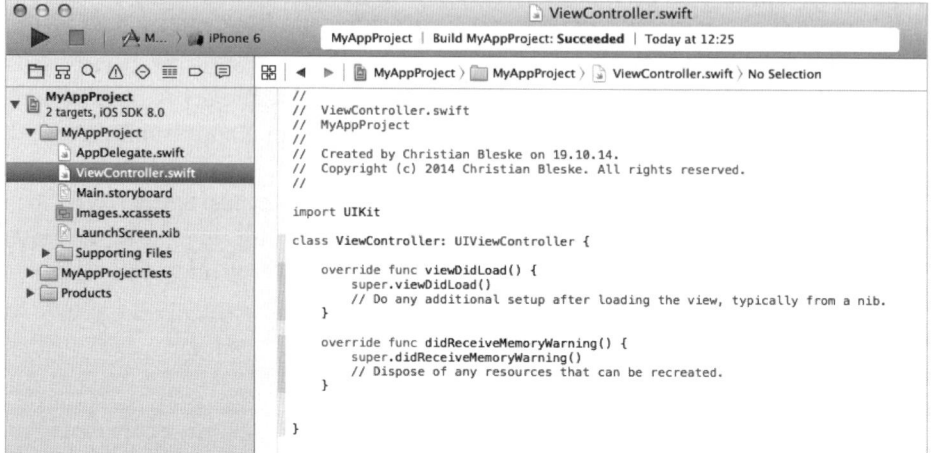

Abb. 1–6   *Der Codeeditor von Xcode*

Im Editor stehen alle bekannten Funktionen (Bearbeiten, Kopieren, Einfügen) zur Bearbeitung von Texten zur Verfügung. Die gerade geöffnete Quellcodedatei kann nicht nur dem *Project Navigator* entnommen werden, sie wird auch direkt oberhalb des Editors angezeigt. Eine nützliche Funktion ergibt sich in Verbindung mit der *Code Snippet Library*.

Abb. 1–7   *Code Snippet Library und Codeeditor*

Aus der *Code Snippet Library* können Codeblöcke via Drag & Drop im Editor abgelegt werden. An der abgelegten Stelle wird dann der jeweilige Codeblock (z. B. eine Klasse) automatisch eingefügt.

1.4.5 Interface Builder

Der Interface Builder ist das Werkzeug in Xcode, um Oberflächen für Anwendungen zu entwickeln. Ähnlich wie in anderen Entwicklungsumgebungen, so wird auch in Xcode eine Anwendung Formular für Formular entwickelt. Controls – beispielsweise Textfelder oder Schaltflächen – werden aus der *Object Library* (siehe auch Abschnitt 1.4.6) via Drag & Drop in das gerade im Interface Builder geöffnete View eingefügt.

In Abbildung 1–8 ist links neben dem *Interface Builder* das sogenannte *Document Outline* zu sehen. Nachdem das Label-Control in Abbildung 1–8 in das View eingefügt wurde, wird neben der Ansicht im Interface Builder auch das *Document Outline* aktualisiert. Darin werden die im View eingefügten Elemente innerhalb einer hierarchischen Ansicht angezeigt. Das *Document Outline* kann so auch zur Selektion von Elementen in einem View verwendet werden, wenn die direkte Auswahl im Interface Builder vielleicht nicht möglich ist – beispielsweise weil ein anderes Control das auszuwählende verdeckt. Um Eigenschaften eines Views oder eines Controls zu bearbeiten, werden die Inspektoren von Xcode verwendet.

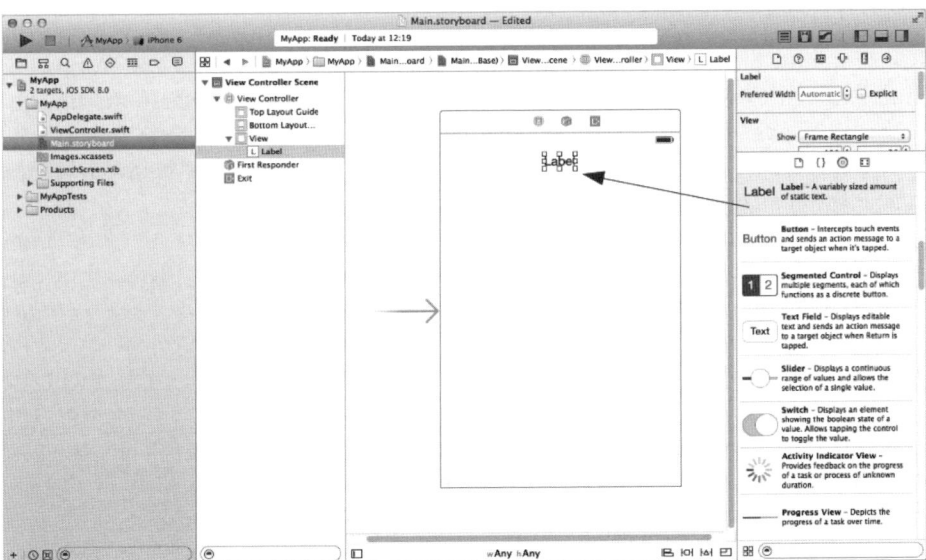

Abb. 1–8   *Der Interface Builder von Xcode*

1.4.6 Object Library & Co.

Im letzten Abschnitt wurde bereits eine Funktion angesprochen, die im rechten Bereich der IDE angesiedelt ist. Die *Object Library* enthält unter anderem Elemente (Controls), die innerhalb eines Views eingefügt werden können. Das ist aber längst nicht alles.

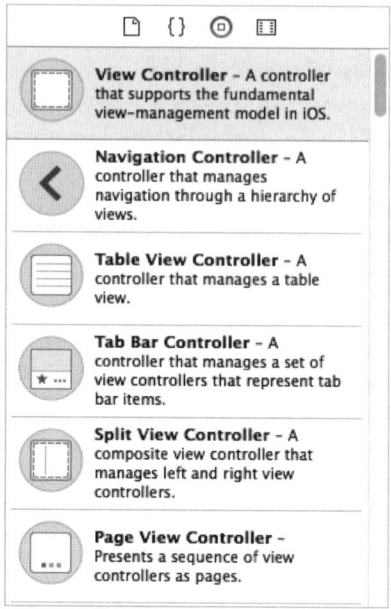

Abb. 1–9   *Die Object Library von Xcode*

In Abbildung 1–9 ist gut zu sehen, dass beispielsweise auch ein View Controller innerhalb der *Object Library* vorhanden ist. Wenn man eine App erstellt, die über mehrere Views verfügt, dann können in einer **.storyboard*-Datei zusätzliche Views eingefügt werden. Es ist also nicht erforderlich, für jedes neue View eine eigene Datei anzulegen.

Ein weiteres Fenster in diesem Bereich ist die bereits vorgestellte *Code Snippet Library*, die kurze Codeschnipsel zum Einfügen in den Xcode-Texteditor enthält. Neben diesen beiden Bibliotheken gibt es auch noch die *File Template Library*. In ihr sind Vorlagen für Dateien enthalten, die in ein Projekt eingefügt werden können. Auch das geschieht via Drag & Drop. Hierbei ist aber nicht der Interface Builder das Ziel der Drop-Aktion, sondern der *Project Navigator*. Um beispielsweise eine neue Swift-Code-Datei anzulegen, müssen Sie nur die entsprechende Vorlage (*Swift-File*) aus der *File Template Library* in das aktuelle Projekt einfügen, das gerade im *Project Navigator* angezeigt wird.

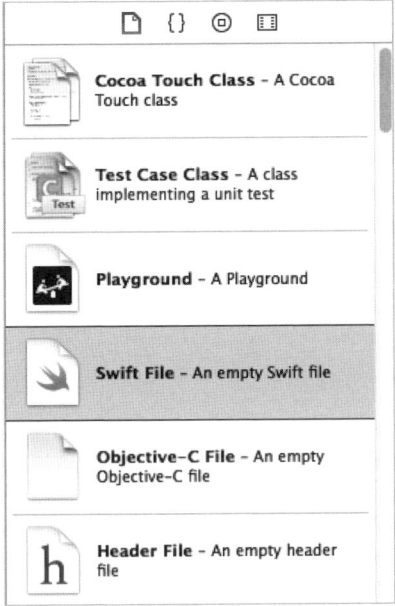

Abb. 1–10   *Die File Template Library von Xcode*

Hinter dem vierten Button in diesem Bereich verbirgt sich die *Media Library*. Hierbei handelt es sich um einen Shortcut auf die Medien-Elemente (z. B. Bilder, Audio- und Videodateien), die Sie einem Projekt hinzugefügt haben.

1.4.7   Inspektoren

Wichtig für die Arbeit in Xcode sind die sogenannten Inspektoren. Diese werden in der rechten oberen Ecke von Xcode angezeigt. Abhängig davon, was im Project Navigator oder im Interface Builder markiert wurde, wird automatisch der Inspektor geöffnet, mit dem sich die Eigenschaften des zuvor markierten Elements bearbeiten lassen. In Abbildung 1–11 wurde beispielsweise im Interface Builder ein Button-Control markiert.

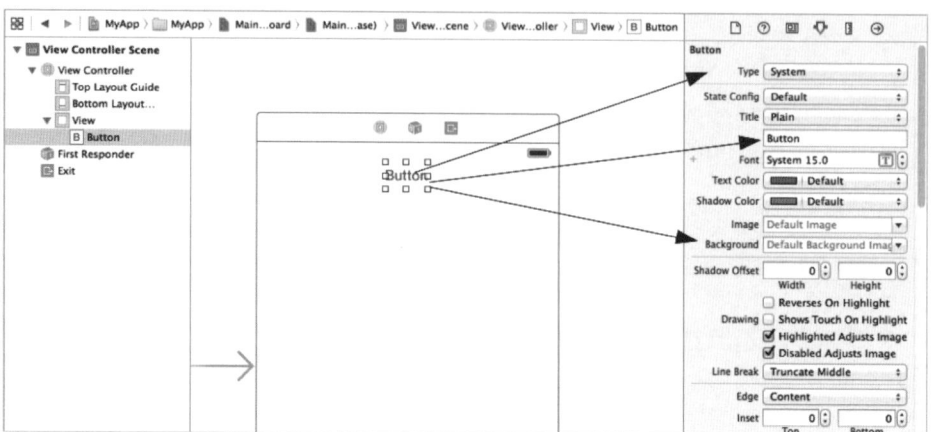

Abb. 1-11   *Der Attributes Inspector von Xcode*

Wird nun der *Attributes Inspector* geöffnet (siehe Abb. 1–11), so können die Eigenschaften des Buttons (z. B. seine Beschriftung oder ein Bild oder die Hintergrundfarbe) über den Inspektor konfiguriert werden.

Insgesamt gibt es sechs Inspektoren:

- Der erste (von links nach rechts) ist der *File Inspector*. Wie es die Bezeichnung schon vermuten lässt, enthält er Informationen zur im *Project Navigator* ausgewählten Datei. Hierbei stehen vor allem die Projektdatei sowie Storyboard- und Xib-Dateien im Fokus. Ist eine Storyboard-Datei ausgewählt, so werden im *File Inspector* beispielsweise Informationen angezeigt, ob die Option *AutoLayout* verwendet wird oder mit welcher Version von Xcode sich die Datei öffnen lässt.
- Es folgt der *Help Inspector*. Er zeigt eine Beschreibung des markierten Elements an und gibt ferner Auskunft darüber, seit welcher iOS-Version das entsprechende Element verfügbar ist.
- Im *Identity Inspector* werden Metadaten zum markierten Objekt (z. B. der Klassenname) angezeigt.
- Als Nächstes kommt der (bereits besprochene) *Attributes Inspector*.
- Im *Size Inspector* werden Informationen zur Größe, Breite und ggf. zur Position eines gewählten Elements angezeigt.
- Der *Connections Inspector* enthält Angaben zu den Verbindungen eines Objekts. Mit »Verbindungen« ist hier beispielsweise die Verknüpfung einer Schaltfläche (Button) mit einem Stück Quellcode gemeint. In Kapitel 2 finden Sie ein Beispiel hierzu.

Sie dürften jetzt eine rudimentäre Vorstellung davon haben, was sich hinter einigen der Funktionen von Xcode verbirgt. In den folgenden Abschnitten werden einige Funktionen vertiefend besprochen.

1.5   Vorlagen in Xcode

Nach dieser Einführung wird es Zeit, sich etwas mit den in Xcode enthaltenen Vorlagen zur Erstellung von Apps zu beschäftigen. Eine App muss nämlich (analog zur anderen Entwicklungswerkzeugen) nicht komplett neu entwickelt werden. Xcode stellt Vorlagen bereit, mit denen sich auf Knopfdruck das Gerüst für einen bestimmten Typ von Anwendung erstellen lässt.

Bevor allerdings die Vorlagen zur Erstellung von Apps vorgestellt werden, besprechen wir einen für uns besonders interessanten Vorlagentyp, der seit Xcode 6 existiert: den Playground.

1.5.1   Schnellstart: Hallo Playground

Playground ist ein Typ von Vorlage, der mit Swift eingeführt wurde und auch nur mit Swift als Sprache funktioniert. Mit der *Playground*-Vorlage wird auch kein Gerüst für eine Anwendung erzeugt, sondern ein »Bereich«, um schnell und direkt Swift-Code ausprobieren zu können. Diese Umgebung ähnelt sicherlich ein wenig den früheren Basic-Interpretern. Startet man Xcode, so gibt es zwei Möglichkeiten, die *Playground*-Vorlage aufzurufen.

Im *Welcome to Xcode*-Dialog gibt es direkt einen entsprechenden Bereich *Get startet with a playground*, um einen neuen Playground anzulegen. Klickt man in den entsprechenden Bereich, so wird man aufgefordert, eine Bezeichnung einzugeben sowie zu entscheiden, ob der Playground in Verbindung mit iOS oder OS X angelegt werden soll. Nach Betätigung des *Next*-Buttons muss man sich noch entscheiden, in welchem Verzeichnis der neue Playground gespeichert werden soll. Ein Klick auf den *Create*-Button öffnet dann das Playground-Formular.

Alternativ hierzu kann über das *File*-Menü von Xcode der Punkt *New* und dann *Playground* aufgerufen werden. Im Formular ist schon etwas Code vorhanden. So findet sich eine *import*-Anweisung, die dafür sorgt, dass die Bibliothek UIKit geladen wird. In einer weiteren Zeile wird eine Zuweisung vorgenommen. Der lokalen Variablen *str* wird eine Zeichenkette zugewiesen. Im rechten Bereich des Playground-Formulars sieht man den Inhalt der Variablen nach der Zuweisung, und zwar zur Laufzeit. In einem Playground-Formular können Sie direkt Eingabentätigen, d.h., Programmcode schreiben. Probieren Sie es doch direkt einmal aus. Erfassen Sie die folgende Anweisung:

```
print("Hallo Playground")
```

Direkt nach der Eingabe der Anweisung wird im rechten Bereich eine Ausgabe angezeigt. Im rechten Bereich werden aber nur die Inhalte von Variablen bzw. Anweisungen angezeigt. Um Ausgaben im klassischen Sinne (z.B. Grafiken) anzuzeigen, muss der Ausgabebereich aktiviert werden. Dies geschieht über das Hauptmenü von Xcode mit dem Menüpfad *View → Assistant Editor → Show*

Assistant Editor. Nach Auswahl des Menüpunkts wird im Playground-Formular nun ein weiterer Bereich eingefügt.

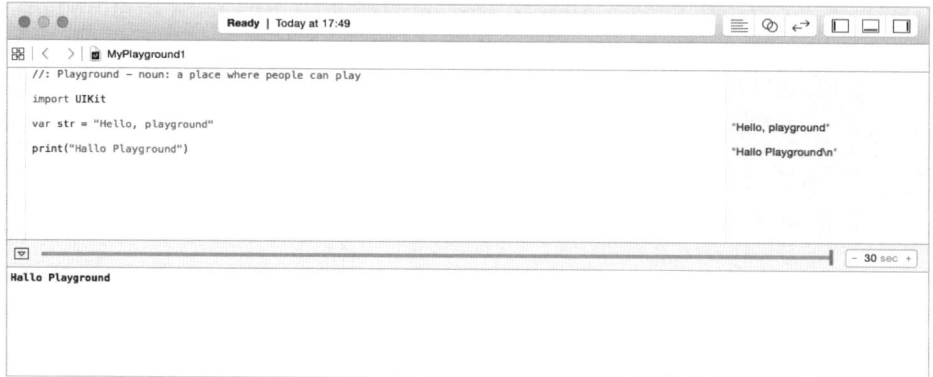

Abb. 1–12   *Das Playground-Formular*

Fehlermeldungen werden in der *Debug Area* angezeigt. Diese Ansicht aktiviert man über die Menüpunkte *View → Debug Area → Show Debug Area*. Im Playground können Sie also direkt Swift-Code ausprobieren, ohne erst ein Projekt anlegen zu müssen. In den Kapiteln 3 und 4 werden wir von dieser Möglichkeit reichlich Gebrauch machen.

1.5.2   Die Projektvorlagen von Xcode für iOS-Apps

Xcode enthält mehrere Vorlagen für iOS-Apps. Die Auswahl beginnt mit einer *Master Detail Application* und endet mit einer *Tabbed Application*. All diese Vorlagen sind für einen bestimmten Einsatzbereich gedacht – je nachdem, für welchen Einsatzzweck eine App vorgesehen ist. In den folgenden Abschnitten werden die vorhandenen Projektvorlagen vorgestellt, und es wird erläutert, wofür eine bestimmte Vorlage verwendet werden kann.

1.5.3   Schnellstart: Die Master-Detail-Application-Vorlage

Die Vorlage *Master Detail Application* ist für Apps gedacht, die Daten in Form einer Liste anzeigen. Typische Vertreter dieses Anwendungstyps sind z.B. die Mail-, SMS- oder Kontakte-App. Im Hauptdialog werden die Informationen in einer tabellarischen Ansicht angezeigt. Wählt man eine bestimmte Zelle aus, so wird im folgenden Schritt ein Formular angezeigt, das die Detailinformationen enthält. Neben der Master-Detail-Aufteilung ist in diesem Anwendungstyp automatisch ein Navigation Controller enthalten. Hierbei handelt es sich um den oberen Bereich der App, in dem Schaltflächen vorhanden sind, mit denen man sich innerhalb der App vorwärts und rückwärts bewegen kann. Auswählen können Sie diesen Vorlagentyp über das Hauptmenü von Xcode: *File → New → Project …*

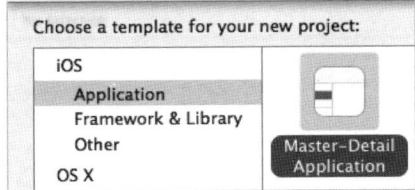

Abb. 1–13   *Die Master-Detail-Application-Vorlage*

Nach Auswahl der Vorlage wird der Anwender aufgefordert, einen Produktnamen einzugeben. Hier können Sie jetzt einmal direkt *MasterDetailApp* eingeben und anschließend die *Next*-Schaltfläche betätigen. Im folgenden Dialog, in dem der Speicherort festgelegt wird, muss nun nur noch die *Create*-Schaltfläche betätigt werden. Die neue App wird dann automatisch angelegt. Nach Anlage des Projekts zeigt Xcode zunächst die Projektübersicht an.

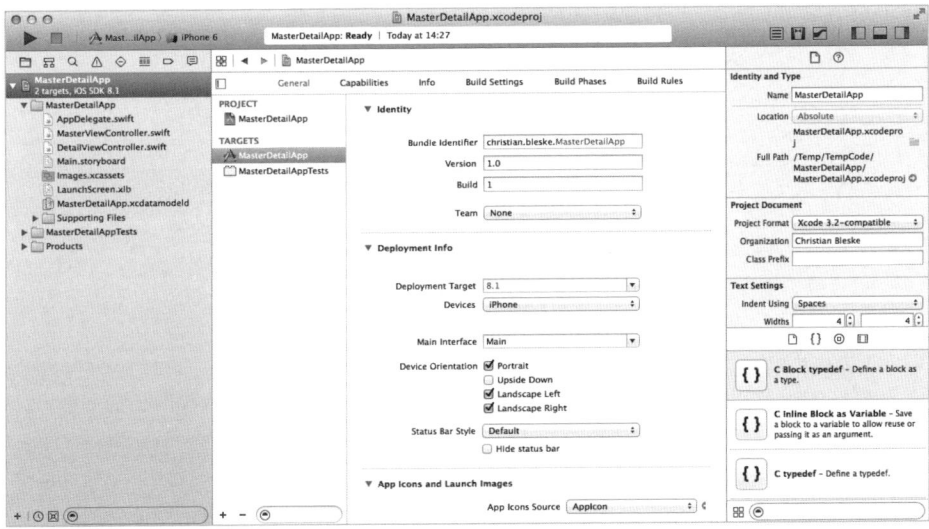

Abb. 1–14   *Die Master-Detail Application in der Projektübersicht*

Spielen Sie ruhig ein wenig mit der erstellten App. Um beispielsweise die Bezeichnung zu ändern, die in der Navigationsbar der App angezeigt wird, sind nur ein paar Handgriffe notwendig. Markieren Sie die Datei *Main.storyboard* im *Project Navigator* von Xcode. Markieren Sie den zweiten (!) Eintrag *Master Scene* im *Document Outline*, und erweitern Sie diesen Punkt, indem Sie das kleine Dreieck davor anklicken. Die nächste Ebene wird eingeblendet. Hier muss nun der Punkt *Master* markiert werden. Anschließend wird das zugehörige View im Interface Builder angezeigt. Erweitert man nun den Punkt *Master,* so werden zwei untergeordnete Punkte (*Table View* und wieder *Master*) angezeigt. Markieren Sie den Punkt *Master* jetzt erneut (siehe Abb. 1–15).

MasterDetailApp
MasterDetailApp
Main.storyboard
Main.storyboard (Base)
Master Scene
Master
Hallo Welt
Master Scene
Master Scene
Master
Table View
Hallo Welt
First Responder
Exit
Show segue to Detail
Detail Scene
Hallo Welt
Prototype Cells
Title
Navigation Item
Title
Hallo Welt
Prompt
Back Button

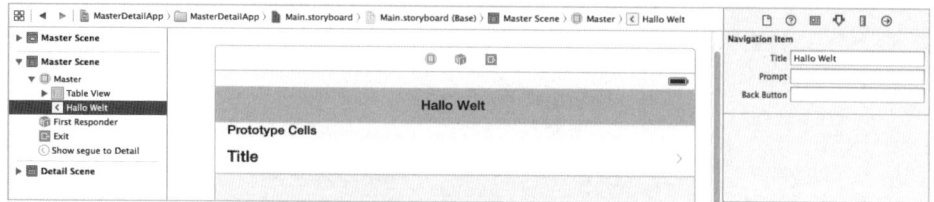

Abb. 1–15 *Das markierte Label-Control in einer Zelle (Cell)*

Öffnen Sie dann den Attributes Inspector (wenn er nicht bereits offen ist) von Xcode, suchen Sie die *Title*-Eigenschaft (sie befindet sich ganz oben), und überschreiben Sie den vorhandenen Text »Master« mit »Hallo Welt«. Starten Sie die App nun mit der *Build and run...*-Schaltfläche. Die App sollte starten, und in der Navigationsbar sollte der Text »Hallo Welt« stehen. Die App kann aber noch etwas mehr. Betätigen Sie einmal die +-Schaltfläche.

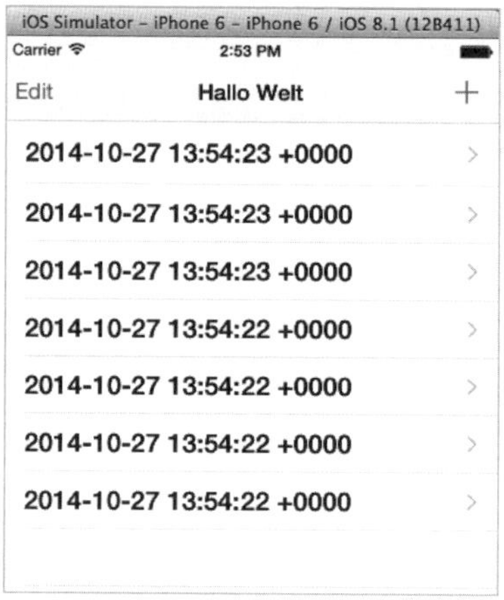

iOS Simulator - iPhone 6 - iPhone 6 / iOS 8.1 (12B411)
Carrier
2:53 PM
Edit
Hallo Welt
+
2014-10-27 13:54:23 +0000
2014-10-27 13:54:23 +0000
2014-10-27 13:54:23 +0000
2014-10-27 13:54:22 +0000
2014-10-27 13:54:22 +0000
2014-10-27 13:54:22 +0000
2014-10-27 13:54:22 +0000

Abb. 1–16 *Die Master-Detail App im Einsatz*

Sie werden feststellen, dass automatisch neue Einträge mit Datum und Uhrzeit eingefügt werden. Wenn Sie einen Eintrag auswählen, dann wird sogar eine Detailansicht geöffnet. Auch das Löschen von Einträgen ist bereits möglich. Hierzu muss nur die *Edit*-Schaltfläche betätigt werden. Es ist also durch die Vorlage bereits eine vollständig funktionierende Master Detail Application erzeugt worden. In Kapitel 7 wird die Vorlage noch einmal detailliert vorgestellt.

1.5.4 Schnellstart: Die Page-Based-Application-Vorlage

In einer *Page-Based Application* werden unterschiedliche Inhalte immer auf demselben Wege angezeigt. Denken Sie beispielsweise an ein Buch oder eine PDF-Datei. Ein gutes Beispiel aus den Standard-Apps von iOS ist iBooks. Navigiert wird in diesen Apps, indem die Seiten »umgeschlagen«, also via Swipe-Geste umgeblättert werden. Dieser Anwendungstyp verwendet im Gegensatz zur Master-Detail Application keine Navigationbar.

Abb. 1–17   *Eine Page-Based Application*

Ein Page-Based-Application-Projekt wird durch Auswahl der entsprechenden Vorlage angelegt. Startet man die App, so kann man vorwärts und rückwärts durch die Seiten »blättern«. Die Vorlage ist so weit ausgebaut, dass der Inhalt des oberen Label-Controls mit jedem Seitenwechsel erneut beschrieben wird.

1.5.5 Schnellstart: Die Single-View-Application-Vorlage

Die Single-View-Application-Vorlage ist die flexibelste Vorlage von allen. Nach Anlage eines Projekts enthält es nur ein (leeres) View. Wie schon bei den Vorlagen zuvor wird auch eine neue *Single View Application* durch Auswahl des entsprechenden Icons im Template-Auswahl-Dialog von Xcode angelegt.

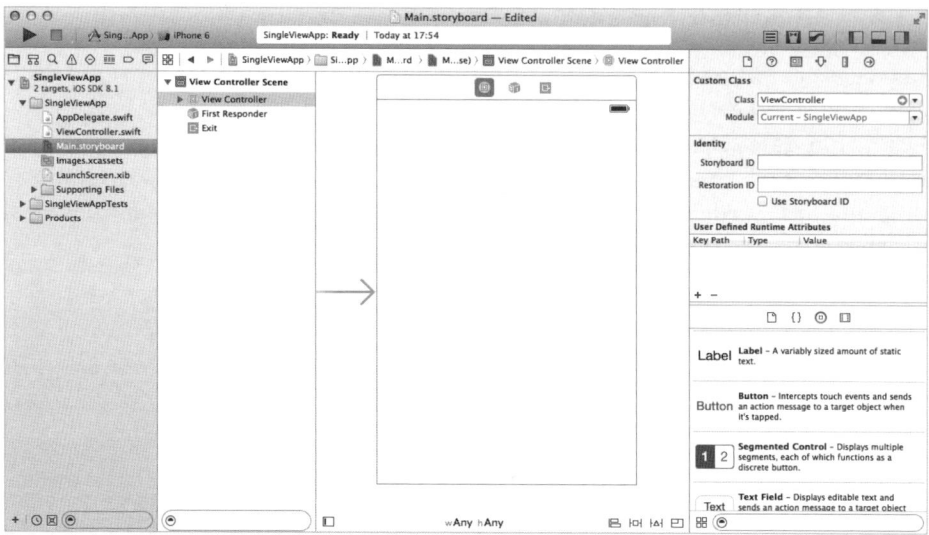

Abb. 1–18   *Eine Single View Application*

Die Single-View-Application-Vorlage wird ein zentraler Punkt der App sein, die wir in Kapitel 2 entwickeln. Aus diesem Grund finden Sie weitere Erläuterungen zu diesem Vorlagentyp im nächsten Kapitel.

1.5.6   Schnellstart: Die Tabbed-Application-Vorlage

Die letzte Vorlage, mit der sich eine typische iOS-App entwickeln lässt, ist die *Tabbed Application*. Dieser Vorlagentyp wird verwendet, wenn eine App mindestens zwei Views anzeigen soll, die über eine Registerlasche aktiviert werden können. Typische Vertreter dieser Gattung sind beispielsweise die *iTunes Store*- oder auch die *App Store*-App. Nach dem Anlegen des Projekts lohnt ein Blick ins Storyboard. Hier ist sehr gut zu sehen, wie dieser App-Typ aufgebaut ist (siehe Abb. 1–19).

Der sogenannte *Tab Bar Controller* bildet den Rahmen der App. Am unteren Rand des Tab Bar Controllers sind zwei Schaltflächen vorhanden, mit denen die beiden bereits integrierten Views aktiviert werden können. Startet man die App, so ist diese bereits vollständig funktionsfähig. Je nach Auswahl des entsprechenden Buttons wird auch das zugehörige View aktiviert und angezeigt.

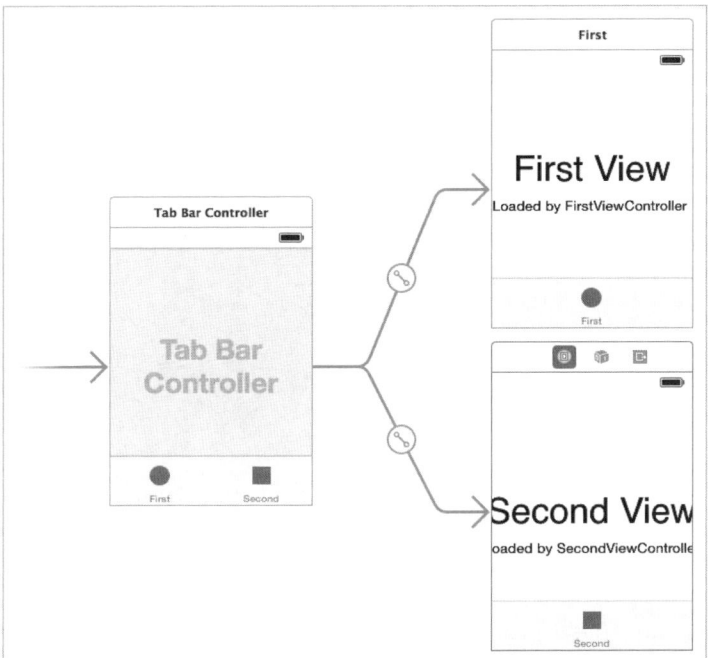

Abb. 1–19   *Eine Tabbed Application*

1.5.7   Bestandteile eines Projekts

Alle vorgestellten Vorlagen haben eines gemeinsam: Die erzeugten Apps verwenden in vielen Bereichen identische Projektdateien. In diesem Abschnitt wird ein Blick auf die Bestandteile eines Projekts geworfen und die Bedeutung der einzelnen Dateien vorgestellt.

Im *Project Navigator* werden die Bestandteile eines Projekts aufgeführt. Die aufgeführten Dateien und Verzeichnisse sind in der Regel Abbilder der Dateien, die im entsprechenden Projektverzeichnis auf der Festplatte zu finden sind. Dies wird deutlich, wenn man eine Datei markiert und über einen Mausklick das Kontextmenü aufruft. Wählt man hier den Menüeintrag *Show in Finder,* beispielsweise die Projektdatei, so wird das Projektverzeichnis im Finder von OS X angezeigt. Hier wird direkt deutlich, dass sich die Ansicht in *Project Navigator* nicht sehr von der Ansicht im Finder unterscheidet.

Abb. 1–20   *Ein Projekt im Project Navigator*

An der einen oder anderen Stelle gibt es aber Unterschiede. So sind beispielsweise die *Storyboard*-Datei oder auch *LaunchScreen.xib* im Dateisystem in einem eigenen Verzeichnis (*Base.lproj*) untergebracht. Diese Information kann man dem *Project Navigator* so nicht entnehmen.

Abb. 1–21   *Dateien eines Projekts*

Zu einem Projekt gehört natürlich immer die Projektdatei, die den gewählten (Projekt-)Namen trägt und die Kennung **.xcodeproj* verwendet. Die Projektdatei enthält die wichtigsten Einstellungen zum Projekt. Hier werden unter anderem die Versions- und Buildnummer eingetragen. Außerdem legen Sie hier fest (*Deployment Target*), für welche iOS-Version das Projekt (minimal) kompiliert werden soll, und geben den Gerätetyp (iPhone/iPad oder Universal) an, der von der App unterstützt werden soll. Die Projektdatei besteht aus mehreren Abschnitten. Die gerade beschriebenen Optionen befinden sich im Abschnitt *General*.

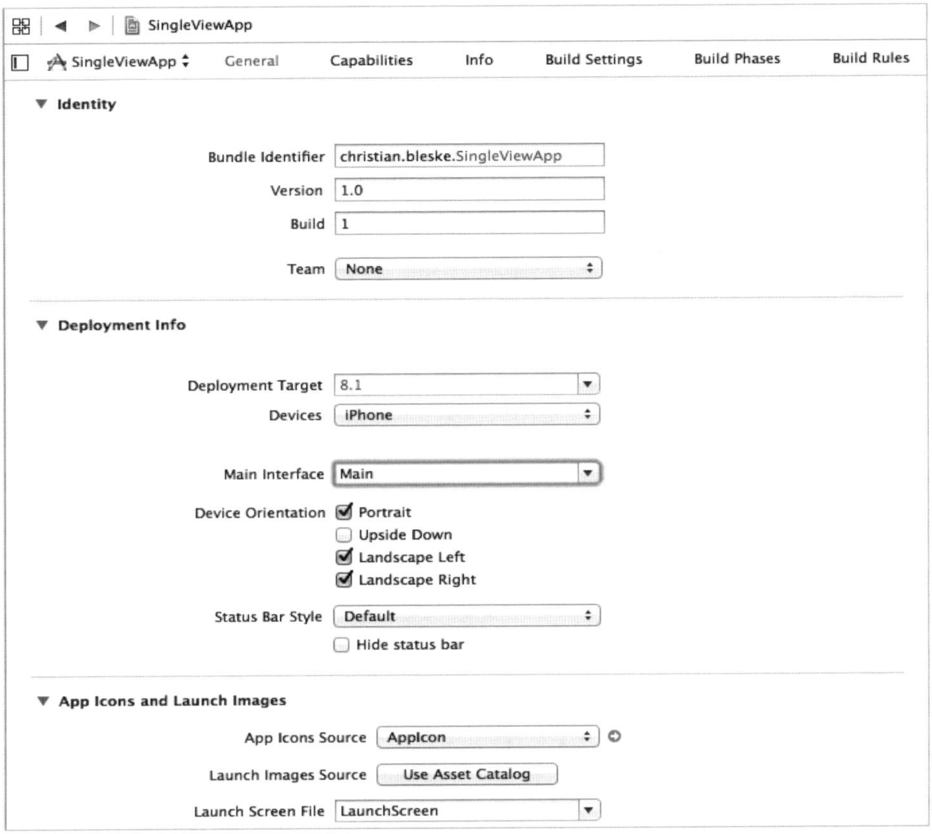

Abb. 1–22   *Die Projektdatei enthält die Konfiguration der App.*

Als Nächstes folgt der Abschnitt *Capabilities*. In diesem Bereich befinden sich ausschließlich Optionsschaltflächen, die ein- und ausgeschaltet werden.

Abb. 1–23   *Der Capabilities-Abschnitt in der Projektdatei*

Die Schalter tragen den Namen eines Themas, das von der App unterstützt werden soll bzw. aus dem Funktionen integriert sind. Sobald Sie einen Schalter aktivieren, wird die App entsprechend markiert. Außerdem wird das erforderliche

Framework automatisch im Projekt verknüpft. Wenn Sie also eine App mit iCloud-Support entwickeln wollen, muss der entsprechende Schalter hier aktiviert werden. In Kapitel 9 wird dieses Thema noch einmal angeschnitten.

Im Abschnitt *Info* haben Sie die Möglichkeit, weitere Eigenschaften des Projekts, wie z.B. den ausführbaren Dateinamen (*Executable file*), festzulegen (wenn dieser sich vom Projektnamen unterscheiden soll) oder aber den Wert für die Basissprache (*Localization native development region*) der App (Englisch – natürlich) zu ändern. Möchten Sie Ihre App mit einem Dateityp verknüpfen (z.B. PDF), so können Sie das in diesem Abschnitt im Bereich *Document Types* festlegen.

Es folgen die *Build Settings*, *Build Phases* und *Build Rules*. Die Bezeichnungen dieser Abschnitte lassen es bereits vermuten: Hier werden Änderungen bzw. Einstellungen zur Erstellung der App vorgenommen. Diese Abschnitte sind äußerst umfangreich und beinhalten viele Optionen. So befindet sich beispielsweise im Abschnitt *Build Settings* ein Bereich (*Code Signing*), in dem festgelegt wird, welche Zertifikate zur Signierung einer App verwendet werden sollen. In der Regel müssen Sie sich mit diesem Bereich nicht oft auseinandersetzen, da viele Einstellungen automatisch vorgenommen werden. Manchmal lohnt es sich aber zu wissen, wo bestimmte Optionen zu finden sind.

Der Projektdatei sind drei Verzeichnisse untergeordnet. Das erste enthält die zur App gehörenden Code- (**.swfit*) und Interface-Builder-Dateien (**.xib und *.storyboard*). Auch dem Projekt zusätzlich hinzugefügte Dateien (wie z.B. Bild- oder Sounddateien) sind hier zu finden. Eine wichtige Datei befindet sich in einem untergeordneten Verzeichnis (*Supporting Files*). Sie heißt *Info.plist*; es handelt sich dabei um eine XML-Datei, in der Konfigurationsinformationen zum Projekt festgehalten werden. Beispielsweise findet man hier die Info, welche Ausrichtungen (Quer- und/oder Hochformat) die App unterstützt. Dass es sich um eine XML-Datei handelt, kann man im Übrigen auf den ersten Blick nicht sehen. Wenn Sie die Datei aber markieren, das Kontextmenü öffnen und dort den Menüpunkt *Open As → Soucre Code* aktivieren, dann wird die XML-Ansicht sichtbar. Der nächste Ordner unterhalb der Projektdatei trägt den Namen des Projekts mit dem angehängten Kürzel *Tests*. In diesen Dateien können Sie Unit-Tests programmieren. Im Ordner *Products* sind die übersetzten Dateien (App und Tests) zu finden.

1.6   Apps ausführen

Wie eine App aus Xcode heraus gestartet wird, wurde bereits erläutert. Sie wählen das Zielgerät in Xcode aus und betätigen die *Build and Run...*-Schaltfläche. Je nachdem, ob Sie als Ziel den Simulator oder ein angeschlossenes iOS-Gerät ausgewählt haben, wird die App nun automatisch dorthin kopiert und gestartet. Details, wie die Verwendung von unterschiedlichen iOS-Versionen oder Geräten, wurden noch nicht vorgestellt.

1.6.1   App im Simulator

Eine neue Hauptversion von Xcode wird ja in der Regel veröffentlicht, wenn es eine neue Version von iOS und/oder OS X gibt. Im Falle von iOS wird dann auch immer ein passender Simulator installiert, und sobald die App aus Xcode heraus gestartet wird, wird die aktuellste iOS-Version zur Ausführung der App im Simulator verwendet – natürlich nur, sofern der Simulator das Ziel der Installation ist. Tabelle 1–1 zeigt die Xcode-Versionen in Verbindung mit dem jeweiligen Betriebssystem.

Xcode-Version	Betriebssystem
Xcode 4.5	iOS 6
Xcode 4.6	iOS 6.1
Xcode 5.0	iOS 7 und OS X 10.9
Xcode 5.1	iOS 7.1
Xcode 6.0	iOS 8
Xcode 6.1	iOS 8.1 und OS X 10.10
Xcode 6.2	iOS 8.2 und OS X 10.10
Xcode 6.3	iOS 8.3 und OS X 10.10
Xcode 6.4	iOS 8.4 und OS X 10.10
Xcode 7.0	iOS 9 und OS X 10.11

Tab. 1–1   *Welche Xcode-Version für welches Betriebssystem?*

Gelegentlich kann es vorkommen, dass man eine App auch unter einer älteren Version von iOS testen möchte. Das kann beispielsweise dann der Fall sein, wenn sich ein API von einer iOS-Version zur nächsten geändert hat und man testen möchte, ob die App unter beiden Versionen noch funktioniert. Das kommt öfter vor, als man glaubt. Ein Beispiel hierfür ist die Änderung der Freigabe zur Verwendung der Ortungsdienste von iOS 7 zu iOS 8. In solchen Fällen ergibt es Sinn, eine App sowohl unter iOS 7 als auch unter iOS 8 zu testen, denn nicht alle (Apple-)Anwender aktualisieren das Betriebssystem direkt am ersten Tag. Man benötigt also in solchen Fällen mehrere Simulatoren in Xcode, um die App jeweils unter der entsprechenden Betriebssystemversion testen zu können. Woher aber kommen diese zusätzlichen Simulatoren? Die Antwort ist einfach: Man kann sie installieren. Ruft man in Xcode das *Preferences*-Menü auf, so wird ein Dialog von Xcode angezeigt, in dem sich Funktionen zur Anpassung von Xcode befinden. Unter anderem gibt es hier den Punkt *Downloads*. Aktiviert man ihn, so werden die zur Verfügung stehenden Downloads angezeigt.

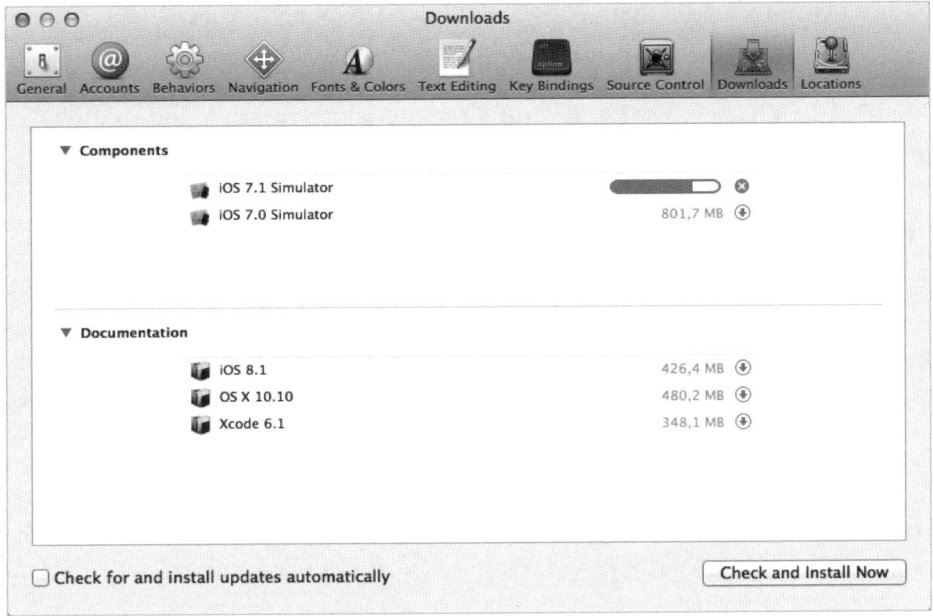

Abb. 1–24   *Der Download-Bereich von Xcode*

In der Auflistung findet man auch ältere (Simulator-)Versionen von iOS. Nach der Auswahl wird die entsprechende Version heruntergeladen und steht dann zur Verfügung. Die Liste zur Auswahl der Simulatoren ist nach Installation des Pakets natürlich entsprechend größer.

Abb. 1–25   *Auswahlliste von iOS-Simulatoren*

Neben den Standardgeräten (iPhone, iPad) mit den unterschiedlichen iOS-Versionen gibt es auch noch die Möglichkeit, als Ziel für die App ein *Resizable* iPhone oder iPad auszuwählen. Diese beiden Simulatoren bieten die Möglichkeit, die Breite und Höhe des Geräts zur Laufzeit (der App) festzulegen und so direkt zu beobachten, wie die App auf Änderungen der Größe reagiert.

1.6.2   Die App auf dem iOS-Gerät

Wie bereits in Abbildung 1–25 zu sehen ist, werden direkt an den Mac angeschlossene iOS-Geräte zur Auswahl angeboten, wenn eine App aus Xcode heraus gestartet werden soll. Hierfür ist es erforderlich, dass das entsprechende iOS-Gerät zuvor für die Entwicklung von Apps freigeschaltet wurde. Das bedeutet: Es ist ein Apple Developer Account erforderlich, bevor man die App auf das eigene oder ein fremdes iPad oder iPhone kopieren kann. Alle anderen Schritte unterscheiden sich nicht von der Verwendung eines Simulators: einfach das Gerät auswählen und die *Build and Run*-Schaltfläche betätigen. Anschließend wird die App automatisch auf das iOS-Gerät kopiert, dort installiert und zuletzt gestartet.

Hinweis

Ab Xcode 7.0 ist es erstmals möglich, eine App direkt auf das eigene an den Mac angeschlossene iOS-Gerät zu übertragen, ohne einen bezahlten Apple Developer Account zu haben. Wenn Sie also nur für den eigenen Bedarf und somit für die eigenen Geräte programmieren möchten, müssen Sie künftig kein Geld mehr ausgeben.

1.6.3   Der iOS-Simulator im Detail

In den meisten Fällen wird man zu Beginn der Entwicklung wohl den iOS-Simulator verwenden. Er bietet eine anständige Performance und ist gut in Xcode integriert. Der Simulator kann nicht nur in Verbindung mit einer App gestartet werden, auch der separate Aufruf ist möglich. Im Hauptmenü von Xcode finden Sie den Simulator auf folgende Weise: *Xcode → Open Developer Tools → iOS Simulator*. Nach Auswahl wird der Simulator in der zuletzt gewählten Konfiguration gestartet.

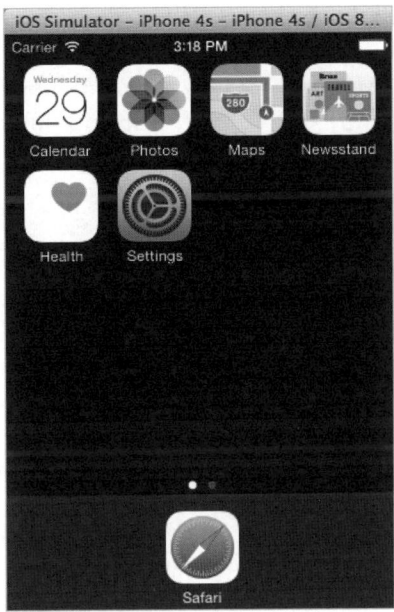

Abb. 1–26   Der iOS-Simulator

Da es sich bei dem Simulator um eine »normale« Anwendung handelt, verfügt diese auch über ein Menü. Über das Menü stehen nützliche Funktionen zur Verfügung. Beispielsweise kann via *File* → *Save Screen Shot* ein Bild des Simulators bzw. des gerade angezeigten Inhalts angefertigt werden.

Eine wichtige Funktion ist die Möglichkeit, das Gerät zurückzusetzen. Nach einigen Installationen oder auch dann, wenn man das System restlos verbogen hat, kann es nützlich sein, das Gerät zurückzusetzen. Dies geht über das Hauptmenü mit *iOS Simulator* → *Reset Content and Settings*. Im Anschluss erfolgt noch eine Sicherheitsabfrage, und dann wird der iOS-Simulator neu initialisiert. Auf dem iOS-Simulator installierte Apps verbleiben dort, auch nachdem Xcode beendet wurde. In diesen Belangen verhält sich der iOS-Simulator wie ein echtes Gerät.

Weitere interessante Funktionen gibt es unterhalb des Menüs *Hardware*. Der Menüpunkt *Device* bietet die Möglichkeit, zur Laufzeit des Simulators das »Gerät« umzuschalten. Das heißt, man kann den Simulator von einem iPhone 6 auf ein iPhone 4S umschalten. Im Prinzip wird dabei nur die Auflösung des Simulators geändert. Es stehen dieselben Geräte zur Auswahl wie in Xcode inklusive des *resizable* iPhone und iPad. Der Simulator kann natürlich auch gedreht werden. Hierzu gibt es ebenfalls unterhalb des Menüpunkts *Hardware* entsprechende Menüpunkte (*Rotate Left & Right*). Um eine Schüttelgeste zu simulieren, gibt es die Funktion *Shake Gesture*. Der *Home*-Button wird mit der *Home*-Funktion simuliert, und über die Funktion *Simulate Memory Warning* kann knapper Hauptspeicher simuliert werden.

Der Simulator enthält allerdings nicht alle Standard-Apps. So fehlt beispielsweise die Telefon-App oder auch die SMS-App. Was kann man mit dem Simulator nicht machen? Es liegt auf der Hand: Alles, was in Verbindung mit Sensoren verarbeitet wird (z.B. Kamera oder Kompass), lässt sich im Simulator eher schlecht oder auch gar nicht testen. In solchen Fällen kommt man um ein *iDevice* nicht herum.

Hinweis

Wenn Sie den Simulator zur Entwicklung von Apps nutzen, empfiehlt es sich, die Landeseinstellungen und die Sprache auf Deutsch festzulegen. Das wird direkt im Simulator über das bekannte Settings-Menü (Einstellungen) erledigt.

1.7   Mehrere Xcode-Versionen parallel verwenden

Mehrere Versionen des iOS-Simulators sind also kein Problem. Manchmal kann es aber auch nützlich sein, unterschiedliche Versionen von Xcode vorzuhalten. Jedes Jahr erscheinen neue Versionen von iOS und OS X und natürlich auch von Xcode. In der Regel kann man davon ausgehen, dass pro Jahr mindestens zwei neue Major-Versionen nebst Bugfixes erscheinen. Das sind dann mindestens vier Versionen im Jahr. Zusätzlich gibt es auch noch Beta-Versionen von zukünftigen Xcode-Versionen. Dass sich bei diesem Tempo auch der ein oder andere Fehler in eine neue Xcode-Version einschleicht, ist fast normal. Als Entwickler sollte man daher darauf achten, dass man mindestens eine stabile Version vorhält, um notwendige Updates einer App im Store ausliefern zu können. Zusätzlich hat man (wahrscheinlich) mindestens eine weitere Version installiert, um neue Funktionen ausprobieren zu können. Man hat dann also immer mindestens zwei Versionen auf dem Mac. Hier sollte man sich eine kleine Strategie zurechtlegen, damit man nicht durcheinanderkommt.

1.7.1   Ältere Versionen von Xcode finden

Sollten Sie eine benötigte Xcode-Version zu früh gelöscht haben, dann können Sie auch diese (ältere) Version wieder problemlos installieren. Allerdings ist im Mac App Store immer nur die neueste Version verfügbar. Sie müssen also wissen, wo man ältere Versionen von Xcode findet. Im ersten Schritt müssen Sie sich hierfür mit Ihrer Apple-ID im Apple Developer Center anmelden. Nach der Anmeldung wechseln Sie via Link in das *Member Center*. Hier gibt es den Link *SDKs*. Nach dessen Auswahl landen Sie im Abschnitt *Plattform and Tools*. Hier suchen Sie nun nach Xcode und aktivieren den entsprechenden Link.

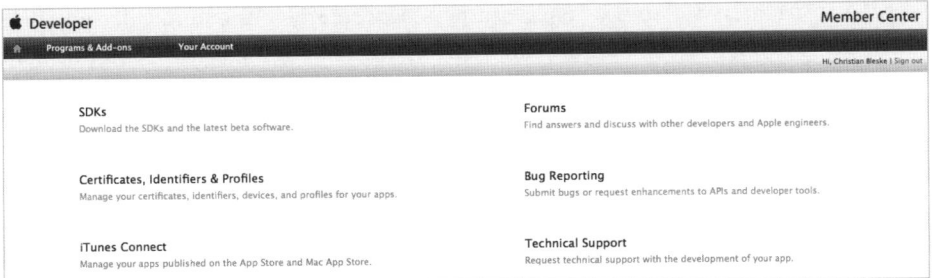

Abb. 1–27   *Ältere Version von Xcode downloaden*

Anschließend suchen Sie den Link *Download*. Betätigen Sie ihn, so wird eine Seite geladen, auf der neben der neuesten Xcode-Version auch ein Link zur Seite *Additional Tools* zu sehen ist. Hier werden Sie (endlich) fündig.

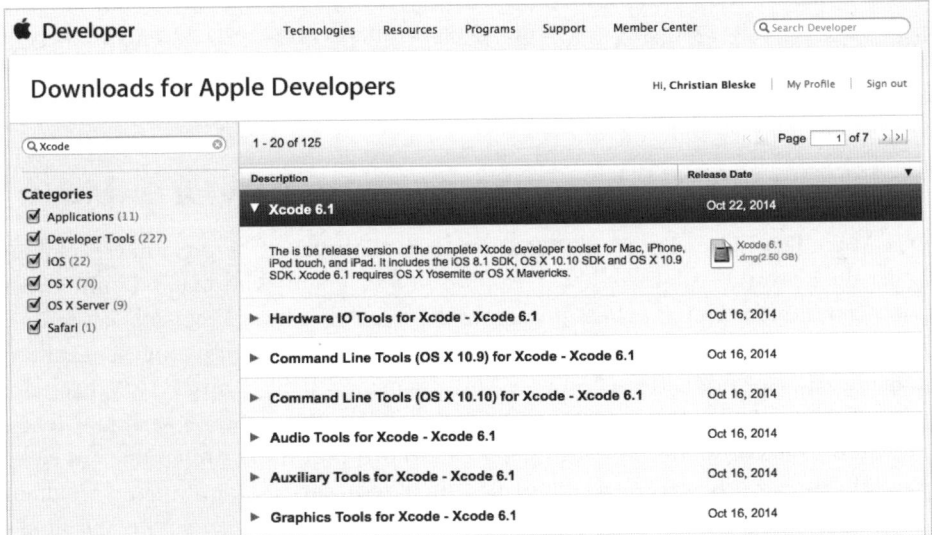

Abb. 1–28   *Download von unterschiedlichen Xcode-Versionen und Tools*

Geben Sie die Bezeichnung der gesuchten Version ein, oder blättern Sie, bis die gesuchte Version angezeigt wird. Nach einem Mausklick auf die Versionsbezeichnung wird der Link zum Download angezeigt. Nun kann das DMG-File heruntergeladen werden.

1.7.2   Weitere Xcode-Versionen installieren

Nach dem Download einer weiteren Version von Xcode ergibt sich die Frage, wohin sie installiert werden soll. In den *Programme*-Ordner kann immer nur eine Xcode-Version direkt eingefügt werden. Sollen dort mehrere Versionen installiert

werden, so richten Sie am besten zusätzliche Unterverzeichnisse mit der entsprechenden Versionsnummer als Namen ein. Dann haben Sie beispielsweise einen
Ordner *Xcode 6.4* und einen weiteren mit dem Namen *Xcode 7*. So können Sie
beliebig viele Xcode-Versionen parallel vorhalten. Sie sollten nur darauf achten,
dass Sie im Installationsdialog die neue Xcode-Version dann auch in das richtige
Verzeichnis befördern. Ansonsten müssen Sie sie später verschieben.

Tipp

Wenn die Beispiele im Buch mit Ihrer gerade verwendeten Xcode-Version nicht funktionieren sollten, dann laden Sie doch einfach die Version 7.0 herunter und installieren
diese zusätzlich. Alle Beispiele im Buch wurden mit dieser Version getestet.

Manchmal bietet es sich an, eine Version von Xcode auch wieder zu löschen. Das
geht sehr einfach. Die entsprechende Version muss einfach via Drag & Drop in
den Papierkorb befördert werden, und schon belegt diese Version inklusive der
zugehörigen Downloads keinen Speicherplatz mehr.

1.8   Das Apple Developer Program – Anlaufstelle für Entwickler

Das Apple Developer Program wurde im letzten Abschnitt bereits angesprochen.
Es ist die zentrale Anlaufstelle für Apple-Entwickler im Web. Zuerst einmal ein
wichtiger Punkt: Unter *https://developer.apple.com/* können Sie sich kostenfrei
als Apple Developer registrieren. Damit haben Sie bereits eingeschränkten
Zugang zu den Entwicklerseiten von Apple. Kostenpflichtig wird das Ganze erst,
wenn Sie auch iOS-Apps oder OS-X-Apps im jeweiligen Store veröffentlichen
möchten. Die Kosten betragen zurzeit 99 Euro pro Jahr und können nur mit einer
Kreditkarte bezahlt werden. Sie haben keine Kreditkarte? Dann nutzen Sie doch
einfach eine Prepaid-Kreditkarte. Auch damit können Sie sich einen kostenpflich-
tigen Zugang einrichten.

Im Apple Developer Program (Link *Member Center* verwenden) finden Sie
nicht nur Ressourcen in Form der *Developer Library*, sondern auch den Zugang
zu unterschiedlichen Bereichen, wie *Certificates, Identifiers & Profiles*, zu *iTunes
Connect* zu den *Apple Developer Forums* oder zum *Apple Developer Support*.

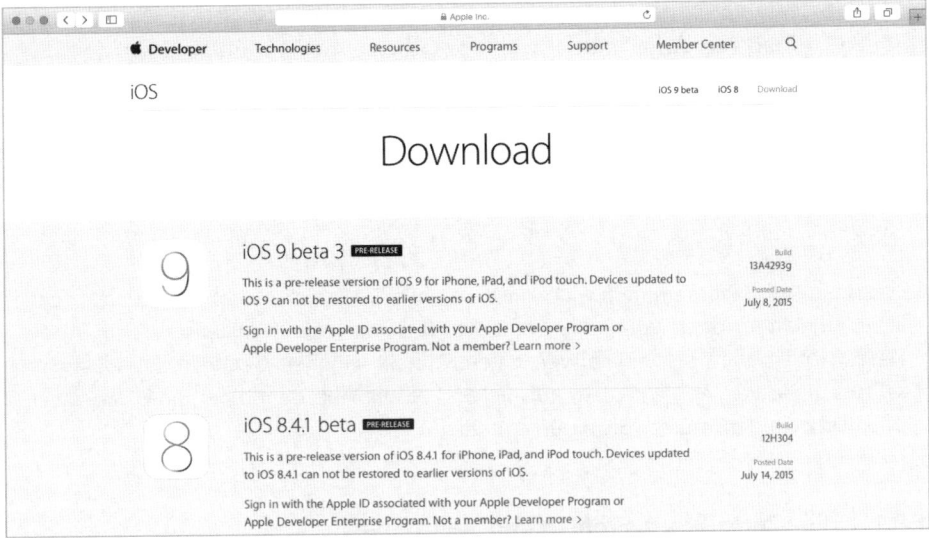

Abb. 1–29   *Das Apple Developer Program – Anlaufstelle für Entwickler*

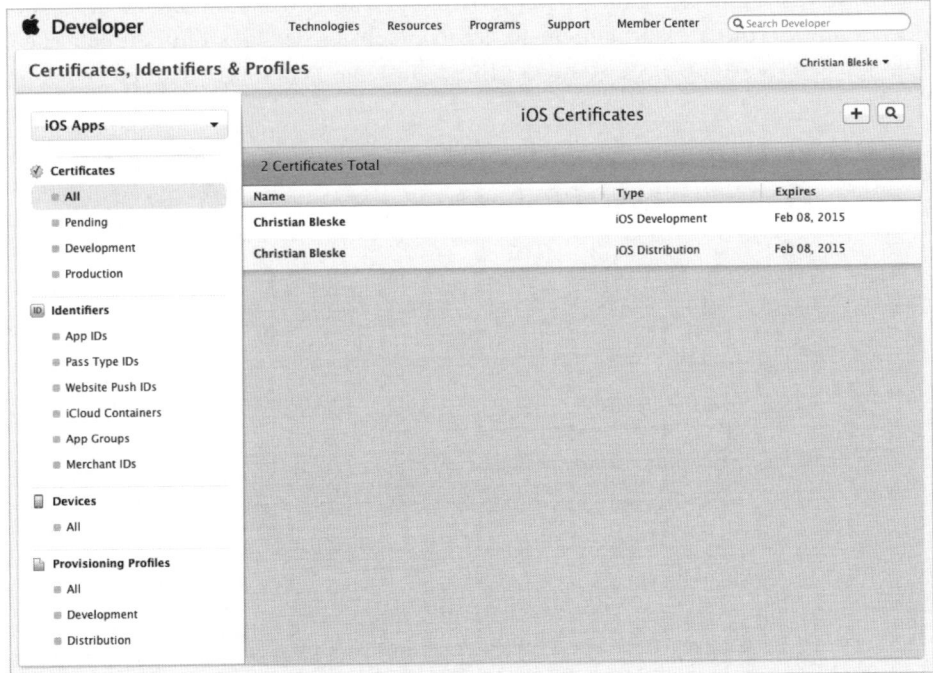

Abb. 1–30   *Der Bereich »Certificates, Identifiers & Profiles«*

Sobald Sie Apps über den App Store zum Download anbieten möchten, müssen Sie sich mit dem Bereich *Certificates, Identifiers & Profiles* beschäftigen. In diesem Bereich werden die Zertifikate, die Sie zur Signierung von Apps benötigen, und die Geräte verwaltet, die zur Entwicklung verwendet werden. Apple erlaubt nur den Upload von Apps in den App Store, die zuvor vom Entwickler digital signiert wurden. Auch Apps, die zum Test auf einem Entwicklergerät installiert werden sollen, müssen zuvor signiert werden. Der erste Schritt besteht also darin, die erforderlichen Zertifikate zu erzeugen.

Hinweis

Wenn Sie keine Programme für iOS oder watchOS im App Store von Apple veröffentlichen möchten, dann können Sie mit Xcode 7 auf eine Mitgliedschaft im Apple Developer Program erst einmal verzichten. Auf die eigenen Geräte können Sie eine selbst entwickelte App trotzdem aufspielen. Soll die App dann aber eines Tages veröffentlicht werden, müssen Sie natürlich zahlen.

1.8.1   Von Zertifikaten, Profilen und Identitäten

Nachdem Sie den Link zum Bereich *Certificates, Identifiers & Profiles* aktiviert haben, wechseln Sie zum Anlegen der Zertifikate in den Abschnitt *Certificates*. Sind noch keine Zertifikate vorhanden, so ist als Nächstes der Plus-Link zu betätigen. Anschließend startet ein Assistent, der Ihnen hilft, ein neues Zertifikat zu erstellen.

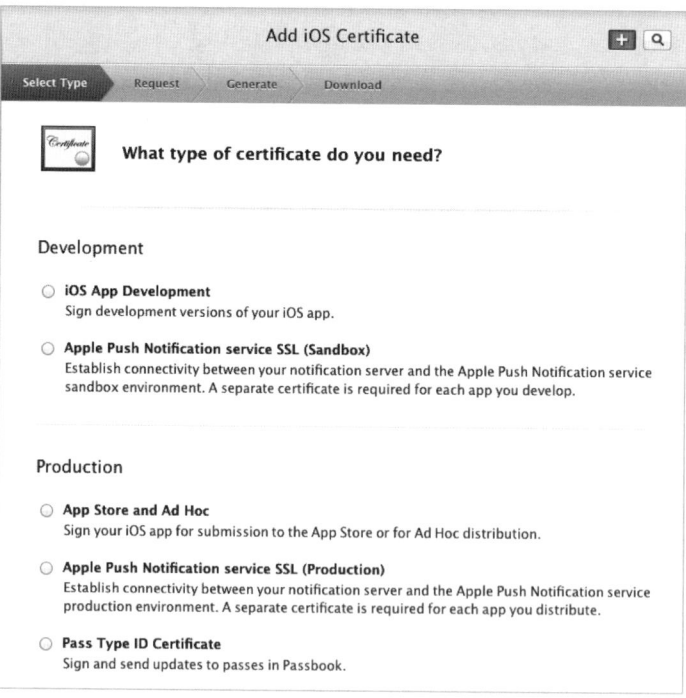

Abb. 1–31   *Zertifikate zur Entwicklung und Veröffentlichung von Apps anlegen*

Sie benötigen mindestens zwei Zertifikate: eines für die Entwicklung und ein weiteres, um Apps zu signieren, die veröffentlicht werden sollen.

Zuerst sollten Sie das zur Entwicklung benötigte Zertifikat erstellen. Dies geschieht durch Auswahl der Option *iOS App Development*. Im folgenden Dialog erfahren Sie, dass nun ein CSR – ein *Certificate Signing Request* – erzeugt wird. Im Prinzip wird man an dieser Stelle lediglich darüber informiert, dass nun der entsprechende Prozess zur Anforderung des Zertifikats eingeleitet wird. Sie können hier einfach den *Continue*-Button betätigen. Im dritten Arbeitsschritt werden Sie aufgefordert, eine CSR-Datei vom Mac hochzuladen. Diese enthält den privaten Teil des benötigten Schlüssels (siehe Abb. 1–32).

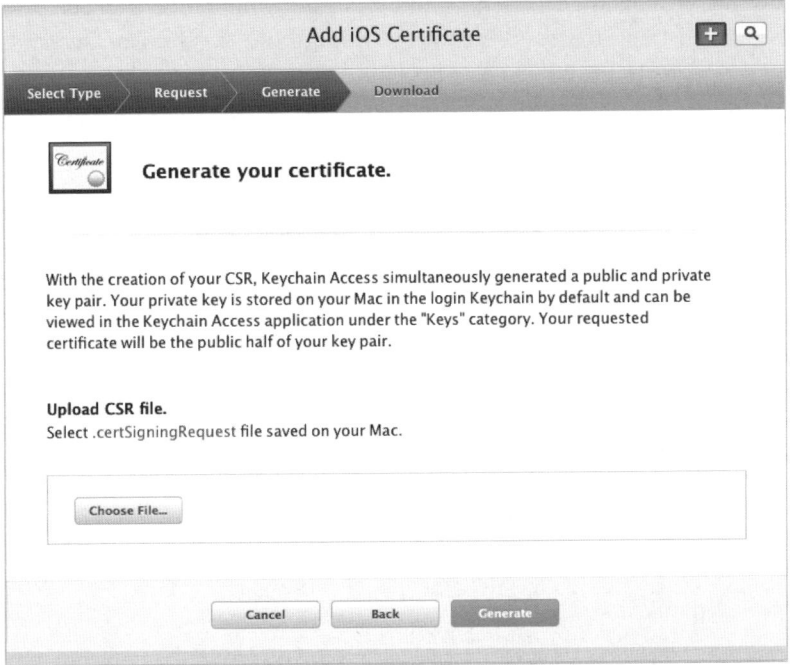

Abb. 1–32   *Upload der CSR-Datei*

Um die benötigte Datei zu erzeugen, müssen Sie die Schlüsselbundverwaltung (*Keychain Access*) des Mac öffnen. Anschließend rufen Sie das Menü *Schlüsselbundverwaltung* und dann *Zertifikatsassistent → Zertifikat einer Zertifizierungsinstanz anfordern...* auf. Ein Assistent hilft Ihnen nun bei der Erfassung der notwendigen Informationen (E-Mail-Adresse, Name) und bei der Erzeugung der Datei. Diese muss lokal gespeichert werden. Wurde die Datei erzeugt, so muss sie anschließend im Portal hochgeladen werden. Nach dem Upload der Datei betätigen Sie noch den *Generate*-Button im Portal. Daraufhin wird das Zertifikat erzeugt und kann dann auf den Mac heruntergeladen werden.

> **Hinweis**
>
> Die *Key Size* sollte bei der Generierung des Schlüssels 2048 Bit betragen. Außerdem sollte der RSA-Algorithmus zur Erstellung verwendet werden.

Abschließend muss das Zertifikat nur noch in Xcode importiert werden, was zum Glück relativ einfach ist: Es genügt, die Datei via Drag & Drop über dem Xcode-Icon abzuwerfen. Dieser Vorgang muss natürlich für jedes benötigte Zertifikat wiederholt werden.

Es gibt aber auch die Möglichkeit, die Zertifikatsverwaltung automatisch durch Xcode erledigen zu lassen. Wenn das funktioniert, ist das der bequemste Weg. Hierzu öffnen Sie den *Preferences*-Dialog von Xcode. Das zweite Symbol von links, *Accounts*, enthält in diesem Fall die benötigten Funktionen. Im Punkt *Accounts* müssen Sie zunächst die Apple-ID eintragen.

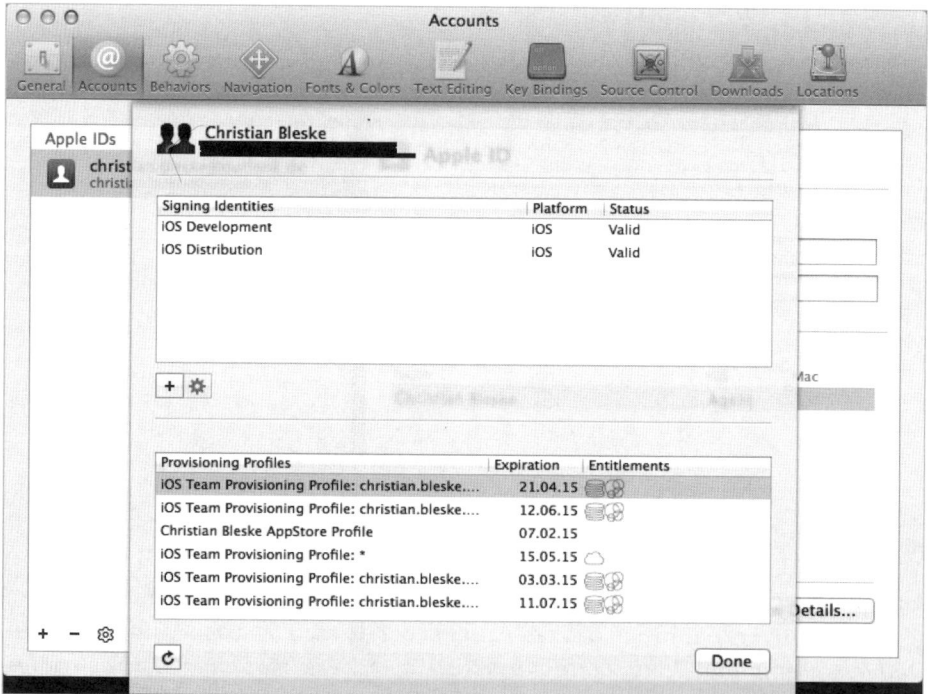

Abb. 1–33   *Automatische Verwaltung der Zertifikate in Xcode*

Nach dem Anlegen der Apple-ID klicken Sie zunächst auf den Button *View Details...* Betätigt man nun die Plus-Schaltfläche im Dialog, wird die anzulegende Identität ausgewählt (z.B. *iOS Development*). Nun sollten Sie den Anweisungen im Dialog folgen.

Neben den Zertifikaten benötigen Sie pro App, die veröffentlicht werden soll, auch ein sogenanntes *Provisioning Profile*. Diese Datei enthält alle benötigten Informationen für die Veröffentlichung einer App. Hierzu gehören beispielsweise auch die Zertifikate und eine AppID (sie identifiziert die App eindeutig) sowie die IDs der iOS-Geräte, auf denen die App zum Test installiert werden soll.

Der letzte Punkt ist natürlich nur dann notwendig, wenn die App auf mehreren Geräten installiert werden soll. Geht die App in den App Store, so wird diese Information nicht benötigt. Auch hier werden also (wieder) zwei Dateien verwendet: eine zur Entwicklung bzw. zum Testen und eine zur Veröffentlichung im App Store. Damit nicht jedes Mal, wenn eine neue App verteilt werden soll, auch ein neues Profil angelegt werden muss, wird mittlerweile eine Vorlagen-Datei erzeugt (*iOS Team Provisioning Profile: **) und zur Erstellung der Profil-Datei verwendet. Sie können auch diesen Prozess manuell über das Portal verwalten. Xcode bietet aber auch die automatische Verwaltung an. Sobald Sie Zertifikate, Identitäten und Profile erstellt haben, können Sie Apps auch auf fremden iOS-Geräten installieren oder in den App Store hochladen.

Hinweis

Bei Problemen mit Zertifikaten, Identitäten und Profilen werden Sie nicht um einen Blick in die Apple-Dokumentation herumkommen. Geben Sie hierzu in einer Suchmaschine Ihrer Wahl die folgenden Begriffe ein: *About App Distribution*.

1.8.2 App auf ein angeschlossenes iOS-Gerät übertragen

Wie wird ein iOS-Gerät für Entwicklungszwecke eingebunden, um eine App zu testen? Nachdem die benötigten Zertifikate erzeugt und in Xcode eingebunden worden sind, muss im ersten Schritt zum lokalen Test ein iOS-Gerät in Xcode hinzugefügt werden. Hierfür muss das Gerät natürlich erst einmal über iTunes mit dem Mac verbunden werden. Erst wenn das Gerät im lokalen iTunes des Entwicklungs-Mac vorhanden ist, kann es in Xcode verwendet werden (siehe Abb. 1–34).

Im folgenden Schritt muss Xcode gestartet und das Device-Fenster aufgerufen werden. Sie finden es im Menü *Window*. Dort werden die zur Entwicklung verwendeten Geräte (und solche, die es werden können) aufgelistet. Wählen Sie nun das angeschlossene und in iTunes registrierte Gerät aus der Liste aus, und betätigen Sie anschließend die Schaltfläche *Use for Development*. Im Anschluss dauert es einen Moment; dann sollte das Gerät als Entwicklungsgerät verfügbar sein. Das äußert sich dadurch, dass das Gerät nun in der Geräteauswahl der *Build and Run*-Schaltfläche als Ziel auswählbar ist.

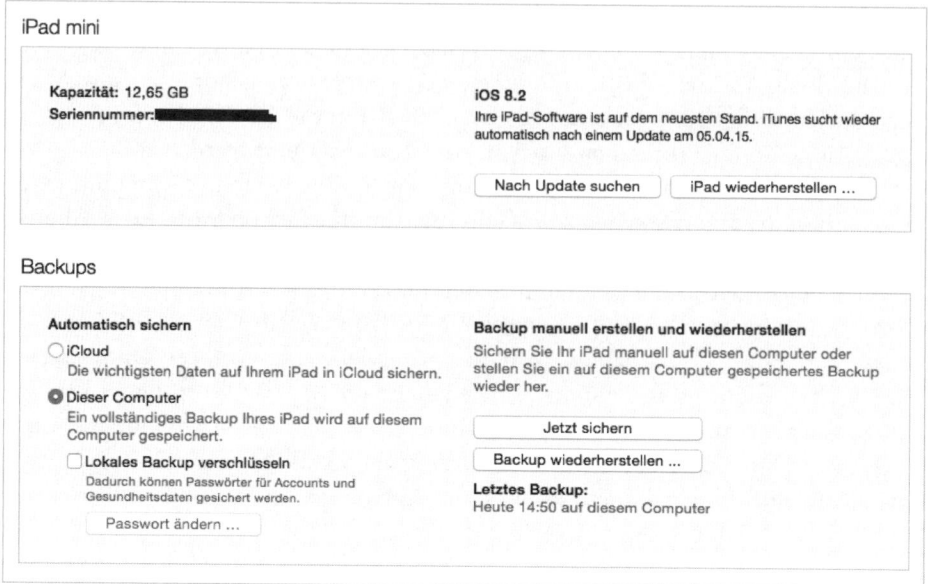

Abb. 1–34   *Das registrierte iOS-Geräte in iTunes*

Abb. 1–35   *Auswahl des zu verwendenden iOS-Geräts*

Wenn Sie anschließend die *Build and Run*-Schaltfläche betätigen, so wird die App auf dem lokal angeschlossenen iOS-Gerät installiert und gestartet.

Zusammenfassung

In diesem Kapitel wurden die Grundlagen zur Entwicklung von Apps mit Swift vorgestellt. Sie wissen jetzt, welche Hard- und Software benötigt wird. Außerdem haben Sie das Werkzeug zur Entwicklung von Apps, Xcode, sowie die zugehörigen Projektvorlagen für Apps kennengelernt. Schließlich wurde Ihnen ein Werkzeug zum Testen von Apps vorgestellt: der iOS-Simulator.

2 Schnellstart mit Swift

Swift ist kein Hexenwerk – ganz im Gegensatz zu Objective-C. Sofern Sie Java oder C# bereits kennen, werden Sie wahrscheinlich große Teile des Swift-Quellcodes direkt lesen können. Aus diesem Grund und weil Theorie eher langweilig ist, entwickeln wir an dieser Stelle direkt eine komplette (kleine) App mit Swift.

Auf die Syntax von Swift gehe ich in diesem Kapitel nicht ausführlich ein. Das Einstiegsbeispiel sollte trotzdem für jeden verständlich und direkt nachvollziehbar sein. Aus diesem Grund schreiben wir eine kleine App zur Umwandlung von Temperaturen.

Der Temperaturrechner nimmt einen Wert in Grad Celsius oder Fahrenheit entgegen und berechnet automatisch den jeweils anderen Wert in der entsprechenden Einheit. Um das Beispiel simpel zu halten, habe ich bewusst auf Code zur Fehlerbehandlung verzichtet. Am Ende soll dabei auf jeden Fall eine App entstehen, die der in Abbildung 2–1 ähnelt.

Abb. 2–1   *Ein Temperaturrechner als App*

Das Beispiel wird Schritt für Schritt entwickelt, alle notwendigen Handgriffe werden ausführlich erläutert.

2.1   Das Projekt anlegen

Wie jedes Projekt beginnt auch dieses mit der Auswahl einer passenden Projekt-vorlage in Xcode. Ein Teil der Arbeit wird dem Entwickler heutzutage durch pas-sende Projektvorlagen bereits abgenommen, von denen Xcode, wie in Kapitel 1 beschrieben, eine reichhaltige Auswahl bietet. Nur welche Vorlage sollten Sie für das Beispiel nehmen? Unsere App besteht aus nur einer Ansicht: dem Formular, in dem die Temperaturwerte eingegeben und abgelesen werden können. Die Aus-wahl einer passenden Vorlage ist somit recht einfach. Nach dem Öffnen der Vor-lagenauswahl von Xcode (*File → New → Project*) wird der entsprechende Dialog angezeigt (siehe Abb. 2–2).

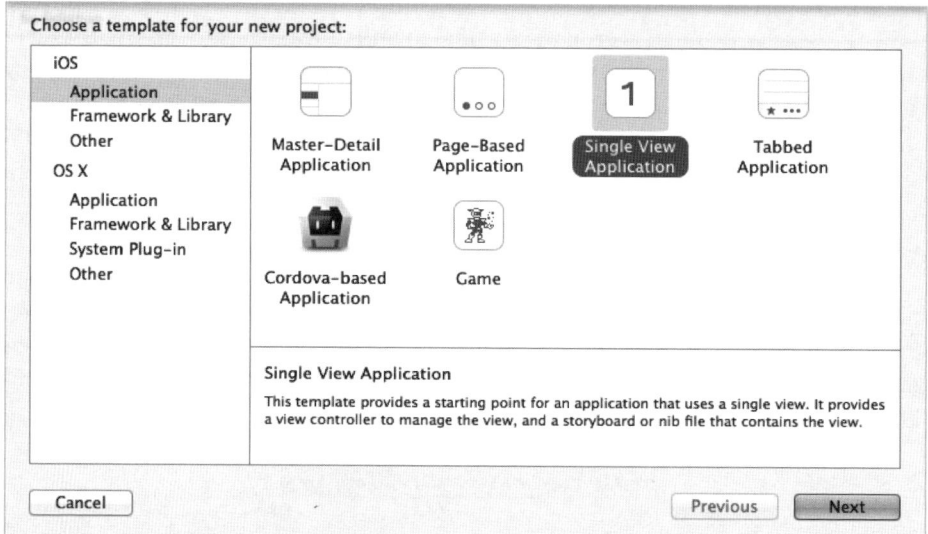

Abb. 2–2   *Die Vorlagenauswahl von Xcode*

In Abbildung 2–2 ist bereits die benötigte Vorlage markiert. Mit einer *Single View Application*-Vorlage wird eine App angelegt, die nur ein View enthält. In diesem View werden später alle erforderlichen Controls eingefügt. Nach Auswahl der Vorlage betätigen Sie die *Next*-Schaltfläche, und es geht zur Konfiguration der Anwendung. Im zweiten Dialog zur Anlage des Projekts muss der Projekt-name (*Product Name*) eingegeben werden – für das Beispiel können Sie hier *Tem-peraturrechner* eintippen. Außerdem müssen Sie den Hersteller (*Organization Name/Organization Identifier*) sowie die verwendete Sprache (Swift) und das Ziel-gerät angeben. Der Dialog enthält noch weitere Informationen (siehe Abb. 2–3).

Zu diesen Informationen zählen der sogenannte *Bundle Identifier* (hierbei handelt es sich um eine Kennzeichnung, die die App eindeutig identifiziert) sowie das Optionsfeld *Use Core Data*. Die Core-Data-Option wird im Beispiel nicht benötigt und deshalb auch nicht aktiviert (Core Data ist das Thema von Kap. 8).

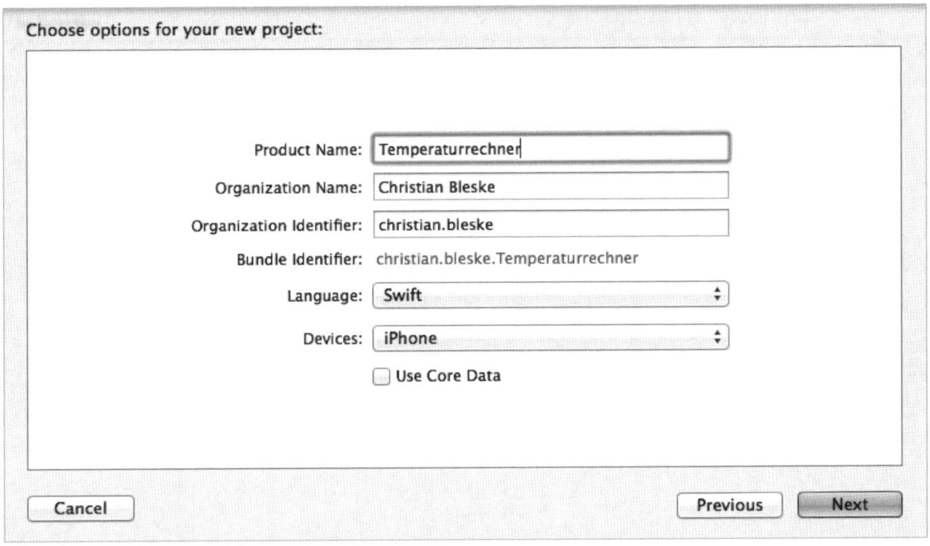

Abb. 2–3   *Den Namen des Projekts erfassen*

Innerhalb des Auswahlfelds *Devices* wird das Zielgerät des Projekts ausgewählt. Sie sollten die Voreinstellung (iPhone) belassen. Alternativ könnten Sie hier entweder *iPad* oder den Typ *Universal* (gilt dann für iPod touch, iPhone und iPad) auswählen.

Nach einem erneuten Mausklick auf die *Next*-Schaltfläche muss noch der Speicherort des Projekts ausgewählt werden. Es handelt sich bei diesem Dialog um das Standard-OS-X-Fenster zur Speicherung. Mit einer Ausnahme: Unterhalb der Ordner-Ansicht kann ein Versionskontrollsystem als Ziel für das neue Projekt angegeben werden. Sofern kein eigener Server vorhanden ist, kann man ein entsprechendes Repository (siehe Abb. 2–4) auch auf der lokalen Festplatte erzeugen.

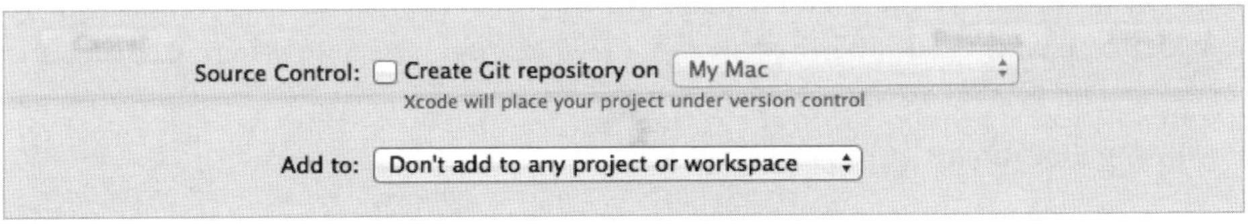

Abb. 2–4   *Optional möglich: Anschluss eines Versionskontrollsystems*

Hinweis

Ein *Repository* ist im Prinzip ein Ordner, der durch ein Versionskontrollsystem (z.B. CVS) verwaltet wird. In der Regel liegt dieser Ordner auf einem Server, der von mehreren Entwicklern verwendet wird.

An dieser Stelle gehe ich davon aus, dass ein solches System zur Verwaltung von Quellcode nicht verwendet wird. Das Projekt wird also einfach lokal auf der Festplatte des Entwicklungsrechners gespeichert.

Zuletzt betätigen Sie die *Create*-Schaltfläche im Dialog. Anschließend generiert Xcode die erforderlichen Dateien, und das Projekt wird innerhalb der Entwicklungsumgebung geöffnet (siehe Abb. 2–5).

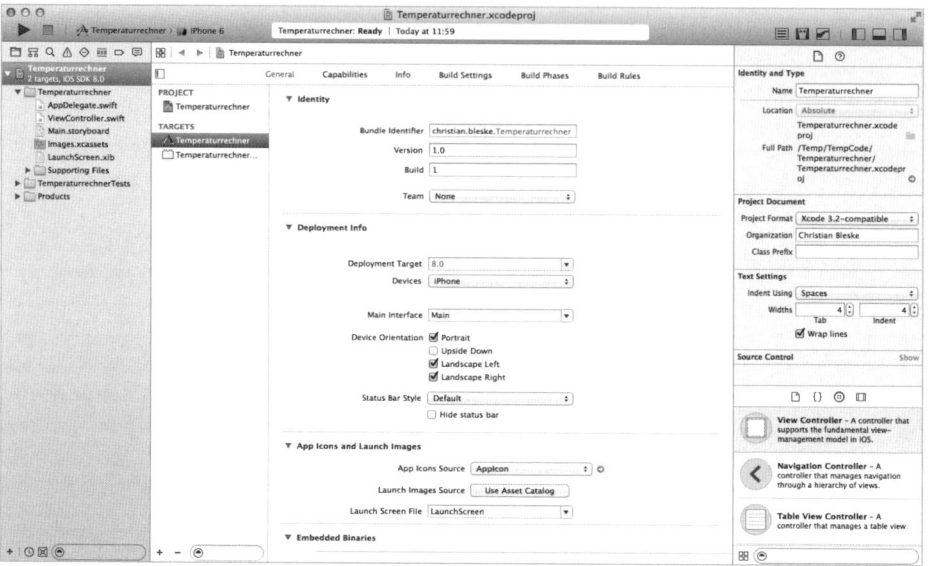

Abb. 2–5   *Das Projekt nach dem Anlegen in Xcode*

Im *Project Navigator* werden die Bestandteile des neu angelegten Projekts angezeigt. Es enthält die zwei Swift-Quellcodedateien *AppDelegate.swift* und *ViewController.swift* sowie die Dateien *Main.Storyboard* und *LaunchScreen.xib*. In *Main.Storyboard* wird die Oberfläche der App erstellt. In *LaunchScreen.xib* wird der Dialog gestaltet, der beim Start der Anwendung angezeigt wird.

Hinweis: Storyboard

Eine App besteht in der Regel aus mehr als nur einem View. Die Zusammenstellung von mehreren Views und die Verknüpfung der Views untereinander wird in Xcode im sogenannten *Storyboard* angezeigt und bearbeitet. Storyboard-Dateien haben die Endung **.storyboard*. Nähere Informationen zum Storyboard gibt es in Kapitel 5.

Außerdem gibt es die Möglichkeit, nur ein View in einer Datei zu speichern. Diese Dateien tragen die Endung **.xib*. Warum zwei Formate? XIB-Dateien gab es bereits lange vor Storyboard-Dateien. Aus Gründen der Kompatibilität und einfach, weil man nicht immer ein Storyboard benötigt, gibt es die XIB-Dateien immer noch.

In diesem Beispiel arbeiten wir lediglich innerhalb der Dateien *ViewController.swift* und *Main.Storyboard*. Zunächst soll die Oberfläche der App erstellt werden. Aus diesem Grund markieren wir im *Project Navigator* von Xcode die Datei *Main.Storyboard*. Xcode schaltet danach automatisch in den Interface Builder von Xcode (siehe Abb. 2–6).

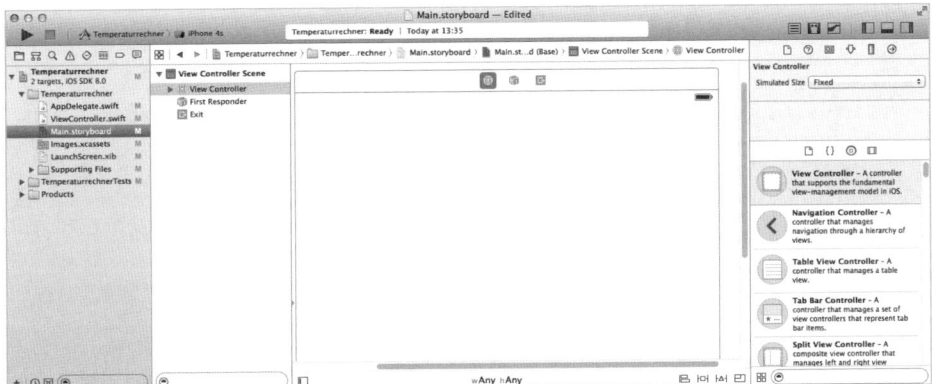

Abb. 2–6   *Der Interface Designer von Xcode*

Im Interface Builder von Xcode werden die Oberflächen von Apps (in der Regel via Drag & Drop) zusammengestellt. Wenn man sich das automatisch angelegte View in der Mitte so ansieht, stellt man recht schnell fest, dass die vorhandene Größe des Views nicht der Fläche eines iPhone-Displays entspricht. Im ersten Schritt soll diese Einstellung nun angepasst werden. Um ein View auzuwählen, klickt man mit dem Mauscursor in seinen oberen Bereich. Anschließend ändert sich die Ansicht (siehe Abb. 2–6).

Hinweis: Simulator und Ressourcen

Die Größe des Views ist nicht abhängig von der Auswahl des Zielgeräts. Für das Beispiel sollte trotzdem ein kleineres Gerät (z.B. ein iPhone 5 oder etwas Ähnliches) gewählt werden. Das hat den Vorteil, dass die Simulation des Gerätes nicht zu viele Systemressourcen verbraucht. Das ist gerade bei kleineren Macs ein Punkt, den Sie nicht vernachlässigen sollten. Ansonsten gleicht der Test eher einer Dia-Show als einem flüssig laufenden Programm.

Um nun die Größe des Views anzupassen, muss im rechten Bereich der IDE der Size-Inspector geöffnet sein. Dies sollte nach der Selektion des Views eigentlich standardmäßig der Fall sein. Wenn nicht, öffnen Sie ihn. Zu Beginn ist im Size Inspector nur ein Auswahlfeld (*Simulated Size*) zu sehen, in dem der Wert *Fixed* ausgewählt ist. Diese Angabe bezieht sich natürlich auf das zuvor selektierte View. Im nächsten Schritt wird die Größe des Views geändert, und zwar so, dass das View auf einem iPhone komplett angezeigt werden kann. Klicken Sie also in

das Auswahlfeld, und wählen Sie den Wert *Freeform* aus. In den darunter angezeigten Feldern zur Festlegung von Breite (Width) und Höhe (Height) geben Sie
die Werte 320 und 480 ein. Diese Größe kann jedes iPhone (egal ob alt oder neu)
anzeigen. Nach der Eingabe sollte sich im Interface Builder etwas verändert
haben: die Größe des Views. Es ist jetzt kleiner und benötigt weniger Platz.

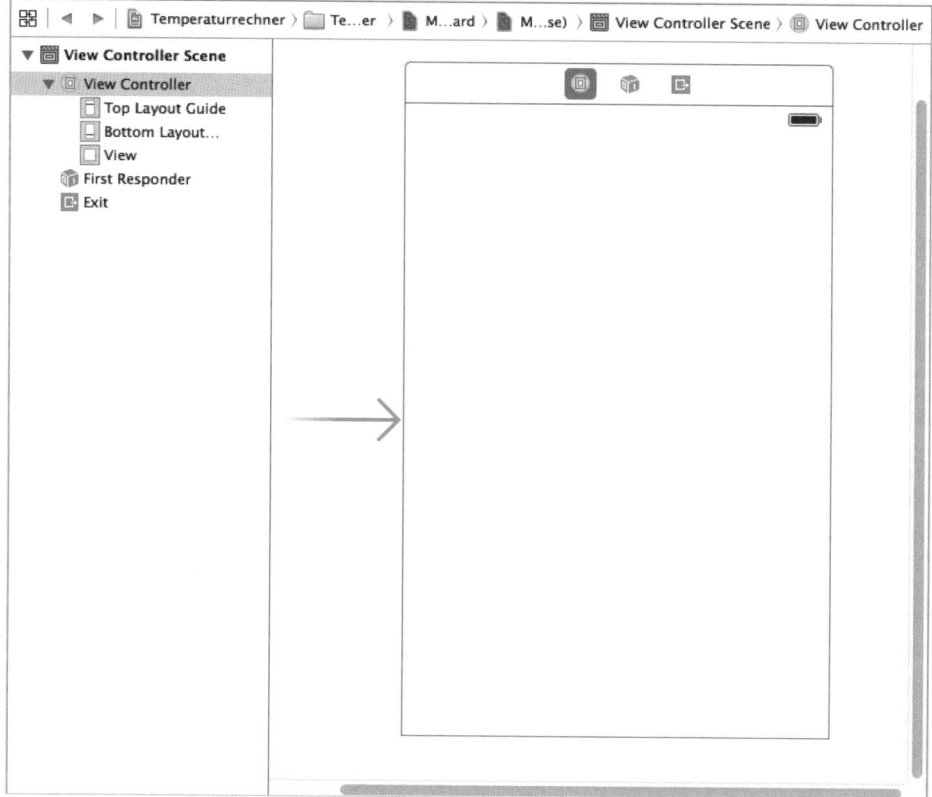

Abb. 2–7   *Das überarbeitete View*

Im nächsten Schritt können Sie die Oberfläche der App gestalten.

2.2 Die Oberfläche mit dem Interface Builder bauen

Die Oberfläche einer App wird mit dem Interface Builder von Xcode erstellt.
Wenn Sie dem Beispiel bis zu dieser Stelle gefolgt sind, dann sehen Sie ihn bereits.
Na ja, noch sehen Sie nichts. Das View ist ja noch leer. Das soll jetzt geändert
werden. Sie wissen bereits, wie die fertige App aussehen soll: In Abbildung 2–1 ist
das komplette Layout zu sehen. An dieser Stelle soll es jetzt nachgebaut werden.
    Haben Sie schon einmal mit einem WYSIWIG-Designer gearbeitet? Visual
Studio oder auch NetBeans beinhalten solche Designer zur Gestaltung der Ober-

fläche ebenfalls. Kennen Sie diese, dann kennen Sie im Prinzip auch den Interface Builder von Xcode, denn er funktioniert fast genauso. Insgesamt werden sieben Controls benötigt: fünf Bezeichnungsfelder (Label), eine Schaltfläche (Button) und ein Eingabefeld (Text Field). Diese Controls werden in Xcode der sogenannten *Object Library* entnommen. Diese wird angezeigt, wenn der Interface Builder zu sehen ist, und zwar am rechten Rand der Entwicklungsumgebung.

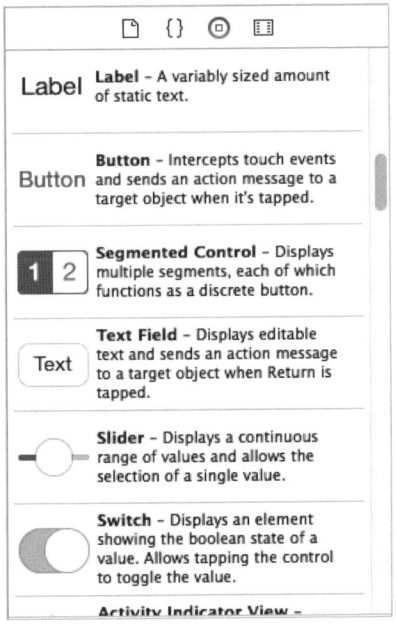

Abb. 2–8   *Die Object Library von Xcode*

Die in dieser Liste enthaltenen Elemente können (mit Ausnahmen) direkt via Drag & Drop in das View übernommen werden. Suchen Sie jetzt in der Auflistung das Control mit dem Namen *Label*, und legen Sie es innerhalb des Views ab. Sobald das Control sich über dem View befindet, aber noch nicht positioniert wurde, werden automatisch blaue Führungslinien angezeigt. Diese unterstützen Sie bei der Platzierung eines Controls. Vor allem dann, wenn mehrere Controls im View vorhanden sind, kann man so schnell sehen, ob die Controls horizontal und auch vertikal direkt neben- oder übereinander angeordnet werden. Für unser Beispiel ist die genaue Position der Controls uninteressant. Ordnen Sie diese einfach so an, dass sie komplett sichtbar sind und sich nicht gegenseitig verdecken. Die Größe eines Controls lässt sich natürlich anpassen. Das kann visuell im Designer oder aber mit dem Attribute Inspector geschehen. Sobald das Control selektiert wurde, erscheinen entsprechende Markierungen (siehe Abb. 2–9), mit denen sich die Größe anpassen lässt.

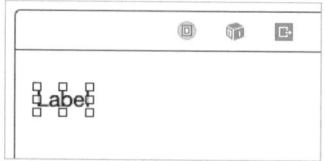

Abb. 2–9   *Markierungen zur Änderung der Größe*

Zeichnen Sie die Controls so, dass diese fast die komplette Breite des Views in Anspruch nehmen. Die Höhe belassen Sie so, wie sie voreingestellt ist. Sie können bereits jetzt alle Controls in das View einfügen. Anschließend sollte sich eine Ansicht ähnlich wie in Abbildung 2–10 ergeben.

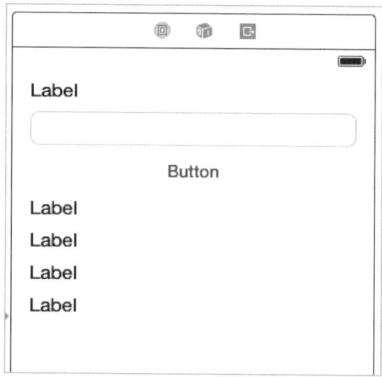

Abb. 2–10   *Das View, nachdem alle Controls eingefügt wurden*

Die Label-Controls werden im Beispiel für zwei Zwecke benötigt. Zum einen dienen sie der Beschriftung, beispielsweise des Text-Field-Controls, zum anderen werden in ihnen nach der Temperaturberechnung die ermittelten Werte angezeigt.

Im folgenden Schritt werden zunächst die Beschriftungen in die Controls bzw. in ihre entsprechenden Eigenschaften eingetragen. Um die Eigenschaften eines Controls (z.B. Breite, Höhe oder Beschriftung) zu bearbeiten, müssen Sie es zuerst im Interface Builder markieren. Markieren Sie also jetzt das erste Label-Control im View. Im Anschluss muss der *Attributes Inspector* von Xcode aktiviert werden (siehe Abb. 2–11).

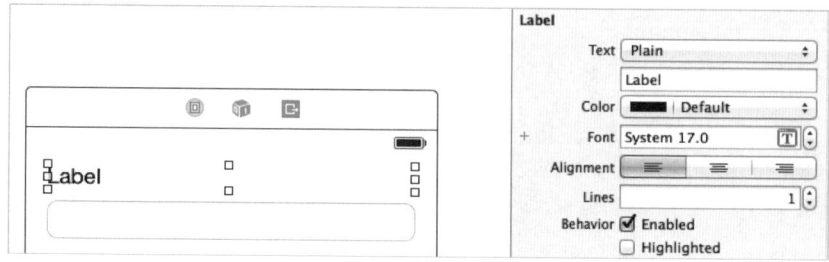

Abb. 2–11   *Die Eigenschaften eines Labels im Attributes Inspector*

Im Attributes Inspector werden die Eigenschaften des im Interface Builder markierten Controls bearbeitet. Suchen Sie jetzt bitte nach der Eigenschaft *Text*. Diese ist direkt als Erstes im *Attributes Inspector* zu sehen. Direkt unterhalb des Auswahlfeldes befindet sich ein Eingabefeld, in dem der Text »Label« steht.

Überschreiben Sie diesen Text direkt mit dem Text »Eingabe in Grad (Fahrenheit/Celsius)«. Drücken Sie die *Enter*-Taste, damit der Text übernommen und im Interface Builder von Xcode angezeigt wird. Diesen Schritt wiederholen Sie jetzt bitte für das zweite und fünfte Label mit den Texten »in Celsius« und »in Fahrenheit«. Zuvor müssen Sie natürlich wieder jeweils das entsprechende Control im View markieren. In die *Text*-Eigenschaft der verbleibenden beiden Labels tragen Sie jeweils drei Bindestriche »---« ein. Einzig der Button hat jetzt noch keine Beschriftung. Markieren Sie ihn, und suchen Sie dann im *Attributes Inspector* die Eigenschaft *Title*. Die reine Gestaltung der Oberfläche ist mit diesen wenigen Handgriffen bereits abgeschlossen.

Controls benötigen eine Bezeichnung, um im Quelltext angesprochen werden zu können, z.B. *button1*. Genauer gesagt benötigen Sie eine Instanz des Controls im Code. Das Anlegen dieser Instanz unterscheidet sich etwas von den Mechanismen in anderen IDEs. In Xcode markieren Sie hierzu das entsprechende Control und verknüpfen dieses anschließend direkt im Quellcode (mittels einer grafischen Verbindungslinie) mit einer zuvor angelegten Variablen.

Hinweis

Wenn Sie grafische Designer bereits von anderen IDEs her kennen, wird Ihnen die Methode zur Verknüpfung von Code und Control umständlich vorkommen. Das liegt daran, dass sich Änderungen im Interface Builder nicht direkt im Quellcode niederschlagen.

In Visual Studio beispielsweise erhält ein Button automatisch eine Referenzvariable im Quellcode, sobald er via Drag & Drop im Formular abgelegt wurde. In Xcode ist das nicht so! Zu Beginn sind View und Code nicht (bzw. nur an wenigen Stellen bereits) verknüpft. Erst im Laufe des Entwicklungsprozesses verknüpfen Sie Oberfläche und Code Zug um Zug immer mehr.

Zum Verknüpfen gibt es in Xcode einen speziellen Modus, der erst einmal aktiviert werden muss. Da man sowohl den Interface Builder als auch ein Quellcodefenster benötigt, muss erst einmal etwas Platz geschaffen werden, wenn man nicht einen 27"-Monitor sein Eigen nennt. Blenden Sie also den Inspektorenbereich aus, und öffnen Sie zusätzlich ein Quellcodefenster. Die benötigten Werkzeuge hierzu befinden sich im rechten Bereich der Toolbar von Xcode (siehe Abb. 2–13).

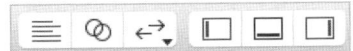

Abb. 2–12   *»Show Assistent Editor« öffnet zweites Fenster.*

Über die Funktion *Show Assistent Editor* (das ist der zweite Button) kann ein weiteres Fenster zur Anzeige von Text oder des Interface Builder in Xcode eingeblendet werden Um etwas mehr Platz in der Anzeige zu erhalten, können Sie über die Schaltfläche *Hide or show the Utilities* den entsprechenden Bereich in Xcode ausblenden. Nach der Anpassung der Ansichten in Xcode sollte die Aufteilung innerhalb der IDE wie in Abbildung 2–13 aussehen.

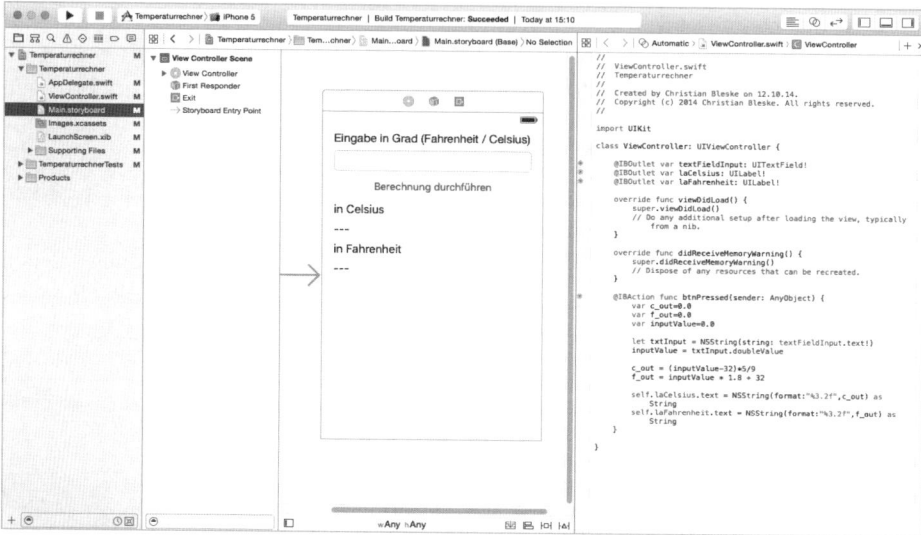

Abb. 2–13   *Geteilte Ansicht: Interface Builder und Codefenster*

2.3   Controls und Ereignisse

Sobald innerhalb der IDE die Fenster entsprechend geöffnet wurden, können Sie die benötigten Variablen anlegen. Die Aktion beginnt im Interface Builder und endet im Quelltextfenster. Das erste Label, das als Beschriftung für das Text-Field-Control verwendet wird, wird im Quellcode nicht angesprochen. Aus diesem Grund wird auch keine Variable benötigt, die das entsprechende Control referenziert.

Bei dem nächsten Control im View handelt es sich um das Text-Field-Control, das zur Eingabe der umzurechnenden Temperatur verwendet wird. In diesem Fall wird eine Referenz im Code benötigt, da der eingegebene Wert zur weiteren Verarbeitung ausgelesen werden muss. Markieren Sie das Control, und betätigen Sie anschließend die CTRL-Taste, halten Sie die Taste aber gedrückt! Wenn Sie nun die linke Maustaste betätigen (und ebenfalls gedrückt halten), dann wird eine blaue Verbindungslinie sichtbar (siehe Abb. 2–14).

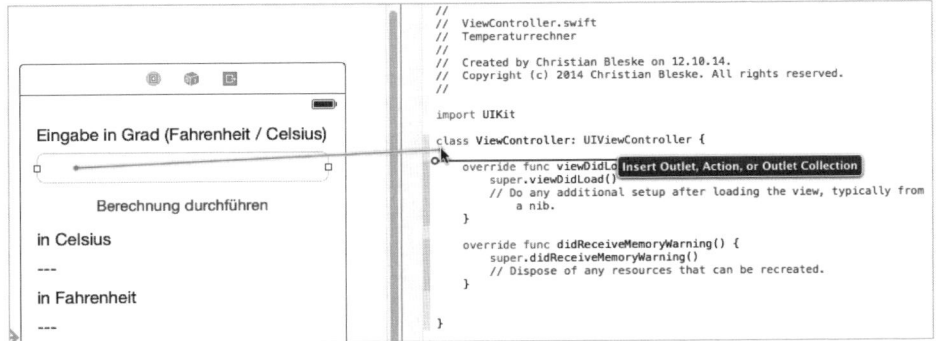

Abb. 2–14   *Eine Referenz für ein Control im Code anlegen*

Diese Linie vergrößert oder verkleinert sich, je nachdem, wie Sie die Maus bewegen. Am Ende der Linie (im Quellcodefenster) wird Ihnen (ebenfalls durch eine dunklere blaue Linie) angezeigt, wo der neue Code eingefügt wird. Als zusätzlicher Hinweis wird in einer Box angegeben, dass entweder ein Outlet (die Referenzvariable für das Control), eine Action (Ereignisbehandlungsroutine) oder eine Outlet Collection erzeugt wird, sobald die Maustaste losgelassen wird. Führen Sie nun die Verbindungslinie direkt in das Codefenster unterhalb des Begriffs *class*, und lassen Sie die Maustaste anschließend los. Umgehend wird sich ein kleines Fenster öffnen (siehe Abb. 2–15).

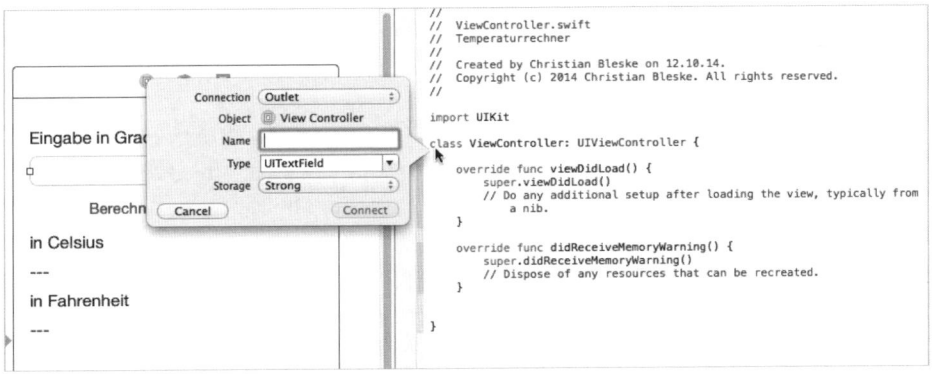

Abb. 2–15   *Konfiguration der Control-Referenz*

In diesem Fenster können Sie einen Namen für die Variable vergeben, die als Referenz im Code für das Control erzeugt werden soll. Tragen Sie nun im Feld *Name* die Bezeichnung für das Text-Field-Control ein: *textFieldInput*. Anschließend ist es möglich, die Schaltfläche mit dem Namen *Connect* zu betätigen. Tun Sie das. Einen Moment später gibt es eine neue Zeile Code im Quelltextfenster zu begutachten:

```
class ViewController: UIViewController {
  @IBOutlet var textFieldInput: UITextField!
  //Quellcode entfernt
}
```

Für das Text-Field-Control gibt es somit nun eine Referenz im Quellcode. Es werden aber noch zwei weitere Referenzen benötigt. Die beiden Labels, in denen zurzeit nur »---« steht, sollen ja verwendet werden, um die Umrechnung in die jeweilige Einheit anzuzeigen. Die Labels bzw. deren Referenzen im Quellcode sollen die Namen: *laCelsius* und *laFahrenheit* erhalten.

Um die Referenzen für die Labels anzulegen, Verfahren Sie genauso wie zuletzt beschrieben: Markieren Sie das Control im Interface Builder, betätigen Sie die CTRL-Taste, und ziehen Sie dann eine Verbindungslinie in das Quellcodefenster. Probieren Sie es doch gleich einmal aus. Der komplette Quellcode sollte nach dem Einfügen der Referenzen für die Labels wie folgt aussehen:

```
class ViewController: UIViewController {

  @IBOutlet var textFieldInput: UITextField!
  @IBOutlet var laCelsius: UILabel!
  @IBOutlet var laFahrenheit: UILabel!

  override func viewDidLoad() {
    super.viewDidLoad()
  }

  override func didReceiveMemoryWarning() {
  super.didReceiveMemoryWarning()
  }
}
```

Die fett markierten Zeilen sollten nach dem Einfügen der Referenzen automatisch angelegt worden sein. Jetzt können die Controls zwar im Quellcode angesprochen werden, es fehlt allerdings noch etwas Code, bevor es an die eigentliche Programmierung gehen kann.

Die Umrechnung der Werte soll stattfinden, nachdem der Anwender die Schaltfläche mit der Bezeichnung *Berechnung durchführen* betätigt hat. Hierfür wird im Code ein Ereignis, genauer gesagt eine Ereignisbehandlungsroutine, benötigt – also eine Funktion, in der Code eingefügt wird, der nach der Betätigung des Buttons automatisch ausgeführt wird.

Aus diesem Grund muss ebenfalls über den bereits verwendeten Mechanismus etwas Code erzeugt werden. Ziehen Sie also eine Verbindungslinie vom Button in das Codefenster hinein. Am besten wird der Code am unteren Ende aber vor der letzten (schließenden) geschweiften Klammer eingefügt. Wenn Sie die linke Maustaste wieder loslassen, öffnet sich erneut das bereits bekannte Fenster zur Konfiguration der Verbindung.

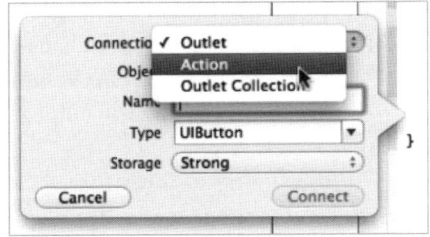

Abb. 2–16   *Konfiguration der Verbindung für den Button*

Im Auswahlfeld *Connection* des Fensters zur Konfiguration der Verbindung wählen Sie nun den Eintrag *Action* aus (siehe Abb. 2–16) und tragen im Feld *Name* die Bezeichnung der Action *btnPressed* ein. Betätigen Sie anschließend die Schaltfläche mit der Bezeichnung *Connect*. Der Code sollte jetzt ein weiteres Mal erweitert worden sein, und zwar um die folgenden Zeilen:

```
@IBAction func btnPressed(sender: AnyObject) {

    //Hier kommt der Code hin...
}
```

Innerhalb der Funktion *btnPressed* wird im letzten Schritt der Programmcode zur Umrechnung eingefügt. Da es nur um eine Umrechnung und die Zuweisung des Ergebnisses an die Label-Controls geht, wird nicht viel Code benötigt.

2.4   Mit Swift zum Ergebnis

Der letzte Schritt (vor dem Testlauf) beinhaltet das Einfügen des Programmcodes zur Berechnung der Temperaturwerte innerhalb der Funktion *btnPressed*. Positionieren Sie den Cursor also nun innerhalb der entsprechenden Funktion, und übernehmen Sie die folgenden Zeilen:

```
@IBAction func btnPressed(sender: AnyObject) {

    var c_out=0.0
    var f_out=0.0
    var inputValue=0.0

    let txtInput = NSString(string: textFieldInput.text!)
    inputValue = txtInput.doubleValue

    c_out = (inputValue-32)*5/9
    f_out = inputValue * 1.8 + 32

    self.laCelsius.text = NSString(format:"%3.2f",c_out) as String
    self.laFahrenheit.text = NSString(format:"%3.2f",f_out) as String

}
```

Wenn Sie bereits programmiert haben, beispielsweise mit C# oder Java, dann sollte der Code Sie vor keine allzu großen Herausforderungen stellen.

Für alle anderen soll der Code an dieser Stelle grob erläutert werden. Zu Beginn werden drei Variablen deklariert, die den Celsius-Wert (*c_out*), den Fahrenheit-Wert (*f_out*) sowie den Eingabewert (*inputValue*) speichern. In der folgenden Zeile wird der in das Text-Field-Control eingegebene Wert ausgelesen und der Variablen *txtInput* zugewiesen.

Für die Berechnung wird aber keine Zeichenfolge, sondern eine Zahl benötigt. Aus diesem Grund wird die Zeichenfolge in der nächsten Zeile in eine Zahl umgewandelt.

In den nächsten beiden Zeilen folgen die Berechnung des Celsius- sowie des Fahrenheit-Wertes und die anschließende Speicherung des jeweiligen Ergebnisses in der zugehörigen Variablen (*c_out* oder *f_out*).

Die beiden letzten Zeilen im Quellcode werden benötigt, um die Zahlen in eine Zeichenfolge umzuwandeln und den Nachkommaanteil formatiert anzuzeigen.

Speichern Sie das Projekt (spätestens) jetzt, sofern Sie das noch nicht getan haben. Nun können Sie das Projekt testen. Hierzu können Sie es direkt aus der IDE heraus starten.

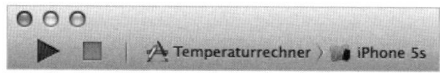

Abb. 2–17   *Start eines Projekts aus Xcode*

Betätigen Sie zum Starten der App die kleine dreieckige Schaltfläche in der Toolbar von Xcode (siehe Abb. 2–17). Achten Sie darauf, dass als Zielgerät ein iPhone gewählt wurde. Dann passt es auch mit der Bildschirmauflösung. Nach Betätigung der *Build and Run*-Schaltfläche wird automatisch der iOS-Simulator gestartet und die App übertragen. Zuletzt sollte dann (hoffentlich) die Anwendung im Simulator laufen.

Hinweis: Video vorhanden!

Dieses Kapitel bzw. seinen Inhalt gibt es auch als Video. *(unter www.dpunkt.de/swift2)* So können Sie sich die Arbeitsschritte noch einmal in Ruhe ansehen und Stück für Stück verfolgen.

Abb. 2–18   *Die App im Simulator*

Sie werden nach dem Schnelleinstieg wahrscheinlich viele Fragen zu Details haben, beispielsweise zum Quellcode oder auch zu Xcode oder zum iPhone Simulator usw. Die folgenden Kapitel in diesem Buch werden Ihnen (hoffentlich) die eine oder auch die andere Frage beantworten.

Zusammenfassung

In diesem Kapitel haben Sie eine kleine App geschrieben, mit der sich Temperaturumrechnungen durchführen lassen. Alle Schritte der App-Entwicklung wurden in diesem Projekt durchlaufen: vom Anlegen des Projekts über die Anpassung des Views und die Gestaltung der Oberfläche bis hin zur Verknüpfung von Schaltflächen und Eingabefeldern mit Programmcode. Sie haben somit nun eine Vorstellung, welche Stationen Sie bei der Entwicklung einer Anwendung für iOS auch zukünftig durchlaufen werden.

3 Einstieg in Swift

In diesem und auch im folgenden Kapitel dreht sich alles nur um die Sprache Swift. In ihnen werden die Grundlagen für die Programmierung mit Swift gelegt. So wird erläutert, wie eine Variable oder auch eine Konstante definiert und verwendet wird. Ferner erfahren Sie, wie in Swift Schleifen programmiert und Fallunterscheidungen durchgeführt werden. Mithilfe von Playground können Sie jedes Beispiel direkt ausprobieren und müssen nicht erst extra eine App zum Testen schreiben.

Kapitel 4 beinhaltet dann eine Einführung in die objektorientierte Programmierung mit Swift. Beide Kapitel richten sich in erster Linie an Personen, die bereits mit einer (objektorientierten) Programmiersprache gearbeitet haben. Betrachten Sie die beiden Kapitel aber nicht als ein Kompendium der Sprache! Es wird lediglich das Minimum gezeigt, das benötigt wird, um anschließend eine App schreiben zu können.

3.1 Variablen, Konstanten und Zuweisungen

Swift nutzt, wie andere Sprachen auch, die Möglichkeit, Werte – also Zahlen oder Zeichen – in Variablen abzulegen. In Swift werden Variablen an einer beliebigen Stelle im Quellcode deklariert. Eine Deklaration in Swift sieht wie folgt aus:

```
var variable = 1
```

Die Variable wird mit dem Schlüsselwort var bekannt gegeben. Nach var folgt dann die Bezeichnung der Variablen, unter der sie im ganzen Programm angesprochen werden kann.

3.1.1 Zuweisungsoperator

Im Beispiel geht es aber nach der Vergabe des Namens noch weiter. Mit einem Gleichheitszeichen wird der Variablen der Wert 1 zugewiesen. Womit jetzt auch geklärt wäre, wie der Zuweisungsoperator in Swift aussieht. Probieren Sie das Ganze doch gleich einmal im Playground-Formular aus. Sie werden feststellen, dass im rechten Bereich des Playground-Formulars der Inhalt der Variablen angezeigt wird, sobald Sie die Zeile eingegeben haben (siehe Abb. 3–1).

Abb. 3–1   *Neue Variable im Playground anlegen*

Sie schließen die Zeile ab, ohne ein weiteres Zeichen einzugeben. Alle C-Sprachen oder auch Java verwenden als Kennzeichnung, dass eine Zeile zu Ende ist, ein Semikolon. In Swift muss dieses Zeichen nicht eingegeben werden. Aber es kann optional gemacht werden. Die beiden folgenden Zeilen werden somit identisch behandelt:

```
var variable = 1
var variable = 1;
```

An dieser Stelle ein wichtiger Hinweis. Swift ist *case-sensitive*!

```
var zahl = 5
var ZAHL = 10
```

Die Variablen *zahl* und *ZAHL* sind somit nicht identisch!

3.1.2   Konstanten

Neben Variablen kennt Swift auch Konstanten. Wenn Sie ein Umrechnungsprogramm schreiben müssten, dann könnten Sie im Quellcode eine Konstante wie folgt definieren:

```
let EuroDmWechselkurs = 1.95583
```

Zur Deklaration einer Konstante wird in Swift das Schlüsselwort let verwendet.

Hinweis

Xcode weist Sie auf *var*-Deklarationen hin, die (weil der Inhalt nach der Initialisierung nicht geändert wird) besser als Konstante definiert worden wären.

Die Initialisierung einer Konstante muss nicht zwingend mit der Deklarierung erfolgen, sondern kann auch erst später geschehen.

3.2 Datentypen

In den bisherigen Beispielen habe ich auf die Angabe eines Datentyps verzichtet. Tatsächlich ist es mit Swift so, dass die Angabe eines Datentyps nicht zwingend erforderlich ist. Swift erkennt den Datentyp einer Variablen aus der ersten Zuweisung eines Wertes. Wenn man einer Variablen also eine ganze Zahl zuweist, dann kann diese in Swift auch nur ganze Zahlen speichern. Wird einer Variablen eine Zeichenkette, z.B. das Wort »Hallo« als Erstes zugewiesen, dann geht Swift davon aus, dass in dieser Variablen zukünftig nur Zeichenketten gespeichert werden sollen. Deklariert man eine Variable, so kann man aber zusätzlich angeben, welcher Datentyp verwendet werden soll:

```
var Zahl:Int = 5
```

Das Schlüsselwort *Int* (Integer) sorgt dafür, dass in dieser Variablen nur ganze Zahlen aus einem Bereich von -2.147.483.648 bis +2.147.483.647 gespeichert werden können.

3.2.1 Strings

Zur Speicherung von einzelnen Zeichen und Zeichenketten (z.B. Wörtern) wird in Swift der Datentyp *String* verwendet. Um also die Zeichenkette »Hallo Welt« innerhalb einer String-Variablen zu speichern, werden die folgenden Anweisungen verwendet:

```
var zeichenkette:String = "Hallo Welt"
```

Neben dem Swift-Typ *String* gibt es noch den aus der Objective-C-Welt kommenden Typ *NSString*. Diese beiden Typen sind weitestgehend kompatibel.

Hinweis für Objective-C-Entwickler

In Swift sind Strings Value- und keine Referenz-Typen. Das bedeutet für Sie: String-Variablen können mit dem ==-Operator verglichen und mit dem +-Operator verknüpft werden. Der String-Typ in Swift ist ein eigenständiger Datentyp. Er ist kompatibel zu NSString. Innerhalb eines Swift-Programms kann man auch mit NSString arbeiten. Aufgrund der Vorteile, die der Swift-String bietet, wird das aber nicht so oft notwendig sein.

Apple weist in der Dokumentation zu Swift darauf hin, dass alle NSString-Typen durch den Swift-String-Typ ausgetauscht werden, wenn in einem Swift-Programm ein in Objective-C geschriebenes API importiert wird.

An dieser Stelle möchten Sie vielleicht damit beginnen, die Beispiele selbst in Xcode zu erfassen. Hierfür gibt es in Xcode die Playground-Vorlage (siehe Kap. 1). Um in Playground eine Ausgabe zu erhalten, damit z.B. der Inhalt einer Variablen angezeigt wird, müssen Sie ggf. das entsprechende Ausgabefenster zuvor aktivieren. Sie aktivieren dieses Fenster über das *View*-Menü von Xcode (*View → Assistent Editor → Show Assistent Editor*).

Nun wird ein Bereich zur Ausgabe (*Console Output*) angezeigt. Die Ausgaben in diesen Bereich erfolgen mit der Anweisung *print()*. Wenn Sie dieser Anweisung eine Variable vom Typ *String* übergeben, dann wird der Inhalt der Variablen im Ausgabefenster angezeigt. Probieren Sie einmal, die folgende Zeile ein- und anschließend auszugeben:

```
print("Hallo Welt")
```

Nach einem kurzen Augenblick müsste im Ausgabefenster nun der Text »Hallo Welt« ohne die *print*-Anweisung angezeigt werden. Auch Zahlen lassen sich direkt mittels *print* ausgeben:

```
print(42)
```

In den folgenden Abschnitten und Kapiteln wird die Ausgabe mit *print* häufiger zum Einsatz kommen. Eine Variable von Typ String kann in Swift noch mehr, als nur mit *print* ausgegeben zu werden. Hat man eine Variable vom Typ String angelegt und initialisiert, so gibt es Funktionen, die die Bearbeitung des Inhalts der Variablen ermöglichen. Drei davon werden im Folgenden kurz vorgestellt:

- die Umwandlung von Groß- in Kleinbuchstaben
- die Umwandlung von Zeichen in eine Zahl
- die Ausgabe von String-Inhalten mit String-Interpolation

Umwandlung von Groß- in Kleinbuchstaben

Manchmal ist es nützlich, eine zuvor großgeschriebene Zeichenkette in eine kleingeschriebene umzuwandeln. Mit der Funktion *lowercaseString* kann man das problemlos erledigen:

```
var stringGross = "HALLO WELT"
var stringKlein = stringGross.lowercaseString
```

Im Beispiel wird der Variablen *stringGross* die Zeichenkette »HALLO WELT« zugewiesen. Zur kompletten Umwandlung in Kleinbuchstaben wird in der folgenden Zeile die *lowercaseString*-Funktion aufgerufen und die umgewandelte Zeichenkette der Variablen *stringKlein* zugewiesen. Es geht auch wieder zurück: Hierzu muss lediglich die Funktion *uppercaseString* an derselben Stelle aufgerufen werden.

Umwandlung von Zeichen in eine Zahl

Eine Zeichenkette kann auch mit der entsprechenden Funktion in eine ganze Zahl umgewandelt werden. Diese Umwandlung kann mittels der Funktion *Int()* vorgenommen werden:

```
var eineZahl = "1000"
var einInt = Int(eineZahl)
```

Der (String-)Variablen *eineZahl* wird die Zeichenkette »1000« zugewiesen. Die anschließend in der Variablen *eineZahl* enthaltene Zeichenkette wird durch Aufruf von *toInt* in eine Zahl umgewandelt und einer Variablen (vom Typ Integer) *einInt* zugewiesen.

Ausgabe von String-Inhalten mit String-Interpolation

Ausgaben mit der Funktion *print*, das wurde doch bereits vorgestellt? Das ist richtig. Aber es gibt ein weiteres Verfahren, das Sie kennen sollten, um den Inhalt einer String-Variablen mit *print* auszugeben. Es wird als *String-Interpolation* bezeichnet. Bei einer *String-Interpolation* wird eine String-Variable direkt in eine Zeichenkette eingefügt, die anschließend mit *print* ausgegeben wird:

```
var meinNameAlsString = "Christian Bleske"

print("Mein Name ist \(meinNameAlsString)")
```

In solchen Fällen fügt man den Variablennamen einfach eingeschlossen in zwei runde Klammern und mit einem führenden Backslash in die Zeichenkette ein:

> **Hinweis**
>
> Sitzen Sie noch nicht lange am Mac? Vielleicht überlegen Sie gerade, wie Sie den Backslash erzeugen? Das funktioniert ja anders als an einem Windows-PC. Betätigen Sie die *Shift*-Taste zusammen mit der *Alt*-Taste und dann die *7*-Taste. Und schon ist der Backslash da.

Die String-Interpolation funktioniert natürlich auch mit mehreren Variablen:

```
var vorname = "Christian"
var nachname = "Bleske"
print("Mein Vorname ist \(vorname) und der Nachname ist \(nachname)")
```

Und auch mit Zahlen lässt sich eine Ausgabe durchführen:

```
var zahl1 = 1
var zahl2 = 2
print("\(zahl1) + \(zahl2) = \(zahl1 + zahl2)")
```

Als Ausgabe im Console-Output-Bereich erhält man im Anschluss an die letzte Zeile die komplette Rechnung inklusive der Berechnung. Man kann also innerhalb von *print* auch rechnen.

Kommentare

Manchmal soll der Code, den man schreibt, auch dokumentiert werden. Das geschieht in Swift wie folgt:

```
var zahl1 = 10
//Das ist ein Kommentar

var zahl1 = 20

/* Das ist ein Kommentar,
   der über mehr als eine Zeile geht */
```

Es gibt somit zwei unterschiedliche Möglichkeiten, im Quellcode Kommentare einzufügen. Mit // wird nur die aktuelle Zeile aus- kommentiert. Ein Kommentar über mehrere Zeilen wird mit den Zeichen /* und */ erstellt.

3.2.2   Ganze Zahlen und Fließkommazahlen

Zur Speicherung von Zahlen werden in Swift zwei Gruppen unterschieden. Für integrale Typen wird in Swift der Datentyp *Integer* verwendet. Zur Speicherung von Fließkommazahlen stehen die Typen *Float* und *Double* zur Verfügung (siehe Tab. 3–1).

Datentyp	Beschreibung
Integer	Datenyp für ganze Zahlen
Float	Datentyp für Fließkommazahlen
Double	Datentyp für Fließkommazahlen mit doppelter Genauigkeit

Tab. 3–1   *Datentypen für die Speicherung von Zahlen*

Hinweis

In Swift können auch die aus Objective-C bekannten Datentypen (z.B. *NSNumber*) verwendet werden.

Zeichenketten (Integer)

Integer werden in Swift in verschiedene Kategorien eingeteilt. Es gibt Integer-Datentypen für kleine und große Werte. Für die kleinsten Werte kann der Datentyp *Uint8* verwendet werden. Variablen von diesem Typ können Zahlen im Bereich von 0 bis 255 speichern. Auch dieser Datentyp enthält zusätzliche Funktionen, wie beispielsweise *min* und *max*, mit denen jeweils der niedrigste und der höchste Wert abgerufen und einer Variablen zugewiesen werden kann:

```
var minimalWert = UInt8.min;
var maximalWert = UInt8.max;

print(minimalWert)        //Ausgabe 0
print(maximalWert)        //Ausgabe 255
```

Es gibt noch weitere Typen in diesem Bereich: *UInt16*, *UInt32* und *UInt64*. Auch bei diesen gibt es die Funktionen *min* und *max*.

Der Datentyp *Int* wurde ja schon kurz vorgestellt. Variablen, die diesen Datentyp verwenden, können positive wie negative ganze Zahlen im Bereich von -2.147.483.648 bis +2.147.483.647 speichern. Gelegentlich kann es vorkommen, dass Umwandlungen zwischen unterschiedlichen Datentypen erforderlich sind. Dies kann beispielsweise der Fall sein, wenn ein kleiner Datentyp (z.B. UInt8) und ein größerer (UInt16) im Code verwendet wurden. Möchten Sie den Inhalt von Variablen beider Typen addieren, so muss ein Typ (der kleinere) umgewandelt werden:

```
var grosseZahl:UInt32 = 100000
var kleineZahl:UInt8 = 2
var ergebnis = grosseZahl + kleineZahl //<- Fehlermeldung
```

Im Beispiel gibt es am Ende eine Fehlermeldung, die sinngemäß besagt, dass eine Variable vom Typ UInt32 nicht kompatibel mit einer Variablen vom Typ UInt8 ist. An dieser Stelle kann eine Typumwandlung helfen:

```
var ergebnis = grosseZahl + UInt32(kleineZahl)
```

Durch das Einklammern der Variablen *kleineZahl* erreicht man, dass Swift die Variable nun als einen UInt32-Typ interpretiert. Die Berechnung kann nun fehlerfrei erfolgen.

Fließkommazahlen (Float und Double)

Wo wirkliche große oder sehr genaue Berechnungen erforderlich sind, stehen zwei Fließkommatypen bereit. Swift kennt hierfür die beiden Typen: *Float* (6 Stellen, 32 Bit) und *Double* (15 Stellen, 64 Bit). Bei der Verarbeitung von Fließkommazahlen ist zu beachten, dass intern ein Punkt und nicht ein Komma zur Darstellung des Nachkommateils verwendet wird. Das bedeutet, dass Sie auch bei der Zuweisung eines Wertes im Programm diese Regel beachten müssen:

```
var fzahl:Float = 123.123
```

Rechnen mit ganzen Zahlen und Fließkommazahlen

Bei der Arbeit mit unterschiedlichen Datentypen gibt es einen Fallstrick, auf den Sie achten sollten:

```
var zahlI:Int = 100
var zahlF:Float = 1000.1234

var zahlIF:Int = zahlI + zahlF
```

Im Beispiel werden eine Variable vom Typ Integer sowie eine Variable vom Typ Float angelegt. Anschließend wird eine Addition der beiden Zahlen versucht. Aber die Berechnung wird nicht durchgeführt, sondern Swift meckert hier – zu Recht! Natürlich sind die Datentypen nicht kompatibel. Eine Addition ist somit nicht möglich. Es ist klar, dass man an dieser Stelle nur mit einer Typumwandlung weiterkommt:

```
var zahlIF:Int = zahlI + Int(zahlF)
```

Aufpassen! Das Resultat dieser Rechnung ist mit Sicherheit nicht korrekt. Die Variable *zahlF* vom Typ Float wird in einen Integer umgewandelt. Die Berechnung funktioniert zwar, aber das Ergebnis ist fehlerhaft. Betrachtet man den Wert, mit dem die Variable *zahlF* initialisiert wurde, so stellt man fest, dass die Zahl einen Nachkommaanteil hat(te). Diesen möchte man sicherlich auch behalten. Deshalb muss die Umwandlung anders aussehen:

```
var zahlIF:Int = Float(zahlI) + zahlF
```

Die Idee ist besser, das Resultat aber nicht! Zwar hat man sich hier entschieden, den kleineren in den größeren Typ umzuwandeln, die Ergebnisvariable hat aber immer noch den falschen Typ. An dieser Stelle meckert Swift (glücklicherweise) erneut und macht auf das Problem aufmerksam, sodass man zuletzt zur richtigen Lösung kommt:

```
var zahlI:Int = 100
var zahlF:Float = 1000.1234

var zahlIF:Float = Float(zahlI) + zahlF
```

Hier wird die Variable vom Typ Integer in den größeren Typ Float umgewandelt, und das Ergebnis der Berechnung in der Variablen *zahlIF* enthält nun auch den Nachkommaanteil. Aber besser wäre es in diesem Fall natürlich gewesen, immer denselben Datentyp für alle Variablen zu verwenden.

3.2.3 Wahrheitswerte

Swift kennt natürlich auch den Datentyp Boolean. In Swift werden Variablen von diesem Datentyp mit dem Kürzel *Bool* definiert:

```
var wahrOderfalsch:Bool = true
```

Wahr wird mit dem Schlüsselwort *true* zugewiesen. Soll der Ausdruck unwahr sein, so wird das Schlüsselwort *false* zur Zuweisung verwendet. Wie in Swift üblich, muss der Typ der Variablen nicht angegeben werden, es genügt die entsprechende Initialisierung mit dem passenden Wert:

```
var wahrOderfalsch = true
```

> **Hinweis**
>
> Swift kennt sogenannte *Type Aliases*. Dabei handelt es sich um einen zusätzlichen Namen für einen gewählten Datentyp, der anstatt des eigentlichen Namens verwendet werden kann. Ein Beispiel:
>
> ```
> typealias KleineZahlen = UInt8
> var m_var:KleineZahlen = 100
> ```
>
> Dem Schlüsselwort *typealias* folgt ein frei wählbarer Name. Mit dem Zuweisungsoperator wird zuletzt der Datentyp zugewiesen, für den ein Aliasname festgelegt werden soll. In der folgenden Zeile sehen Sie ein Beispiel für die Verwendung des Aliasnamens. Type Aliases sind immer dann sinnvoll einsetzbar, wenn der »neue« Name des Datentyps im Kontext mehr Sinn ergibt als der ursprüngliche Name.

3.2.4 Aufzählungen (Enumerationen)

Aufzählungstypen definieren einen begrenzten Wertebereich. Es wird also eine Variable deklariert, deren mögliche Inhalte bereits bei der Deklaration festgelegt werden. Eine Enumeration wird in Swift in einem Block angelegt:

```
enum Aufzaehlung {
    //Hier werden die Enumerationen eingefügt
}
```

Das Schlüsselwort *case* leitet die Definition der Werte ein, die innerhalb der Aufzählung verfügbar sind:

```
enum Aufzaehlung {
    case Gestern
    case Heute
    case Morgen
}
```

Aufrufen lässt sich der Aufzählungstyp dann über den vergebenen Namen:

```
var zeitpunkt = Aufzaehlung.Heute
```

Übrigens, es gibt auch eine Kurzschreibweise:

```
enum Aufzaehlung {
    case Gestern, Heute, Morgen
}
```

Assoziierte Werte in Enumerationen

Wie im letzten Absatz bereits erwähnt wurde, ist es möglich, den einzelnen Enumerationen auch Werte (Integer, Strings ...) zuzuweisen:

```
enum Zahlen {
  case Eins(Int)
  case Zwei(Int)
  case Drei(Int)
}
```

Die Deklaration der Enumeration *Zahlen* enthält neben der erwarteten Aufzählung noch eine Angabe des Datentyps in Klammern. So ist es möglich, einer Enumeration noch einen Wert zuzuordnen:

```
var eineZahl = Zahlen.Eins(1)
```

Swift ist hier flexibel. Auch folgende Definition wäre möglich:

```
enum Zahlen {
  case Eins(String)
  case Zwei(String)
  case Drei(String)
}

var eineZahl = Zahlen.Eins("Eins")
```

Im Beispiel wird statt des Integer-Wertes ein String zugeordnet. Aber auch die folgende Variante funktioniert:

```
enum Zahlen {
  case EinsBisDrei(Int, Int, Int)
  case VierBisFuenf(String, String, String)
  case SechsBisNeun(Int, Int, Int)
}

var eineZahl = Zahlen.EinsBisDrei(1, 2, 3)
```

Einer Enumeration können Sie übrigens nicht nur einen Wert, sondern sogar mehrere Werte zuweisen. Möglich wird das durch sogenannte *Tupel* (engl. *Tuples*). Hierbei handelt es sich um eine Möglichkeit, nicht nur einen Wert, sondern eine Gruppe von Werten zuordnen zu können. Mehr zum Thema Tuples erfahren Sie in Abschnitt 3.7.3.

Hinweis

Im Gegensatz zu C sind Enumerationen in Swift nicht direkt mit einem (Integer-)Wert belegt. Das heißt: Wert1 = 0, Wert2 = 1 usw. Genau genommen sind Enumerationen unter Swift flexibler, was die Zuordnung von Werten betrifft. So können nicht nur Integer-Werte verwendet werden, sondern beispielsweise auch Strings.

3.2.5 Felder (Arrays)

Mit einem Feld oder Array können mehrere Variablen in einer Struktur zusammengefasst werden. Bei Feldern (Arrays) in Swift müssen Sie zwei Dinge beachten:

- Alle Variablen müssen vom selben Typ sein.
- Jede Variable wird über eine Indexnummer anstatt über einen Namen angesprochen.

Swift unterscheidet, ob Felder eine Dimension (nur X-Koordinaten werden verwendet), zwei Dimensionen (X und Y) oder noch mehr (X, Y,Z) besitzen.

Ein Beispiel: In einem Feld *spieler* sollen die Namen von Fußballspielern gespeichert werden. Dies wird wie folgt deklariert:

```
var spieler: [String] = ["Max Meier","Paul Müller", "Benjamin Bleske",
   "Dominik Broy"]
```

Durch die Angabe von *[String]* wird ein String-Array angelegt. Die Größe des Arrays ergibt sich aus der direkten Initialisierung des Arrays mit den Namen der Spieler. Der Compiler erkennt dadurch, dass ein Array mit vier Feldern benötigt wird. Die Angabe des Typs wäre natürlich nicht notwendig gewesen. Auch hier wird, wie in Swift üblich, der Datentyp aus den zur Initialisierung verwendeten Daten erkannt. Somit wäre auch die folgende alternative Schreibweise korrekt:

```
var spieler = ["Max Meier","Paul Müller", "Benjamin Bleske", "Dominik Broy"]
```

Ein Array vom Typ Integer wird auf dieselbe Weise angelegt:

```
var zahlen: [Int] = [1,2,3,4,5]
```

Auch hier kann auf die Angabe des Typs verzichtet werden. Wenn zu Beginn der Array-Definition noch nicht klar ist, wie groß das Array einmal werden wird, dann kann man auch ein leeres Array anlegen:

```
var zahlen = [Int]()
```

Natürlich ist die Angabe des Datentyps in diesem Fall Pflicht! Fraglich ist jetzt nur, wie das Array initialisiert wird. Hierfür bietet das Array eine Funktion an, die sich *append* nennt. Dieser Funktion wird die Zahl übergeben, die in das nächste Feld geschrieben werden soll:

```
var zahlen = [Int]()
zahlen.append(1)
zahlen.append(2)
zahlen.append(3)

var out = zahlen[2]
print(String(out))
```

Im Beispiel werden dem Array *zahlen* drei Integer-Werte mittels der *append*-Funktion zugewiesen. Ein Zugriff auf eines der Felder ist über die Angabe der Indexnummer des entsprechenden Feldes möglich. Um also beispielsweise den Inhalt des dritten Feldes der Variablen *out* zuweisen zu können, wird einfach der entsprechende Indexwert der Funktion in Klammern übergeben. Im Beispiel ist das die 2. Aber halt, 2?

Ja, die Indizierung eines Arrays beginnt in Swift nicht mit der Ziffer 1, sondern startet mit 0! Über die *append*-Funktion hinaus gibt es noch weitere (Spezial-)Funktionen. Mithilfe der *append*-Funktion lassen sich nur am Ende eines Arrays neue Elemente anfügen. Sollen aber an beliebiger Stelle im Array zusätzliche Elemente eingefügt werden, so müssen Sie die Funktion *insert* verwenden. Diese Funktion erwartet zwei Parameter. Der erste enthält das einzufügende Element, und mit dem zweiten Parameter wird die Position festgelegt, an der das Element eingefügt werden soll. Im Beispiel sieht das Ganze wie folgt aus:

```
var spieler = ["Max Meier","Paul Müller", "Benjamin Bleske", "Dominik Broy"]
var ausgabe = spieler[2]
print(ausgabe)
spieler.insert("Thomas Müller", atIndex:2)
ausgabe = spieler[2]
print(ausgabe)
```

Zu Beginn wird das bereits bekannte Array *spieler* angelegt. Über die Angabe des Index (2) wird der Variablen *ausgabe* das dritte Element des Arrays zugewiesen und anschließend mit der *print*-Funktion ausgegeben. Als Ausgabe wird »Benjamin Bleske« angezeigt. Anschließend wird die Funktion *insert* aufgerufen und ein zusätzliches Element »Thomas Müller« an Position 2 eingefügt. Nach der Wiederholung der Zuweisung und der Ausgabe des zweiten Elements wird nun der Inhalt »Thomas Müller« angezeigt. Es können übrigens auch mehrere Elemente gleichzeitig in ein Array eingefügt werden:

```
spieler[2..<3] = ["Peter Schneider", "Frank Kaminski"]
```

Natürlich können nicht nur Elmente in das Array eingefügt, sondern auch wieder aus ihm entfernt werden. Hierfür gibt es die Funktion *removeAtIndex()*. Dieser Funktion übergeben Sie als Parameter die Indexnummer des Elements, das Sie entfernen wollen:

```
ausgabe = spieler[2]
print(ausgabe)
spieler.removeAtIndex(2)
ausgabe = spieler[2]
print(ausgabe)
```

Im Beispiel wird das an Indexposition 2 enthaltene Element »Thomas Müller« entfernt und anschließend der neue Inhalt der zweiten Indexposition ausgegeben.

Neben der Funktion *removeAtIndex()* gibt es noch eine weitere Funktion zum Entfernen von Elementen aus einem Array: *removeLast*. Diese Funktion erwartet keinen Parameter und entfernt – wer hätte das gedacht? – das letzte Element des Arrays. Um die Anzahl der in einem Array enthaltenen Elemente abzufragen, kann die Eigenschaft *count* abgefragt werden. Diese enthält die Anzahl aller im Array vorhandenen Elemente:

```
var anzahl = spieler.count
```

Es gibt auch Arrays, die mehr als eine Dimension besitzen. Ein solches zweidimensionales Array wird in Swift wie folgt angelegt und initialisiert:

```
var array: [[Int]] = [[1,2,3],[4,5,6]]
print(String("Anzahl="+String(array.count)))
```

Die hier verwendete doppelte eckige Klammer dient zur Definition eines zweidimensionalen Arrays. Nach dem Zuweisungsoperator folgt die Initialisierung der Reihen des Arrays. In der folgenden Zeile wird die Anzahl der im Array enthaltenen Elemente (diesmal werden die Reihen gezählt, nicht die einzelnen Felder) aus der *count*-Eigenschaft gelesen und ausgegeben. Wie man durch die Elemente eines Arrays einer Programmschleife abfragt, wird in Abschnitt 3.6 demonstriert.

3.2.6 Dictionarys

Eine Alternative zum Array ist das sogenannte *Dictionary*. Auch in einem Dictionary werden Werte desselben Typs gespeichert. Im Gegensatz zum Array unterliegen die Elemente in einem Dictionary nicht einer speziellen Reihenfolge. Ein weiterer entscheidender Unterschied ist, dass neben dem eigentlichen Wert zusätzlich noch ein Schlüssel gespeichert wird, über den das gespeicherte Element anschließend abgerufen werden kann. Ein Dictionary in Swift wird durch zwei Typen definiert: den Schlüsselwert und das zu speichernde Element. Beispielsweise könnte also als Schlüssel eine ganze Zahl (Integer) dienen, und das zu speichernde Element könnte eine Zeichenkette (String) sein. Die Definition des beschriebenen Dictionarys sieht dann wie folgt aus:

```
var spielerliste: Dictionary<Int, String> = [1: "Christian", 2: "Bernd",
    3: "Florian"]
```

Nach der Bezeichnung *spielerliste* folgt das Schlüsselwort *Dictionary*. In spitzen Klammern wird zuerst der Schlüsselwert (KeyType) und dann der zu speichernde Wert (ValueType) festgelegt. Ein Dictionary kann natürlich auch direkt initialisiert werden. Da neben dem zu speichernden Wert auch der Schlüssel benötigt wird, wird zuerst in den eckigen Klammern der Schlüsselwert angegeben. Gefolgt von einem Doppelpunkt folgt dann der Werttyp. Durch Kommata getrennt, können weitere Kombinationen von Schlüssel- und Werttypen erfasst werden. Die Datentypen zur Definition können frei gewählt werden. Es wäre also z.B. auch eine Kombination *Dictionary< String, String>* möglich. Eine Einschränkung muss man dabei allerdings beachten: Der Inhalt des Schlüsselwertes darf sich nicht wiederholen! Er muss einmalig innerhalb des angelegten Dictionarys sein. Folgendes Dictionary wäre somit machbar:

```
var kennzeichen: Dictionary<String, String> = ["EN": "Ennepetal",
    "BO": "Bochum", "DO": "Dortmund"]
```

Auch die direkte Initialisierung ohne Angabe des Typs ist möglich. Swift erkennt aus der Initialisierungsliste, welche Typen benötigt werden:

```
var kennzeichen = ["EN": "Ennepetal", "BO": "Bochum", "DO": "Dortmund"]
```

Wie kann man nun auf die Elemente in einem Dictionary zugreifen? Eine Methode ist der Weg über die Angabe des Schlüssels. Gibt man die Anweisung

```
print(kennzeichen["EN"])
```

im Playground-Formular ein, so erfolgt die Ausgabe »Ennepetal«. Auf demselben Weg kann natürlich auch eine Zuweisung erfolgen:

```
kennzeichen["EN"] = "Ennepetal"
```

Soll ein neues Element dem Dictionary hinzugefügt werden, so muss lediglich ein neuer Schlüsselwert angegeben werden. Mit dem folgenden Code würde also ein neues Schlüssel-Wert-Paar in das Dictionary eingefügt werden:

```
kennzeichen["B"] = "Berlin"
```

Eine Alternative ist die Verwendung der Methode *updateValue(forKey:)*, um Werte im Dictionary zu aktualisieren oder hinzuzufügen. Diese Methode bietet den Vorteil, dass der alte Wert, der überschrieben wird, zuvor ausgelesen werden kann:

```
var result = kennzeichen.updateValue("Bern", forKey: "B")
print(result)
```

Im Beispiel wird mit der Methode *updateValue(forKey:)* der unter dem Schlüssel »B« gespeicherte Wert »Berlin« vor dem Überschreiben mit dem Wert »Bern« der Variablen *result* zugewiesen und anschließend ausgegeben. Natürlich können Schlüssel-Wert-Paare auch aus einem Dictionary gelöscht werden. Auch hierfür gibt es wieder zwei mögliche Vorgehensweisen. Mit der folgenden Anweisung wird der unter dem Schlüssel »B« gespeicherte Wert gelöscht:

```
kennzeichen["B"] = nil
```

Alternativ dazu kann auch die Methode *removeValueForKey* verwendet werden:

```
var result = kennzeichen.removeValueForKey("B")
```

Auch hier kann der Wert, der gelöscht werden soll, zuvor einer Variablen zugewiesen werden. Es ist auch möglich, leere Dictionarys anzulegen. Mit der folgenden Zeile wird ein leeres Dictionary mit einem Integer als Schlüssel und einem String als Wertspeicher angelegt:

```
var spielerListeMitNamen = Dictionary<Int, String>()
```

Die Zuweisung eines Werts erfolgt dann durch die Angabe des Schlüssels und die Zuweisung des Wertes:

```
spielerListeMitNamen[2] = "Christian Bleske"
```

Beispiele zum Durchlaufen eines Dictionarys finden Sie in Abschnitt 3.6.

3.2.7   NS-Datentypen

Neben den bereits vorgestellten Typen von Swift gibt es noch weitere Datentypen. Diese beginnen in der Regel mit der Abkürzung *NS*. In Ihren Programmen werden Sie diese hin und wieder benötigen. Aber woher kommen diese zusätzlichen Datentypen? An dieser Stelle muss ich zum besseren Verständnis etwas weiter ausholen.

Die Basis von iOS ist das sogenannte *Cocoa Framework* (genauer gesagt *Cocoa Touch* im Falle von iOS). Dieses Framework stellt Funktionen bereit, die die Entwicklung von Software für iOS ermöglichen sollen. Cocoa (Touch) ist somit die Schnittstelle zwischen dem Betriebssystem iOS und den Apps, die unter iOS ausgeführt werden. Beispielsweise stellt dieses Framework Zeichen im Unicode-Format sowie Funktionen zur Speicherung von (Objekt-)Daten bereit. Die von Ihnen entwickelten Anwendungen interagieren also mit dieser Schnittstelle.

Nun stellt sich die Frage, wie weit man dann noch vom Betriebssystem entfernt ist und welche Funktionen bereitgestellt werden.

- Auf der untersten Ebene gibt es die sogenannte *Core-OS-Schicht*. Diese stellt beispielsweise grundsätzliche Funktionen bereit, wie das Dateisystem oder Sockets. (Sockets werden zur Kommunikation von Programmen über das Internet [TCP/IP] verwendet.)
- Direkt über dieser Ebene liegt die *Core-Services-Schicht*. In diesem Paket sind unter anderem das Security Framework oder auch das Address Book untergebracht.
- Als dritte Ebene folgt die *Media-Schicht*. In ihr sind beispielsweise Bibliotheken zur Animation (Core Animation) oder zur Audio-Verarbeitung (Core Audio) enthalten.
- Bei der vierten Schicht handelt es sich um *Cocoa Touch*. Apps setzen in aller Regel auf dieser Schicht auf und verwenden deren Funktionen bzw. Bibliotheken. Hier befindet sich z.B. das *UIKit Framework* (Benutzerschnittstelle) oder das *Foundation Framework*, in dem sich z.B. die Definition der NS-Datentypen befindet.

Bisher wurde das Foundation Framework ausschließlich von der Programmiersprache Objective-C verwendet. Es ist in den letzten Jahren Stück für Stück im Umfang gewachsen. Da ist es nur selbstverständlich, das man diesen Fundus von Funktionen nicht ungenutzt lassen möchte.

Nun, da es Swift gibt, werden die in diesem Framework enthaltenen Datenty-
pen und Funktionen eben auch von Apples neuer Programmiersprache mitver-
wendet. Direkt zu Beginn eines Swift-Programms befindet sich deshalb auch eine
Anweisung, die den Import dieser Bibliotheken ermöglicht. Direkt nach dem
Anlegen eines neuen Playgrounds sehen Sie beispielsweise eine entsprechende
Import-Anweisung:

```
import UIKit
var str = "Hello, playground"
```

Im Beispiel wird das UIKit-Framework importiert, mit dem die Bibliothek in das
Projekt integriert wird. Diese Bibliothek enthält die Definition für die Controls
(z.B. Button, Label etc.). Analog hierzu können auch weitere Frameworks in ein
Programm importiert werden. Die folgenden Datentypen sind Teil des Foundation Framework. Es handelt sich bei der Aufstellung allerdings nicht um eine vollständige Liste, sondern um eine Auswahl. Eine vollständige Übersicht finden Sie
innerhalb der Apple-Dokumentation des Foundation Framework unter:

https://developer.apple.com/library/ios/documentation/cocoa/reference/
foundation/Miscellaneous/Foundation_DataTypes/Reference/
reference.html

3.2.8   NSNumber

Bei *NSNumber* handelt es sich um einen Datentyp zur Speicherung von Zahlen.
Bei den Zahlen kann es sich auch um Fließkommazahlen handeln. Variablen vom
Typ NSNumber können ohne Probleme in einem Swift-Programm verwendet
werden. Swift sorgt automatisch für die notwendige Umwandlung in beispielsweise Integer oder Float.

```
let pi:Double = 3.14
var pi_nsnumber:NSNumber=0

pi_nsnumber = pi
print(pi_nsnumber)
```

Die folgenden Datentypen werden automatisch umgewandelt: Int, UInt, Float,
Double, Bool. Da eine Variable vom Typ NSNumber eine ganze Reihe an unterschiedlichen Werten aufnehmen kann, sollten Sie darauf achten, dass eine Variable vom Typ NSNumber bzw. deren Inhalt nicht ohne Prüfung einer Variable
vom Typ Integer zugewiesen wird:

```
var myInt: Int = 0
var ns_number:NSNumber = 3.14

myInt = ns_number
print(myInt)
```

Was passiert im obigen Beispiel? Die Integer-Variable *myInt* wird mit 0 vorbelegt. Der NSNumber-Variablen wird die Zahl 3.14 zugewiesen. Anschließend erfolgt eine Zuweisung des Inhalts von *myInt* an *ns_number*. Als Ergebnis werden die Nachkommastellen der Zahl abgeschnitten!

3.2.9   NSString

Eine automatische Umwandlung gibt es auch zwischen den beiden Datentypen zur Speicherung von Zeichenketten. Immer dann, wenn Sie *NSString* verwenden, können Sie auch problemlos den Swift-Typ *String* verwenden:

```
func beispiel(p1:NSString) {
  print(p1)
}

var myString="hallo"
beispiel(myString)
```

Soll man NSString überhaupt in einem Swift-Programm verwenden? Wenn möglich nicht. Verwenden Sie, wenn immer es möglich ist, String. Dieser Datentyp ist für die Verwendung mit Swift optimiert. Der Rückgriff auf NSString ist immer dann erforderlich, wenn bestimmte Funktionen benötigt werden, die nicht vom Swift-*String* bereitgestellt werden. Beispielsweise kennt NSString die Funktion *containsString*, mit der man untersuchen kann, ob ein String in einem anderen enthalten ist. Sie können diese und weitere nützliche Funktionen über die *bridge-ToObjectiveC*-Funktion benutzen:

```
var string = "Hallo Welt"
if string.bridgeToObjectiveC().containsString("Welt") {
  print("Ist enthalten!")
}
```

3.2.10   NSDate

NSDate ist einer der Datentypen, für die es (noch) kein Gegenstück in Swift gibt. Das bedeutet: Sobald in einem (Swift-)Programm ein Datumswert verarbeitet werden muss, kommen Sie nicht an der Verwendung von NSDate vorbei. Eine neue Variable vom Typ NSDate wird wie folgt angelegt:

```
var datum = NSDate()
print(datum)
```

Die *print*-Anweisung sorgt für eine Ausgabe nicht nur des Datums, sondern auch der aktuellen Uhrzeit: 2014-08-05 17:04:33. Diese Ausgabe muss natürlich nicht unbedingt den eigenen Wünschen entsprechen. Aber sie lässt sich ändern. Der anzuzeigende Wert kann problemlos formatiert werden. Hierzu wird die Klasse *NSDateFormatter* verwendet:

```
let dateFormatter = NSDateFormatter()
dateFormatter.dateFormat = "dd.MM.yyyy '-' hh:mm"
let ausgabe = dateFormatter.stringFromDate(NSDate())
```

Diese Variante sorgt für eine geänderte Ausgabe: 05.08.2014 – 07:13. Möchte man nur das Datum ohne Uhrzeit verwenden, so lässt sich das einfach durch Weglassen der entsprechenden Formatierung erreichen:

```
dateFormatter.dateFormat = "dd.MM.yyyy"
```

Auch das Aufaddieren einer Zeitspanne auf ein Datum ist problemlos möglich. Auch hierfür kennt NSDate eine Funktion:

```
datum.dateByAddingTimeInterval(1000)
print(datum)
```

Bei dem Parameter handelt es sich übrigens um einen Wert, der in Sekunden angeben wird.

3.2.11 NSRange

Eine Variable vom Typ *NSRange* wird verwendet, um die Anzahl und Position von Elementen innerhalb einer Menge bestimmen zu können. In einer Zeichenkette können Sie so ermitteln, wo beispielsweise ein Wort beginnt und wie lang es ist. Ein Beispiel für die gerade beschriebene Funktion finden Sie hier:

```
var myString: NSString = "Zeichen in einer Zeichenkette zählen"

var nsRangeValue: NSRange = myString.rangeOfString("einer")

print(nsRangeValue)
```

Der String-Variablen wird eine Zeichenkette zugewiesen. Anschließend wird eine Variable vom Typ *NSRange* erzeugt, und mit der Funktion *rangeOfString* wird die Länge und Position eines als Parameter übergebenen Wortes ermittelt.

3.2.12 NSTimeInterval

Variablen vom Typ *NSTimeInterval* werden verwendet, um eine Zeitspanne in Sekunden zu erfassen. Beispielsweise kann man so den zeitlichen Abstand zwischen zwei Ereignissen messen:

```
var zeitspanne = NSTimeInterval()
var currentTime = NSDate.timeIntervalSinceReferenceDate()
var currentTime2 = NSDate.timeIntervalSinceReferenceDate()
zeitspanne = currentTime2 - currentTime
```

Im ersten Schritt wird eine Variable vom Typ NSTimeInterval angelegt. Anschließend werden zwei weitere Variablen initialisiert, und zwar mit der Funktion *timeIntervalSinceReferenceDate*. Diese Funktion liefert einen Referenzwert, ausgehend vom 1. Januar 2001 GMT. Zuletzt werden die beiden Zeitwerte voneinander abgezogen und der Variablen *zeitspanne* zugewiesen.

3.2.13 NSArray/NSMutableArray

Das Gegenstück zum Array unter Swift ist unter Objective-C das *NSArray*. Wie mit dem Swift-Array so können auch in einem NSArray mehrere Elemente gespeichert werden. Der große Unterschied zum Swift-Array besteht darin, dass ein NSArray jeden Typ speichern kann, und einem NSArray ist auch nicht bekannt, welche Typen es enthält. Sie erinnern sich sicherlich: Ein Swift-Array speichert nur Elemente eines bestimmten Typs, z. B. Integer-Werte.

Es gibt einen weiteren Unterschied zwischen einem Swift-Array und NSArray. Ein NSArray wird einmalig mit Werten initialisiert. Anschließend ist der Inhalt eins NSArrays nicht mehr änderbar. Hier kommt das *NSMutableArray* ins Spiel. Es bietet denselben Funktionsumfang mit dem Unterschied, dass der Inhalt auch änderbar ist. Ein NSArray können Sie in Swift wie folgt anlegen:

```
let zahlen = NSArray(array: ["Eins","Zwei","Drei","Vier"])
```

Auch hier der Hinweis: Verwenden Sie möglichst die Swift-Typen. Greifen Sie erst dann, wenn es nicht anderes geht, auf NSArray & Co. zurück.

3.2.14 NSDictionary und NSMutableDictionary

Analog zum Swift-Dictionary gibt es natürlich auch ein *NSDictionary*. Seine Aufgabe und Funktionsweise ist identisch mit der Swift-Version. Auch hier können beliebige Werte im Value-Teil gespeichert werden. Als Key kommen beispielsweise String- oder Integer-Werte infrage.

3.3 Operatoren

Im folgenden Abschnitt werden kurz die gebräuchlichsten Operatoren vorgestellt, die in Swift verwendet werden. Die in Swift genutzten Operatoren lassen sich grob in vier Gruppen einteilen: Da sind die arithmetischen Operatoren, mit denen sich eine Berechnung durchführen lässt. Boolesche Operatoren werden für den Vergleich von Werten benutzt. Die Bit-Operatoren hingegen arbeiten mit dem Dualsystem, und zuletzt sind da die Operatoren, die in Verbindung mit Objekten verwendet werden.

3.3.1 Boolesche Operatoren

Boolesche Operatoren werden verwendet, um Werte miteinander zu vergleichen. Der Vergleichsoperator == wird benutzt, um zwei Werte oder auch Variablen bzw. deren Inhalt miteinander zu vergleichen:

```
Zahl == 5
```

Im Beispiel wird geprüft, ob der Inhalt der Variablen *Zahl* gleich 5 ist.

Mit diesen Operatoren können Aussagen zu Verknüpfungen getroffen werden:

```
(A==1) && (B==2)

(A<1) || (B>2)

(A==1) && (!(B==1))

(A != B)
```

In den beiden ersten Beispielen werden der UND-Operator (&&) sowie der ODER-Operator (||) benutzt. Durch die Verwendung von Klammern können die Operatoren beliebig kombiniert werden. Das ist im dritten Beispiel geschehen, in dem der UND-Operator in Kombination mit dem NICHT-Operator (!) zu sehen ist. Das letzte Beispiel verwendet den Ungleich-Operator (!=), um zu überprüfen, ob die in A und B enthaltenen Werte nicht übereinstimmen. Neben den bis jetzt aufgeführten Operatoren können für Vergleiche auch die Operatoren aus Tabelle 3–2 eingesetzt werden.

Operator	Beschreibung
<	Kleiner als
>	Größer als
<=	Kleiner oder gleich
>=	Größer oder gleich
==	Gleichheitsoperator
!=	Ungleichheitsoperator

Tab. 3–2   *Operatoren in Swift*

Weitere boolesche Operatoren finden Sie in Tabelle 3–3.

Operator	Beschreibung
&&	UND-Operator
||	ODER-Operator
!	NICHT-Operator

Tab. 3–3   *Boolsche Operatoren zur Verknüpfung*

3.4 Arithmetische Operatoren

Arithmetische Operatoren werden zur Berechnung genutzt. Die Bedeutung dürfte Ihnen nicht unbekannt sein. Zur Berechnung können die Operatoren in Tabelle 3–4 benutzt werden.

Operator	Beschreibung
+	Additionsoperator
–	Subtraktionsoperator
*	Multiplikationsoperator
/	Divisionsoperator
%	Restwert-Operator

Tab. 3–4   *Arithmetische Operatoren in Swift*

Die Anwendung der arithmetischen Operatoren ist in Swift sehr simpel. Sollen beispielsweise Werte aufaddiert werden, so geschieht dies wie folgt:

```
var ergebnis = 3 + 4
```

Subtraktion, Division und Multiplikation laufen nach demselben Schema ab. Allerdings muss bei der Division darauf geachtet werden, dass ein entsprechender Datentyp (*float* oder *double*) verwendet wird. Es könnte ja sein, dass das Ergebnis der Berechnung ein Komma enthält! Dividiert man eine ganze Zahl, so muss das Ergebnis nicht zwangsläufig glatt aufgehen. In einem solchen Fall kann man den Restwert-Operator verwenden, um den Divisionsrest zu ermitteln:

```
var ergebnis = 5 % 2
```

3.5 Kontrollstrukturen

Kontrollstrukturen erlauben es, Entscheidungen zu treffen und Wiederholungen des Programmflusses durchzuführen.

3.5.1 Die Fallunterscheidung (if)

Basierend auf einer booleschen Auswertung können mit der *if*-Anweisung zwei Verzweigungen innerhalb des Programmflusses ausgeführt werden. Im folgenden Beispiel wird abhängig von den enthaltenen Werten der Variablen *a* und *b* entweder im *if*-Zweig der Anweisung oder aber im *else*-Zweig der Anweisung mit der Ausführung fortgefahren:

```
var a:Int = 5
var b:Int = 10

if (a>b) {
  print("Der Wert in a ist größer als in b")
} else {
  print("Der Wert in b ist größer als in a")
}
```

Sollte kein *else*-Zweig benötigt werden, so kann man diesen im Code auch weg-
fallen lassen, wie im folgenden Beispiel zu sehen ist:

```
if (a>b) {
  print("Der Wert in a ist größer als in b")
}
```

Etwas unübersichtlich kann der Code werden, wenn man beginnt, *if*-Anweisun-
gen ineinander zu verschachteln:

```
if (a>b) {
  if (a>c) {
    if (a>d) {
    }
  }
}
```

Wie man an der Struktur schon gut sehen kann, sind solche Verschachtelungen
nicht gerade übersichtlich. Die Verwendung einer Mehrfachauswahl kann eine
Alternative dazu sein; mehr hierzu folgt in Abschnitt 3.5.2.

Übrigens, die Klammerung des Ausdrucks ist nicht zwingend erforderlich,
sondern optional. Anstatt also die *if*-Abfrage wie folgt zu schreiben

```
if (a>b) {
}
```

könnte man auch diese Variante verwenden:

```
if a>b {
}
```

Swift 1.2

Mit Xcode 6.3 wurde auch eine neue Version von Swift ausgeliefert, die in einigen
Bereichen Erweiterungen bzw. Änderungen mit sich brachte. Auf diese Neuigkei-
ten wird in den entsprechenden Abschnitten eingegangen.

Mit der Kombination *if let* kann geprüft werden, ob eine Variable auch einen
Wert enthält. Hierbei sollte man sich vor Augen führen, dass durch die Verwendung von Optionals (siehe Abschnitt 3.6) auch die Möglichkeit besteht, dass eine
Variable keinen Wert enthält. Bis Swift 1.1 musste man bei der Prüfung mit *if let*
jede Variable einzeln prüfen, wenn mehrere zu prüfen waren:

```
var str1 : String?
var str2 : String?

str1 = "Hallo"
str2 = "Welt"

if let s1 = str1 {
  if let s2 = str2 {

  }
}
```

Mit Swift 1.2 geht das jetzt einfacher, wie das folgende Beispiel zeigt:

```
if let s1 = str1, s2 = str2 {
}
```

Hier ist es jetzt erstmals möglich, mehrere Konstanten in einer *if*-Abfrage zu prüfen. Mit Swift 1.2 ist es auch erstmals möglich, Konstanten verspätet zu initialisieren:

```
let myConst : String
myConst = "Test123"
```

Dieses Beispiel ist erst ab Swift 1.2 lauffähig!

3.5.2   Mehrfachauswahl

In einer Mehrfachauswahl gibt es quasi mehrere verknüpfte *if*-Zweige. Ein Wert
wird automatisch mit allen enthaltenen Zweigen verglichen, und der passende
Zweig wird dann durchlaufen. Alle anderen Zweige werden ignoriert. In Swift
wird die Mehrfachauswahl (wie in C# oder Java auch) mit den Schlüsselwörtern
switch und *case* gebildet. Das folgende Listing ein Beispiel für diese Anweisung in
Swift:

```
var auswahl = 22

switch(auswahl)
{
  case 5:
    print("Die Variable enthält den Wert 5")
  case 10:
    print("Die Variable enthält den Wert 10")
  case 20:
    print("Die Variable enthält den Wert 20")
  default:
    print("Die Variable enthält weder 5, 10 noch 20!")
}
```

Listing 3–1   *Mehrfachauswahl mit Integer*

Die Variable *auswahl* in Listing 3–1 kann unterschiedliche Integer-Werte speichern. Wenn sich ein Wert innerhalb der Variablen *auswahl* befindet, prüft die

case-Anweisung nach einem festgelegten Schema, ob ein definierter Wert innerhalb der Anweisung mit dem Variableninhalt übereinstimmt. Ist das der Fall, wird die Ausführung des Programms in dem entsprechenden Zweig fortgesetzt. Enthält die Variable keinen der aufgeführten Werte, wird die Programmausführung im sogenannten *default*-Zweig fortgesetzt und die Anweisung, die dort vorhanden ist, ausgeführt. Im Gegensatz zu einigen anderen Sprachen kann der *switch*-Ausdruck nicht nur ein Integer-Wert sein. Das gerade besprochene Beispiel würde auch mit Strings funktionieren, wie dem folgenden Listing 3–2 zu entnehmen ist:

```
var auswahl2 = "10"

switch(auswahl2)
    {
case "5":
    print("Die Variable enthält den Wert 5")
case "10":
    print("Die Variable enthält den Wert 10")
case "20":
    print("Die Variable enthält den Wert 20")
default:
    print("Die Variable enthält weder 5, 10 noch 20!")

    }
```

Listing 3–2   *Mehrfachauswahl mit String*

Die Struktur ist identisch, im Gegensatz zu Listing 3–1 wird dieses Mal allerdings ein String als *switch*-Ausdruck verwendet. Eine *switch...case*-Abfrage kann zusätzlich noch eine Bedingung aufnehmen, die sogenannte *where*-Klausel. Schauen Sie sich dazu einmal den folgenden Code an:

```
let auswahl = "braunlila"

switch auswahl {

  case "rot":
    let ausgabe = "Rot wurde gewählt."

  case "blau", "gelb":
    let ausgabe = "Blau oder Gelb wurde gewählt."

  case let x where x.hasSuffix("lila"):
    let ausgabe = "Enthält Lila"

  default:
    let ausgabe = "Eine andere Farbe wurde gewählt."
  }
```

Unschwer zu erkennen ist, dass zu Beginn eine String-Variable *auswahl* erzeugt wird, der die Zeichenkette »braunlila« zugewiesen wird. Im folgenden *switch...case* wird der komplette Inhalt der Variable mit den einzelnen *case*-Zweigen verglichen. Eine Ausnahme gibt es: Im vorletzten Zweig wird eine Variable *x* erzeugt, mit der lediglich geprüft wird, ob innerhalb der gesamten Zeichenkette die Zeichenkombination *lila* enthalten ist. Mit der *where*-Klausel kann also eine zusätzliche Bedingung formuliert werden, die überprüft werden soll. Der zweite *case*-Zweig zeigt noch eine zusätzliche Variante. Die Bedingungen, die zutreffend sind, können hier getrennt durch Kommata angegeben werden.

3.6 Schleifen

Swift kennt mehrere unterschiedliche Schleifentypen. Diese werden in diesem Abschnitt vorgestellt.

3.6.1 Kopfgesteuerte Schleifen (while-Schleife)

Bei einer kopfgesteuerten Schleife wird in Swift die Bedingung zu Beginn der Schleife formuliert und dort nach jedem Durchlauf geprüft. Das Ergebnis der Bedingung muss ein boolescher Ausdruck sein. Das folgende Beispiel demonstriert den Einsatz einer kopfgesteuerten Schleife:

```
var d:Int = 0
var e:Int = 10

while (d<=e) {
   d = d + 1;
   print(String(d))
}
```

Die Schleifenbedingung wird mit dem Schlüsselwort while eingeleitet. Die Anweisungen, die wiederholt werden sollen, sind im Block der Schleife zu finden. Der Block wird durch die {-Klammer geöffnet und durch das Gegenstück } geschlossen.

3.6.2 Fußgesteuerte Schleifen (repeat...while-Schleife)

Hier sehen Sie ein Beispiel für eine fußgesteuerte Schleife:

```
var d:Int = 0
var e:Int = 10
repeat
{
   d = d + 1;
   print(String(d))
} while (d < e)
```

Die fußgesteuerte Schleifte wird in Swift mit dem Schlüsselwort *repeat* eingeleitet. Es folgt der Block mit den Anweisungen. Auch hier wird der Block durch die Klammern { } gebildet. Zuletzt folgen im Fuß der Schleife das Schlüsselwort *while* und anschließend die Bedingung.

3.6.3   Zählschleifen (for-Schleife)

Swift kennt natürlich auch Zählschleifen:

```
for var i = 1; i <= 10; i++
{
  a = a + i;
  print(String(a))
}
```

Das Beispiel enthält die Laufvariable *i*, die mit dem Startwert 1 beginnt. Bei jedem Durchlauf wird der Wert in *i* automatisch erhöht und der Schleifenkörper durchlaufen. Im Kopf wird nach der Ausführung geprüft, ob die Stoppbedingung erreicht ist oder nicht. Das letzte Beispiel zeigte die aufsteigende Variante; möglich wäre es aber auch, die *for*-Schleife absteigend laufen zu lassen:

```
var i = 10; i > 1; i--
```

Hierzu wird lediglich die Bedingung im Kopf entsprechend angepasst, und schon läuft die Schleife in die andere Richtung. Mithilfe einer Funktion in Playground können Sie sich den Verlauf einer Schleife sogar grafisch anzeigen lassen. Erfassen Sie dazu einmal den folgenden Code:

```
var x=2
for var y = 0; y < 5; ++y
{
  x * y
}
```

Sobald Swift die Verarbeitung des Codes abgeschlossen hat, erscheint im rechten Bereich des Playgrounds die Angabe *(5 times)*. Xcode teilt Ihnen dadurch mit, dass die Schleife fünfmal durchlaufen worden ist. Diesen Vorgang können Sie sich auch grafisch anzeigen lassen. In derselben Zeile gibt es am Ende ein Kreissymbol. Sofern er noch nicht angezeigt wird, wird nach Betätigung des Symbols der Ausgabebereich des Playgrounds angezeigt – allerdings zusätzlich mit einem Bereich, der ein Koordinatensystem enthält (siehe Abb. 3–2).

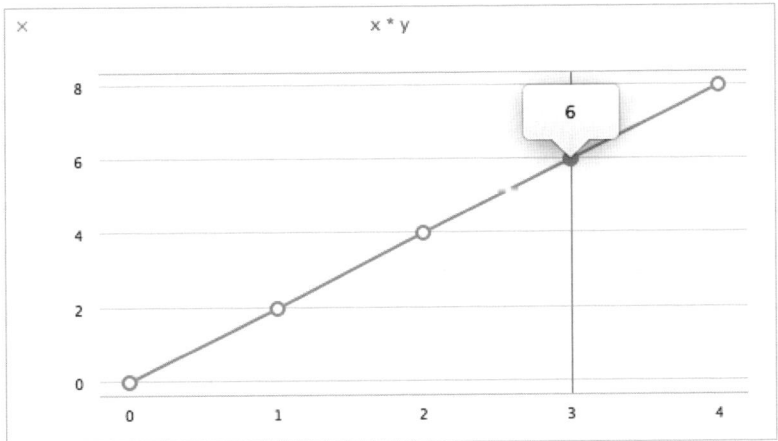

Abb. 3–2   *Grafische Auswertung einer Schleife im Playground*

Wenn Sie sich die Grafik genauer ansehen, so werden Sie feststellen, dass diese an den Schnittpunkten zwischen der X- und Y-Achse einen kleinen Kreis anzeigt. Klickt man diesen Kreis an, so geschehen anschließend zwei Dinge: Erst einmal wird eine rote Kennlinie eingeblendet. Außerdem wird eine Box angezeigt, die Auskunft darüber gibt, welcher Wert zum Zeitpunkt eines Schleifendurchlaufs in einer Variablen enthalten war. Eine Alternative zur Festlegung des Start- und Stoppwertes sowie der Schrittweite ist die Angabe eines Bereichs für einen Schleifendurchlauf. Sehen Sie sich hierzu bitte einmal folgendes Beispiel an:

```
var x = 0
for y in 0..<3 {
  x += y
  print(String(x))
}
```

In einem solchen Fall spricht man auch von einer *for-in*-Schleife. Dieser Typ kann z.B. verwendet werden, um Auflistungen zu durchlaufen, bei denen nicht bekannt ist, wie viele Elemente in der Auflistung enthalten sind. Das folgende Beispiel soll das noch einmal verdeutlichen:

```
for element in 1...5 {
  print("\(element) mal 5 ist \(element * 5)")
}

1 mal 5 ist 5
2 mal 5 ist 10
3 mal 5 ist 15
4 mal 5 ist 20
5 mal 5 ist 25
```

Im folgenden Beispiel soll ein Array mit der *for-in*-Schleife durchlaufen werden. Hierzu wird noch einmal auf das bereits bekannte Array *spielerliste* zurückgegriffen:

```
var spielerliste: [String] = ["Max Meier","Paul Müller", "Benjamin Bleske",
  "Dominik Broy"]

for spieler in spielerliste {
  print(spieler)
}
```

Im ersten Schritt wird ein Array vom Typ String angelegt und mit unterschiedlichen Namen initialisiert. Anschließend wird eine *for-in*-Schleife verwendet, um den Inhalt des Arrays *spielerliste* auszugeben. Hierzu wird ein Element *spieler* definiert, das bei jedem Durchlauf genau ein Element des Arrays *spielerliste* enthält. Dieses Element wird dann mit der *print*-Anweisung ausgegeben. Das Resultat des Durchlaufs ist die folgende Ausgabe:

- Max Meier
- Paul Müller
- Benjamin Bleske
- Dominik Broy

Auch der Durchlauf durch ein Dictionary ist natürlich möglich. Zuerst erfolgt wieder die Anlage des Dictionarys:

```
var kennzeichen: Dictionary<String, String> = ["EN": "Ennepetal",
  "BO": "Bochum", "DO": "Dortmund"]
```

Anschließend kann dann die Ausgabe von Schlüsseln und Werten in einer *for*-Schleife erfolgen:

```
for (code, name) in kennzeichen {
  print("\(code): \(name)")
}
```

Die auszugebenden Elemente des Dictionarys werden zuvor innerhalb des Schleifenkopfes angegeben. Die Elemente *code* und *name* dienen als Platzhalter: einmal für den Schlüssel (*code*) und einmal für den Wert (*name*). Die Ausgabe sieht anschließend wie folgt aus:

- EN: Ennepetal
- DO: Dortmund
- BO: Bochum

> **Hinweis**
>
> Die Namen der Platzhalter werden innerhalb einer Zeichenkette angegeben. Um zu unterscheiden, was in diesem Fall Platzhalter und was auszugebende Zeichenkette ist, wird die Zeichenkombination \() verwendet. Ein solcher Fall wird auch als String-Interpolation bezeichnet. Man meint damit die Kombination von auszugebenden Zeichen mit dem Inhalt von Variablen bzw. Konstanten. In diesem Fall sind das der (Kennzeichen-)Schlüssel, die Stadt sowie der Doppelpunkt als Trennzeichen.

3.7 Funktionen

In Swift wird eine einfache Funktion wie folgt deklariert:

```
func ausgabeZeile()
{
  print("Beispiel für eine Funktion")
}
```

Zuerst wird mit dem Schlüsselwort *func* die Deklaration der Funktion eingeleitet. Anschließend folgt der Funktionsname, im Beispiel *ausgabeZeile*. Als Nächstes folgt ein Klammernpaar. In diesem werden bei Bedarf die zu übergebenden Parameter definiert. Eine offene geschweifte Klammer leitet dann den Funktionskörper ein. In diesem werden die Anweisungen geschrieben, die ausgeführt werden sollen. Den Abschluss der Funktion bildet eine schließende geschweifte Klammer. Um die Funktion nach der Definition aufzurufen, muss lediglich der Funktionsname, gefolgt von einer öffnenden und einer schließenden Klammer (sofern keine Parameter übergeben werden), eingegeben werden:

```
ausgabeZeile()
```

Das Klammerpaar ist Teil des Funktionsaufrufs und muss mit eingegeben werden.

3.7.1 Funktionen – Parameter übergeben

Die Parameter einer Funktion werden nach dem Funktionsnamen angegeben und beim Aufruf der Funktion übergeben:

```
func ausgabeZeile(ausgabe:String)
{
  print(ausgabe)
}
```

Nach dem Funktionsnamen folgt in Klammern die Definition des Parameters, der der Funktion übergeben werden muss. Bei der Definition des Parameters ist darauf zu achten, dass zuerst der Name des Parameters angegeben wird und anschließend die Typdefinition folgt. Im Beispiel trägt der Parameter den Namen *ausgabe* und ist vom Typ String. Der Name des Parameters wird innerhalb der Funktion verwendet, um den Wert auslesen zu können, der der Funktion übergeben wurde. Der Aufruf der Funktion mit Übergabe des Parameters sieht dann wie folgt aus:

```
ausgabeZeile("Beispiel für eine Funktion")
```

Natürlich kann der Funktion auch mehr als nur ein Parameter übergeben werden:

```
func ausgabeZeile(ausgabeTeil1:String, ausgabeTeil2:String)
{
    print(ausgabeTeil1 + ausgabeTeil2)
}
```

Nach der Festlegung des ersten Parameters folgt, getrennt durch ein Komma, die Definition des zweiten Parameters. Im Funktionskörper des Beispiels wird der Inhalt der beiden Parameter dann durch den +-Operator verkettet und mit der Funktion *print* ausgegeben. Der Aufruf einer Funktion mit zwei Parametern erfolgt wie im ersten Funktionsbeispiel. Der einzige Unterschied ist, dass getrennt durch ein Komma zwei Parameter übergeben werden:

```
ausgabeZeile("Beispiel für ",
    ausgabeTeil2: "eine Funktion mit mehr als einem Parameter")
```

Wichtig ist hier, dass der zweite Parameter benannt werden muss. Das heißt, der Name des zweiten Parameters muss mit beim Aufruf übergeben werden. Die Parameter einer Funktion können natürlich von unterschiedlichen Datentypen sein. So ist auch eine Kombination aus unterschiedlichen Datentypen möglich:

```
func ansage(text:String, zahl:Int) {
    print(String(zahl) + text)
}
ansage(" ist eine Primzahl", zahl: 3)
```

Wie man an diesem Beispiel sehen kann, spielt die Reihenfolge der Definition der Parameter im Funktionskopf keine Rolle.

3.7.2   Funktionen – Werte zurückgeben

Auch die Rückgabe von Werten aus einer Funktion ist in Swift natürlich möglich. Die Deklaration einer Funktion muss dafür erweitert werden. Neben dem bzw. den zu übergebenden Parameter(n), sofern erforderlich, wird nun auch der Datentyp festgelegt, den eine Funktion zurückgibt:

```
func calcCelsius(inputGradF:Double) -> Double {
    return (inputGradF-32)*5/9
}
```

Die Funktion *calcCelsius* erwartet als Parameter (*inputGradF*) eine Variable vom Typ Double, die einen Wert in Grad Fahrenheit erwartet. Im Funktionskörper wird die Umrechnung von Grad Fahrenheit in Grad Celsius vorgenommen. Die Funktion soll zuletzt den berechneten Celsiuswert zurückgeben. Im ersten Schritt wird im Kopf der Funktion mit dem neuen Operator → der Typ festgelegt, den die Funktion am Ende zurückgibt. Damit die Funktion aber letztendlich den Wert zurückgeben kann, muss noch ein weiteres Schlüsselwort verwendet werden. Vor der Formel für die Berechnung befindet sich das Schlüsselwort *return*. Mit diesem Befehl wird die Funktion angewiesen, den berechneten Wert im Anschluss an die Berechnung als Ergebnis zurückzugeben. Der Aufruf der Funktion sieht dann so aus:

```
print("Wert nach Umrechung= \(calcCelsius(20))")
```

3.7.3   Funktionen – Mehrere Werte zurückgeben (Tupel)

Eine Funktion in Swift kann nicht nur einen Wert, sondern auch mehrere Werte zurückgeben. In einem solchen Fall spricht man von einem Tupel. Das folgende Beispiel demonstriert, wie das funktioniert:

```
func calcGrad(inputGradC:Double) -> (f_out:Double,k_out:Double) {
  var f_out = inputGradC * 1.8 + 32
  var k_out = inputGradC+273.15
  return (f_out, k_out)
}
let resultGrad = calcGrad(20)
```

Im Funktionskopf werden durch den Operator → die beiden Parameter definiert, die die Funktion zurückgeben soll. Beide werden benannt (*f_out* und *k_out*), und auch der Datentyp wird angegeben. Im Funktionskörper wird dann die Umrechnung von Grad Celsius in Grad Kelvin und Grad Fahrenheit vorgenommen. Dem *return*-Schlüsselwort werden am Ende beide Parameter in einer Klammer übergeben. Der Funktionsaufruf ist in der folgenden Zeile zu sehen. Aber es wird nur eine Ergebnisvariable (*resultGrad*) definiert. Wie kommt man nun an die beiden zurückgegebenen Werte? Die folgende Zeile lüftet das Geheimnis:

```
print("Fahrenheit=\(resultGrad.f_out) Kelvin=\(resultGrad.k_out)")
```

An dieser Stelle macht sich die automatische Typerkennung von Swift bemerkbar. Swift erkennt, dass die Funktion zwei Werte zurückgibt, und sorgt dafür, dass ein Typ angelegt wird, der das Funktionsergebnis handhaben kann. Zur Ausgabe der beiden Werte wird in diesem Fall auf die zuvor definierten Parameternamen zurückgegriffen.

3.7.4   Funktionen – Externe Parameternamen

Funktionen verwenden den Namen eines Parameters intern, damit ein übergebener Parameter im Code angesprochen und beispielsweise dessen Inhalt ausgelesen werden kann:

```
func calc(n1:Int, n2:Int, op:String) -> Int {
  var result = 0

  switch op {
    case "+":
      result = n1 + n2
    case "-":
      result = n1 - n2
    default:
      result = n1 * n2
  }
  return result
}
```

Der Funktion *calc* müssen drei Parameter übergeben werden. Den ersten beiden Parametern wird jeweils eine Zahl übergeben, dem dritten Parameter wird das zu verwendende Rechenzeichen übergeben. Intern wird innerhalb einer Mehrfachauswahl geprüft, welches Rechenzeichen übergeben wurde, und somit wird festgestellt, welcher Zweig auszuführen ist. Zum Schluss wird das berechnete Ergebnis zurückgegeben. Wenn man die Funktion allerdings aufruft, könnte sich doch die eine oder andere Frage ergeben:

```
var newNumber = calc(2, n2: 5, op:"+")
```

Die Übergabe der Parameter ist in diesem Beispiel nicht sehr aussagekräftig. Die folgende Variante dagegen dokumentiert sich quasi von selbst:

```
var newNumber = calc(numberOne: 2, numberTwo:5, optype:"+")
```

Durch die Möglichkeit der Benennung der Parameter wird deren Bedeutung deutlich. Man spricht in diesem Fall von *externen Parameternamen*. Die Umsetzung der Benennung ist einfach. Vor den eigentlichen Parameternamen, der innerhalb der Funktion verwendet wird, wird der Name gestellt, der außerhalb der Funktion zur Benennung des Parameters verwendet werden soll:

```
func calc(numberOne n1:Int, numberTwo n2:Int, optype op:String) -> Int {
  var result = 0

  switch op {
    case "+":
      result = n1 + n2
    case "-":
      result = n1 - n2
    default:
      result = n1 * n2
  }
  return result
}
```

Hinweis

Gelegentlich kann es vorkommen, dass sowohl für den internen Parameternamen als auch für den externen Parameternamen dieselbe Bezeichnung verwendet werden soll. Stellen Sie dem externen Parameternamen dann einfach ein # voran. Bei dieser Konfiguration wird Swift sowohl für den internen als auch für den externen Parameter denselben Namen akzeptieren.

3.7.5 Funktionen – Parameter vorbelegen

Parameter können vorbelegt werden. Das bedeutet: Bei dem Aufruf einer Funktion mit vorbelegten Parametern müssen nicht alle Parameter mit einem Wert initialisiert werden. Fehlt ein Wert für einen Parameter mit Vorbelegung, so wird der Standardwert beim Funktionsaufruf verwendet:

```
func calcWithDefaultValue(numberOne n1:Int, numberTwo n2:Int,
  op: String = "+") -> Int {
  var result = 0

  switch op {
    case "+":
      result = n1 + n2
    case "-":
      result = n1 - n2
    default:
      result = n1 * n2
  }
  return result
}
```

Im Beispiel wird nun zusätzlich zum Datentyp String für den Operator das +-Zeichen hinterlegt. Swift erkennt aus der Vorbelegung automatisch, dass das + als Standardwert verwendet werden soll, sofern beim Aufruf der Funktion kein Wert eingegeben wurde:

```
var newNumber = calcWithDefaultValue(numberOne: 2, numberTwo:5)
```

Im Beispiel fehlt die Angabe eines Zeichens für den letzten Parameter *op*. Swift verwendet nun den Standardwert.

3.7.6 Funktionen – Weitere Parametertypen

Es gibt noch weitere Parametertypen, die bei der Programmierung angewendet werden können. Im folgenden Abschnitt werden diese kurz vorgestellt.

Variadic Parameter

Ein besonderer Parametertyp ist *Variadic*. Dieser Parametertyp wird immer dann verwendet, wenn einer Funktion eine unbestimmte Anzahl an Werten eines angegebenen Typs übergeben werden soll. Das bedeutet: Es kann nicht nur ein Wert übergeben werden, sondern 0 bis *n* Werte. Ein Funktionsaufruf sieht somit wie folgt aus:

```
var summe = primzahlenAddition(1,3,5,7,9)
```

Da die Primzahlen nicht als Array übergeben werden, müssten im Kopf der Funktion normalerweise fünf Parameter vom Typ Integer definiert werden. Die Definition der Parameter wäre bei noch aufwendigeren Reihen eine lästige Aufgabe. Mit dem Parametertyp Variadic kann man sich diese Arbeit sparen. Anstatt entsprechend viele Parameter einzeln im Funktionskopf anzugeben, erledigt man diese Aufgabe wie folgt:

```
func primzahlenAddition(zahlen: Int...)->Int {
  var result = 0
  for zahl in zahlen {
    result += zahl
  }
  return result
}
```

Im Kopf der Funktion werden nach Angabe des Parametertyps noch drei Punkte hinzugefügt. Swift erkennt hierdurch, dass die Anzahl der übergebenen Parameter zwar vom Typ her identisch, aber von der Anzahl her unbestimmt ist. In der folgenden *for-in*-Schleife kann aus diesem Grund einfach die übergebene Menge ausgelesen und summiert werden.

Konstante und variable Parameter

Die Parameter einer Funktion sind standardmäßig Konstanten. Versucht man innerhalb einer Funktion den Inhalt eines Parameters zu ändern, so wird eine Fehlermeldung erzeugt. Manchmal kann es aber nützlich sein, den Inhalt eines Parameters anzupassen. Bei Verwendung des Schlüsselworts *var* ist auch dieser Punkt kein Problem. Fügt man das Schlüsselwort im Funktionskopf einem Parameter hinzu, so verhält sich der Parameter wie eine Variable:

```
func myFunction(var p1:String, p2:String)
```

Das bedeutet: Es ist nun möglich, den Wert des Parameters innerhalb der Funktion zu ändern. Für das Beispiel bedeutet dies, dass der Inhalt des Parameters *p1* innerhalb der Funktion geändert werden kann. Der Inhalt von *p2* dagegen ist statisch. Ein Änderungsversuch führt zu einer Fehlermeldung.

In-Out-Parameter

Wenn Sie einen Parameter mit dem Schlüsselwort *var* kennzeichnen, so ist dieser Parameter innerhalb der Funktion – im Gegensatz zu einem nicht gekennzeichneten Parameter – änderbar. Nach dem Funktionsaufruf allerdings ist der Wert derselbe. Das heißt, die Änderung des Wertes ist nur innerhalb der Funktion gültig. Soll ein übergebener Wert nachhaltig geändert werden können, so muss man den Parameter mit dem Schlüsselwort *inout* kennzeichnen:

```
func inoutbsp(inout z:Int) {
  z += 47
}
```

Außerhalb der Funktion macht sich die Verwendung bemerkbar:

```
var zahlP1 = 1
print("Inhalt vor Funktionsaufruf="+String(zahlP1))

//Ausgabe: Inhalt vor Funktionsaufruf=1
inoutbsp(&zahlP1)

print("Inhalt nach Funktionsaufruf="+String(zahlP1))
//Ausgabe: Inhalt nach Funktionsaufruf=48
```

Vor dem Funktionsaufruf hat die Variable *zahlP1* den Wert 1. Es folgen der Funktionsaufruf und die Übergabe von *zahlP1* als Parameter in Verbindung mit dem &-Operator. Nach dem Funktionsaufruf hat sich der Wert von *zahlP1* auch außerhalb der Funktion verändert.

3.7.7 Verschachtelte Funktionen

Swift kennt auch verschachtelte Funktionen. Hierbei handelt es sich um Funktionen, die innerhalb einer anderen Funktion angelegt werden. Das folgende Beispiel soll das verdeutlichen:

```
func addValue() -> (Int -> Int) {
  func addOne(p1: Int) -> Int {
    return 1 + p1
  }
  return addOne
}
var containsFunc = addValue()
containsFunc(13)
```

Die Funktion *addValue* enthält eine weitere Funktion *addOne*. Beide Funktionen geben einen Wert vom Typ Integer zurück. Die verschachtelte Funktion *addOne* erledigt aber die eigentliche Arbeit, während *addValue* in diesem Fall lediglich als Container fungiert und den übergebenen Parameter an die verschachtelte Funktion *addOne* weiterreicht.

3.7.8   Closures

Closures oder zu Deutsch *Funktionsabschlüsse* sind Codeblöcke, die innerhalb eines Programms weitergegeben und verwendet werden können. Im Prinzip handelt es sich bei den bereits vorgestellten Funktionen und auch bei den verschachtelten Funktionen um einen speziellen Typ von Closures. Swift kennt drei Typen von Closures:

- *globale Funktionen*,
  die einen Namen haben und keinen Wert zurückgeben

- *verschachtelte Funktionen*,
  die einen Namen haben und Werte von der umschließenden Funktion erhalten

- *Closure Expressions*,
  die Werte aus dem aktuellen Programm als Parameter entgegennehmen und eine Verarbeitung durchführen

Zuerst eine einleitende Erläuterung. Ein Array bzw. dessen Inhalt soll sortiert werden. Dies lässt sich wie folgt bewerkstelligen:

```
let namen = ["Peter", "Alfred", "Christian", "Bernd"]
var sortiert = namen.sort()
```

Die *sort*-Funktion liefert nach Übergabe eines unsortierten Arrays ein sortiertes zurück. Eine erweiterte Variante ist die Sortierung des Arrays in aufsteigender Reihenfolge. Im folgenden Beispiel wird der *sort*-Funktion neben dem Array mit den zu sortierenden Werten ein zweiter Parameter übergeben, mit dem sich die Reihenfolge der Sortierung beeinflussen lässt:

```
func rueckwaerts(s1: String, s2: String) -> Bool {
  return s1 > s2
}

let namen = ["Peter", "Alfred", "Christian", "Bernd"]

var sortiert = namen.sort(rueckwaerts)
```

Im Beispiel wird eine Funktion *rueckwaerts* definiert, die als Parameter zwei String-Werte entgegennimmt und einen booleschen Wert zurückgibt. Es wird *true* zurückgegeben, wenn der String *s1* größer ist als der String *s2*; ansonsten wird *false* zurückgegeben. Anschließend wird wieder das Array *namen* erzeugt und die *sort*-Funktion aufgerufen. Dieses Mal wird aber nicht nur die *sort*-Funktion aufgerufen, sondern auch die Funktion *rueckwaerts* als Parameter übergeben. Das Resultat des Aufrufs ist ein Array, in dem die Werte in absteigender Reihenfolge enthalten sind. Das Beispiel lässt sich auch als Closure formulieren:

```
var sortiert = namen.sort({ (s1: String, s2: String) -> Bool in
  return s1 > s2
})
```

Dazu kommt natürlich wieder die *sort*-Funktion zum Einsatz. Der *sort*-Funktion werden auch wieder zwei Parameter übergeben. Aber im Unterschied zum letzten Mal wird neben dem Array, das die zu sortierenden Namen enthält, als zweiter Parameter kein Funktionsname, sondern direkt der Funktionscode übergeben. Schauen Sie sich den zweiten Parameter genau an, und vergleichen Sie diesen Code mit dem, der in der Funktion *rueckwaerts* im letzten Beispiel enthalten ist. Sie werden feststellen, dass sich der Code nur durch Verwendung des Schlüsselwortes *in* unterscheidet. Das Closure hat hier keinen Namen. Er wird nicht benötigt. Es handelt sich quasi um eine anonyme Funktion.

3.7.9   Optionals

»Optional« bedeutet, dass eine Variable oder Konstante einen Wert enthalten kann, aber nicht enthalten muss. Ein gutes Beispiel für eine Funktion, die ein solches Ergebnis liefern kann, ist die *toInt*-Funktion eines Strings. Sie sorgt dafür, dass aus einer Zeichenkette eine Zahl wird:

```
var optInt = "123456"
var output = Int(optInt)
print(output)
```

Im Beispiel wird der Variablen *optInt* eine Zeichenkette zugewiesen. Eine Zeile später wird die Funktion *toInt* aufgerufen, um die Zeichenkette in eine Zahl umzuwandeln. Da es sich um eine Zahl handelt, funktioniert die Umwandlung auch problemlos. In der letzten Zeile wird die Zahl dann als Parameter der Funktion *print* zuerst über- und dann ausgegeben. Was passiert aber, wenn die Variable *optInt* keine Zahl enthält? Machen Sie einmal in Playground die Probe.

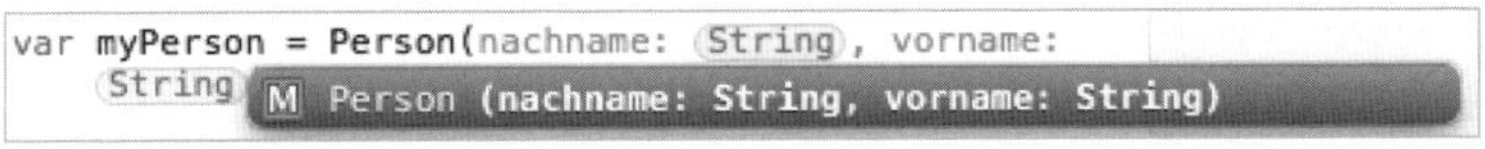

Abb. 3–3   *Optionale Variablen in Swift*

Tauschen Sie die »Zahl« in der Zeichenkette gegen etwas anderes aus. Im Beispiel wurde die Zeichenkette »keine Zahl« eingefügt. Anschließend ist in der Ausgabe anstatt der Zahl das Wörtchen *nil* zu sehen. Möglich ist das, weil die Funktion *toInt* nicht nur einfach einen Integer zurückgibt, sondern einen optionalen Integer. Also gibt die Funktion einen oder auch (eben optional) keinen Wert zurück. Man kann so sogar Variablen anlegen, die »nichts«, also *nil*, enthalten. Hierfür wird ein zusätzlicher Operator *?* an den Variablentyp angehängt:

```
var myOptInt:Int? = nil
```

Im Beispiel wird die Variable *myOptInt* so als optionaler Integerwert deklariert. Es ist dieser Variablen somit erlaubt, auch *nil* zu enthalten. Entfernt man den Operator *?* aus der Deklaration, dann erscheint eine Fehlermeldung. Sie besagt, dass der Typ Int nicht mit dem Protokoll *NilLiteralConvertible* übereinstimmt. Immer dann, wenn unbekannt ist, ob ein Wert zurückgegeben wird oder nicht, muss man auf einen optionalen Typ zurückgreifen. Verwendet man Variablen vom Typ Optional, so kann überprüft werden, ob eine Variable gerade einen Wert oder *nil* enthält. Mit einer Fallunterscheidung ist das möglich:

```
var myOptInt:Int? = nil

if myOptInt != nil {
  print("Enthält einen Wert")
} else {
  print("Enthält nil")
}
```

Im Beispiel wird eine Variable *myOptInt* erzeugt und ihr dann *nil* zugewiesen. Mithilfe einer if-Abfrage kann nun geprüft werden, ob in der Variablen *nil* enthalten ist. Die folgende Variante der oben gezeigten Abfrage verwendet die sogenannte optionale Bindung:

```
var optInt:String = "nil"

if let notOptInt = Int(optInt) {
  print("Die Variable enthält: \(notOptInt)")
} else {
  print("Der Inhalt konnte nicht umgewandelt werden.")
}
```

Abhängig davon, ob in der Variablen *optInt* ein Wert oder *nil* enthalten ist, erfolgt hier eine entsprechende Ausgabe.

Implicitly Unwrapped Optionals

Hin und wieder weiß man genau, dass in einer Variable mit Sicherheit, bevor diese gelesen wird, ein Wert enthalten ist. Allerdings findet zu Beginn des Programms noch keine Initialisierung der Variablen statt, weil z. B. einfach noch kein Wert zur Initialisierung vorhanden ist. Das kann beispielsweise der Fall sein, wenn ein Programm geladen wird, bevor dessen Oberfläche startet.

In einem solchen Fall ist unter Umständen nicht bekannt, wie groß die einzelnen Controls gezeichnet werden müssen, z. B. bei Apps für das iPhone und iPad. Spätestens wenn die Oberfläche der App aber angezeigt wird, ist mit Sicherheit die Breite und Höhe eines Controls bekannt und kann dann auch zugewiesen werden. In solchen Fällen kann man eine Variable als *Implicitly Unwrapped Optional* kennzeichnen. Dies geht, indem die Variable bzw. deren Typ anstatt mit einem Fragezeichen mit einem Ausrufezeichen gekennzeichnet wird:

```
var buttonWidth : CGFloat!
```

Die Verwendung eines *Implicitly Unwrapped Optional* bietet sich in diesem Fall
an. Zu Beginn ist zwar noch kein Wert enthalten, später (zur Laufzeit) aber
schon.

CGFloat kurz erläutert

Haben Sie es gesehen? Im Beispiel wurde nicht *float*, sondern *CGFloat* verwendet. Beim
Typ *CGFloat* handelt es sich um eine Variante von *float* und *double*, die implementiert
wurde, damit (derselbe) Code sowohl unter 32-Bit-Betriebssystemen (frühere Versionen
von OS X und iOS bis iPhone 5) als auch unter 64-Bit-Betriebssystemen problemlos verwendet werden kann. Man könnte es auch folgendermaßen beschreiben: Bei 32-Bit-Sys-
temen verbirgt sich hinter *CGFloat* eine Variable vom Typ *float*. Bei 64-Bit-Systemen
steckt hinter *CGFloat* eine Variable vom Typ *double*.

3.8   Strukturen Teil 1 (Structs)

Eine Struktur kann in Swift neben Variablen auch eine Funktion oder mehrere
enthalten. Tatsächlich kann eine Struktur auch noch weitere Elemente enthalten.
Diese werden aber in Kapitel 4 erläutert. An dieser Stelle soll der Fokus auf Daten
und Funktionen innerhalb einer Struktur liegen. Eine simple Struktur wird mit
dem Schlüsselwort *struct* eröffnet. Nach dem *struct*-Schlüsselwort wird der
gewählte Name der Struktur angegeben. Anschließend folgen eine öffnende und
zuletzt eine schließende geschweifte Klammer. Die letzte Klammer bildet den
Abschluss der Struktur:

```
struct BspStruktur {
}

var variable = BspStruktur()
```

Diese Struktur ist von der Definition her bereits vollständig und kann nun verwendet werden. Das heißt, es lassen sich Variablen des Typs *BspStruktur* anlegen.
Viel mehr ist zu diesem Zeitpunkt allerdings nicht machbar: Es fehlt noch etwas
Code, um die Struktur sinnvoll verwenden zu können. Das folgende Beispiel
erweitert die Struktur um zwei Variablen (*nachname* und *vorname*):

```
struct Person {
    var nachname:String
    var vorname:String
}
```

Es stellt sich nun die Frage, wie eine Zuweisung an *nachname* und *vorname*
erfolgt. Legt man eine neue Variable des Typs *Person* im Playground an, so wird
man nach der Eingabe der ersten öffnenden Klammer aufgefordert, den Wert für

den ersten Parameter (*nachname*) und den Wert für den zweiten Parameter (*vorname*) einzugeben (siehe Abb. 3–4).

```
var optInt = "keine Zahl"                          "keine Zahl"
var output = optInt.toInt()                        nil
println(output)                                    "nil"
```

Abb. 3–4   *Eine neue Variable vom Typ »Person« anlegen*

Eine Struktur besitzt eine automatisch erzeugte Funktion, die als *Initializer* bezeichnet wird. Swift erkennt die Variablen, die im Inneren der Struktur angelegt sind, und erstellt daraus den Initializer, der dann die Eingabe der benötigten Parameter anfordert.

In Kapitel 4 wird das Thema Initializer nochmals aufgegriffen und vertieft. An dieser Stelle genügt es, zu verstehen, dass über den Initializer einer Struktur Werte übergeben werden können. Das Schöne an der innerhalb der Struktur angelegten Variablen ist, dass auf sie auch von außen zugegriffen werden kann:

```
myPerson.nachname = "Schmidt"
myPerson.vorname "Peter"
```

Über den Punkt-Operator kann jeweils unter Angabe des Namens auf die definierten Variablen zugegriffen werden. Sowohl der lesende als auch der schreibende Zugriff kann so realisiert werden. Mit einer *print*-Funktion könnten Inhalte der Variablen nun ausgegeben werden. Aber es besteht auch die Möglichkeit, die *print*-Funktion innerhalb der Struktur zu realisieren. Das hätte den Vorteil, dass die Funktion nicht außerhalb der Daten liegt und somit speziell an die Bedürfnisse angepasst werden kann. In diesem Fall ist eine spezielle Anpassung nicht unbedingt erforderlich. Bei komplizierteren Strukturen kann eine entsprechende Anpassung aber durchaus sinnvoll sein. Das folgende Beispiel zeigt die Struktur *Person* in einer Variante, die neben den Variablen auch Code – eben den gerade erwähnten Aufruf von *print* – enthält:

```
struct Person {
  var nachname:String
  var vorname:String

  func NamenAusgeben() {
    print(nachname + " " + vorname)
  }
}

var myPerson = Person(nachname: "Bleske", vorname: "Christian")
myPerson.NamenAusgeben()
```

Im Beispiel wurde die Funktion *NamenAusgeben* implementiert. Der Aufruf der Funktion ist einige Zeilen tiefer im Quellcode zu sehen. Nach der Initialisierung einer neuen Struktur vom Typ *Person* wird in der letzten Zeile die Funktion *NamenAusgeben* aufgerufen.

Hinweis

Strukturen sind die Vorläufer von Klassen, die die Grundpfeiler der objektorientierten Programmierung bilden und in Kapitel 4 vorgestellt werden.

Zusammenfassung

In diesem Kapitel wurden die Grundlagen der Sprache Swift vorgestellt. Sie sollten jetzt wissen, wie man in Swift Variablen und Konstanten verwendet, welche Datentypen es in Swift gibt und wie Arrays/Dictionaries sowie die NS-Datentypen im Code genutzt werden.

Ferner wurden die in Swift gebräuchlichen Operatoren und Anweisungen zur Steuerung des Programmflusses (*if*, *switch*, *case*, *while*, *for* usw.) vorgestellt.

4 Objektorientierte Programmierung mit Swift

Im letzten Kapitel ging es um die Grundelemente von Swift, wie beispielsweise Variablen, Fallunterscheidung oder auch Schleifen. In diesem Kapitel betrachten wir die OOP-Merkmale von Swift.

4.1 Grundlagen der OOP

Im folgenden Abschnitt wird eine Einführung in die objektorientierte Programmierung (OOP) mit Swift gegeben. Der Schwerpunkt liegt dabei auf den Möglichkeiten, die die Sprache im Rahmen der objektorientierten Programmierung bietet.

4.1.1 Strukturen aus objektorientierter Sicht (Strukturen Teil 2)

Bevor wir einen Blick auf Objekte werfen, blicken wir noch einmal kurz auf Strukturen zurück. Warum? Nun, Strukturen und Objekte (Klassen) haben viele Dinge gemeinsam. Wenn Sie verstanden haben, was eine Struktur ist und wie sie funktioniert, dann wissen Sie im Prinzip auch schon, was eine Klasse und was ein Objekt ist.

Hier betrachten wir noch einmal das Beispiel *Person* in Form einer Struktur:

```
struct Person {
    var nachname:String
    var vorname:String

    func NamenAusgeben() {
        print(nachname + " " + vorname)
    }
}
```

Möchte man von dieser Struktur eine Variable erzeugen und mit Werten füllen, dann geht man wie folgt vor:

```
var myPerson = Person(nachname: "Bleske", vorname: "Christian")
myPerson.NamenAusgeben()
```

Im Beispiel wurde eine neue Variable vom Typ *Person* mit den im Beispiel verwendeten Werten erzeugt. Anschließend wird der Inhalt der Variablen, der sich natürlich in der Struktur befindet, mit der Funktion *NamenAusgeben* ausgegeben, die in der Struktur *Person* enthalten ist.

In der OOP dreht sich alles um Klassen und Objekte. Was aber ist ein Objekt, und was ist eine Klasse? Bezogen auf die Struktur könnte man sagen, dass die Variable *myPerson* ein Objekt der Klasse *Person* ist. Damit Sie diese Information besser verdauen können, soll im folgenden Abschnitt einmal versucht werden, ein Objekt zu definieren.

4.1.2   Was sind Objekte?

Die objektorientierte Programmierung (OOP) galt bei ihrer Einführung als die Lösung für die immer komplexer werdenden Programme und Problemstellungen. Anstatt die reale Welt in Prozeduren und Funktionen zu transformieren, war es mit der objektorientierten Programmierung erstmals möglich, die Struktur der Wirklichkeit in Form eines Programms nachzubilden.

Anstatt also eine Person nur mit Funktionen und Prozeduren zu beschreiben bzw. die einzelnen Daten (wie z. B. Nachname, Vorname usw.) direkt zu verarbeiten, ist es mit der objektorientierten Programmierung möglich, ein reales Objekt in Form eines Programms nachzubilden.

Diese Art der Programmierung kommt dem menschlichen Denken näher als die prozedurale Programmierung. So verfügt ein Objekt (z. B. eine Person) über Eigenschaften: Name, Größe oder auch Personalnummer – und eben diese Eigenschaften lassen sich mit der objektorientierten Programmierung in Form von Programmcode nachbilden.

Um es vorwegzunehmen: Auch die OOP war nicht die Lösung aller Probleme. Als Baustein trägt sie aber dazu bei, komplexe Aufgabenstellungen anschaulicher in Software umzusetzen. Ein Objekt ist dabei der zentrale Dreh- und Angelpunkt. So kann ein Objekt nicht nur Daten enthalten, sondern es stehen auch Methoden innerhalb des Objekts bereit, um diese Daten zu manipulieren.

Ein Beispiel für ein Objekt ist ein Formular, das Sie zur Programmlaufzeit aufrufen. Dieses Formular besitzt viele unterschiedliche Eigenschaften (*Properties*), beispielsweise die Höhe (*Height*) und Breite (*Width*). Natürlich können diese Eigenschaften bzw. die darin enthaltenen Daten auch zur Laufzeit wieder geändert werden.

Auslöser der Änderungen ist in der Regel ein Ereignis (*Event*), das zu einem definierten Zeitpunkt eintritt. Betrachtet man es genauer, so verbirgt sich hinter einem Ereignis eine entsprechende Methode.

Ein Objekt ist also im Prinzip die Variable eines Typs, der nicht nur Daten enthält, sondern auch Funktionen (Methoden), um diese Daten zu bearbeiten. In der Begriffswelt der Objektorientierung spricht man allerdings eher nicht von Funktionen, sondern allgemeiner von *Methoden*.

4.1.3   Was sind Klassen?

Da ja laut Definition im vorherigen Abschnitt Objekte nur die Variablen sind, sollte es natürlich auch (Daten-)Typen geben, von denen die Objekte abgeleitet werden. Hierfür gibt es die *Klasse*. Eine Klasse ist eine Vorlage für ein Objekt, also so eine Art Schablone.

Im letzten Abschnitt haben Sie Strukturen als ein Element zur Speicherung von Daten kennengelernt. Eine Struktur besteht aus einer Anzahl von Variablen und kann sogar Code in Form von Funktionen enthalten. Bei einer Klasse verhält es sich im Prinzip ähnlich; auf die Unterschiede wird später noch genauer eingegangen.

Außer den Daten kann eine Klasse, analog zu einer Struktur, zusätzlich auch Programmcode enthalten. Dieser Programmcode wird in Bereichen abgelegt, die im Fachjargon als *Methoden* bezeichnet werden. Das funktioniert genauso wie bei einer Struktur, die eine Funktion enthält. Aber eine Klasse muss nicht zwingend Methoden besitzen, wie das folgende Beispiel zeigt:

```
class Person
{
    var Nachname:String = ""
    var Vorname:String = ""
    var Personalnummer:Int = 0
}
```

Im Beispiel wird die Klasse *Person* definiert. Hierzu wird das Schlüsselwort *class* verwendet, das die Definition einer Klasse einleitet. Die Klasse *Person* im Beispiel enthält drei Variablen: zwei vom Typ String und eine vom Typ Integer.

Eine Variable, die innerhalb einer Klasse enthalten ist, bezeichnet man in Swift auch als *Eigenschaft* oder (engl.) *Property*. Innerhalb der Klasse können die Eigenschaften natürlich auch initialisiert werden – so wie dies im Beispiel bereits gesehen ist. Eine Initialisierung ist sogar zwingend erforderlich, da es ansonsten eine Fehlermeldung gibt, die besagt, dass die Variablen nicht mit einem Startwert versehen worden sind. Die Ableitung eines Objekts einer Klasse funktioniert dann genauso, als wenn Sie von einer Struktur eine Variable erzeugen würden:

```
var person = Person()
```

Auch die Zuweisung von Werten an die Variablen (Eigenschaften) der Klasse bzw. des Objekts funktioniert wie zuvor gezeigt:

```
person.Nachname = "Bleske"
person.Vorname = "Christian"
person.Personalnummer = 1000
```

Natürlich ist auch die Ausgabe mit der Funktion *print* kein Problem:

```
print(person.Personalnummer)
print(person.Nachname)
print(person.Vorname)
```

Eine Klasse kann auch Code enthalten – ganz wie eine Struktur. Nur spricht man dann nicht mehr von Funktionen, sondern von Methoden. Da diese eine leicht geänderte Syntax verwenden, werden sie aber erst etwas später vorgestellt. Eine Klasse kann beispielsweise nicht nur Variablen vom Typ Integer oder String enthalten. Auch die Verwendung einer Struktur oder einer Enumeration innerhalb einer Klasse ist in Swift möglich:

```
enum Kraftstoff {
    case Benzin
    case Diesel
    case Gas
}

struct Motor {
    var Bezeichnung:String = "Otto"
    var Leistung:Int = 90
}

class Auto {
    var kftTyp:Kraftstoff = Kraftstoff.Benzin
    var motor = Motor()
    var Farbe:String = "Gelb"
}

var mein_Auto = Auto()
```

Listing 4–1   *Struktur innerhalb einer Klasse*

Im Beispiel aus Listing 4–1 wird eine Enumeration *Kraftstoff* mit den Werten *Benzin*, *Diesel* und *Gas* angelegt. Zusätzlich wird noch eine neue Struktur *Motor* definiert, und es werden die darin enthaltenen Variablen initialisiert. Innerhalb der Klasse *Auto* wird das Ganze dann zusammengebaut, und es wird eine zusätzliche Variable *Farbe* angelegt. Zuletzt wird von dieser Klasse dann ein Objekt *mein_Auto* erzeugt.

Innerhalb einer Klasse und des späteren Objekts können also nicht nur Variablen des Typs String oder Integer eingesetzt, sondern beispielsweise auch Strukturen verwendet werden. Im Beispiel ist sehr schön zu sehen, dass sich die Erzeugung eines Objekts (man spricht hier auch vom Erzeugen einer *Instanz* der Klasse) und das Anlegen einer Variablen vom Vorgehen bei einer Struktur nicht unterscheidet. In beiden Fällen wird ein Initialisierer (eine besondere Funktion/Methode) des entsprechenden Elements aufgerufen. Sie erkennen den Initialisierer an dem Paar Klammern, das dem Namen des Elements folgt.

Klasse vs. Struktur

Klassen und Strukturen haben viele Dinge gemeinsam. Im Folgenden sehen Sie eine Auflistung von Aussagen, die sowohl auf eine Klasse als auch auf eine Struktur zutreffen:

- Die Variablen, die in Klassen/Strukturen verwendet werden, bezeichnet man als Eigenschaften (Properties).
- Beide können nicht nur Daten, sondern auch Code enthalten, der dann in Methoden abgelegt wird.
- Klassen und Strukturen können eine besondere Methode verwenden (einen Initialisierer), um Variablen innerhalb der Klasse in einen gewünschten Zustand zu versetzen.
- Sowohl Klassen als auch Strukturen können Elemente einer Schnittstelle übernehmen (erben). (Schnittstellen werden in Abschnitt 4.5 vorgestellt.)

Es gibt aber auch Punkte, in denen sich Klassen und Strukturen voneinander unterscheiden. Im Folgenden sehen Sie eine Übersicht von Aussagen, die ausschließlich für Klassen gelten:

- Klassen können Elemente (z.B. Eigenschaften oder Methoden) von anderen Klassen automatisch übernehmen (erben).
- Durch Typüberprüfung (Type Casting) ist es zur Laufzeit eines Programms möglich, festzustellen, von welcher Klasse ein Objekt abgeleitet wurde. Sie können also beispielsweise erkennen, ob das Objekt *mein_Auto* vom Typ (der Klasse) *Auto* oder *Person* ist. Gut, bei diesem Beispiel ist der Unterschied klar! Aber es gibt Situationen (im Code), in denen es nicht so eindeutig ist und man es zur Fortsetzung des Programms wissen muss.
- Klassen besitzen neben dem Initialisierer noch eine weitere Methode, den DeInitialisierer. Dabei handelt es sich um eine Methode, die ausgeführt wird, unmittelbar bevor ein Objekt gelöscht wird.

Werttypen (Value Types)

Es gibt noch einen Aspekt, der Klassen von Strukturen und Enumerationen unterscheidet: Strukturen und Enumerationen sind sogenannte Werttypen (*Value Types*).

Das bedeutet: Wenn man eine Variable der Struktur *Motor* erstellt oder eine Variable der Enumeration *Kraftstoff*, dann wird eine Kopie im Speicher des entsprechenden Elements erstellt. Das bedeutet auch, dass – sofern ein Werttyp verarbeitet wird, z.B. durch Zuweisung – immer nur eine Kopie weitergegeben wird. Warum sollte es auch anders sein? Alle im letzten Kapitel vorgestellten Typen sind Werttypen! Um einmal zu verdeutlichen, was einen Werttyp (Value Type) ausmacht, sehen Sie sich bitte folgendes Beispiel an:

```
var mein_Motor = Motor()

var noch_ein_Motor = mein_Motor

noch_ein_Motor.Bezeichnung = "Diesel"
noch_ein_Motor.Leistung = 60

print(mein_Motor.Bezeichnung)
print(noch_ein_Motor.Bezeichnung)
```

Im Beispiel wird eine neue Variable der Struktur *Motor* angelegt. Wie Sie aus Listing 4–1 wissen, werden die in der Struktur enthaltenen Variablen (*Bezeichnung* und *Leistung*) mit den Werten »Diesel« und 90 initialisiert. In der folgenden Zeile wird dann noch eine Variable vom Typ *Motor* angelegt. Diesmal allerdings wird nicht der Typ als Vorlage für die neue Variable verwendet, sondern die bereits vorhandene Variable *mein_Motor*. Da die Variable *noch_ein_Motor* eine *Kopie* von *ein_Motor* ist, enthält sie auch dieselben Werte.

In den beiden folgenden Zeilen werden den Eigenschaften *Bezeichnung* und *Leistung* neue Werte (»Diesel« und 60) zugewiesen. Anschließend wird als Beispiel jeweils die Eigenschaft *Bezeichnung* der Variablen mittels einer *print*-Anweisung ausgegeben. Natürlich unterscheidet sich die Ausgabe: Einmal lautet die Ausgabe »Otto« und einmal »Diesel«.

Referenztypen (Reference Types)

Klassen bzw. die davon erzeugten Objekte unterscheiden sich in diesem Punkt ganz erheblich von Werttypen. Damit der Unterschied deutlich wird, wurde anstatt der Struktur *Motor* im folgenden Beispiel einmal eine Klasse verwendet:

```
class Motor {
    var Bezeichnung:String = "Otto"
    var Leistung:Int = 90
}

var mein_Motor = Motor()

var noch_ein_Motor = mein_Motor
noch_ein_Motor.Bezeichnung = "Diesel"
noch_ein_Motor.Leistung = 60

print(mein_Motor.Bezeichnung)
print(noch_ein_Motor.Bezeichnung)
```

Listing 4–2   *Klasse statt Struktur*

Das Beispiel unterscheidet sich (auf den ersten Blick) nicht besonders von der letzten Variante mit Struktur. Statt des Schlüsselwörtchens *struct* wird nun *class* verwendet. Auch die restlichen Zeilen sind weitestgehend identisch. Testet man auch dieses Beispiel einmal im Playground von Xcode, so wird allerdings ein Unterschied deutlich.

Obwohl analog zum Struktur-Beispiel nur die »Kopie« *noch_ein_Motor* geändert wurde, ist im Ausgabebereich des Playground deutlich zu sehen, dass auch die Ausgangsversion *mein_Motor* durch die Änderung der Eigenschaft *Bezeichnung* beeinflusst wurde. Auch hier ist jetzt »Diesel« zu lesen. Wie kann das sein? Die Antwort auf diese Frage ist sehr einfach: Eine Klasse ist *kein* Wert-, sondern ein Referenztyp. Auch wenn bei der Zuweisung

```
var noch_ein_Motor = mein_Motor()
```

scheinbar eine Kopie erzeugt worden ist, so ist es doch nicht so. Alle Ableitungen, also alle neu erzeugten Objekte von *mein_Motor*, zeigen letztendlich immer auf das Original. Aus diesem Grund spricht man eben auch von einer Referenz. Somit wird immer auch das Original verändert – auch wenn Sie eine Ableitung davon bearbeiten.

Vergleichen von Objekten mit Operatoren

Es wurde bereits erwähnt, dass man zur Laufzeit überprüfen kann, ob zwei Objekte dieselbe Referenz verwenden. Hierfür wird ein besonderer Operator === (drei Gleichheitszeichen hintereinander) verwendet:

```
if mein_Motor === noch_ein_Motor {
    print("Die Objekte referenzieren dieselbe Instanz")
}
```

Im Beispiel wird geprüft, ob *mein_Motor* und *noch_ein_Motor* auf dieselbe Instanz zeigen. Das Ganze gibt es natürlich auch in der Verneinung. Hierfür wird der folgende Operator verwendet: !==.

Wann sollte eine Struktur und wann sollte eine Klasse verwendet werden?

Es gibt ein paar Regeln, an denen man festmachen kann, ob besser eine Klasse oder eine Struktur verwendet wird:

- Eine Struktur sollte immer dann verwendet werden, wenn nur ein paar simple Typen zusammengefasst werden sollen.
- Überlegen Sie, ob die Verwendung eines Referenztyps (also einer Klasse) ein Problem bei Übergaben an Methoden bzw. Funktionen und bei Zuweisungen darstellen kann.
- Eine Struktur kann auch immer dann verwendet werden, wenn nicht Eigenschaften oder Methoden eines anderen Typs benötigt werden. Das bedeutet: Wenn Vererbung im Spiel ist, dann scheiden Strukturen definitiv aus, da Strukturen nicht oder nur eingeschränkt erben (von Schnittstellen) können.
- Gute Kandidaten für Strukturen sind beispielsweise die Höhe (Height) und Breite (Witdh) eines Objekts oder Koordinaten (z. B. Längen- und Breitengrad).

4.1.4 Public, Private und wer noch?

Wenn Sie sich schon einmal den Programmcode von Software angesehen haben, ist Ihnen vielleicht aufgefallen, dass an der einen oder anderen Stelle Variablen einer Klasse oder auch eine Klasse selbst mit einem zusätzlichen Schlüsselwort wie *public* oder *private* gekennzeichnet sind. Mit diesen Schlüsselwörtern wird der Zugriff auf ein gekennzeichnetes Element gesteuert. Ist ein Element, beispielsweise eine Variable, die innerhalb einer Klasse definiert wurde, mit dem Schlüsselwort *public* gekennzeichnet, so ist ein Zugriff von außen möglich:

```
public class Konto {
    public var Kontonummer:String = "123456"
}
```

Die Variable *Kontonummer* in der Klasse Konto und auch die Klasse selbst wurden mit dem Schlüsselwort *public* versehen. Das bedeutet, der Zugriff auf die Variable von außen ist möglich, nachdem eine Instanz der Klasse (also ein Objekt) erzeugt wurde. Durch Verwendung des Punkt-Operators kann die Eigenschaft *Kontonummer* bzw. deren Inhalt abgerufen und in einer **anderen** Quellcodedatei verwendet werden:

```
var knr = Konto()
print(knr.Kontonummer)
```

Um das Beispiel nachvollziehen zu können, wird eine weitere Quellcodedatei benötigt. Aus diesem Grund lässt sich das Beispiel am besten nachvollziehen, wenn man ein iOS-Projekt (z. B. ein Single-View-Application-Projekt) anlegt und diesem eine weitere Codedatei hinzufügt.

1. Starten Sie also Xcode, und öffnen Sie das *File*-Menü.

2. Selektieren Sie dann den Punkt *New* aus dem sich öffnenden Untermenü.

3. Wählen Sie nun den Punkt *Project...* aus. Anschließend wird der Dialog zur Auswahl von Projektvorlagen (Template) angezeigt. Hier wählen Sie jetzt nur den Punkt *Single View Application* aus und betätigen als Nächstes die *Next*-Schaltfläche.

4. Geben Sie einen *Product Name* ein, beispielsweise *AccessControlBsp*. Nachdem Sie die *Next*-Schaltfläche betätigt haben, werden Sie aufgefordert, ein Verzeichnis zur Speicherung des Projekts auszuwählen. Nach der Auswahl muss nur noch die Schaltfläche *Create* betätigt werden. Anschließend wird das neue Projekt angelegt.

5. Dem gerade angelegten Projekt muss nun noch eine neue Swift-Datei hinzugefügt werden. Markierten Sie dazu im Projekt Navigator die Projektdatei, und betätigen Sie anschließend die rechte Maustaste. Im angezeigten Menü muss nur der Eintrag *New File...* ausgewählt werden. Es öffnet sich der Vorlagendialog von Xcode. Wählen Sie hier die Swift-Vorlage, siehe Abbildung 4–1 aus.

6. Nach Auswahl der Vorlagen werden Sie erneut aufgefordert, ein Verzeichnis auszuwählen. Hier sollten Sie natürlich das zuvor festgelegte Projektverzeichnis angeben und einen aussagekräftigen Namen für die Datei, z.B. Konto, vergeben. In dieser neuen Datei wird jetzt eine Klasse Konto angelegt.

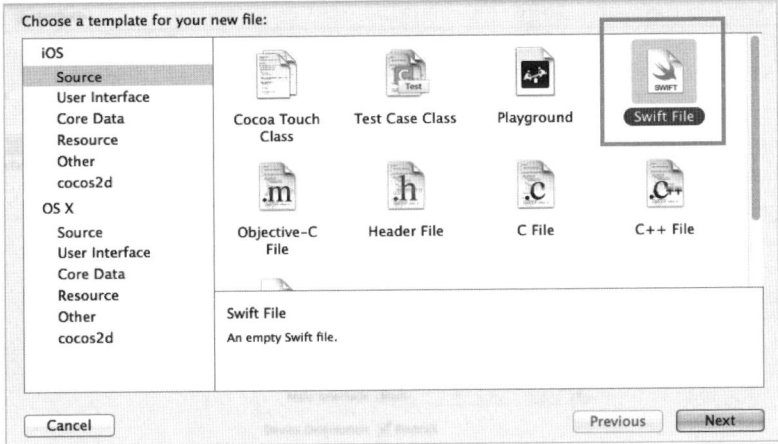

Abb. 4–1 *Die Swift-Vorlage für eine leere Swift-Datei.*

Das nachfolgende Beispiel enthält die Klasse *Konto*. Neben der Eigenschaft *Kontonummer* gibt es noch eine weitere Variable – *Geheimnummer*.

```
import Foundation

public class Konto {
    public var Kontonummer:String = "123456"
    private var Geheimnummer:String = "999999"
}
```

Die Variable *Geheimnummer* wurde mit dem Schlüsselwort *private* gekennzeichnet. Ein Zugriff auf diese Variable von außen, d.h. aus einer anderen Klasse, beispielsweise der Klasse *ViewController* im Projekt mit *konto.Geheimnummer*, ist nicht möglich! Die Codevervollständig von Xcode bietet diese Eigenschaft der Klasse *Konto* gar nicht an (siehe Abb. 4–2).

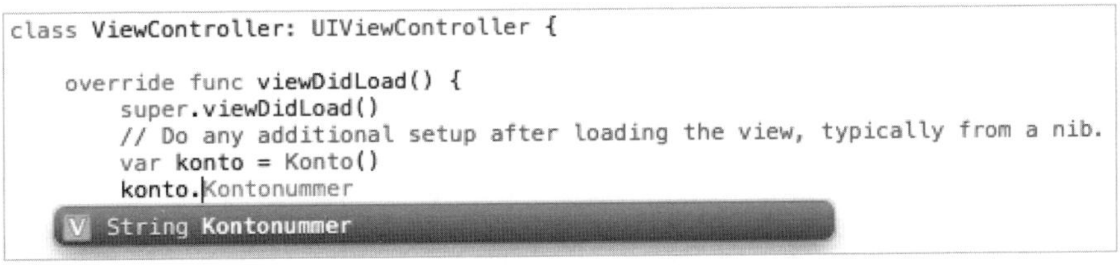

```
class ViewController: UIViewController {

    override func viewDidLoad() {
        super.viewDidLoad()
        // Do any additional setup after loading the view, typically from a nib.
        var konto = Konto()
        konto.Kontonummer
V   String Kontonummer
```

Abb. 4–2 *Nur die Eigenschaft »Kontonummer« wird angezeigt.*

Das macht auch durchaus Sinn, denn wäre es möglich, direkt aus den Kontodaten die *Geheimnummer* zu lesen, so könnte man das Konto auch gleich leerräumen. Auch der Zugriff auf Klassen lässt sich einschränken. Dies ist beispielsweise notwendig, wenn ein Programm aus mehreren Klassen besteht und ein Zugriff von außen nur auf einige der Klassen möglich sein soll, beispielsweise auf Klassen, die für den Datenaustausch verwendet werden. In Swift gibt es insgesamt

drei Möglichkeiten, den Zugriff auf ein Element (z.B. Klasse oder Eigenschaft) zu
steuern. Die erste davon ist öffentlich (*public*) – ein Zugriff auf das Element von
außen ist möglich. Das Gegenteil ist nicht öffentlich (*private*) – auf entsprechend
gekennzeichnete Elemente kann nur aus derselben Klasse heraus zugegriffen werden. Als dritte und letzte Variante kennt Swift noch den Modifizierer *internal*.
Wird dieser verwendet, so ist das Element nur innerhalb des Moduls sichtbar, in
dem sich die Klasse befindet.

Hinweis

Ein Modul im Sinne von Apple ist die Zusammenfassung von Klassen, die mit der *import*-
Anweisung in ein Projekt importiert werden können.

Wird ein Element ohne Kennzeichnung deklariert, so wird automatisch der
Modifizierer *internal* verwendet. Ändern Sie nun einmal den Modifizierer der
Variablen von *private* auf *public*. Was passiert? In Abbildung 4–3 finden Sie die
Antwort.

```
class ViewController: UIViewController {

    override func viewDidLoad() {
        super.viewDidLoad()
        // Do any additional setup after loading the view, typically from a nib.
        var konto = Konto()
        konto.Kontonummer
    V  String Geheimnummer
    V  String Kontonummer
        super.didReceiveMemoryWarning()
        // Dispose of any resources that can be recreated.
    }
```

Abb. 4–3   *Auch die Eigenschaft »Geheimnummer« ist jetzt sicht- und verwendbar.*

Wie verwendet man die Zugriffsmodifizierung nun? Grundsätzlich gilt, die
Zugriffsebene eines Elements darf nie höher sein als die des übergeordneten Elements! Was beutet das für die Praxis? Ein Beispiel:

```
private class Konto {
    public var Kontonummer:String = "123456"
    public var Geheimnummer:String = "999999"
}
```

Die Klasse *Konto* wurde in diesem Beispiel als *private* gekennzeichnet. Die beiden
Eigenschaften *Kontonummer* & *Geheimnummer* tragen die Kennzeichnung *public*. Das darf nicht sein! Diese Konstellation wird im Editor von Xcode direkt
markiert (siehe Abb. 4–4).

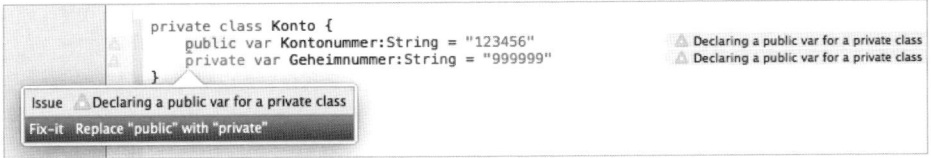

Abb. 4-4 *Klasse als »private« und Variable mit »public« – das führt zu einer Fehlermeldung.*

Xcode markiert die entsprechenden Variablen und weist darauf hin, dass die Zugriffsmodifizierer für die beiden Variablen nicht mit dem übergeordneten Element (der Klasse Konto) zusammenpassen. Wie in der Abbildung gut zu sehen ist, wird ein Korrekturvorschlag gleich mitgeliefert.

Bisher wurden nur die Regeln vorgestellt, die für Klassen und Eigenschaften in Verbindung mit Zugriffsmodifizierern gelten. Es gibt aber auch einige Regeln, die in Verbindung mit Funktionen bzw. Methoden beachtet werden müssen. Eine Funktion darf natürlich auch keine Zugriffsebene verwenden, die höher ist als diejenige der Klasse, in der sie sich befindet. Das bedeutet, dass dieses Beispiel

```
private class Konto {
    public func Ueberweisung() {
    }
}
```

natürlich nicht funktioniert! Die Methode Ueberweisung hat im Beispiel eine höhere Zugriffsebene als die Klasse. Das ist natürlich nicht erlaubt. Problemlos funktionieren dagegen die beiden folgenden Varianten:

```
public class Konto {
    public func Ueberweisung() {
    }
}
```

und

```
public class Konto {
    internal func Ueberweisung() {
    }
}
```

Im letzten Fall hätte man sich die Kennzeichnung mit dem Schlüsselwort internal auch sparen können, da nicht gekennzeichnete Elemente in Swift automatisch diesen Modifizierer verwenden. Solange Sie diese Regeln beachten, können die Zugriffsmodifizierer beliebig verwendet werden.

Sie dürften jetzt eine ungefähre Vorstellung davon haben, welcher Zugriffsmodifizierer was bewirkt. Aber wann setzt man sie ein? Standardmäßig verwenden Elemente im Code ja den Zugriffsmodifizierer internal. Diese Voreinstellung sollte man auch beibehalten, es sei denn, man möchte, dass Elemente in einer Klasse oder die ganze Klasse selbst außerhalb des Moduls sichtbar sind. In diesem Fall sollten Sie natürlich auch darauf achten, dass die Elemente einer Klasse, die nicht nach außen sichtbar sein sollen (z. B. die Geheimnummer), dann mit dem Modifizierer private gekennzeichnet werden. Auf diesem Weg lässt sich eine Schnittstelle zur Kommunikation mit Objekten einer Klasse und der Klasse selbst erstellen, die dann auch verwendet werden muss.

Sonderfall Tupel

Es gibt aber auch Situationen, in denen die Verwendung des passenden Zugriffsmodifizierers nicht ganz so einfach ist. Schauen Sie sich bitte das folgende Beispiel an:

```
internal class a {
}

private class b {
}

func c () -> (a,b) {
}
```

Im Beispiel gibt es zwei Klassen, bei denen der Zugriff durch Verwendung eines Modifizierers eingeschränkt wurde. Klasse *a* verwendet den Modifizierer *internal*, und Klasse *b* wurde als *private* gekennzeichnet. Außerdem gibt es noch die Funktion *c*, die als Rückgabewert Instanzen der Klassen *a* und *b* zurückgibt. Diese Funktion ist nicht gesondert mit einem Zugriffsmodifizierer gekennzeichnet. Man könnte also davon ausgehen, dass auch hier der Modifizierer *internal* verwendet werden kann. Probiert man diesen Code in Xcode aus, so wird man aber durch eine Meldung darauf hingewiesen, dass der Code so nicht funktioniert. Die genaue Fehlermeldung lautet: »*Function must be declared private because its result uses a private type*«. Alles klar?

Ja, warum muss diese Funktion denn nun mit *private* gekennzeichnet werden? Die Lösung ist einfach. Es liegt an der Klasse *b* und dem dort verwendeten Modifizierer *private*. Dieser schränkt den Zugriff von außen auf Elemente ein. Durch die Kombination der unterschiedlichen Zugriffsebenen wäre nicht sichergestellt, dass bei Verwendung der Funktion *c* dem Aufrufer auch ein Ergebnis mitgeteilt werden kann. Darum muss auch die Funktion als *private* gekennzeichnet werden.

4.2   Eigenschaften (Properties)

Eigenschaften wurden bereits angesprochen. Im Prinzip handelt es sich hierbei in Swift um nichts anderes als um Variablen oder Konstanten, die in einer Klasse angelegt worden sind. Im OOP-Jargon werden diese Variablen auch als Eigenschaften (Properties) der Klasse bezeichnet. Der Zugriff auf Eigenschaften erfolgt, indem der Name der Variablen oder Konstanten, verbunden durch den Punktoperator, zusammen mit dem Instanznamen angegeben wird:

```
Objektinstanzname.Variablenname
```

Die Eigenschaften einer Klasse bzw. des Objekts werden wie folgt verwendet:

```
var person = Person()

person.Nachname = "Bleske"
person.Vorname = "Christian"
person.Personalnummer = 123456

print(person.Personalnummer)
print(person.Nachname)
print(person.Vorname)
```

Die zugehörige Klasse könnte wie folgt aussehen:

```
class Person
{
    var Nachname:String = ""
    var Vorname:String = ""
    var Personalnummer:Int = 0
}
```

So weit ist das nichts Neues. Bei Eigenschaften, die nur zur Speicherung von Werten verwendet werden, spricht man im Fachjargon auch von *Stored Properties*. Wie aber sieht die Deklaration aus, wenn der direkte Zugriff auf die Eigenschaften (Variablen) nicht möglich sein soll?

```
class Person
{
    private var nachname = ""
    private var vorname = ""
    private var personalnummer = 0

    var Nachname:String
    {
        get { return nachname }
        set
        {
            nachname = newValue
        }
    }
    var Vorname:String
    {
        get { return vorname }
        set
        {
            vorname = newValue
        }
    }
    var Personalnummer:Int
    {
        get { return personalnummer }
        set
        {
```

```
                personalnummer = newValue
            }
        }
    }
```

Listing 4–3   *Klasse mit »set«- und »get«-Eigenschaften*

Es gibt neue Variablen mit derselben Bezeichnung wie zuvor, die allerdings mit einem kleingeschriebenen Buchstaben beginnen und zusätzlich mit dem Schlüsselwort *private* gekennzeichnet sind. Auf den ersten Blick wird deutlich, dass diese Variablen sich nur innerhalb der Klasse ansprechen lassen. Von außen sind sie nicht erreichbar. Die einzige Möglichkeit, den Eigenschaften Werte zuzuweisen, haben Sie im *set*-Teil der Eigenschaft. Hier wird das Schlüsselwort *newValue* verwendet, um den Wert der internen bzw. privaten Variablen zu übergeben. Um auf die Eigenschaften zuzugreifen, wird stattdessen die großgeschriebene Variante benutzt:

```
var person = Person()

person.Nachname = "Bleske"
person.Vorname = "Christian"
person.Personalnummer = 1

print(person.Personalnummer)
print(person.Nachname)
print(person.Vorname)
```

Die Eigenschaft(en) werden nun in zwei Bereiche aufgeteilt. Einer beginnt mit dem Schlüsselwort *get*, der andere mit *set*. Der *get*-Zweig dient dazu, lesend auf eine Eigenschaft zuzugreifen. Mit dem *set*-Teil wird schreibend zugegriffen. Das Besondere ist: In den *get*- bzw. *set*-Methoden kann natürlich noch mehr Code hinterlegt werden. So kann z.B. Code hinterlegt werden, der bei einer Zuweisung prüft, ob der Wert zulässig ist:

```
var Personalnummer:Int
{
    get { return personalnummer }
    set
    {
        if (newValue > 0) {
            personalnummer = newValue
        } else {
            print("Keine gültige Nummer!")
        }
    }
}
```

Im *set*-Teil wird hier mittels einer Fallunterscheidung getestet, ob der Wert größer 0 ist. Wenn nicht, wird eine Fehlermeldung ausgegeben.

Wenn Sie im *set*-Teil einer Eigenschaft nur eine Berechnung und keine Speicherung durchführen, dann spricht man auch von einer *Computed Property*. Es gibt auch sogenannte *Read-Only Properties*. In diesem Fall kann auf die Eigenschaft ausschließlich lesend zugegriffen werden. Die Realisierung einer solchen Eigenschaft ist relativ simpel: Lassen Sie einfach den *set*-Teil der Eigenschaft weg, und implementieren Sie nur den Code für den *get*-Teil der Eigenschaft.

Eigenschaften sollten immer initialisiert werden. Das heißt, ihnen sollte zu Beginn des Programms ein Wert zugewiesen werden (siehe Listing 4 3). Manch mal ist das aber aus unterschiedlichen Gründen nicht möglich oder nicht gewollt, beispielsweise wenn der Wert der Eigenschaft von außen gesetzt wird. In solchen Fällen müssen Sie die entsprechende Eigenschaft gesondert kennzeichnen. Hierfür wird das Schlüsselwort *lazy* verwendet:

```
class a {
}
class b {
    lazy var lazyVar = a()
}
```

Im Beispiel wird innerhalb der Klasse *b* eine lokale Instanz der Klasse *a* abgelegt – aber natürlich erst zur Laufzeit. Die Initialisierung findet somit nicht unmittelbar statt. Durch Verwendung des Schlüsselworts *lazy* wird deutlich, dass die Variable *lazyVar* nicht unmittelbar initialisiert werden muss, sondern dass sie erst unmittelbar vor dem ersten Gebrauch initialisiert wird.

Eigenschaften überwachen (Property Observers)

Gelegentlich ist es wünschenswert, zu einem Zeitpunkt über die Änderung einer Eigenschaft automatisch informiert zu werden, beispielsweise weil nach der Zuweisung eines Wertes eine Berechnung durchgeführt werden soll.

In solchen Fällen kann ein sogenannter *Property Observer* verwendet werden, der bei Änderung einer Eigenschaft automatisch Code ausführt. Mit einem *Property Observer* lassen sich zwei Zeitpunkte überwachen. Der erste tritt ein, unmittelbar bevor der Eigenschaft ein Wert zugewiesen wird (*willSet*). Sobald ein Wert zugewiesen wurde (*didSet*), ist der zweite Zeitpunkt erreicht, zu dem ein *Property Oberver* ausgelöst werden kann. Die beiden Schlüsselwörter *willSet* und *didSet* können direkt im Code verwendet werden:

```
class Person
{
    private var Nachname:String = "" {
        willSet(newLastName) {
            print("Neuer Name: "+newLastName+" wird geprüft...")
        }
        didSet {
            print("Der neue Name wurde gespeichert.")
        }
    }
}
```

Im Beispiel wurden zuerst der *willSet*-Fall und dann der *didSet*-Fall implementiert. Natürlich können Sie auch einen von beiden Fällen weglassen. Im *willSet*-Fall wird zusätzlich in Klammern eine Variable übergeben. Diese können Sie beliebig benennen. Sie enthält den neuen Wert, der zugewiesen werden soll. So kann bequem geprüft werden, ob der neue Wert den Anforderungen genügt oder nicht. Erst nach der erfolgreichen Prüfung kann dann die Zuweisung erfolgen. Sobald der *didSet*-Fall eingetreten ist, steht der Wert natürlich nur noch innerhalb der Eigenschaft *Nachname* zur Verfügung.

4.3   Methoden

Funktionen, die sich innerhalb einer Klasse, Struktur oder Enumeration befinden, werden als Methoden bezeichnet. Im Gegensatz zu anderen Sprachen ist es also in Swift möglich, auch Strukturen oder Enumerationen mit einer Methode zu versehen. Es werden zwei Arten von Methoden unterschieden:

▦ **Instanzmethoden** (Instance Methods)
Hierbei handelt es sich um Methoden, die nur aufgerufen werden können, sobald eine Variable des Typs erzeugt wurde.

▦ **Klassenmethoden** (Type Methods)
Diese Methoden werden direkt in Verbindung mit dem Klassennamen verwendet, ohne das eine Instanz des Typs erzeugt wurde.

Worin sich diese beiden Methodenarten unterscheiden, wird in den folgenden Absätzen erläutert.

4.3.1   Instanzmethoden (Instance Methods)

Aus dem letzten Kapitel kennen Sie bereits die Syntax und Regeln für das Anlegen von Funktionen. Für Instanzmethoden gelten dieselben Regeln. Der Unterschied zu Funktionen ist, dass eine Instanzmethode – wie es der Name schon vermuten lässt – nur verfügbar ist, sobald eine Variable der Klasse (also eine Instanz) erzeugt worden ist:

```
class Kilometerzaehler {
    var zaehler:Int = 0

    func addKilometer() {
        zaehler++;
    }

    func zaehlerLoeschen() {
        zaehler = 0
    }
}
```

```
var kmz = Kilometerzaehler()
kmz.addKilometer()
kmz.addKilometer()
kmz.addKilometer()
print("Gefahrene Kilometer = "+String(kmz.zaehler))
```

Die Klasse *Kilometerzaehler* enthält neben der Variablen (Eigenschaft) *zaehler* noch zwei Methoden. Diese werden benutzt, um den Kilometerzähler zu löschen oder zu erhöhen. Natürlich kann eine Methode (ganz wie eine Funktion) Parameter enthalten. Wie bei Funktionen wird der Parameter benannt und kann somit innerhalb der Methode verwendet werden:

```
func addKilometerByValue(value:Int) {
    zaehler += value
}
```

Diese Benennung von Parametern bei Funktionen kennen Sie bereits aus Kapitel 3. Auch in diesem Punkt unterscheiden sich Methoden im Großen und Ganzen nicht von Funktionen.

Im Detail unterscheiden sie sich dann aber doch ein wenig. Wenn man versucht, den Parameter *value* während des Aufrufs der Methode wie folgt zu benennen

```
kmz.addKilometerByValue(value: 20)
```

dann gibt es eine Fehlermeldung. Die Fehlermeldung besagt in etwa, dass die verwendete Bezeichnung des Parameters in diesem Fall ungültig ist. Wie Sie aber bereits gesehen haben, funktioniert die Verwendung des Parameternamens innerhalb der Methode sehr wohl. Nur die externe Benennung macht auf einmal Probleme. Wieso ist das so?

An dieser Stelle tritt zutage, dass Swift der Nachfolger von Objective-C ist. In dieser Programmiersprache ist es üblich, den ersten Parameter (extern) beim Aufruf der Funktion nicht zu benennen, sondern die Notwendigkeit der Übergabe quasi in den Namen der Methode zu integrieren. Ein Beispiel:

```
class Kilometerzaehler {
    var zaehler:Int = 0

    func erhoeheKilometerUm(value:Int) {
        zaehler += value
    }
}
var kmz = Kilometerzaehler()

kmz.erhoeheKilometerUm(20)
```

Die bereits bekannte Methode wurde in diesem Fall so umbenannt, dass es nicht mehr notwendig ist, den ersten Parameter beim Aufruf zu benennen. Wenn Sie sich die Klasse ansehen, dann werden Sie hingegen feststellen, dass innerhalb der Klasse bzw. der Methode der Parametername aber durchaus noch verwendet wird. Erst der zweite Parametername einer Methode kann dann wieder auch extern beim Aufruf verwendet werden:

```
class Kilometerzaehler {
    var zaehler:Float = 0

    func erhoeheKilometerUm(kilometer:Float, undMeter:Float) {
        zaehler += kilometer
        zaehler += undMeter
    }
}
var kmz = Kilometerzaehler()

kmz.erhoeheKilometerUm(20.0, undMeter:0.5)
```

Wie nach der Umgestaltung der Funktion gut zu erkennen ist, werden der Methode nun zwei Parameter übergeben, und der zweite wird nicht nur intern, sondern auch extern (beim Aufruf) benannt. Jetzt kann man sich natürlich fragen, wofür dieser Aufwand und die damit verbundene Anpassung an Objective-C gut sein sollen? Die Antwort ist relativ einfach: An vielen Stellen werden Sie auf Methoden von Objekten bzw. Klassen zugreifen, die in Objective-C geschrieben sind. Insofern bleibt der Aufruf dieser Methoden konsistent.

Aber wenn Sie sich gar nicht damit abfinden mögen, dann können Sie diese Verhaltensweise auch anpassen. Hierzu muss dem ersten Parameternamen lediglich ein # vorangestellt werden. Macht man das, dann kann auch der erste Parametername beim Aufruf angegeben werden.

Hinweis

Im Gegensatz zu Klassen können Methoden, die innerhalb von Strukturen oder Enumerationen definiert werden, nicht auf deren Eigenschaften zugreifen bzw. diese manipulieren. Was aber soll man machen, wenn dieser Fall doch einmal umgesetzt werden muss? Im folgenden Beispiel wurde aus der Klasse *Kilometerzaehler* eine Struktur:

```
struct Kilometerzaehler {
    var zaehler:Float = 0

    func erhoeheKilometerUm(kilometer:Float, undMeter:Float) {
        zaehler += kilometer
        zaehler += undMeter
    }
}
```

→

Hinweis (Fortsetzung)

Setzt man die Struktur wie oben beschrieben um, so erhält man eine Fehlermeldung, die besagt, dass der Operator += nicht angewendet werden kann. Das liegt daran, dass Strukturen und Enumerationen selbst Value-Typen sind und nicht durch Instanzmethoden geändert werden können. Da eine solche Zugriffsmöglichkeit aber praktisch wäre und die Entwickler von Swift das auch so sehen, gibt es das Schlüsselwort *mutating*. Setzt man dieses vor das Schlüsselwort *func*, so ist der Zugriff aus der Methode heraus auf die Eigenschaften möglich:

```
mutating func erhoeheKilometerUm(kilometer:Float, undMeter:Float) {
}
```

4.3.2   Klassenmethoden (Type Methods)

Neben den Instanzmethoden, die im letzten Abschnitt vorgestellt worden sind, gibt es auch noch die sogenannten Klassenmethoden (Type Methods). Während die Instanzmethoden nur aufgerufen werden können, sofern eine Instanz bzw. ein Objekt vorliegt, ist es mit den Klassenmethoden genau andersherum. Sie können ausschließlich über den Typ selbst aufgerufen werden. Die Erstellung eines Objekts ist nicht notwendig.

```
class Kilometerzaehler {

class func berechneDifferenzPunktA(punktA:Int, punktB:Int) -> Int
{
   var result = 0
       result = punktA - punktB
       return result
   }
}

var result = Kilometerzaehler.
berechneDifferenzPunktA(20, punktB: 10)
```

Im Beispiel wurde die Methode *berechneDifferenzPunktA* statisch, d. h. als Klassenmethode, deklariert. Hierzu wurde vor das Schlüsselwort *func* erneut das Schlüsselwort *class* gesetzt. Die Methode lässt sich nun aufrufen, ohne zuvor eine Variable der Klasse zu erzeugen. Das ist immer dann praktisch, wenn man eigentlich keine Instanz der Klasse benötigt, weil beispielsweise nur eine Berechnung durchgeführt werden soll, ohne dass das Ergebnis im Anschluss in einer Eigenschaft gespeichert werden muss.

Hinweis

Klassenmethoden können auch innerhalb einer Struktur oder Enumeration implementiert werden. Logischerweise kann hier nicht das Schlüsselwort *class* vor dem Schlüsselwort *func* verwendet werden bzw. es würde nicht viel Sinn ergeben. Das sehen die Entwickler bei Apple genauso. Aus diesem Grund wird bei der Implementierung von entsprechenden Methoden in Strukturen und/oder Enumerationen das Schlüsselwort *static* zur Kennzeichnung verwendet:

```
struct Zaehler {
    static func berechneDifferenzPunktA(punktA:Int, punktB:Int) -> Int
    {
        var result = 0
        result = punktA - punktB
        return result
    }
}
```

Übrigens dient das Schlüsselwort *static* in anderen Sprachen auch als Grundlage für die Bezeichnung solcher Methoden. Dort ist dann von »statischen Methoden« die Rede.

4.3.3   Der Initialisierer (Konstruktor)

Mit Initialisierern sind Sie bereits in Berührung gekommen, und zwar in Abschnitt 3.8 zum Thema Strukturen. Nach der Anlage einer Struktur *Person* mit den Eigenschaften *Nachname* und *Vorname* konnte die Struktur bzw. konnten die beiden Variablen direkt beim Neuanlegen einer Variablen der Struktur mit Werten initialisiert werden.

Möglich macht dies eine besondere Methode mit dem Namen *Initialisierer* (in anderen Sprachen spricht man auch vom *Konstruktor*). Im Falle der Struktur wurde diese Methode automatisch erzeugt. Bei Klassen hingegen muss man diese Methode implementieren.

Im Initialisierer einer Klasse, Struktur oder Enumeration werden alle Vorbereitungen getroffen, die notwendig sind, damit eine Instanz verwendet werden kann. Im Gegensatz zu Objective-C haben Initialisierer in Swift keinen Rückgabewert.

Wie funktioniert der Aufruf eines Initialisierers? Dieser Aufruf wurde bereits in allen Beispielen (ohne dass Sie es wussten) verwendet. Sehen Sie sich zur Erläuterung bitte einmal den folgenden Code an:

```
class Kilometerzaehler {
    var zaehler:Float

    init() {
        zaehler = 0.0
    }
}

var kmz = Kilometerzaehler()
print(kmz.zaehler)
```

Die Klasse *Kilometerzaehler* enthält im Beispiel nur eine Eigenschaft *zaehler* vom Typ Float. Wie Sie wissen, muss dieser Variable entweder in irgendeiner Form ein Wert zugewiesen werden oder sie muss mit dem *?*-Operator oder dem *!*-Operator (siehe Abschnitt 3.7.9) gekennzeichnet werden.

Im Code fällt die Wahl auf die Initialisierung mit einem Wert. Hier hätte man jetzt noch die Möglichkeit, der Eigenschaft direkt bei der Deklaration einen Wert zuzuweisen. Auch von dieser Möglichkeit wird kein Gebrauch gemacht. Stattdessen wird eine zusätzliche Methode mit dem Schlüsselwort *init* angelegt. Hierbei handelt es sich um den Initialisierer der Klasse – also um die Methode, die aufgerufen wird, sobald eine Instanz erzeugt wird. Innerhalb des Initialisierers wird der Eigenschaft *zaehler* ein Startwert zugewiesen. Sobald nun eine Instanz der Klasse erzeugt worden ist, wird auch der Initialisierer automatisch ausgeführt und somit die Variable *zaehler* initialisiert.

Parameter und Initialisierer

Ein Initialisierer ist ja eigentlich eine ganz normale Methode, die lediglich automatisch bei der Erstellung einer Instanz ausgeführt wird. Auch diesem Methodentyp lassen sich natürlich Parameter übergeben. Die Parameter können somit zur Initialisierung von Variablen verwendet werden:

```
class Kilometerzaehler {
    var zaehler:Float

    init(entfernungInKilometer kilometer: Float) {
        zaehler = kilometer * 1000
    }

    init(entfernungInMeter meter: Float) {
        zaehler = meter
    }
}

var kmz = Kilometerzaehler(entfernungInKilometer: 1)
print(kmz.zaehler)
```

Im Beispiel wurden zwei Versionen der Methode *init* implementiert. Die erste Variante nimmt die Entfernung in Kilometer als Parameter entgegen. Innerhalb der Methode findet dann eine Umrechnung in Meter statt. Die zweite Version der Methode hingegen erwartet die Angabe der Entfernung in Meter. Eine Umrechnung erfolgt hier nicht. Beide Methoden haben gemeinsam, das sie zwei Parameternamen verwenden. Einer ist für die externe Verwendung da (beim Aufruf der Methode; dieser Name wird auch in Xcode angezeigt), und der zweite Parametername wird innerhalb der Methode (intern) verwendet.

Programmierer sind von Natur aus faul. Sie finden es anstrengend, sich Namen für Variablen und Parameter auszudenken. Manchmal möchten sie einfach weniger Tipparbeit leisten. Aus diesem Grund ist auch die folgende Variante möglich:

```
class Kilometerzaehler {
  var zaehler:Float
  init(zaehler: Float) {
    self.zaehler = zaehler
  }
}
var kmz = Kilometerzaehler(zaehler:1000)
print(kmz.zaehler)
```

Innerhalb der Methode *init* wird nun immer derselbe Name für Parameter und Variable verwendet. Aber wie hält Swift das auseinander?

Die Eigenschaft »self«

Jede Instanz eines Typs (Klasse, Struktur oder Enumeration) hat eine Eigenschaft, die den Namen *self* trägt. Über die *self*-Eigenschaft haben Sie Zugriff auf die Methoden und Eigenschaften der Instanz und können diese aufrufen.

Natürlich ist es nicht zwingend notwendig, *self* zu verwenden. Die meiste Zeit werden Sie wahrscheinlich auf den Einsatz verzichten können. Swift geht in den Fällen, in denen Sie nicht *self* verwenden, davon aus, dass auf eine Methode oder Eigenschaft der Instanz zugegriffen werden soll. Solange die Methode und/oder eine Eigenschaft unterschiedliche Bezeichnungen verwenden, ist das auch kein Problem. Wenn es aber wie im Beispiel so ist, dass sowohl der Parametername als auch die Eigenschaft dieselbe Bezeichnung verwenden, dann muss man Swift mitteilen, wann der Parameter und wann die Eigenschaft gemeint ist. Möglich wird das durch Verwendung des Schlüsselworts *self*. Wenn es also notwendig ist, dass die Eigenschaft und der Parametername einer Methode genau gleich heißen, verwenden Sie *self* zur Unterscheidung.

Die Handhabung von Parametern im Initialisierer (Konstruktor) kann man sich noch simpler gestalten. Wird ein führender Unterstrich vor dem Parameternamen verwendet, dann muss der Parametername bei der Initialisierung nicht angegeben werden:

```
class Kilometerzaehler {
  var zaehler:Float
  init(_ zaehler: Float) {
    self.zaehler = zaehler
  }
}

var kmz = Kilometerzaehler(zaehler:1000)
```

Innerhalb des Initialisierers wird der Parametername natürlich weiterhin verwendet.

Hinweis

Es besteht in solchen Fällen auch die Möglichkeit, die Eigenart von Swift zu nutzen, dass
Swift zwischen Groß- und Kleinschreibung unterscheidet. Denken Sie daran: *zaehler* und
Zaehler sind unterschiedliche Variablen!

4.3.4   Der Deinitialisierer (Dekonstruktor)

Neben den Konstruktoren kennt Swift auch Dekonstruktoren. Dabei handelt es
sich um eine Methode, die im Gegensatz zu einem Initialisierer erst aufgerufen
wird, sobald eine Instanz nicht mehr benötigt und somit aus dem Speicher entfernt werden kann. Wie bei der Initialisierung einer Instanz, so gibt es auch hier
eine Methode mit einem speziellen Namen. Angelehnt an *init* trägt die Methode
den Namen *deinit*. Die Implementierung unterscheidet sich nicht groß von *init*:

```
class Kilometerzaehler {
    var zaehler:Float

    init(zaehler: Float) {
        self.zaehler = zaehler
    }

    deinit {
        self.zaehler = 0
    }
}
```

Im Beispiel wird innerhalb der Methode der Variablen *zaehler* der Wert *0* zugewiesen. Diese Methode wird allerdings erst ausgeführt, wenn die Instanz aus dem
Speicher entfernt wird. Wofür sollten Sie jetzt diese Methode verwenden? Ein
praktisches Beispiel könnte das Schließen einer Datei sein, die zuvor zum Lesen
geöffnet wurde.

4.4   Vererbung

Die Vererbung von Elementen einer Klasse an eine andere Klasse ist eines der
wichtigsten Merkmale einer objektorientierten Programmiersprache. Aber was
bedeutet Vererbung?

Simpel ausgedrückt übernimmt bei der Vererbung eine Klasse (die erbende)
Elemente der vererbenden Klasse. In diesem Zusammenhang wird auch oft von
der *Ableitung* einer Klasse gesprochen, da die abgeleitete Klasse Elemente der
Basisklasse übernimmt. (Die Basisklasse wird auch als Superklasse bezeichnet.)

4.4.1   Erben (Ableitung) von Klassen

Bei der Vererbung werden Eigenschaften und Methoden übernommen und können sogar angepasst (überschrieben) werden.

```
class Vater {
    var Nachname:String = ""
}
```

Im Beispiel ist die Klasse *Vater* zu sehen. Ein Kind des Vaters wird (wahrscheinlich) den Nachnamen übernehmen. Möchte man diese Beziehung in Swift nachbauen, so besteht die Möglichkeit, hierzu den Mechanismus der Vererbung zu verwenden. Die Lösung hierfür könnte wie folgt aussehen:

```
class Vater {
    var Nachname:String = "Schmidt"
    var Vorname:String = "Peter"
}

class Kind:Vater {
}

var kind = Kind()
print(kind.Nachname)
kind.Vorname = "Carsten"
print(kind.Vorname)
```

Die Klasse Vater wird im Beispiel deklariert, und der Eigenschaft Nachname wird die Zeichenkette »Schmidt« zugewiesen. Einer zweiten Eigenschaft *Vorname* wird die Zeichenkette »Peter« zugewiesen.

Anschließend findet man eine zweite Deklaration, nämlich die der Klasse Kind. Diese Klasse wurde bei der Deklaration neben ihrem Namen zusätzlich – durch einen Doppelpunkt getrennt – mit dem Namen der Klasse *Vater* ausgezeichnet. Durch die Definition wird zwischen den beiden Klassen eine Vererbungskette erzeugt. Die Klasse Kind erbt also die zuvor in der Klasse *Vater* definierten Elemente (die Eigenschaften *Nach-* und *Vorname*). Obwohl also die Klasse Kind offensichtlich keine Eigenschaften enthält, können diese im späteren Programm innerhalb der *print*-Anweisung aufgerufen werden.

Die Vererbung ist in Swift relativ simpel geregelt. Eine Klasse in Swift kann nur von einer anderen Klasse erben. Mehrfachvererbung, wie es sie beispielsweise in C++ gibt, – ist in Swift nicht möglich. Damit eine Klasse von einer anderen erbt, muss dies bei der Deklaration der erbenden Klasse angegeben werden:

```
class Basisklasse {
    var Nachname:String="Bleske"
    var Vorname: String="Christian"
}

class Neueklasse : Basisklasse {
    var Kuerzel:String="C.B."
}
```

Im Beispiel erbt die Klasse *Neueklasse* alle Elemente von der Basisklasse. Das bedeutet: Alle Elemente der vererbenden Klasse (im Beispiel die Eigenschaften Nachname und Vorname) sind auch in der erbenden Klasse Neueklasse enthalten. Neben Eigenschaften bzw. Variablen lassen sich natürlich noch weitere Elemente, z. B. Methoden, einer Klasse vererben. Hierbei gibt es allerdings eine kleine Einschränkung. Es können nur Elemente vererbt werden, die entweder als *public* gekennzeichnet sind oder deren (Ursprungs-)Klasse sich in demselben Modul (Zugriffsmodifizierer internal) befindet, das heißt zusammen mit der erbenden Klasse. Elemente einer Klasse, die mit *private* gekennzeichnet sind, können nicht vererbt werden.

4.4.2   Zugriff auf Elemente der vererbenden Klasse

Durch Vererbung werden Eigenschaften oder Methoden von einer Klasse an die nächste weitergegeben. Es besteht auch die Möglichkeit, die vererbten Elemente zu ändern bzw. sie zu überschreiben. Wenn das einmal geschehen ist, dann unterscheidet sich das Element natürlich von demjenigen, das in der Superklasse vorhanden ist. Verloren sind diese Elemente aber nicht. Eigenschaften oder Methoden der Superklasse können mit einem speziellen Schlüsselwort *super* abgefragt werden.

```
class Basisklasse {
    var Nachname:String="Bleske"
    var Vorname: String="Christian"
}
class Neueklasse : Basisklasse {
    var Kuerzel:String="C.B."
    func printName()
        print(super.Nachname + ", " + super.Vorname)
    }
}
var nk = Neueklasse()
nk.printName()
```

Nach der Eingabe von *super* unter Verwendung des Punktoperators stehen die Elemente der *Superklasse* zur Verfügung und können aufgerufen werden.

4.4.3   Initializer delegation

Genau so, wie man Eigenschaften oder Methoden einer Superklasse aufrufen kann, kann man natürlich auch deren Initialisierer bzw. Konstruktor aufrufen. Der Vorteil dabei ist, dass sich dadurch Code sparen lässt: Code, der beispielsweise innerhalb der Superklasse im Initialisierer bereits geschrieben wurde, muss so nicht erneut in der abgeleiteten Klasse implementiert werden, sondern kann durch Aufruf erneut verwendet werden:

```
class Kaefer {
    var name : String
    init(name: String) {
        self.name = name
    }

    convenience init() {
        self.init(name: "[Kein Name]")
    }
}

class SpezialKaefer:Kaefer {
    var gewichtInGramm: Int
    init(name: String, gewichtInGramm: Int) {
        self.gewichtInGramm = gewichtInGramm
        super.init(name: name)
    }
}
```

Listing 4–4   *Initialisierer in Basisklassen aufrufen*

In der Klasse *Kaefer* sind zwei Initialisierer implementiert worden. Diese beiden unterscheiden sich durch Parameter und Funktion. Der Standardinitialisierer erwartet als Parameter den Namen eines neuen Käfers. Intern wird der Parameter dann an die Eigenschaft *name* der Klasse übergeben. Der zweite Initialisierer der Klasse unterscheidet sich etwas vom ersten; so erwartet er keinen Parameter.

Allerdings wird ein neues Schlüsselwort *convenience* (was sich mit »Annehmlichkeit« oder »Komfort« übersetzen lässt) verwendet. Die Bedeutung des Schlüsselworts ist dann auch verständlich, wenn man sich den zweiten Initialisierer genau ansieht. Er erwartet keinen Parameter. Das muss er auch nicht, da intern der Eigenschaft *name* automatisch ein Standardwert zugewiesen wird. Immer dann, wenn es eine alternative Initialisierung mit Standardwert(en) geben soll, lässt sich prima ein *convenience*-Initialisierer verwenden.

Die Klasse *SpezialKaefer* wurde in Listing 4–4 von der Klasse *Kaefer* abgeleitet und erbt somit deren Eigenschaften und Methoden. Der Initialisierer der Klasse wurde erweitert. Er nimmt einen weiteren Parameter entgegen: das Gewicht eines Käfers. Innerhalb des Initialisierers wird es nun interessant. Anstatt der Eigenschaft *name* den Namen des Käfers direkt zuzuweisen, wird stattdessen der Initialisierer der Superklasse aufgerufen, und diesem wird der Name als Parameter übergeben. Somit wird der Code im Initialisierer der Superklasse verwendet und muss nicht erneut geschrieben werden.

Sicher, im Beispiel wäre eine direkte Zuweisung nicht aufwendiger gewesen. Aber wenn man sich überlegt, dass der Code im Initialisierer der Superklasse umfangreicher wäre, dann wird der Nutzen deutlich.

```
var bug = Kaefer(name: "Kleiner Käfer")                    { "Kleiner Käfer"}
var bug_ohne_Namen = Kaefer()                              { "[Kein Name]"}
var specialBug = SpezialKaefer(name: "Großer Käfer",       {{ "Großer Käfer"} 20}
    gewichtInGramm: 20)
```

Abb. 4–5   *Die Kette der Initialisierer innerhalb des Playgrounds*

> **Hinweis**
>
> Strukturen und Enumerationen sind Werttypen und unterstützen die Vererbung nicht. Insofern können natürlich auch keine Initialisierer von Basistypen aufgerufen werden. Allerdings ist es möglich, auch in einer Struktur oder Enumeration mehrere Initialisierer zu verwenden. Diese Initialisierer können dann unter Verwendung von *self.init* aufgerufen werden.

4.4.4   Überschreiben von Methoden

In Swift ist es möglich, Methoden zu überschreiben. Das bedeutet: Eine Methode, die in einer Klasse vorhanden ist, kann in einer abgeleiteten Klasse unter demselben Namen erneut implementiert werden. Hierzu muss die Methode in der erbenden Klasse allerdings besonders gekennzeichnet werden:

```
class Kaefer {
    var name : String

    init(name: String) {
        self.name = name
    }

    convenience init() {
        self.init(name: "[Kein Name]")
    }
}

class SpezialKaefer:Kaefer {
    var gewichtInGramm: Int

    init(name: String, gewichtInGramm: Int) {
        self.gewichtInGramm = gewichtInGramm
        super.init(name: name)
    }

    override convenience init(name: String) {
        self.init(name: name, gewichtInGramm: 10)
    }
}
```

Listing 4–5   *Methoden überschreiben*

Da Sie das Käfer-Beispiel jetzt schon kennen, eignet es sich prima, um das Überschreiben einer Methode zu demonstrieren. Die Klasse *Kaefer* enthält, wie Sie wissen, einen Initialisierer, der mit dem Schlüsselwort *convenience* gekennzeichnet wurde. Dieser Initialisierer soll in der abgeleiteten Klasse *SpezialKaefer* überschrieben werden, um statt des Originals eine erweiterte Variante zu implementieren.

Der Initialisierer in der Klasse *SpezialKaefer* wird abermals mit dem *convenience*-Schlüsselwort gekennzeichnet. Diesmal allerdings befindet sich davor noch ein weiteres (neues) Schlüsselwort: *override*. Mit diesem Schlüsselwort wird Swift

angewiesen, den Initialisierer der Superklasse nicht zu berücksichtigen und stattdessen den neuen zu verwenden. Dieser enthält etwas abgewandelten Code. Der
Initialisierer der Superklasse wird nicht mit *super* aufgerufen. Stattdessen wird
mit *self.init* der erste Initialisierer der Klasse aufgerufen, und für das Gewicht
wird ein Standardwert übergeben.

Warum aber muss der erste Initialisierer nicht auch mit dem *override*-Schlüs-
selwort gekennzeichnet werden? Die Antwort ist simpel: Der erste Initialisierer
unterscheidet sich durch die beiden verwendeten Parameter (String und Integer)
schon deutlich vom Initialisierer innerhalb der Superklasse. Der Name einer
Methode und die verwendeten Parameter bzw. die Typen bilden gemeinsam eine
Signatur, an der eine Unterscheidung getroffen werden kann. Abbildung 4–6
zeigt die Inhalte der Instanzen nach ihrer Erzeugung.

```
var bug = Kaefer(name: "Kleiner Käfer")              { "Kleiner Käfer"}
var bug_ohne_Namen = Kaefer()                        { "[Kein Name]"}
var specialBug = SpezialKaefer(name: "Großer Käfer", {{ "Großer Käfer"} 20}
    gewichtInGramm: 20)
var specialBigBug = SpezialKaefer(name: "Mittlerer Käfer")  {{ "Mittlerer Käfer"} 10}
```

Abb. 4–6   *Unterschiedliche Initialisierer durch Überschreiben*

Sie können natürlich nicht nur Instanzmethoden überschreiben, auch das Überschreiben von Klassenmethoden ist problemlos möglich:

```
class Basisklasse {
    class func foo() {
    }
}

class Neueklasse : Basisklasse {
    override class func foo() {
    }
}
```

Hierzu wird der Deklaration der Klassenmethode lediglich das Schlüsselwort
override vorangestellt.

4.4.5   Überschreiben von Eigenschaften

Neben Methoden können auch die Eigenschaften einer Klasse überschrieben werden. Hierbei gilt es allerdings zu beachten, dass neben der Bezeichnung der Eigenschaft auch der Typ mit der zu überschreibenden Eigenschaft identisch ist:

```
class Person
{
    private var personalnummer = 0

    var Personalnummer:Int {
        get { return personalnummer }
    }
}
```

```
var person = Person()
//person.Personalnummer = 123 ---> Fehler!!!

class Mitarbeiter:Person {

    override var Personalnummer:Int {
        get { return personalnummer }
        set {
            personalnummer = newValue
        }
    }
}

var mitarbeiter=Mitarbeiter()
mitarbeiter.Personalnummer = 123
```

Das Beispiel enthält eine Klasse *Person*, die die Eigenschaft *Personalnummer* vom Typ Integer enthält. Diese Eigenschaft ist nur lesend implementiert worden. Ein Schreibzugriff auf die Eigenschaft führt zu einer Fehlermeldung. In der abgeleiteten Klasse *Mitarbeiter* soll dieser Schreibzugriff nun realisiert werden. Hierzu muss die Eigenschaft *Personalnummer* überschrieben werden. Aus diesem Grund wird das Schlüsselwort *override* zur Kennzeichnung der Eigenschaft verwendet. Bezeichnung und Typ der neuen Eigenschaft sind mit der alten Version identisch. Neben dem *get*-Zweig wird diesmal auch ein *set*-Zweig implementiert. Im Anschluss kann die Eigenschaft wie geplant beschrieben werden.

Im Beispiel wurde die überschriebene Eigenschaft erweitert. Es ist allerdings nicht möglich, diesen Weg zurückzugehen. Das bedeutet: Wenn die zu überschreibende Eigenschaft bereits *get* und *set* besitzt, dann müssen diese beiden auch in der überschriebenen Version enthalten sein. Auch der Rückgriff in die Basisklasse mit *super* funktioniert hier natürlich:

```
class Angestellter:Mitarbeiter {
    override var Personalnummer:Int {
        get { return super.Personalnummer }
        set { super.Personalnummer = newValue }
    }
}
```

So kann man sich die erneute Programmierung beim Zugriff auf eine Eigenschaft sparen, für die bereits in der Superklasse *getter* und *setter* vorhanden waren.

4.4.6 Das Überschreiben von Elementen verhindern

Es kann Situationen geben, in denen Sie nicht möchten, dass Elemente einer Klasse (wie beispielsweise eine Eigenschaft oder Methode) von einer erbenden Klasse überschrieben werden können. Um das zu verhindern, gibt es einen einfachen Mechanismus. Die entsprechenden Elemente müssen nur mit dem Schlüsselwort *final* gekennzeichnet werden:

```
class Basisklasse {
  final func foo() {
  }
}

class Neueklasse : Basisklasse {
  override func foo() {
  }
}
```

Im Beispiel wurde innerhalb der Klasse *Basisklasse* die Methode *foo* implementiert und mit dem *final*-Schlüsselwort gekennzeichnet. In der abgeleiteten Klasse *Neueklasse* soll die Methode *foo* nun überschrieben werden. Hierzu wird das *override*-Schlüsselwort verwendet. Zur Laufzeit und/oder im Playground gibt es an dieser Stelle aber eine Fehlermeldung, die besagt, dass die Methode *foo* nicht überschrieben werden kann, da sie als *final* gekennzeichnet wurde. Diese Vorgehensweise funktioniert wie gesagt mit allen Elementen, egal ob Klasse, Methode oder Eigenschaft.

4.5   Schnittstellen

Klassen können in Swift nicht nur von Klassen erben, sondern noch von einem weiteren Element, das als *Schnittstelle* bezeichnet wird. Salopp gesprochen, wird eine Schnittstelle in Swift verwendet, um einer Klasse einen Vertrag für zu programmierende Methoden und Eigenschaften zu übergeben. Das bedeutet: Alle Elemente, die in einer Schnittstelle definiert sind, müssen auch in der erbenden Klasse implementiert werden.

Hinweis

Nicht nur Klassen können eine Schnittstelle implementieren, auch für Strukturen ist es möglich, eine Schnittstelle als Vertrag anzugeben.

4.5.1   Was sind Protokolle?

Eine Schnittstelle (*Interface*) wird in der Apple-Welt als *Protokoll* bezeichnet. Erbt eine Klasse in Swift von einer Schnittstelle, so müssen in der erbenden Klasse alle in der Schnittstelle enthaltenen Methodendefinitionen implementiert werden. Eine Schnittstellendefinition wird immer dann verwendet, wenn man entweder von keiner Klasse ableiten (erben) möchte oder aber diese Möglichkeit bereits erschöpft ist. In Swift gibt es ja keine Mehrfachvererbung von Klassen. Das bedeutet: Eine Klasse in Swift kann immer nur von einer anderen Klasse erben.

Eine Klasse kann allerdings von mehreren Schnittstellen erben, und an dieser Stelle wird es interessant. Auf diesem Wege lassen sich nämlich unterschiedliche

Vorgaben festlegen, die in einer Klasse umgesetzt werden sollen. Eine Schnittstelle in Swift wird mit dem Schlüsselwort *protocol* deklariert:

```
protocol Schnittstelle {

}
```

Danach folgt der Name der Schnittstelle, und innerhalb der geschweiften Klammern folgt dann die Schnittstellendefinition. Ein Protokoll kann Methoden, Eigenschaften und auch Initialisierer enthalten. Wo ist nun der Unterschied zu einer Klasse?

Ein Protokoll unterscheidet sich von einer Klasse im Wesentlichen durch zwei Punkte. Zuerst einmal kann von einem Protokoll keine Instanz erzeugt werden. Warum? Nun, dies ist durch den zweiten Unterschied begründet: Eventuell enthaltene Methoden dürfen in einem Protokoll nicht vollständig implementiert werden. Das heißt, eine Methode darf in einem Protokoll quasi nur aus dem Kopf bestehen (d.h. aus dem Namen, aus den Parametern und aus dem Rückgabetyp).

Das gilt auch für die Definition von Eigenschaften. Sie dürfen und müssen lediglich mit *{ get set }* angedeutet, aber nicht implementiert werden. Welchen Grund aber hat die Nichtimplementierung von Methoden und Eigenschaften? Das folgende Beispiel soll eine Antwort geben:

```
protocol Auto
{
    func Motor()
}

class Kaefer : Auto
{
    func Motor(){
        print("Motor für Käfer")
    }
}

class Porsche : Auto
{
    func Motor(){
        print("Motor für Porsche")
    }
}
```

Im Beispiel wurde das (allgemeine) Protokoll *Auto* implementiert. In dieser Schnittstelle gibt es eine Deklaration für die Methode *Motor*. Logischerweise sollte jedes Auto, das produziert wird, über einen Motor verfügen. Die konkrete Implementierung des Motors fehlt innerhalb der Schnittstelle.

Allerdings fehlt er aus gutem Grund! Der Motor, der in einem VW-Käfer verbaut wird, sieht sicherlich anders aus als derjenige, der in einem Porsche montiert wird (wenn nicht, ist etwas gründlich schiefgelaufen). Aus diesem Grund gibt die Schnittstelle nur vor, dass ein Motor eingebaut werden muss, aber nicht, wie er

aussieht. Die konkrete Implementierung kann und sollte also erst in der entsprechenden Klasse vorgenommen werden.

Durch die Verwendung einer Schnittstelle wird lediglich sichergestellt, dass
eine Methode *Motor* in die erbenden Klassen implementiert werden muss. Im
Beispiel wurde innerhalb der Schnittstelle lediglich der Kopf der Methode implementiert. Aber eine Schnittstelle kann noch weitere Informationen enthalten.
Neben den Methoden können sich in einer Schnittstelle auch Eigenschaften befinden. Eigenschaften in einer Schnittstelle enthalten analog zu Methoden keinen
Code. Es wird lediglich festgelegt, ob die Implementierung einer Eigenschaft in
einer Klasse nur lesend (*get*) oder auch schreibend (*set*) sein muss. Diese Vorgabe
wird innerhalb der Schnittstelle dann wie folgt umgesetzt:

```
protocol Auto
{
    var farbe : String {get set}
    func Motor()
}
```

Getter und Setter werden lediglich angedeutet und nicht implementiert. Die konkrete Umsetzung erfolgt dann erst in der erbenden Klasse.

4.5.2   Ableitung von Protokollen

Die Ableitung von einem Protokoll kann wie im letzten Beispiel erfolgen, also
direkt nach dem Doppelpunkt-Operator:

```
class Porsche : Auto
{
    func Motor(){
    }
}
```

Auch die Ableitung von mehreren Protokollen ist möglich:

```
class Porsche : Sportwagen, Auto
{
    func Motor(){
    }
}
```

Im Beispiel handelt es sich bei *Auto* und *Sportwagen* jeweils um ein Protokoll, das
nun in der Klasse *Porsche* implementiert werden muss. Wenn auch von einer Klasse
abgeleitet werden soll, so muss diese zuerst aufgeführt werden. Im Anschluss folgen dann die zu implementierenden Protokolle:

```
class Boxter: Porsche, Sportwagen, Auto
{
    func Motor(){
    }
}
```

Wie bereits zu Beginn des Abschnitts erwähnt wurde, kann auch eine Schnittstelle einen Initialisierer enthalten. Auch hier gelten besondere Spielregeln, die bei der Implementierung beachtet werden müssen:

```
protocol Auto
{
    init(farbe:String)
    func Motor()
}

class Kaefer : Auto
{
    var farbe:String

    required init(farbe:String) {
        self.farbe = farbe
    }

    func Motor() {
        print("Motor für Käfer")
    }
}
```

Analog zu Methoden und Eigenschaften wird auch beim Initialisierer auf eine konkrete Implementierung innerhalb der Schnittstelle verzichtet. Lediglich der Name und die Parameter sowie zugehörige Typen werden angegeben, und natürlich wird auch hier – ganz wie bei Methoden – auf die geschweiften Klammern verzichtet.

Bei der Implementierung des Initialisierers in der Klasse *Kaefer* wird ein neues Schlüsselwort *required* verwendet. Durch dieses Schlüsselwort wird sichergestellt, dass Klassen, die von der Klasse *Kaefer* erben, auch diesen Initialisierer implementieren müssen. Zusätzliche Initialisierer können der erbenden Klasse selbstverständlich hinzugefügt werden.

Hinweis

Obwohl Protokolle keine eigene Implementierung haben, gelten sie per Definition trotzdem als (Daten-)Typ. Das heißt, sie können beispielsweise in Funktionen als Parameter verwendet werden. Sie können auch als Typ für eine Variable, Eigenschaft oder Konstante dienen und in einem Array oder Dictionary verwendet werden.

Swift 1.2

Mit Swift 1.2 wurde die Deklaration von statischen Methoden und Funktionen vereinheitlicht. In Swift 1.1 musste eine statische Methode, die in einem Protokoll definiert wurde, mit dem Schlüsselwort *class* gekennzeichnet werden. Ab Swift 1.2 kann auch hier – wie in der Klasse – das Schlüsselwort *static* verwendet werden:

```
protocol myprot {
    static func foo()
}

class myclass: myprot {
    static func foo() {
    }
}
```

4.6 Erweiterung von Typen (Klassen, Strukturen und Enumerationen)

In Swift können Klassen nicht nur durch Vererbung erweitert werden. Es gibt auch noch andere Möglichkeiten, eine Klasse um Funktionen zu erweitern, ohne dass man auf vererbte Elemente setzen muss. In diesem Abschnitt sollen jene Möglichkeiten vorgestellt werden.

4.6.1 Subscripts

Sowohl Klassen als auch Strukturen und auch Enumerationen können sogenannte Subscripts enthalten. Auf den ersten Blick sehen Subscripts wie Eigenschaften aus.

Im Gegensatz zu Eigenschaften ermöglichen sie aber den Zugriff auf Elemente der Instanz einer Klasse direkt durch Angabe eines Index. Stellen Sie sich vor, Sie möchten die Elemente in einem Array, das in einer Klasse angelegt wurde, zur Laufzeit abfragen:

```
class Zahlen {
    var zahlenreihe = [10,20,30,40,50]
}
```

Es soll die Möglichkeit geben, den Inhalt des Arrays *zahlenreihe* zur Laufzeit abzufragen und auch neue Einträge hinzuzufügen. Jetzt könnte man das Array bzw. dessen Inhalt über eine Methode von außen zugänglich machen. Es gibt aber einen eleganteren Weg, dies zu tun – und hierfür wird ein Subscript verwendet:

```
class Zahlen {
    var zahlenreihe = [10,20,30,40,50]

    subscript(index: Int) -> Int {
        get {
            return zahlenreihe[index]
        }
        set(newValue) {
            zahlenreihe.append(newValue)
        }
    }
}
```

```
var zahlen = Zahlen()
print(zahlen[1])

zahlen[1] = 40
print(zahlen[1])
```

Mit dem Schlüsselwort *subscript* wird ein neues Element ähnlich einer Eigenschaft im Code der Klasse implementiert. Wie die Eigenschaften, so hat auch ein Subscript einen *get-* und einen *set-*Teil. Ebenfalls wie bei Eigenschaften gilt: Wenn der *set-*Teil nicht benötigt wird, dann kann er auch weggelassen werden, und man hat ein *read-only Subscript*.

Als Parameter wird dem Subscript im Beispiel ein Integer-Wert übergeben. Über diesen kann direkt der Index des Arrays *zahlenreihe* angesprochen werden. Um das Array *zahlenreihe* um ein Element zu erweitern, wird die *append-*Methode eines Arrays verwendet. Der neue Wert steckt wie bei einer Eigenschaft in der Variablen *newValue*. Nach der Implementierung des Subscripts ist es nun möglich, den Inhalt des Arrays *zahlenreihe* über den Namen der Objektinstanz nur durch Angabe eines Index abzufragen. Auch das Hinzufügen von Werten ist über den Index möglich.

4.6.2 Verschachtelte Typen (Nested Types)

Klassen, Strukturen und Enumerationen können auch in einen Typ (beispielsweise einer Klasse) eingebettet werden. Diese Vorgehensweise bietet sich immer dann an, wenn ein bestimmter Typ zur Initialisierung eines Elements benötigt und darin verwendet wird. Was liegt also näher, als das benötigte Element ebenfalls in den Typ zu implementieren, in dem es benötigt wird?

Im folgenden Beispiel wurde (erneut) eine Klasse *Auto* angelegt. Instanzen der Klasse *Auto* können sowohl die gewählte Karosserieform als auch die Farbe speichern:

```
class Auto {
    var karosserie: Karosserie
    var farbe:Farbe

    enum Karosserie {
        case Kompaktwagen, Kombi, Coupe, Cabrio
    }

    enum Farbe {
        case blau, gruen, gelb, rot
    }

    init(karosserie: Karosserie, farbe: Farbe) {
        self.karosserie = karosserie
        self.farbe = farbe
    }
}

var auto = Auto(karosserie: Auto.Karosserie.Kombi, farbe: Auto.Farbe.blau)
```

Was liegt also näher, als die Typen, die zur Bestimmung von Karosserie und Farbe verwendet werden, ebenfalls in die Klasse zu integrieren? Die beiden Typen *Karosserie* und *Farbe* werden im Initialisierer der Klasse festgelegt und als Parameter bei der Erzeugung des Objekts entgegengenommen.

Bei der Erzeugung des Objekts werden die Typen außerhalb der Klasse benötigt, in der sie enthalten sind. Aus diesem Grund muss man sie referenzieren. Das geschieht über den Namen der Klasse (nicht über das Objekt!). Sofern Sie diese Typen auch außerhalb der Klasse benötigen, müssen Sie daran denken, die Klasse nicht als *private* zu markieren.

4.6.3 Erweiterungen (Extensions)

Eine weitere Möglichkeit, um Typen zu erweitern, sind sogenannte *Extensions* (Erweiterungen). Dabei beschränkt sich die Erweiterung nicht nur auf selbst geschriebene Typen (zu denen der Quellcode vorliegt), sondern es ist auch möglich, Typen zu erweitern, die nicht von Ihnen selbst entwickelt worden sind – zu denen also der Quellcode nicht vorliegt.

Mit einer Erweiterung kann ein Typ beispielsweise um eine Eigenschaft (aber nur um eine berechnete), eine Methode oder auch um neue Initialisierer erweitert werden. Das Überschreiben von vorhandenen Elementen ist allerdings nicht möglich. Eine Erweiterung wird mit dem Schlüsselwort *extension* angelegt. Um beispielsweise die Klasse *Auto* aus dem letzten Abschnitt zu erweitern, muss zuerst das Schlüsselwort angegeben werden. Auf das Schlüsselwort folgt dann der Name des Typs, den Sie erweitern wollen:

```
extension Auto {
    //Neue Funktionen...
}
```

Sollen in der Erweiterung auch neue Schnittstellen implementiert werden, so kann auch dies geschehen:

```
extension Auto: Protokoll1, Protokoll2 {
    //Neue Funktionen...
}
```

Dabei dürfen Sie dann natürlich nicht vergessen, die entsprechenden Protokolle auch zu implementieren. Wie kann eine Extension nun praktisch aussehen?

Hierzu soll einmal die Klasse *Auto* um eine *extension* zur Berechnung der Reichweite erweitert werden:

```
class Auto {
    var karosserie: Karosserie
    var farbe:Farbe

    enum Karosserie {
        case Kompaktwagen, Kombi, Coupe, Cabrio
    }
```

```
    enum Farbe {
        case blau, gruen, gelb, rot
    }

    init(karosserie: Karosserie, farbe: Farbe) {
        self.karosserie = karosserie
        self.farbe = farbe
    }
}

extension Auto {
        unc CalcReichweite(kilometer:Double, liter:Double) -> Double {
        var result:Double=0.0
        result = kilometer / liter
        return result
    }
}

var auto = Auto(karosserie: Auto.Karosserie.Coupe, farbe: Auto.Farbe.blau)
print(auto.CalcReichweite(500, liter: 50))
```

Der Code für die Erweiterung wird direkt nach der Klasse implementiert und muss nicht innerhalb der Klasse realisiert werden. Dies ist auch wichtig, da ja auch Typen erweitert werden können, zu denen der Quellcode nicht vorliegt. So ist es auch möglich, die Typen Integer oder Double mit einer Extension zu erweitern.

Im Beispiel wird die Klasse *Auto* erweitert. Hierzu wird das Schlüsselwort *extension*, gefolgt vom Klassennamen, erfasst. Innerhalb der geschweiften Klammern folgt dann der Code, um den die Klasse erweitert werden soll. Erzeugt man anschließend eine Instanz der Klasse, so kann man die in der Erweiterung implementierte Methode direkt aufrufen. Auf demselben Weg können wie gesagt auch bereits integrierte Typen erweitert werden:

```
extension Int {
    func foo () {
        print("Methode foo")
    }
}

var myInt : Int = 0
myInt.foo()
```

Im Beispiel wurde die Klasse *Int* um die Methode *foo* erweitert. Sobald nun eine neue Variable erzeugt wird, kann die Methode verwendet werden.

Swift 2

Bereits aus dem vorigen Abschnitt kennen Sie die Möglichkeit, vorhandene Klassen, Strukturen oder auch Enumerationen durch zusätzliche Anweisungen zu erweitern. Das geht ab Swift 2.0 auch mit Protokollen:

```
import UIKit

protocol Fruit {
    func fruitColor() -> String
}

extension Fruit {
    var weight:Int {
        get {
            return self.weight
        }
        set {
            self.weight = newValue
        }
    }
}

class Apple : Fruit {
    func fruitColor() -> String {
        return "green"
    }
}

class Orange : Fruit {
    func fruitColor() -> String {
        return "orange"
    }
}

class Banana : Fruit {
    func fruitColor() -> String {
        return "yellow"
    }
}

let apple = Apple()
apple.fruitColor()

let orange = Orange()
orange.fruitColor()

let banana = Banana()
banana.fruitColor()

banana.weight = 10
```

Von einem Protokoll *Fruit* werden die Klassen *Apple*, *Orange* und *Banana* abgeleitet. Im Protokoll wird lediglich die Methode *fruitColor* definiert, die anschließend auch jeweils in den Klassen implementiert wird. Die Instanziierung der Klasse klappt natürlich auch problemlos.

Falls Sie jetzt auf die Idee kommen, dass es auch nicht schlecht wäre, das Gewicht einer Frucht speichern zu können, so lässt sich eine entsprechende Eigenschaft durch eine *Protocol Extension* ohne großen Aufwand implementieren.

4.6.4   Optional Chaining

Optionals bzw. das Konzept wurden bereits in Abschnitt 3.7.9 vorgestellt. Hinter diesem Begriff verbirgt sich die Möglichkeit, dass beispielsweise eine Variable einen Wert enthalten kann, ihn aber nicht unbedingt enthalten muss. Statt des Wertes kann die Variable in diesem Fall auch *nil* enthalten.

Optional Chaining ist nun die Möglichkeit, Eigenschaften oder Methoden abzufragen, die möglicherweise *nil* enthalten, ohne dass es einen Laufzeitfehler gibt. Schauen Sie sich bitte folgenden Quellcode an:

```
class Motor {
    var zylinder: Zylinder?
}

class Zylinder {
    var Anzahl = 4
}

let motor = Motor()
let anzahl = motor.zylinder.Anzahl //<- Fehler!!!
```

Es wurden zwei Klassen deklariert: *Motor* und *Zylinder*. Wichtig hierbei ist, dass die Klasse *Motor* eine Deklaration der Klasse *Zylinder* enthält, aber keine Instanz. Deshalb muss auch der *?*-Operator bei der Deklaration verwendet werden. Ansonsten würde es eine Fehlermeldung geben.

Auf geht's: Mit *let motor = Motor()* wird nun eine Instanz der Klasse angelegt. Das funktioniert auch problemlos. Die Abfrage der Zylinder in der letzten Zeile verursacht aber eine Fehlermeldung, die besagt, dass die Klasse *Motor* keine Instanz von *Zylinder* enthält – was ja auch richtig ist. Jetzt könnte man einfach behaupten, dass *Anzahl* einen Wert enthält:

```
let anzahl = motor.zylinder!.Anzahl
```

Wieder gibt es eine Fehlermeldung. Es soll aber nun zur Laufzeit überprüft werden können, ob *Anzahl* einen Wert enthält oder nicht. Wie wird das bewerkstelligt? Um diese Anforderung umzusetzen, wird *Zylinder* einfach auch an dieser Stelle als optional markiert:

```
let anzahl = motor.zylinder?.Anzahl
```

Nun muss es keine Instanz geben, bzw. *Zylinder* kann jetzt auch *nil* enthalten und abgefragt werden. Für einen Test sollte die Klasse *Motor* mit einem Initialisierer ausgestattet werden, in dem dann eine Instanz der Klasse *Zylinder* erzeugt wird.

```
class Motor {
    var zylinder: Zylinder?
    init () {
        zylinder = Zylinder()
    }
}
```

```
class Zylinder {
  var Anzahl = 4
}

let motor = Motor()

if let anzahl = motor.zylinder?.Anzahl {
  print("Der Motor hat \(anzahl) Zylinder.")
} else {
  print("Die Abfrage der Zylinder ist nicht möglich!")
}
```

Nun kann man problemlos das Verhalten beobachten: Innerhalb der Klasse
Motor wird im Initialisierer eine Instanz von *Zylinder* erzeugt. Innerhalb der
if-Abfrage kann jetzt die Anzahl der Zylinder abgefragt werden – auch wenn es
keine Instanz von *Zylinder* gibt!

Machen Sie die Probe, und kommentieren Sie einmal die Erstellung der
Instanz von *Zylinder* im Initialisierer von *Motor* aus. Im Playground wird umgehend die Meldung ausgegeben, dass die Abfrage der Zylinder nicht möglich ist.
An dieser Stelle gibt es jetzt eine Verkettung von Optionals (Optional Chaining),
was auch der Bezeichnung dieser Abfragemöglichkeit entspricht.

Aufruf von Methoden durch Optional Chaining

Neben Eigenschaften können auch Methoden oder Subscripts via Optional Chai-
ning aufgerufen werden. Im folgenden Beispiel wird die Anzahl der Zylinder des
Motors nicht über die Eigenschaft abgefragt, sondern über die Methode *Anzahl-
Zylinder*:

```
class Motor {
  private var zylinder: Zylinder?
  init () {
      zylinder = Zylinder() //Für Alternative auskommentieren...
  }
}

class Zylinder {
  private var Anzahl = 4

  func AnzahlZylinder() {
      print("Der Motor hat \(self.Anzahl) Zylinder.")
  }
}

let motor = Motor()

if motor.zylinder?.AnzahlZylinder() == nil {
  print("Die Abfrage der Zylinder ist nicht möglich!")
}
```

Wird das Programm ausgeführt, so wird die Anzahl der Zylinder über die
Methode ausgegeben. Kommentiert man die Erstellung der Instanz innerhalb der
Klasse *Motor* im Initialisierer aus, so liefert die *if*-Abfrage der Methode *Anzahl-
Zylinder nil* zurück, und eine entsprechende Meldung wird ausgegeben.

4.7 Typumwandlung (is & as) und (Any & AnyObject)

Das Thema »Typumwandlung in Swift« haben Sie schon kennengelernt. In Kapitel 3 wurde diese Technik zur Umwandlung von einem Datentyp (z.B. Integer) in einen anderen (z.B. String) vorgestellt.

Die Umwandlung oder auch der Vergleich von Typen ist aber nicht nur mit den Basistypen (Integer, Float, String) möglich, sondern ist auch für selbst geschriebene Typen (Klassen) von Zeit zu Zeit erforderlich – beispielsweise dann, wenn mehrere Objekte existieren, die zwar dieselbe Superklasse, aber unterschiedliche Subklassen haben.

Swift stellt zwei Operatoren für den Vergleich (*is*) und die Umwandlung (*as*) bereit.

Typüberprüfung mit dem *is*-Operator

Mit dem *is*-Operator kann überprüft werden, ob eine Instanz von einer bestimmten Klasse abgeleitet wurde. Im Beispiel aus Listing 4–6 wurde eine kleine Hierarchie von Klassen aufgebaut, um mithilfe des *is*-Operators einmal zu überprüfen, von welchem Typ eine Instanz ist.

```swift
class Person {
    var nachname:String
    var vorname:String

    init(nachname:String, vorname:String) {
        self.nachname = nachname
        self.vorname = vorname
    }
}

class Mitarbeiter : Person {
}

class Angestellte : Mitarbeiter {
}

class Arbeiter : Mitarbeiter {
}

var array = [
    Angestellte(nachname: "Müller", vorname: "Ralf"),
    Arbeiter(nachname: "Klein", vorname: "Hans"),
    Arbeiter(nachname: "Burgic", vorname: "Refic"),
    Arbeiter(nachname: "Reinhardt", vorname: "Kurt"),
    Angestellte(nachname: "Meier", vorname: "Ute")
]

var angestellteZaehler = 0
var arbeiterZaehler = 0
```

```
for element in array {
  if element is Arbeiter {
    arbeiterZaehler++
  }
  if element is Angestellte {
    angestellteZaehler++
  }
}
```

Listing 4–6　　*Der »is«-Operator im Einsatz*

Als Superklasse dient im Beispiel die Klasse *Person*. Dem Initialisierer der Klasse werden Nach- und Vorname in Form eines Strings übergeben. Es folgt die Klasse *Mitarbeiter*, die direkt von *Person* erbt. Außerdem gibt es noch zwei weitere Klassen: *Angestellte* und *Arbeiter*. Nach den Klassen werden in einem Array Instanzen der Klassen *Angestellte* und *Arbeiter* erzeugt und gespeichert. Ferner werden zwei Variablen angelegt, die jeweils die Instanzen von *Angestellte* und *Arbeiter* zählen sollen.

Die eigentliche Zählung findet dann innerhalb einer *for*-Schleife statt, in der das Array mit den Instanzen durchlaufen wird. In die Schleife wurden zwei *if*-Abfragen eingefügt. Mit dem *is*-Operator wird dann einmal geprüft, ob es sich bei der aktuellen Instanz, die sich dann in der Variablen *element* befindet, um ein Objekt vom Typ *Angestellte* oder *Arbeiter* handelt. In Abhängigkeit vom Typ wird anschließend der jeweilige Zähler erhöht.

Downcasting

Neben der Typüberprüfung gibt es auch die *Typumwandlung* für Instanzen. Hierbei wird auf den Basistyp einer Instanz zurückgegriffen, um beispielsweise auf eine bestimmte Funktion zugreifen zu können, die nur in der Superklasse enthalten ist.

Im folgenden Beispiel wurde die Klasse *Mitarbeiter* um eine Eigenschaft *Personalnummer* erweitert. Diese Nummer ist natürlich auch in den abgeleiteten Klassen *Angestellte* und *Arbeiter* enthalten. Im Beispiel wird aber angenommen, dass nicht bekannt ist, welches Element im Array vom Typ *Arbeiter* und welches vom Typ *Angestellte* ist. Um jetzt aber auf die *Personalnummer* zugreifen zu können, hat man die Möglichkeit, einfach auf die gemeinsame Superklasse *Mitarbeiter* zuzugreifen. Denn in *Mitarbeiter* ist die *Personalnummer* natürlich auch vorhanden:

```
class Person {
   var nachname:String
   var vorname:String

   init(nachname:String, vorname:String) {
      self.nachname = nachname
      self.vorname = vorname
   }
}

class Mitarbeiter : Person {
   var personalnummer = 1234
}

class Angestellte : Mitarbeiter {
}

class Arbeiter : Mitarbeiter {
}

var array = [
   Angestellte(nachname: "Müller", vorname: "Ralf"),
   Arbeiter(nachname: "Klein", vorname: "Hans"),
   Arbeiter(nachname: "Burgic", vorname: "Refic"),
   Arbeiter(nachname: "Reinhardt", vorname: "Kurt"),
   Angestellte(nachname: "Meier", vorname: "Ute")
]

for element in array {
   let mitarbeiter = element as Mitarbeiter
   print(mitarbeiter.personalnummer)
}
```

Mit dem *as*-Operator wird so einfach jedes im Array enthaltene Objekt als *Mitarbeiter*-Objekt betrachtet, unabhängig vom wirklichen Typ, und die *Personalnummer* kann ausgegeben werden. Eine Alternative dazu ist die Erweiterung des *as*-Operators um einen Optional-Operator:

```
for element in array {
   if let arbeiter = element as? Arbeiter {
      print(arbeiter.personalnummer)
   }
   if let angestellte = element as? Angestellte {
      print(angestellte.personalnummer)
   }
}
```

Jetzt wird jedes Element im Array direkt in den entsprechenden Typ umgewandelt, sofern dies möglich ist. Darum verwenden wir den *as?*-Operator. Wenn die Umwandlung nämlich nicht möglich ist, dann wird sie im Beispiel auch nicht durchgeführt, denn sie ist ja optional!

Bei einem expliziten Downcast ist erforderlich, den Operator *as* in Verbindung mit einem ! zu gebrauchen. Dem Entwickler soll dieser Hinweis mitteilen, dass diese Umwandlung auch fehlschlagen und somit die App zum Absturz bringen kann:

```
class Auto {
}

class Pkw : Auto {
}

class Sportwagen: Pkw {
}

let modell: Auto = Sportwagen()
let downcast = modell as! Sportwagen
```

Auch bei der Umwandlung NSString in einen String muss der neue Operator jetzt verwendet werden:

```
func foo(var str : String) {
  print(str)
}

let nsstring: NSString = "Ein NSString"
foo(nsstring as! String)
```

Verwaltung und Umwandlung mit Any und AnyObject

Apples neue Programmiersprache Swift ist eng mit Cocoa verbunden. Bisher hat man dieses Framework immer nur zusammen mit Objective-C verwendet. In Verbindung mit Arrays oder Dictionaries verhält sich Objective-C aber anders als Swift.

Objective-C kennt keine Datentypen in Verbindung mit Arrays und Dictionaries. Das bedeutet, man kann in Instanzen dieser Klassen jeden Typ speichern. Ruft man nun eine Funktion auf, die ein entsprechendes Array oder Dictionary als Parameter erwartet, hat man in Swift mit einem typisierten Array oder einem Dictionary ein Problem.

Eine Lösung für solche Aufgabenstellungen kann aber mit *Any* und *AnyObject* entwickelt werden. *AnyObject* setzt man immer dann ein, wenn Objekte von unterschiedlichen Klassen gespeichert werden müssen. *Any* hingegen kann Instanzen eines jeden Typs aufnehmen, also beispielsweise auch Integer, Floats, Doubles oder Strings.

Die Definition eines Arrays mit *AnyObject* unterscheidet sich nicht von dem bereits vorgestellten Weg:

```
let objekte: [AnyObject] = [
  Angestellte(nachname: "Müller", vorname: "Ralf"),
  Arbeiter(nachname: "Klein", vorname: "Hans"),
  Arbeiter(nachname: "Burgic", vorname: "Refic"),
  Arbeiter(nachname: "Reinhardt", vorname: "Kurt"),
  Angestellte(nachname: "Meier", vorname: "Ute")
]
```

Im Beispiel werden die aus dem letzten Abschnitt bekannten Klassen *Angestellte* und *Arbeiter* verwendet, um Objekte unterschiedlichen Typs anzulegen und diese in einem Array zu speichern. Bemerken Sie etwas?

Bis auf die Angabe des Typs *AnyObject* gibt es keinen Unterschied zum letzten Beispiel. Folglich wurde auch zuletzt ein Array vom Typ *AnyObject* angelegt.

Seien Sie aber mit der Verwendung von *AnyObject* vorsichtig. Bequemer ist es zwar, aber man muss die Objekte im Array (oder Dictonary) immer umwandeln, bevor sie verwendet werden können.

Any

Innerhalb von Arrays vom Typ *Any* kann jede Instanz eines jeden Typs gespeichert werden. Das macht sie besonders flexibel:

```
var allesfresser = [Any]()
allesfresser.append(1234567)
allesfresser.append("Hallo Welt")
allesfresser.append(3.14)
allesfresser.append(Angestellte(nachname: "Müller", vorname: "Ralf"))
allesfresser.append(Arbeiter(nachname: "Reinhardt", vorname: "Kurt"))
allesfresser.append(Person(nachname: "Meyer", vorname: "Peter"))
```

Auch bei Arrays vom Typ *Any* muss natürlich bedacht werden, dass die darin enthaltenen Instanzen immer in den entsprechenden Typ umgewandelt werden müssen, bevor man sie benutzen kann:

```
for element in allesfresser {
    switch element {
        case let einInt as Int:
            print("Das ist ein Integer: \(einInt)")
        case let einString as String:
            print("Das ist ein String: \"\(einString)\"")
        case let einDouble as Double:
            print("Das ist ein Double: \(einDouble)")
        case let einAngestellter as Angestellte:
            print(einAngestellter.nachname + ", " +
                einAngestellter.vorname)
        case let einArbeiter as Arbeiter:
            print(einArbeiter.nachname + ", " + einArbeiter.vorname)
        default:
            print("Nicht gefunden!")
    }
}
```

Für ein solches Vorhaben eignet sich beispielsweise ein *switch...case*-Konstrukt. Im Beispiel wird jedes Element im Array daraufhin geprüft, ob es sich um einen Integer, Double usw. handelt. Stimmt der Typ mit der Überprüfung im *case*-Zweig überein, wird eine entsprechende Meldung ausgegeben.

4.8   Generics

Die Verwendung von Generics ermöglicht es, Code (z. B. Funktionen oder Klassen) noch flexibler zu programmieren. Der Gedanke dabei ist, eine Funktion so zu gestalten, dass diese nicht nur einen bestimmten Typ als Parameter entgegennehmen kann, sondern jeden Datentyp.

Wenn Sie dieses Kapitel von Anfang an durchgearbeitet haben, so haben Sie auch schon (ohne dass Sie es wussten) mit Klassen gearbeitet, die Generics verwenden. Um Generics und das Problem, das mit ihnen gelöst wird, zu verstehen, muss erst einmal eine Aufgabe skizziert werden.

Im folgenden Beispiel sollen Objekte der Klasse *Arbeiter* einem Pool zur Sammlung dieser Objekte hinzugefügt werden. Hierzu wird erst einmal eine Klasse (*Pool*) erstellt:

```
class Pool {
   var pool = [Arbeiter]()

   func addToPool(arbeiter: Arbeiter) {
      pool.append(arbeiter)
   }
}
```

Im Code wird eine Eigenschaft *pool* angelegt, die ein Array vom Typ *Arbeiter* enthält. Innerhalb dieser Eigenschaft sollen *Arbeiter*-Objekte gespeichert werden. Um eine Instanz von der Klasse *Arbeiter* der Eigenschaft *pool* hinzufügen zu können, wurde in der Klasse auch eine Methode *addToPool* implementiert. Diese Klasse nimmt als Parameter ein Objekt vom Typ *Arbeiter* entgegen und speichert diese im Array *pool*. Das Ganze sieht dann zur Laufzeit wie folgt aus:

```
var p = Pool()

var a = Arbeiter(nachname: "Meier", vorname: "Peter")

p.addToPool(a)
```

Zuerst wird eine Instanz der Klasse *Pool* angelegt und ein neues *Arbeiter*-Objekt erzeugt. Anschließend wird die Methode *addToPool* aufgerufen und das *Arbeiter*-Objekt übergeben. Es ist dann im Array gespeichert.

So weit, so gut. Was aber macht man, wenn neben Instanzen der Klasse *Arbeiter* auch Objekte der Klasse *Angestellte* gespeichert werden sollen? Sicher, man könnte jetzt eine zweite Eigenschaft *AngPool* anlegen, in der nur Objekte vom Typ *Angestellte* gespeichert werden können. Neben der zusätzlichen Eigenschaft benötigt man auch eine neue Methode, die Objekte vom Typ *Angestellte* als Parameter entgegennimmt. Sollte man dann noch auf die Idee kommen, dass noch ein weiterer Typ gespeichert werden muss, dann geht das Spiel von Neuem los, und man erweitert die Klasse mit Code, um noch einen weiteren Typ speichern zu können.

An dieser Stelle kommen Generics ins Spiel. Mit ihrer Hilfe ist es möglich, den Code der Klasse *Pool* so zu gestalten, dass er sowohl für Objekte vom Typ *Arbeiter* als auch für Objekte vom Typ *Angestellte* verwendet werden kann.

Und es geht sogar noch weiter: Der Code kann nach Umgestaltung sogar für Objekte verwendet werden, die noch nicht programmiert worden sind! Wie funktioniert das? Ganz einfach: Anstatt einen konkreten Typ im Code anzugeben, setzen Sie einen Platzhalter ein. Nur unmittelbar bevor man Objekte eines bestimmten Typs speichern möchte, legt man eine (spezialisierte) Instanz der *Pool*-Klasse an, die man für denjenigen Typ benötigt, den man speichern will.

Alle Theorie ist grau. Im Folgenden sehen Sie die Umsetzung des besprochenen Beispiels – diesmal mit Generics:

```
class Pool<T> {
    var pool = [T]()

    func addToPool(person: T) {
        pool.append(person)
    }
}
```

Hier fällt direkt auf, dass dem Klassennamen die Angabe von *<T>* folgt. Das ist eine Kennzeichnung für die Verwendung von Generics in Zusammenhang mit diesem Typ. Schaut man sich die Implementierung weiter an, so fällt außerdem auf, dass statt eines konkreten Typs (z. B. der Klasse *Arbeiter*) immer nur *T* verwendet wird. Hierbei handelt es sich natürlich um den Platzhalter für den Typ, der erst kurz vor der Verwendung der Klasse *Pool* bestimmt werden soll.

Das Anlegen einer Instanz der Klasse *Pool* unterscheidet sich nicht besonders von der Variante ohne Generics. Es wird lediglich zusätzlich der Typ angegeben, der in der *Pool*-Instanz gespeichert werden soll:

```
var pool = Pool<Arbeiter>()

var a = Arbeiter(nachname: "Meier", vorname: "Peter")

pool.addToPool(a)
```

Ansonsten unterscheidet sich die Verwendung der neuen Version der Klasse *Pool*, die Generics verwendet, nicht von der zuerst vorgestellten Variante. Alles ist identisch. Generics ermöglichen die Wiederverwendung desselben Codes an unterschiedlichen Stellen einfach durch die flexible Möglichkeit, den benötigten Typ erst sehr spät im Code festlegen zu können.

4.9 Speicherverwaltung (Automatic Reference Counting)

Anders als in früheren Versionen von iOS muss man sich zur Verwaltung des Hauptspeichers in den neueren Version von iOS (ab 5) eigentlich nicht mehr mit dem Management des Speichers auseinandersetzen. Swift nutzt zur Verwaltung das sogenannte *Automatic Reference Counting*. Hierbei wird der vom Programm verwendete Hauptspeicher (für Instanzen von Klassen) beobachtet, und sobald der Speicher vom Programm nicht mehr benötigt wird, wird er automatisch freigegeben. So weit, so gut. Allerdings gibt es hin und wieder Situationen, in denen Swift mehr Informationen zur Verwaltung der Instanzen im Speicher benötigt, als vorhanden sind. Dann müssen Sie als Entwickler Swift bzw. dem Automatic Reference Counting (kurz ARC) helfen und diese Informationen zur Verfügung stellen.

Übrigens, ARC kümmert sich nur um erzeugte Objekte, also um Referenzen. Strukturen und Enumerationen sind Wertypen und werden außen vorgelassen. Um diese Typen müssen Sie sich also nicht kümmern!

Jedes Mal, wenn Sie eine neue Instanz einer Klasse (also ein Objekt) erzeugen, wird für dieses Objekt ein wenig Hauptspeicher reserviert. In diesem Bereich werden dann Informationen über das Objekt (beispielsweise seine Adresse, der Typ, die in den Eigenschaften gespeicherten Daten) gespeichert.

Sobald nun das Objekt nicht mehr benötigt wird, sorgt ARC dafür, dass der durch das Objekt verwendete Speicher freigegeben wird. Es ist natürlich logisch, dass ein Problem auftritt, wenn das entsprechende Objekt zu früh aus dem Speicher entfernt wird. Ein Zugriff auf Eigenschaften oder Methoden des Objekts würde in einem solchen Fall zum Absturz der App führen.

ARC benötigt also einen Mechanismus, um festzustellen, ob eine Instanz noch benötigt wird oder nicht. Wie funktioniert dieser Mechanismus? Eigentlich sehr simpel: Jedes Mal, wenn eine Zuweisung in Verbindung mit dem Objekt durchgeführt wird, merkt sich ARC dies. Solange es solche (aktiven) Referenzen gibt, wird ARC das Objekt nicht aus dem Speicher entfernen. Solche Referenzen haben einen Namen. Es handelt sich um sogenannte *Strong References*, also um starke Referenzen, weil sie auf ein Objekt »zeigen«, das noch nicht gelöscht werden darf.

Da das alles ein wenig theoretisch ist, soll das folgende Beispiel einmal demonstrieren, wie sich ARC in der Praxis auswirkt:

```
class Person {
    var nachname:String
    var vorname:String

    init(nachname:String, vorname:String) {
        self.nachname = nachname
        self.vorname = vorname
        print("Objekt \(nachname) \(vorname) wurde initialisiert!")
    }

    deinit {
        print("Objekt \(nachname)  \(vorname) wurde deinitialisiert!")
    }
}
```

Die Klasse *Person* kennen Sie bereits aus den vorherigen Beispielen. Hier wurde sie lediglich um einen Initialisierer erweitert. Klar, der Initialisierer wird aufgerufen, sobald eine Instanz der Klasse erzeugt wurde. Der Deinitialisierer allerdings wird erst aufgerufen, kurz bevor das Objekt aus dem Speicher entfernt wird – also wenn ARC begonnen hat. Dieser Zeitpunkt ist erreicht, wenn es keine aktiven Referenzen auf das Objekt mehr gibt.

Schauen Sie sich nun bitte den folgenden Code an, der diesen Lebenszyklus bis hin zu den Aufräumarbeiten simuliert:

```
var referenz1:Person?
var referenz2:Person?
var referenz3:Person?

referenz1 = Person(nachname: "Bleske", vorname: "Christian")

referenz2 = referenz1
referenz3 = referenz2

referenz1 = nil
referenz2 = nil
referenz3 = nil
```

Im ersten Schritt werden drei Referenzen der Klasse *Person* erzeugt. Diese werden als optional gekennzeichnet; so enthalten die Objekte im ersten Schritt *nil*. Dann wird dem ersten Objekt (*referenz1*) eine neue Instanz der Klasse *Person* zugewiesen. Anschließend werden einige Verweise im Speicher auf das Objekt erzeugt, indem den anderen beiden Objekten (*referenz2* und *referenz3*) ein Verweis auf das Objekt *referenz1* zugewiesen wird. Bei *referenz3* geschieht das nicht direkt, sondern über den Umweg von *referenz2*. Nun hat man die Situation, die zu Beginn des Abschnitts beschrieben wurde: Es gibt ein Objekt mit aktiven (starken) Referenzen. ARC wird dieses Objekt so lange nicht aus dem Speicher entfernen, wie diese Referenzen vorhanden sind.

Was muss also getan werden, damit ARC aktiv wird? Klar, die Referenzen müssen gelöscht werden. Dies erreicht man am einfachsten dadurch, dass ihnen *nil* zugewiesen wird. Sobald nun die letzte Referenz gelöscht wurde, wird ARC aktiv, der Deinitialisierer wird aufgerufen, und die entsprechende Zeile wird mit *print* ausgegeben. Wenn Sie dieses Beispiel nachvollziehen können, dann haben Sie eine gute Vorstellung davon, wie ARC funktioniert.

Hinweis

Es hat sich gezeigt, dass es in der Version 6.0.1 von Xcode noch einen Bug im Playground gibt. Trotz der Zuweisung von *nil* wird der Deinitialisierer im Playground nicht aufgerufen!

Setzt man das Beispiel jedoch als App z.B. mit der Single-Application-View-Vorlage um, so funktioniert es vollständig.

Eigentlich macht ARC ja die Sache ganz einfach, oder? Leider gibt es Situationen, in denen die Sache nicht mehr ganz so einfach funktioniert. Sie sollten diese kennen, um ihnen dann entgegenwirken zu können.

Eines dieser Probleme ist der sogenannte *Strong Reference Cycle* von Instanzen. Bei diesem Problem kommt es dazu, dass zwei Instanzen so miteinander verknüpft sind, dass sie sich selbst durch Zuweisung von *nil* nicht mehr aus dem Speicher entfernen lassen.

Ein weiteres Beispiel zur Veranschaulichung:

```
class Auto {
    let bezeichnung: String

    var motor:Motor?

    init(bezeichnung: String) {
        self.bezeichnung = bezeichnung
    }

    deinit {
        print("ARC hat zugeschlagen \(bezeichnung) ist weg...")
    }
}

class Motor {
    let leistung:Int

    var auto:Auto?

    init(leistung:Int) {
        self.leistung = leistung
    }

    deinit {
        print("ARC hat zugeschlagen Motor mit \(leistung) ist weg...")
    }
}
```

Die beiden Klassen sind in dieser Form nichts Besonderes. Eine kleine Ausnahme gibt es allerdings. Zu einem Auto gehört in der Regel ein Motor und umgekehrt. Aus diesem Grund gibt es je eine Eigenschaft vom Typ *Auto* und *Motor* in der jeweils anderen Klasse. Damit gibt es dann eine Referenz der Klassen (Objekte) untereinander. Was passiert jetzt zur Laufzeit? Spielen Sie es ruhig einmal durch:

```
var m_auto:Auto?
var m_motor:Motor?

m_auto = Auto(bezeichnung:"SupiDupi")
m_motor = Motor(leistung:100)

m_auto!.motor = m_motor
m_motor!.auto = m_auto

m_motor = nil
m_auto = nil
```

Zuerst werden Instanzen der Klassen *Auto* und *Motor* deklariert und anschließend initialisiert. Anschließend findet eine Kreuzzuweisung der Objekte untereinander statt. Wenn man anschließend den beiden Objekten *nil* zuweist, passiert
... nichts. Die Deinitialisierer werden nicht aufgerufen. Durch die Kreuzzuweisung ist ein *Strong Reference Cycle* entstanden, den ARC nicht auflösen kann.

Mit diesem Code wurde ein schönes Speicherleck erzeugt. Gut, jetzt könnte
man Kreuzzuweisungen natürlich vermeiden und unter Strafe stellen. Aber ein
Auto benötigt nun einmal einen Motor, und zu einem Motor kann auch ein Auto
gehören. Ein guter Grund also, doch eine Kreuzzuweisung vorzunehmen. Aber
wie?

Die Lösung für dieses Problem hört sich simpel an und ist es auch: Man sollte
in diesen Fällen statt einer starken eine schwache Referenz verwenden! Mit einer
schwachen Referenz ist eine Kreuzzuweisung ohne den Preis des Speicherlecks
möglich.

Weak Reference

Eine *Weak Reference* löst also das Problem. Da schwache Referenzen *nil* enthalten können, müssen sie folglich als optional deklariert werden. Das funktioniert
aber nur mit Variablen und nicht mit Konstanten. Um eine Referenz als schwach
zu kennzeichnen, muss das Schlüsselwort *weak* verwendet werden:

```
class Auto {
    let bezeichnung: String

    var motor:Motor?

    init(bezeichnung: String) {
        self.bezeichnung = bezeichnung
    }

    deinit {
        print("ARC hat zugeschlagen \(bezeichnung) ist weg...")
    }
}

class Motor {
    let leistung:Int

    weak var auto:Auto?

    init(leistung:Int) {
        self.leistung = leistung
    }

    deinit {
        print("ARC hat zugeschlagen Motor mit \(leistung) ist weg...")
    }
}
```

Im Beispiel wird die Klasse *Auto* **nicht** verändert. Nur innerhalb der Klasse *Motor* wird vor der Deklaration der Variablen *auto* das Schlüsselwort *weak* hinzugefügt. Startet man die Anwendung jetzt in Xcode, so werden nach folgender Zuweisung von *nil*

```
m_motor = nil
m_auto = nil
```

die beiden Deinitialisierer von ARC aufgerufen und die entsprechenden Meldungen ausgegeben. Die *Auto*-Instanz verwendet natürlich immer noch eine starke Referenz zur *Motor*-Instanz. Aber durch die schwache Kopplung von *Motor* zu *Auto* spielt das keine Rolle mehr, da die Verbindung gelöst werden kann.

Schwache Referenzen sollten immer dann verwendet werden, wenn die Möglichkeit besteht, dass die zugehörige Instanz auch »keinen« Wert, also *nil*, enthält.

Unowned Reference

Neben den schwachen Referenzen gibt es auch noch die sogenannte *herrenlose Referenz* (Unowned Reference). Wie eine Weak Reference so führt auch die Verwendung einer *Unowned Reference* dazu, dass kein *Strong Reference Cycle* entsteht. Im Gegensatz zur schwachen Referenz muss eine entsprechende Variable aber einen Wert enthalten, kann also nicht optional sein.

Es gibt aber einen Nachteil: Versucht man auf eine entsprechende Instanz zuzugreifen, nachdem die referenzierende Instanz gelöscht wurde, erhält man eine Fehlermeldung.

Der Vorteil ergibt sich aus dieser Situation auch gleich: Wird die referenzierende Instanz gelöscht, so verschwindet auch automatisch die herrenlose Referenz – ganz ohne Zuweisung von *nil*.

Das Ganze soll am folgenden Beispiel demonstriert werden. Ein Auto kann eine Klimaanlage haben, das muss aber nicht so sein. Eine Klimaanlage (für Autos) gibt es (in der Regel) nicht ohne Auto:

```
class Auto {
    let bezeichnung: String

    var klima:Klimaanlage?

    init(bezeichnung: String) {
        self.bezeichnung = bezeichnung
    }

    deinit {
        print("ARC hat zugeschlagen \(bezeichnung) ist weg...")
    }
}
```

```
class Klimaanlage {
   let modell: String

   unowned let auto:Auto

   init(modell:String, auto:Auto) {
      self.modell = modell
      self.auto = auto
   }

   deinit {
      print("ARC hat zugeschlagen \(modell) ist weg...")
   }
}
```

In der Klasse *Klimaanlage* befindet sich ein Verweis auf eine Instanz von *Auto*. Hier wird die herrenlose Verbindung geknüpft. Dazu wird das Schlüsselwort *unowned* verwendet. Die Verknüpfung von Instanzen der Klassen *Auto* und *Klimaanlage* geschieht über den Konstruktor der Klasse *Klimaanlage*, die eine Instanz von *Auto* als Parameter erwartet. Nun kann es an die weitere Verarbeitung bzw. die Demonstration gehen:

```
var auto:Auto?
auto = Auto(bezeichnung: "Hot car")
var klima = Klimaanlage(modell: "Extra cold", auto: auto!)

auto = nil
```

Im ersten Schritt wird eine optionale Instanz von Auto deklariert, die eine Zeile später initialisiert wird. Dann wird noch eine Instanz der Klasse *Klimaanlage* angelegt. Dieser Instanz werden im Initialisierer ein Modellname sowie die *Auto*-Instanz übergeben. Intern wird die *Auto*-Instanz in der als *unowned* gekennzeichneten Variable *auto* gespeichert. Das ist die herrenlose Referenz. Löst man die *Auto*-Instanz jetzt beispielsweise durch Zuweisung von *nil*, so wird auch ARC aktiv, und die Deinitialisierer der beiden Klassen werden nacheinander aufgerufen, obwohl nur der *Auto*-Instanz *nil* zugewiesen worden ist.

Weak References und *Unowned References* sind die beiden wichtigsten Möglichkeiten, um einen *Strong Reference Cycle* zu vermeiden.

Zusammenfassung

In diesem Kapitel wurde Ihnen gezeigt, wie man mit Swift objektorientiert programmiert. Sie sollten jetzt wissen, wie Klassen, Methoden und auch das Thema Vererbung in dieser Sprache behandelt werden.

5 Grundlagen der App-Entwicklung

In diesem Kapitel werden einige Bausteine vorgestellt, die für die Entwicklung einer App zwingend benötigt werden. Dies betrifft vor allem die Gestaltung der App-Oberfläche. Die Hauptwerkzeuge hierfür sind das in Xcode integrierte Storyboard und der Interface Builder, mit dem sich Apps für iOS standardisiert erstellen lassen.

5.1 Storyboard und Interface Builder

Apps verwenden in den meisten Fällen eine Oberfläche, mit der der Anwender interagiert. Oft wird dabei nicht nur eine Ansicht (Apple verwendet hierfür auch den Begriff *Screen*) verwendet, sondern die App enthält unterschiedliche Ansichten, beispielsweise Listen oder Formulare, um Detailinformationen anzuzeigen. Diese Ansichten stehen in der Regel untereinander in Beziehung. Das bedeutet, es geht bei der Entwicklung im Storyboard nicht nur um die Gestaltung der Oberfläche einer App, sondern auch darum, wie die Ansichten miteinander interagieren. So ist es beispielsweise möglich festzulegen, wann und durch welche Aktion eine weitere Ansicht aufgerufen und angezeigt wird. Die Beziehung und der Aufruf der Ansichten untereinander werden dabei im Storyboard modelliert. Der Inhalt einer speziellen Ansicht, der z.B. aus Buttons, Text Fields und Labeln besteht, wird dabei mit dem Interface Builder erstellt.

Der Übergang vom Storyboard zum Interface Builder ist fließend. Sobald eine Ansicht im Storyboard fokussiert wird, können ihre Elemente (Buttons, Labels usw.) bearbeitet werden. Zoomt man dann wieder hinaus, so ist erneut das Storyboard mit den Beziehungen zu sehen. So bewegt man sich als Entwickler quasi im Storyboard immer von der Übersicht in die Detailansicht.

5.1.1 App im Storyboard

An einem (weiteren) Beispiel lässt sich das Zusammenspiel von Storyboard, Interface Builder und View (Ansicht) am besten demonstrieren.

Nach dem Start von Xcode wird die Vorlagenauswahl für Projekte aufgerufen. Wählen Sie als Vorlage *Single View Application*. Nach Auswahl der Vorlage und Betätigung der *Next*-Schaltfläche wird der *Options*-Dialog des Projekts angezeigt. Außer dem Programmnamen und einem Präfix für anzulegende Klassen kann hier auch festgelegt werden, ob das Projekt nur für das iPhone oder das iPad oder für eine Universal App erzeugt werden soll. Im Beispiel wird ein iPhone als Zielgerät festgelegt.

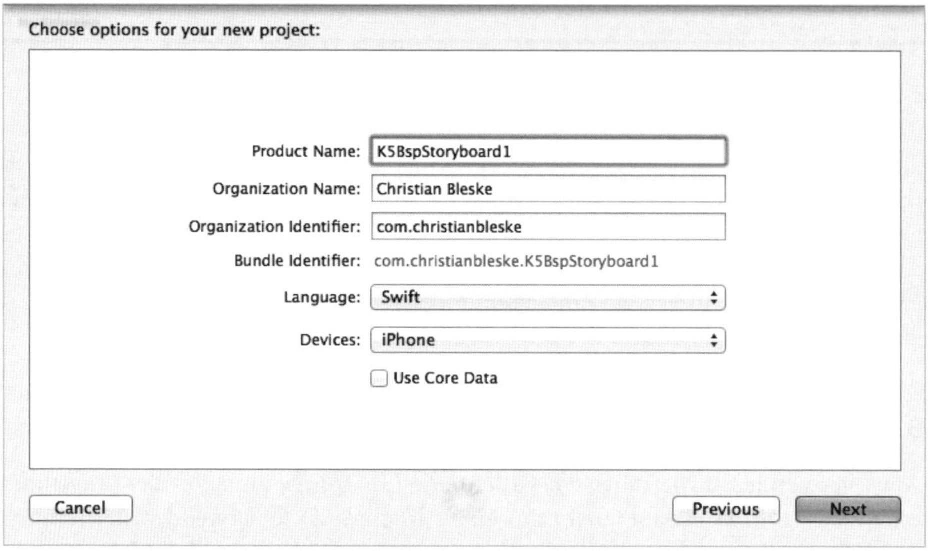

Abb. 5–1   *Konfiguration des neuen Projekts*

Nach der Optionsauswahl muss nur noch der Speicherort des Projekts festgelegt werden. Anschließend wird das Projekt generiert und innerhalb von Xcode geöffnet. Im nächsten Schritt öffnen Sie durch einen Mausklick die Storyboard-Datei in Xcode.

Storyboard und Interface Builder

Zu Beginn ist in der automatisch angelegten ViewController Scene (hierbei handelt es sich um die Ansicht, in der Oberflächenelemente usw. abgelegt werden) der App natürlich nur eine leere Fläche zu sehen. Starten lässt sich die App aber bereits. Ein Mausklick auf die *Build and Run*-Schaltfläche der Entwicklungsumgebung startet den iOS Simulator.

Als Nächstes sollte man die Größe des Views innerhalb der ViewController Scene anpassen. Erweitern Sie zunächst die ViewController Scene, und markieren Sie die Ansicht bzw. das View, das unterhalb des ViewControllers zu finden ist. Öffnen Sie dann den Size Inspector. In der Eigenschaft *Simulated Size* passen Sie die Breite und Höhe des Views an (320×480).

Das Beispiel besteht im Endausbau aus zwei ViewController Scenes. Zwischen diesen kann durch Betätigung von unterschiedlichen Schaltflächen hin- und hergewechselt werden. Sie dürften diese Form der Navigation in einer Anwendung bereits von zahllosen Apps kennen. So verwenden Sie beispielsweise in der *Nachrichten*-App von iOS diese Form, um von der Detailansicht in die Übersicht zurückzuwechseln.

Im ersten Schritt wird zur Implementierung der beschriebenen Funktion ein Button im View abgelegt. Dieser ist in der Objekt-Bibliothek von Xcode zu finden. Markieren Sie also das View im Designer oder im Document Outline von Xcode, und nach erfolgter Selektion (das View ist anschließend blau eingefärbt) können Sie den Button innerhalb des Views ablegen und positionieren. Nun ist der Interface Builder von Xcode aktiv: Mit ihm wird ja die Oberfläche des Views entwickelt.

Der Button soll die Beschriftung *Teilnehmerliste* erhalten. Nach Selektion des Buttons wird im rechten oberen Bereich der IDE das Inspector-Fenster angezeigt. Im Inspector-Fenster können Sie die Eigenschaften eines im Designer ausgewählten Objekts konfigurieren. Hierzu gibt es insgesamt sechs unterschiedliche Panels, die Funktionen zur Dimensionierung, Ausrichtung usw. enthalten.

Eines der Panels enthält den Attributes Inspector – dritte Schaltfläche von rechts. In diesem können Sie neben der Beschriftung eines Objekts noch weitere Punkte festlegen, beispielsweise den verwendeten Font sowie die (Schrift-)Farbe. Tragen Sie die Bezeichnung *Teilnehmerliste* in der Eigenschaft *Title* im Attributes Inspector ein.

Außerdem muss die Breite des Buttons angepasst werden. Dies erledigen Sie im Size Inspector. Innerhalb der Eigenschaft *Width* sollte ein Wert von *150* Pixeln

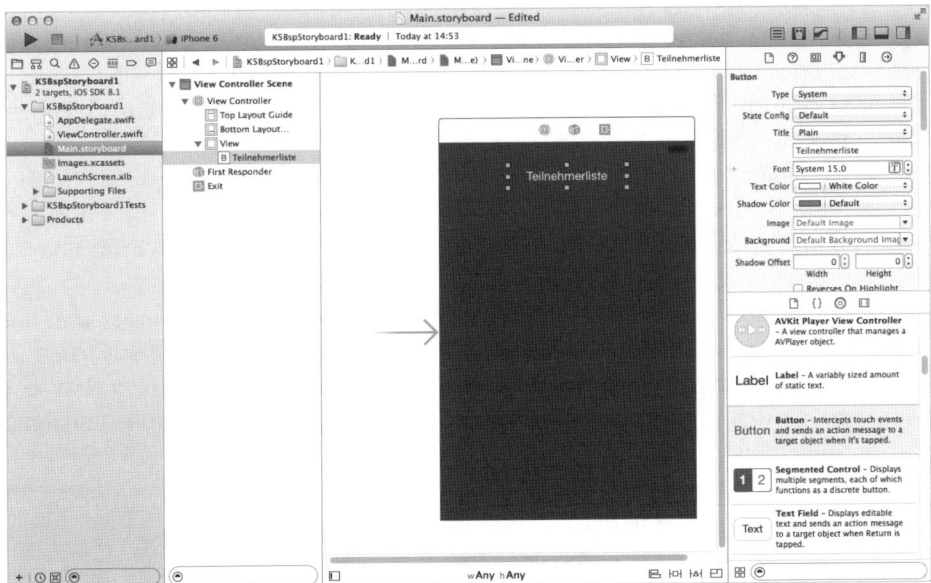

Abb. 5–2   *Das View nach den ersten Anpassungen*

eingetragen werden. Außerdem sollte der Button einen Abstand von mindestens *80* Pixeln zum oberen Rand haben. Hierzu tragen Sie innerhalb der Eigenschaft Y den gewünschten Wert ein.

Zuletzt wird noch die Textfarbe des Buttons geändert. Legen Sie in der Eigenschaft *Text Color* Weiß als Farbe fest. Die Hintergrundfarbe des Views soll auch noch geändert werden. Nach Selektion des Views im Designer wählen Sie hierzu innerhalb der *Background*-Eigenschaft, die Sie ebenfalls im Attributes Inspector finden, die Farbe Blau aus. Ein Testlauf kann zu diesem Zeitpunkt nicht schaden.

Navigation mit Controller

Nach dem Testlauf werden Sie feststellen, dass mit der App so natürlich nicht viel los ist. Eine Funktion muss her, damit sich auch etwas tut. Das neue Ziel lautet: Nach Betätigung der Schaltfläche mit der Bezeichnung *Teilnehmerliste* soll ein weiteres andersfarbiges View angezeigt werden. Hierzu müssen im folgenden Schritt die Voraussetzungen geschaffen werden. Was wird benötigt?

Dazu müssen Sie sich noch einmal vor Augen führen, was passieren soll. Ein Button wird betätigt, und ein neues View wird angezeigt. Für die Aktion »Betätigung des Buttons« wird eine Action verwendet. Eine Action wird immer dann verwendet, wenn eine Aktion (z. B. Finger betätigt Schaltfläche) innerhalb der Oberfläche durchgeführt werden muss.

Für die Anzeige des zweiten Views wird aber noch ein Hilfsmittel benötigt. In diesem Fall ist das ein sogenannter *NavigationController*. Über diesen werden die Schaltfläche und das anzuzeigende View verknüpft. Nun müssen Sie zunächst den *NavigationController* und das Hauptview miteinander verbinden. Hierzu wählen Sie zuerst das View aus. Anschließend öffnen Sie zur Verknüpfung mit dem *NavigationController* im Hauptmenü von Xcode den Menüpunkt *Editor* und wählen den Menüeintrag *Embed In* aus. Ein weiteres Untermenü wird nun eingeblendet. Klicken Sie dort auf den Eintrag *Navigation Controller* (siehe Abb. 5–3).

Im Designer hat diese Aktion zur Folge, dass ein zusätzliches Element eingefügt wird. Sehr schön ist die hierdurch entstandene Verbindung zwischen den Elementen zu erkennen. Übrigens ist diese Ansicht natürlich Teil des Storyboards der App.

Auch der ursprüngliche ViewController hat sich verändert. Ihm ist nun ein sogenanntes *Navigation Item* hinzugefügt worden. *Navigation Items* werden in iOS-Apps zur Navigation verwendet. Selektiert man dieses Element mit der Maus, so werden im Attribut Inspector die drei Felder *Title*, *Prompt* und *Back Button* angezeigt. Im Feld *Title* kann der anzuzeigende Name eingetragen werden, beispielsweise »Menü« oder »Hauptmenü«. Sobald man einen Wert einträgt, wird er umgehend in der Navigationsleiste angezeigt.

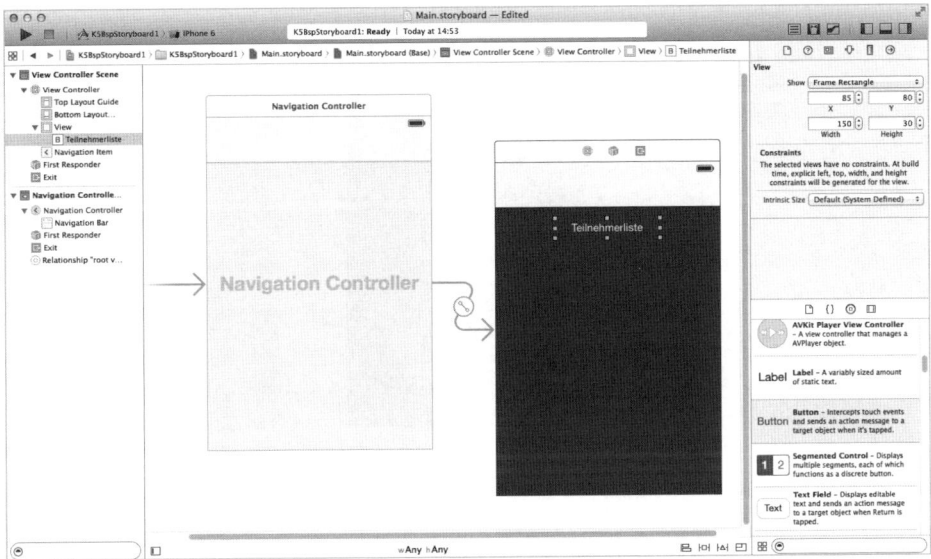

Abb. 5–3   *Ein Navigation Controller wurde hinzugefügt.*

ViewController dem Storyboard hinzufügen

Im Anschluss an die Betätigung des Buttons soll ja ein weiteres View zur Anzeige kommen. Dieses muss deshalb zunächst einmal im Projekt angelegt werden. Bevor es das Storyboard gab, hätte hierzu etwas Code geschrieben werden müssen – das ist nun nicht mehr notwendig.

Das neue View kann der Bibliothek (*Object Library*) im rechten Bereich der Entwicklungsumgebung entnommen werden. Suchen Sie hier nach dem Element *ViewController,* und platzieren Sie es via Drag & Drop im Interface Builder von Xcode.

Anschließend sollten Sie über den Size Inspector auch hier die Größe auf 320×480 festlegen. Sollte die sichtbare Fläche im Designer von Xcode schon voll sein, so können Sie die Zoom-Funktion im Kontextmenü verwenden, die durch einen Rechtsklick ausgelöst wird, um sich etwas mehr Platz zu verschaffen. Das zusätzliche View sollte direkt neben dem ersten eingefügt werden. Zur besseren Unterscheidung kann man diesem View eine neue Hintergrundfarbe verpassen.

Im nächsten Schritt verknüpfen Sie die Betätigung des Buttons *Teilnehmerliste* mit dem Aufruf des zweiten Views. Hierzu wählen Sie den Button bei gedrückter Ctrl-Taste mit dem Mauscursor aus. Augenblicklich ist eine blau eingefärbte Hilfslinie zu sehen. Bei gedrückter linker Maustaste wird diese Linie von der Schaltfläche aus zum neu angelegten View gezogen. Während des Vorgangs verlängert sich die Linie automatisch.

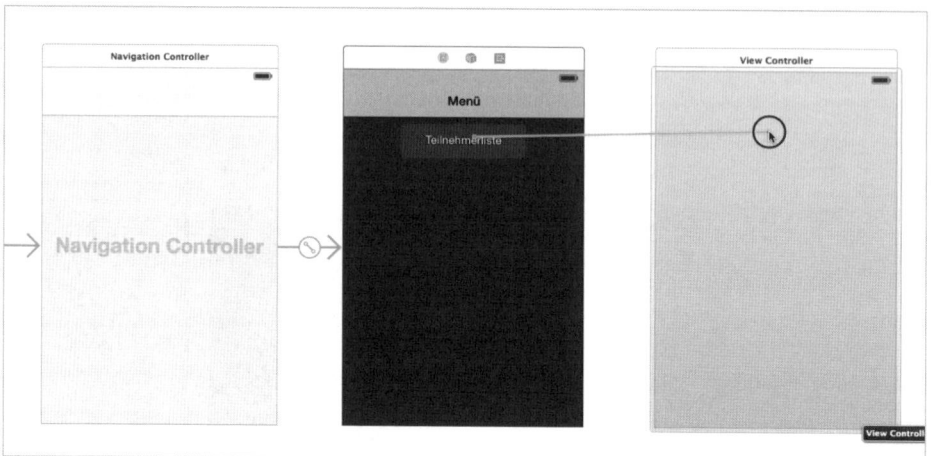

Abb. 5–4   *Verknüpfung von View und Button*

Im neuen View angekommen, kann die linke Maustaste losgelassen werden. Anschließend erscheint ein kleines Menü, das mehrere Einträge zur Auswahl anzeigt: *show, show detail, present modally, popover presentation* und *custom*. Außerdem gibt es noch *push* und *modal*, die beide als *deprecated* gekennzeichnet sind.

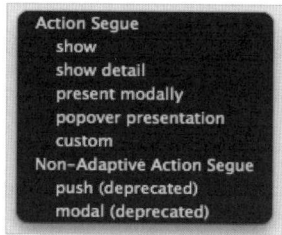

Abb. 5–5   *Auswahl der Methode zum Anzeigen des Views*

Aus dieser Liste wählen Sie den Punkt *show* (bis Xcode 5.X war es *push*) aus. Zwei Dinge ändern sich nun. Der erste und der zweite ViewController sind nun durch ein weiteres Symbol (ein sogenanntes *Segue*) im Storyboard miteinander verbunden. Außerdem wurde das neue View ebenfalls mit einem *Navigation Item* ausgestattet.

Startet man die App jetzt und betätigt den Button, so wird automatisch das zweite View angezeigt. Sobald es sichtbar ist, wird im *Navigation Item* eine Schaltfläche mit dem Namen *Menü* angezeigt. Wenn Sie auf die Schltfläche klicken, kommen Sie wieder zum Hauptbildschirm zurück. Die gewünschten Funktionen sind damit implementiert, und das ohne eine einzige Zeile Code geschrieben zu haben.

5.2 Bausteine einer iOS-App

Im letzten Beispiel wurden gleich mehrere Techniken verwendet, ohne in die Details zu gehen. Zum einen sind da die Klassen *NavigationController* und *NavigationItem*, die innerhalb von Apps verwendet werden, um eine Form der Navigation zu realisieren. Außerdem wurde gezeigt, wie in einer App ein weitere Ansicht (View) eingefügt werden kann. Zuletzt wurde dann noch ein *Segue* erzeugt und verwendet, um das zusätzliche View innerhalb der App aufrufen zu können. Im nun folgenden Abschnitt sollen diese Themen noch einmal aufgegriffen und vertiefend besprochen werden. Zuerst werfen wir noch einmal einen Blick auf die Bestandteile einer App.

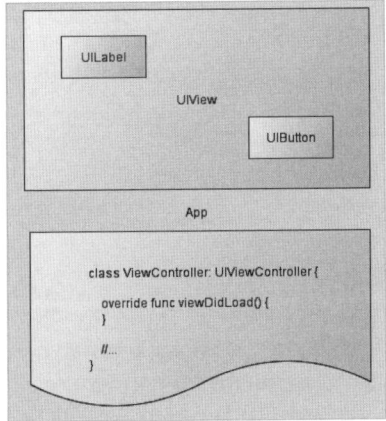

Abb. 5–6   *Bausteine einer App*

Eine iOS-App besteht im simpelsten Fall (wenn z. B. die Single-View-Application-Vorlage benutzt wurde) aus einer Code-Datei (ViewController) sowie aus der zugehörigen Oberfläche, die in einem UIView im Storyboard untergebracht wird. Die ViewController-Klasse und das View werden oftmals unter demselben Namen geführt, um die Zuordnung zu erleichtern. Wie eine ViewController-Klasse mit dem View verknüpft wird, wird im nächsten Beispiel demonstriert.

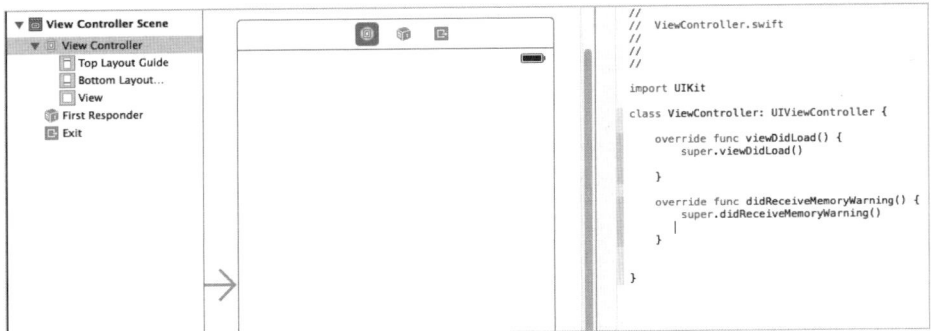

Abb. 5–7   *ViewController-Scene (mit View) im Storyboard und im Code*

Beide Elemente können eine Einheit bilden. Es gibt auch Fälle, in denen eine von der Klasse *UIViewController* abgeleitete Variante mehrere (UI)Views steuert.

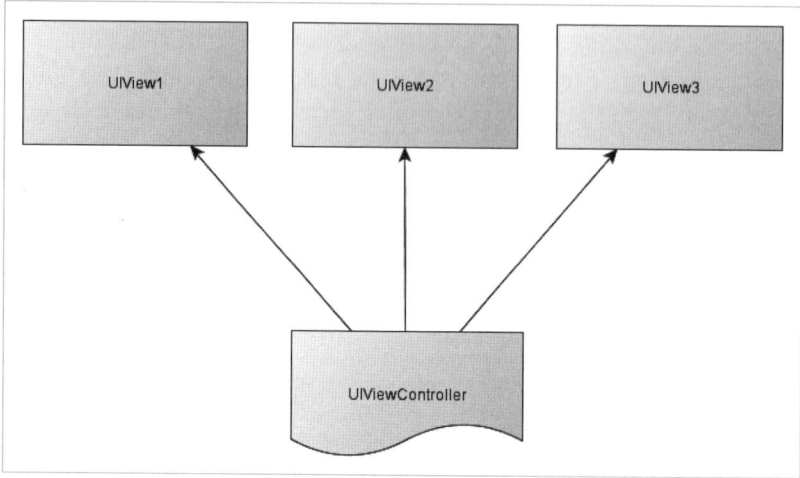

Abb. 5–8   *Eine UIViewController-Instanz steuert mehrere Views.*

Hinweis

Ein kleiner Blick zurück soll helfen, die Technologien (Storyboard, Xib, View, Segues usw.) besser einordnen zu können. Das Storyboard und Segues wurden erst mit der Version 5.0 von Xcode eingeführt. Zuvor wurde fast jedes View einer App (sei es eine Liste oder eine Detailansicht) in einer eigenen separaten Datei (*.xib) untergebracht.

Wollte man ein bestimmtes View von einer anderen Stelle aus aufrufen, so musste dies codetechnisch umgesetzt werden. Dieses System ist nicht nur aufwendig, sondern auch relativ unübersichtlich. Vor allem dann, wenn eine App viele unterschiedliche Views bzw. ViewController enthält, geht bei der Verwendung von einzelnen Xib-Dateien zur Speicherung sehr schnell die Übersicht verloren.

Aus diesem Grund entschloss man sich bei Apple, das Storyboard einzuführen. Im Storyboard werden (fast) alle in einer App enthaltenen Ansichten verwaltet. Eine Ausnahme ist die Datei *LaunchScreen.xib*, deren View nur beim Starten der App angezeigt wird und automatisch den Titel der App enthält. Das in dieser Datei enthaltene View ist im Übrigen nach dem Anlegen mit keiner Klasse direkt verknüpft.

Neben den *Scenes* sind im Storyboard auch die Beziehungslinien gut zu erkennen, die beschreiben, wie Ansichten bzw. Views untereinander aufgerufen werden. Mit dem Storyboard (seit Xcode 5.0) gibt es noch eine weitere Änderung: Es muss kein Code mehr geschrieben werden, um eine bestimmte Ansicht aus einer anderen heraus aufzurufen. Hierfür können nun Segues verwendet werden. Erst bei der Übergabe von Daten zwischen Formularen muss etwas Code eingefügt werden.

5.2.1 View, ViewController und wer noch?

Screen, View und ViewController – und dann gibt es da ja auch noch *Window*. Eine ganze Menge an Begriffen, die nun einmal sortiert und eingeordnet werden sollen. Der Ausgangspunkt für alles Grafische innerhalb einer App ist die Klasse *UIScreen*.

UIScreen

Die Klasse *UIScreen* bzw. ein Objekt von ihr definiert die Eigenschaften des physikalischen Bildschirms eines iOS-Geräts. Die Klasse bzw. deren Objekte können verwendet werden, um beispielsweise auf die Helligkeit des Schirms oder auf die Ausrichtung des Geräts zugreifen zu können.

UIWindow

Um überhaupt Inhalte in einer App anzeigen zu können, bedarf es einer Klasse, die die im Fenster angezeigten Elemente überwacht und koordiniert. Zum Management gehört beispielsweise die Aufgabe, dass Ereignisse, die stattfinden (z.B. »Button wird betätigt«), an die enthaltenen Views weitergegeben werden. Eine App hat typischerweise nur ein Objekt vom Typ *UIWindow*.

UIView

Mit den beiden bisher vorgestellten Klassen kommen Sie eher selten in Berührung. Mit Views, also Objekten der Klasse *UIView*, hingegen haben Sie bereits gearbeitet. Ein *UIView* bildet die Basis für die Oberfläche einer App. Innerhalb eines Views werden Controls (z.B. Buttons oder Text Fields) eingefügt. Ein View kann neben Controls auch weitere Views enthalten, sodass eine ganze Hierarchie entsteht.

Enthält ein View weitere Views, so spricht man auch von sogenannten *Subviews*. Analog hierzu wird das übergeordnete View als *Super-* oder *ParentView* bezeichnet. Außer für die Anzeige von enthaltenen Elementen (Controls) sind Views auch für die Anzeige von Animationen, für das Layout und für die Übergabe von Ereignissen (Events) zuständig.

UIViewController

Die Verwaltung von Views wird mit einer Klasse durchgeführt, die von *UIViewController* abgeleitet wurde. Diese Klasse trägt typischerweise den Namen *ViewController*. Im Storyboard wird jeder ViewController in einer eigenen Scene geführt. Diese Scenes werden im *Document Outline*-Fenster angezeigt.

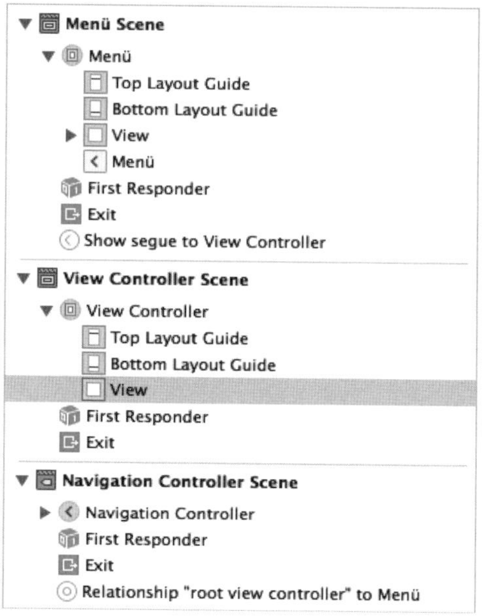

Abb. 5–9   *ViewController-Scene-Übersicht in Xcode*

Innerhalb des *Document Outline*-Fensters können Sie bequem auf die Elemente in einer Scene und somit auf den ViewController und die zugeordneten Views zugreifen

UINavigationController

Die Klasse *UINavigationController* wurde bereits im letzten Beispiel eingeführt. Sie wird verwendet, um innerhalb einer App eine hierarchische Navigation umzusetzen. Ein typisches Beispiel für die Umsetzung einer solchen Navigation ist die *Einstellungen*-App von iOS (siehe Abb. 5–10).

Sobald Sie einen Menüpunkt auswählen, wird automatisch in die untergeordnete Ebene, z. B. *Allgemein*, verzweigt. Auch in dieser Ebene gibt es wiederum Menüpunkte, die möglicherweise weiteren Ebenen untergeordnet sind.

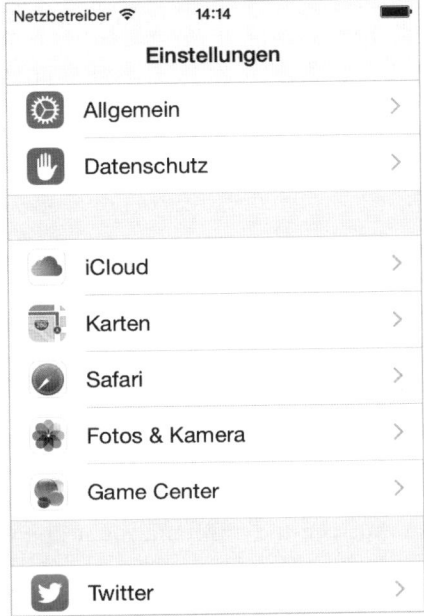

Abb. 5–10   *Hierarchische Navigation in den Einstellungen von iOS*

UIPageViewController

Der *UIPageViewController* wird auch in der gleichnamigen Vorlage verwendet. Immer wenn innerhalb einer App eine Page-basierende Ansicht, z.B. iBooks, benötigt wird, wird eine Klasse von *UIPageViewController* verwendet.

UITabBarController

Der *UITabBarController* wird verwendet, um eine Navigation innerhalb der App bereitzustellen. Die *Uhr*-App von iOS verwendet beispielsweise diese Form der Navigation.

UITableViewController

Der *UITableViewController* wird ebenfalls in einer eigenen Vorlage (*Master Detail Application*) verwendet. Apps auf Basis dieser Klasse stellen die Inhalte in Form einer Liste bereit. Aus der Liste heraus kann ein Element selektiert und aufgerufen werden, um zusätzliche (Detail-)Informationen in einem weiteren View anzuzeigen. Die *Nachrichten*-App von iOS verwendet *UITableViewController* zur Darstellung der Mitteilungen bzw. eines Ausschnitts. In Kapitel 7 wird dieser Typ detailliert vorgestellt.

> **Hinweis**
>
> Alle vorgestellten *UIController* können auch aus der Object Library von Xcode direkt via Drag & Drop in das Storyboard einer App eingefügt werden.

Segues

Der in einer Scene enthaltene ViewController kann durch ein *Segue* mit einem weiteren ViewController im Storyboard verbunden sein. Bei der Verbindung kann, wie im letzten Beispiel demonstriert, ein Control (Button) verwendet werden, um den Aufruf des nächsten Views innerhalb der App auszulösen. Es gibt unterschiedliche *Segue*-Typen.

Ein *Show*-Segue wird verwendet, um ein View aufzurufen und anzuzeigen. Der Inhalt wird in einer Liste (Masteransicht) oder in einer Detailansicht angezeigt. Sofern die App über eine Master- und eine Detailansicht verfügt, so wird der Inhalt aus der Masteransicht in die Detailansicht übertragen.

Ein weiterer *Segue*-Typ ist *Show Detail*, der ausschließlich zur Anzeige von Detailansichten verwendet wird. Außerdem gibt es noch *Present Modally*, der zur modalen Anzeige verwendet wird, und *Present as Popover*. Dieser *Segue*-Typ wird verwendet, sofern ein View oberhalb eines anderen, also quasi darüber, angezeigt werden soll.

Segues können innerhalb einer App auch mit Code verknüpft werden. Das bedeutet: Sobald das Segue verwendet wird, beispielsweise wie nach Aktivierung des Buttons im letzten Beispiel, kann auch gleichzeitig Code (z.B. eine zugeordnete Funktion) ausgeführt werden, um so beispielsweise Daten an den folgenden ViewController zu übergeben.

Das soll im nächsten Beispiel demonstriert werden, das eine Erweiterung des ersten Beispiels in diesem Kapitel ist. Außerdem wird Ihnen gezeigt, wie man eine von UIViewController abgeleitete Klasse mit der entsprechenden Scene im Storyboard verknüpft. Im »Detail-View« soll nach Betätigung des Buttons *Teilnehmerliste* ein Name angezeigt werden. Hierzu wird das letzte Beispiel etwas erweitert.

View mit ViewController

Als Grundlage wird das letzte Beispiel verwendet. Kopieren Sie es einfach in ein neues Verzeichnis. Anschließend öffnen Sie das Projekt in Xcode. Als Nächstes muss dem Projekt eine zusätzliche Swift-Datei hinzugefügt werden. Über *File* → *New* → *File* öffnen Sie den Vorlagendialog von Xcode. Unterhalb des Eintrags *iOS* wählen Sie nun den ersten Eintrag, *Source*, aus.

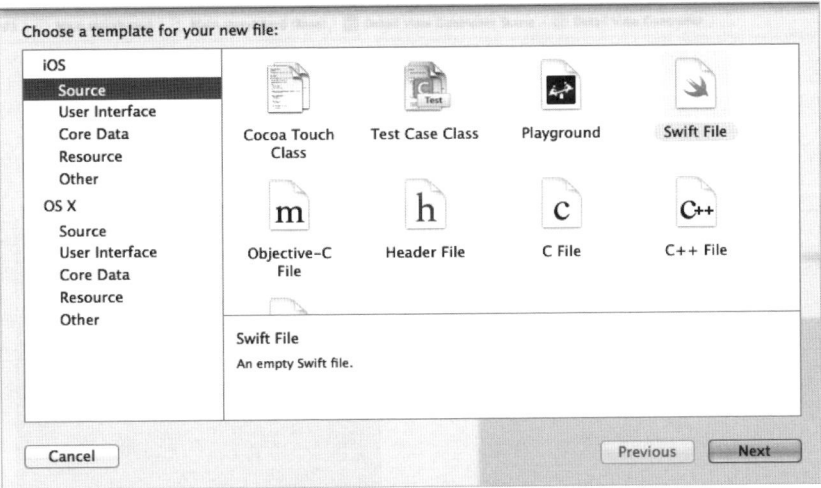

Abb. 5–11 *Ein Projekt um eine neue Swift-Datei erweitern*

Nach Auswahl der Vorlage müssen Sie zunächst den *Next*-Button betätigen und den Dateinamen *DetailViewController* eingeben. Achten Sie darauf, dass die neue Swift-Datei im selben Verzeichnis wie die anderen Quellcodedateien angelegt wird. Mit einem Mausklick auf den *Create*-Button wird die Datei erstellt.

Abb. 5–12 *Das Projekt wurde um eine neue Swift-Datei erweitert.*

Im Project Navigator ist die neue Datei nun zu sehen. Befindet sie sich nicht in der gewünschten Hierarchieebene, so kann sie via Drag & Drop dorthin verschoben werden. Wird die Datei markiert, so öffnet sich automatisch der Editor von Xcode. Die Datei ist bis auf einige Kommentarzeilen und eine Import-Anweisung allerdings noch leer. Das wird sich jetzt aber ändern. Die Klassen, die benötigt werden, befinden sich im UIKit-Framework, das Sie mit der *Import*-Anweisung einbinden. Außerdem wird natürlich eine Klasse, die von UIViewController abgeleitet wird, mit dem gleichlautenden Namen benötigt:

```
import UIKit

class DetailViewController : UIViewController
{

}
```

Nach der Programmierung der Klasse *DetailViewController* kann die Verknüp-
fung von Klasse und View vorgenommen werden. Hierzu müssen Sie den View-
Controller im Storyboard markieren. Anschließend öffnen Sie den Identity
Inspector von Xcode.

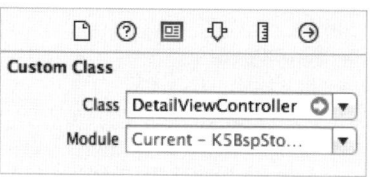

Abb. 5–13   *Verknüpfung von Klasse und View im Storyboard*

Nach der Verknüpfung von Klasse und View kann das View erweitert werden.
Der Nach- und der Vorname des Teilnehmers sollen dort innerhalb von Label-
Controls angezeigt werden. Via Drag & Drop wird das View um die erforderli-
chen Controls erweitert.

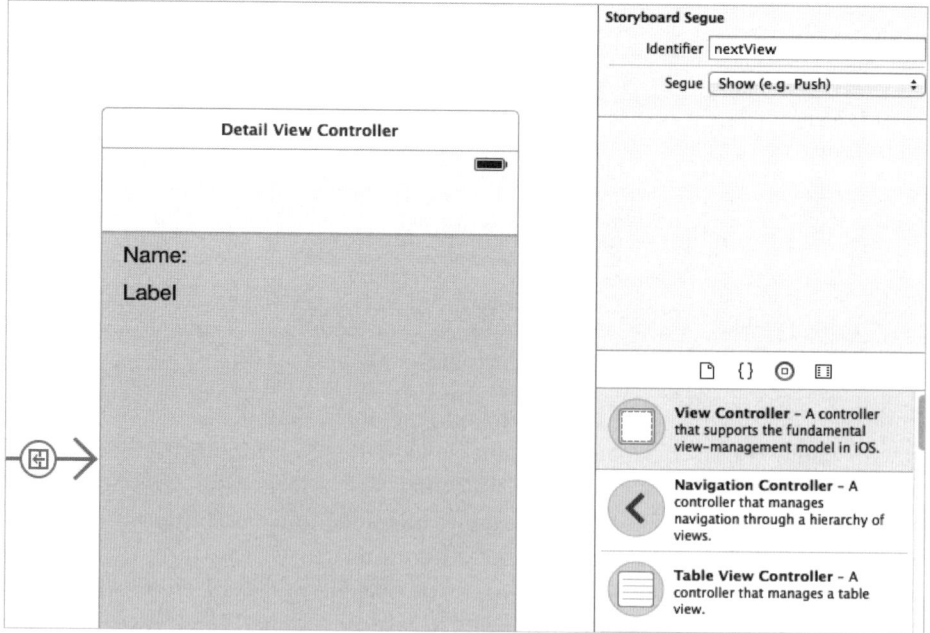

Abb. 5–14   *Label-Control zur Anzeige des Namens*

Im Anschluss an die Positionierung der Label-Controls im View sollte das Label zur Anzeige des Namens noch im Quellcode der Klasse *DetailViewController* referenziert werden. Erweitern Sie also die Ansicht in Xcode so, dass Klasse und Storyboard gleichzeitig angezeigt werden. Anschließend verwenden Sie eine neue Verbindungslinie (mit der Ctrl-Taste), um im Codefenster die Referenzvariable anzulegen.

Die Arbeiten im Storyboard sind damit fast abgeschlossen. Sobald der Button *Teilnehmerliste* betätigt wird, wird ja das Segue ausgelöst und das Detail-View angezeigt. Während dieses Vorgangs soll auch der Teilnehmername an das Detail-View übergeben werden. Hierzu muss das Segue mit einer Funktion verknüpft werden. Das geschieht natürlich in der Klasse *ViewController*. Fügen Sie dieser Klasse nur die folgende Funktion hinzu:

```
override func prepareForSegue(segue: UIStoryboardSegue, sender: AnyObject!) {
    if (segue.identifier == "nextView") {
        (segue.destinationViewController as!
            DetailViewController).detailItem = "Christian Bleske"
    }
}
```

Der Inhalt der Funktion ist schnell erläutert. Sobald ein Segue mit dem Namen *nextView* betätigt wird, soll die Zeichenkette »Christian Bleske« der Eigenschaft *detailItem* der Klasse *DetailViewController* zugewiesen werden. Dazu fehlen allerdings noch zwei Punkte: Erstens gibt es noch kein Segue mit dem entsprechenden Namen, und zweitens fehlt auch noch die Eigenschaft *detailItem* innerhalb der Klasse *DetailViewController*. Beide Anforderungen sollten jetzt umgesetzt werden. Wir beginnen mit der letzten Aktion im Storyboard. Suchen und markieren Sie das *Segue* im Storyboard, und öffnen Sie anschließend den Attributes Inspector in Xcode.

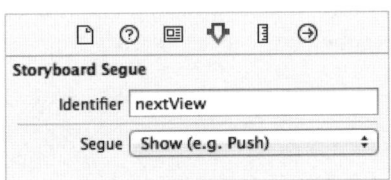

Abb. 5–15   *Segue mit Funktion verknüpfen*

Im Attributes Inspector müsste jetzt das Feld *Identifier* zu finden sein. Hier tragen Sie nun den Namen *nextView* ein. Unter dieser Bezeichnung wird später innerhalb der Funktion *prepareForSegue* der auszuführende Code gesucht, der nach Betätigung des Buttons ausgeführt werden soll. Wie es der Funktionsname bereits vermuten lässt, wird die Funktion ausgeführt, bevor der Wechsel vom einem zum anderen View durchgeführt wird. Das bedeutet, die zu übergebenden Daten sind bereits an Bord. Nun fehlt nur noch etwas Code innerhalb der Klasse *DetailView-*

Controller (und zwar die Eigenschaft *detailItem*), sowie etwas Code, um die Eigenschaft auszulesen und den Inhalt anschließend dem Label-Control zur Anzeige zuzuweisen.

```
import UIKit

class DetailViewController : UIViewController {

    @IBOutlet weak var uiLabel: UILabel!

    override func viewDidLoad() {
        super.viewDidLoad()
        self.configureView()
    }

    var detailItem: AnyObject? {
        didSet {
            self.configureView()
        }
    }

    func configureView() {
        if let detail: AnyObject = self.detailItem {
            if let label = self.uiLabel {
                label.text = detail.description
            }
        }
    }
}
```

Listing 5–1   *Code der Klasse »DetailViewController«*

In der Methode *viewDidLoad* wird die Funktion *configureView* aufgerufen, in der das Auslesen der Eigenschaft und die anschließende Zuweisung des Namens stattfinden. Führt man die App nach diesen Änderungen erneut aus, so wird im Label-Control nun ein Name angezeigt. Die beiden Klassen verwenden nun ein *Segue*, um Daten zu übergeben.

Hinweis

Die Methode *viewDidLoad* bezieht sich, wie der Name es schon vermuten lässt, auf ein View und wird ausgeführt, sobald ein View geladen wurde. In den folgenden Abschnitten werden der Lebenszyklus eines Views und die zugehörigen Ereignisse noch detailliert vorgestellt.

5.2.2 View-Ereignisse und View-Lebenszyklus

Im letzten Beispiel wurde eine Methode verwendet, um automatisch eine Funktion aufzurufen. Das klappt auch prima. Allerdings hat die Sache einen Nachteil, der im Beispiel nicht zum Tragen kommt. Die Methode *viewDidLoad* wird genau einmal aufgerufen, und zwar dann, wenn der ViewController zum ersten Mal in den Speicher geladen wird. Was tun Sie aber, wenn eine Funktion mehr als einmal geladen werden soll? Beispielsweise jedes Mal dann, wenn das View angezeigt wird? In solchen Fällen muss ein anderes Ereignis gewählt werden, und zwar eines, das öfter aufgerufen wird. Aus diesem Grund ist es wichtig, zu wissen, wann welche Methode und welche Ereignisse eines ViewControllers aufgerufen werden.

> **Hinweis**
>
> Ereignisse sind natürlich auch Methoden! Aber umgangssprachlich unterscheidet man hier zwischen »normalen« Methoden und Ereignis(methoden).

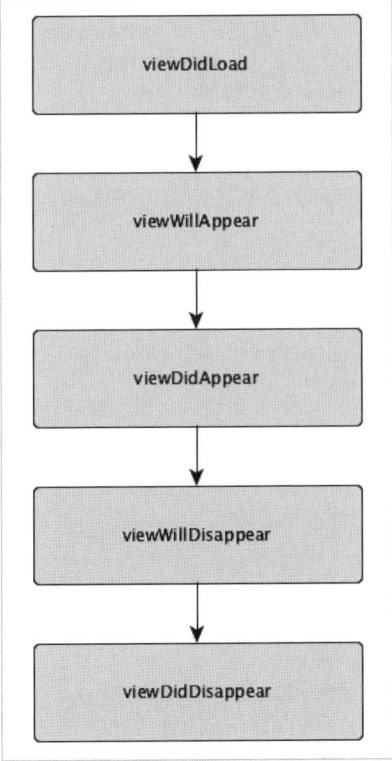

Abb. 5–16   *Ereignisse im Lebenszyklus eines Views*

Nachdem ein View geladen wurde, wird das Ereignis *viewDidLoad* aufgerufen. Das nächste Ereignis, das aufgerufen wird, ist *viewWillAppear*. Im Gegensatz zu *viewDidLoad* wird *viewWillAppear* jedes Mal aufgerufen, wenn das View angezeigt wird. Nach *viewWillAppear* wird das Ereignis *viewDidAppear* ausgeführt. Änderungen am Layout des Views können so vorgenommen werden, bevor und nachdem ein View angezeigt wird.

Neben den Ereignissen, die beim Laden eines View ausgeführt werden, gibt es auch noch weitere, die ausgeführt werden, sobald das View wieder verschwindet. Dies sind: *viewWillDisappear* und *viewDidDisappear*.

Analog zu *viewDidLoad* gibt es auch noch *viewWillUnload* und *viewDidUnload*. Beide sind aber mittlerweile als *deprecated* (also als überholt) im Framework markiert und sollten somit nicht mehr verwendet werden. Das folgende Listing zeigt alle Ereignisse in einem Beispiel:

```
import UIKit

class ViewController: UIViewController {

    override func viewDidLoad() {
        super.viewDidLoad()
        print("ViewDidLoad wurde aufgerufen!")
    }

    override func viewWillAppear(animated: Bool) {
        super.viewWillAppear(false);
        print("ViewWillAppear wurde aufgerufen!")
    }

    override func viewDidAppear(animated: Bool)
    {
        super.viewDidAppear(animated)
        print("ViewDidAppear wurde aufgerufen!")
    }

    override func viewWillDisappear(animated: Bool) {
        super.viewWillDisappear(false)
        print("ViewWillDisappear wurde aufgerufen!")
    }

    override func viewDidDisappear(animated: Bool) {
        super.viewDidDisappear(animated)
        print("ViewDidDisappear wurde aufgerufen!")
    }
}
```

Listing 5–2   *Ereignisse im Lebenszyklus eines Views*

Sie sollten das Beispiel einmal in Xcode ausführen, um zu sehen, zu welchem Zeitpunkt ein Ereignis aufgerufen wird und in welcher Reihenfolge dies geschieht. Die beiden Ereignisse *viewWillUnload* und *viewDidUnload* werden natürlich nur ausgeführt, sofern das View auch wieder verschwindet. Das kann man dadurch erreichen, dass einfach ein weiteres View geladen wird.

5.2.3   Outlets und Actions

Sie haben beides schon benutzt, und im Prinzip dürfte klar sein, was ein *Outlet* ist und wofür eine *Action* verwendet wird. Ein *Outlet* dient zur Erzeugung von Referenzvariablen für Elemente, die im Storyboard enthalten sind, damit diese im Quellcode angesprochen werden können. Im vorletzten Beispiel wurde ein *Outlet* erzeugt, um im Quelltext eine (Referenz-)Variable für ein Label-Control zu erzeugen, in dem später ein Teilnehmername angezeigt wird. Hierzu wurde eine Verbindungslinie vom markierten Control in das Quellcodefenster gezogen. Im Quellcode wurde dann automatisch die entsprechende Variable angelegt:

```
class DetailViewController : UIViewController {

    @IBOutlet weak var uiLabel: UILabel!

    //Quellcode entfernt

    func configureView() {
        if let detail: AnyObject = self.detailItem {
            if let label = self.uiLabel {
                label.text = detail.description
            }
        }
    }
}
```

Hierdurch konnte das Label-Control in der Funktion *configureView* anschließend textuell angesprochen und ein Wert zugewiesen werden. Manchmal ist es nützlich, sich einen Überblick über die vorhandenen Verbindungen zu verschaffen.

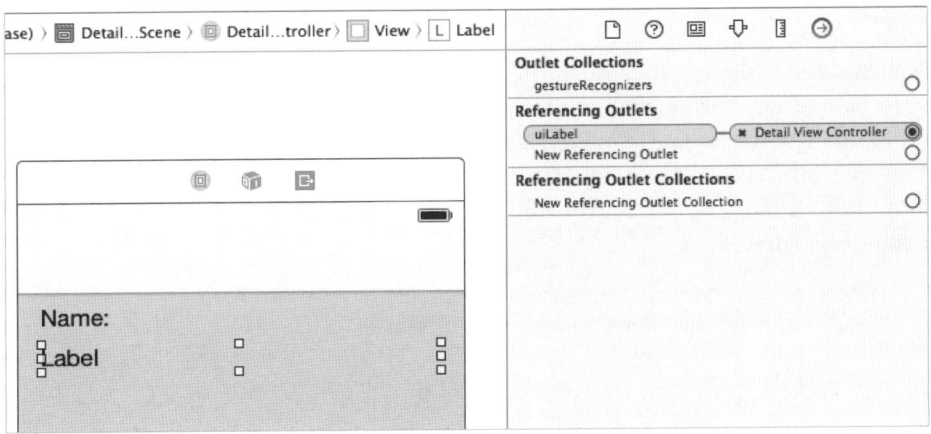

Abb. 5–17   *Anzeige aller Verbindungen eines Elements*

Für ein Control ist das relativ einfach. Man muss es lediglich markieren und anschließend den *Connections Inspector* aufrufen. Dieser zeigt die vorhandenen Verbindungen in einer Übersicht an. Dieselbe Übersicht, allerdings in einer anderen Darstellungsform, erhalten Sie auch, wenn Sie das Control markieren und anschließend die rechte Maustaste betätigen.

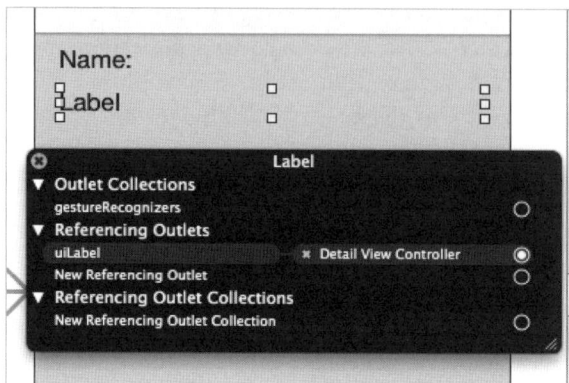

Abb. 5–18   *Anzeige aller Verbindungen in einer weiteren Übersicht*

Möchte man eine Verknüpfung wieder lösen, so muss man sich auch in die entsprechende Übersicht begeben. Werfen Sie dazu einen Blick in Abbildung 5–18. Im rechten Bereich der Übersicht wird die Verknüpfung mit dem Detail View Controller angezeigt. Direkt davor ist ein kleines Kreuz zu erkennen. Wenn Sie es anklicken, wird die Verbindung zwischen Referenzvariable und Control wieder gelöst. Anschließend kann die Variable aus dem Quellcode entfernt werden. Hält man sich nicht an diese Reihenfolge, so kann das zu unerwünschten Seiteneffekten führen.

Actions

Neben den Outlets gibt es noch die *Actions*. Im Prinzip handelt es sich hierbei ganz simpel um Ereignisbehandlungsroutinen, also um Code, der (automatisch) aufgerufen wird, sobald ein Ereignis eintritt, beispielsweise die Betätigung eins Buttons. Im Temperaturrechner-Beispiel wurde eine *Action* angelegt, um Code auszuführen, sobald der Button mit der Beschriftung *Berechnung durchführen* betätigt wurde:

```
@IBAction func btnPressed(sender: AnyObject) {
    //Code, der ausgeführt werden soll
}
```

Erzeugt wird eine *IBAction* analog zu einer Referenzvariablen. Das heißt, es wird eine Verbindungslinie aus dem Interface Builder hinein in das Quellcodefenster gezogen. Nach Auswahl des Verbindungstyps *Action* und der Eingabe eines Namens für die Funktion, die angelegt werden soll, wird der Code dann eingefügt.

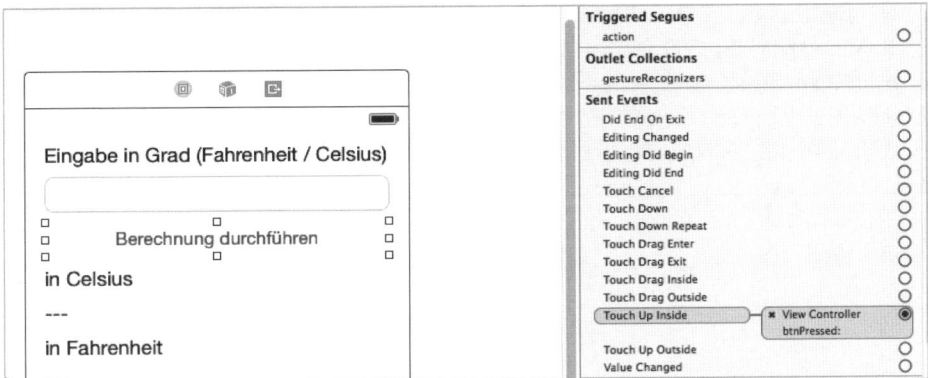

Abb. 5-19   *Anzeige aller Actions in der Übersicht*

Interessant an der Funktion ist der Parameter *sender*, der übergeben wird. Über diesen Parameter ist nämlich ein Rückgriff auf das auslösende Objekt (in diesem Fall der Button) möglich. Dies geschieht mit dem *as*-Operator:

```
@IBAction func btnPressed(sender: AnyObject) {
    var but = sender as UIButton
    uiLabel.text = but.titleLabel?.text
}
```

Im Beispiel wird das zurückgegebene Objekt *sender* (das hier vom Typ *AnyObject* ist) mithilfe des *as*-Operators umgewandelt, um dann auf die Eigenschaften des Buttons zurückgreifen zu können.

Hinweis

Als Typ (*Type*) hätte man im Verbindungsfester nicht unbedingt *AnyObject* auswählen müssen. Es wäre auch möglich gewesen *UIButton* als *Type* festzulegen. Aber dann hätte ich das Beispiel mit der Typumwandlung nicht bringen können. ☺

5.2.4   MVC – Model View Controller

Eine Methode, um Anwendungen zu designen bzw. zu entwickeln, die Ihnen in der Apple-Welt immer wieder über den Weg laufen wird ist das sogenannte *Model View Controller*-Entwurfsmuster (MVC).

Hinweis: Entwurfsmuster

Entwurfsmuster (engl. *Design Patterns*) sind vorgefertigte Wege zur Lösung von sich wiederholenden Aufgabenstellungen. So gibt es beispielsweise ein *Entwurfsmuster* namens *Singleton*, das sicherstellt, dass immer nur ein Objekt einer Klasse erzeugt werden kann und alle (Programm-)Zugriffe nur auf diese eine Instanz erfolgen.

Die Intention des MVC-Entwurfsmusters ist es, die Rollen der Programmteile (z. B. View, Klasse) in einer Kommunikation festzulegen. So gibt es im MVC-Entwurfsmuster ein Objekt, das sich nur mit der Interaktion hin zum Anwender beschäftigt. Dieses Objekt, die Ansicht (*View*), stellt beispielsweise Schaltflächen und Eingabefelder bereit. Ein weiterer Mitspieler ist das sogenannte *Model*. Hierbei handelt es sich in der Regel um eine Klasse, die ein real existierendes Objekt (beispielsweise eine Person) beschreibt. Das letzte Glied in dieser Kette ist der *Controller*.

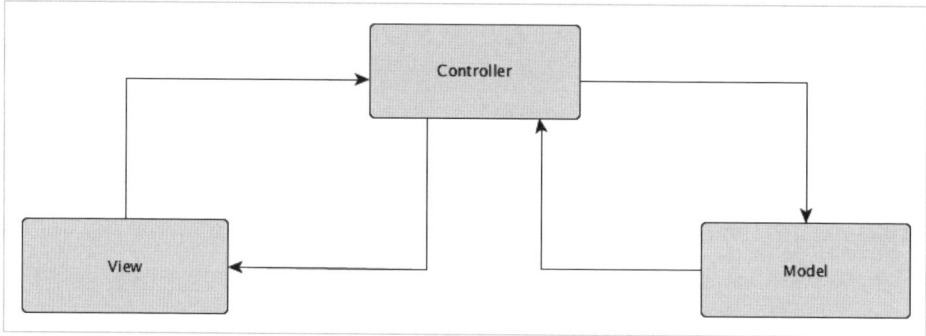

Abb. 5-20   *Das MVC-Entwurfsmuster*

Der *Controller* bildet die Brücke zwischen dem *View* und dem *Model* und vermittelt zwischen beiden. Das heißt, über das *View* werden z. B. Informationen entgegengenommen (Nachname, Vorname). Diese Daten gehen zum *Controller*. Der *Controller* nimmt die Daten entgegen und übergibt diese anschließend dem *Model*. Sobald eine Änderung im *Model* stattfindet, informiert es den Controller, der dann seinerseits im Anschluss das *View* aktualisiert.

Am Beispiel des Temperaturrechners aus Kapitel 2 soll der Sachverhalt noch einmal praxisorientiert durchgespielt werden. Das *View* sowie die darin enthaltenen Controls bilden natürlich die Oberfläche des Temperaturrechners. Der *Controller* ist in diesem Fall auch leicht zu identifizieren. Wenn Sie es nicht mehr vor Augen haben, dann öffnen Sie doch noch einmal das entsprechende Projekt. Im Project Navigator suchen Sie die Datei *ViewController.swift*. Hierbei handelt es sich um den *Controller*!

Aber wo befindet sich das *Model* in diesem Beispiel? Das *Model* im MVC-Pattern hat die Aufgabe, Daten bereitzustellen, und dient natürlich auch zur Speicherung der Daten. Der Temperaturrechner verwendet allerdings kein explizites *Model*, sondern hier werden die Daten direkt in Variablen gespeichert, die im *Controller* eingebettet sind. Im Workshop am Ende des Kapitels werden Sie eine *Passwortverwaltung* erstellen, in der zur Verwaltung der Passwörter (bzw. der zugehörigen Daten) eine eigene Klasse verwendet wird – die dann als *Model* im engeren Sinne von MVC verwendet wird.

5.2.5   Controls

Im folgenden Abschnitt geht es um die Elemente, die auf der Oberfläche eines Views platziert werden können. Einige *Controls* haben Sie bereits kennengelernt; im Temperaturrechner-Beispiel kamen *Button*, *Label* und *Text Field* zum Einsatz. Die Verwendung dieser *Controls* ist recht intuitiv und bedarf keiner großartigen Erläuterung. Man kennt diese *Controls* aus vielen Anwendungen und auch von Webseiten her.

Innerhalb der *Object Library* von Xcode befinden sich aber auch Elemente, deren Nutzen sich vielleicht nicht direkt auf den ersten Blick erschließt. Auch im Workshop am Ende des Kapitels werden einige dieser *Controls* verwendet werden, andere *Controls* hingegen nicht.

Im Folgenden sehen wir uns nun eine (allgemeine) Auswahl an *Controls* genauer an, und zwar:

- Switch
- Slider
- Activity Indicator
- Segmented Control
- Stepper
- PickerView

Switch

Das *Switch*-Control wird innerhalb von iOS gerne verwendet, um den Zustand An/Aus anzuzeigen bzw. die Veränderung des Status zu ermöglichen. Der Zustand (an oder aus) wird als boolescher Wert dargestellt und kann somit *true* oder *false* annehmen. In Abbildung 5–21 sehen Sie ein Beispiel für die Verwendung.

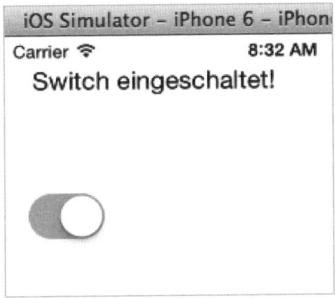

Abb. 5–21   *Das Switch-Control*

Um sich einmal etwas mit dem Control zu beschäftigen, sollten Sie ein neues *Single View Application*-Project anlegen und im View (beispielsweise wie in Abb. 5–21) ein Label- sowie ein Switch-Control einfügen.

Im Attributes Inspector von Xcode können Sie die Eigenschaften des Controls direkt bearbeiten (voreinstellen). So kann mit der Eigenschaft *State* festgelegt werden, in welchem Zustand (*an* oder *aus*) sich das Control befindet. Auch die verwendeten Farben des Controls lassen sich anpassen; hierzu werden die Eigenschaften *On Tint* (Hintergrund) und *Thumb Tint* (Knopf) verwendet. Und wenn Ihnen das Erscheinungsbild des Controls überhaupt nicht zusagt, so können Sie mit den Eigenschaften *On Image* und *Off Image* sogar eigene Grafiken für den jeweiligen Zustand hinterlegen.

Um das Control einmal in Aktion zu erleben, muss zuerst eine Referenz innerhalb der Klasse *ViewController* angelegt werden. Hierzu nutzen Sie die Ctrl-Drag-Funktion und ziehen eine Verbindungslinie in das Codefenster. Da das Label-Control eine textuelle Rückmeldung über den Zustand des Controls geben soll, muss auch für es eine Referenz im Code angelegt werden. Zuletzt muss im Interface Builder noch eine Action für das *Switch*-Control eingefügt werden. Diese Action wird ausgelöst, sobald das Control seinen Zustand ändert. Auch hier verwenden Sie wieder die Ctrl-Drag-Funktion, nur dass Sie diesmal anstatt des Outlets eine Action *switchValueChanged* anlegen. Anschließend kann die Klasse *ViewController* im Codeeditor von Xcode geöffnet werden.

Jetzt wird ein wenig programmiert. Der komplette Code ist dann auch innerhalb der Action zu finden:

```
import UIKit

class ViewController: UIViewController {

    @IBOutlet var uiLabel: UILabel!
    @IBOutlet var uiSwitch: UISwitch!

    @IBAction func switchValueChanged(sender: AnyObject){
        var switchState:UISwitch!
        switchState = sender as! UISwitch

        if switchState.on {
            self.uiLabel.text = "Switch eingeschaltet!"
        } else {
            self.uiLabel.text = "Switch ausgeschaltet!"
        }
    }
    override func viewDidLoad() {
        super.viewDidLoad()
    }

    override func didReceiveMemoryWarning() {
        super.didReceiveMemoryWarning()
    }
}
```

Innerhalb der Action *switchValueChanged* wird der Parameter *sender* ausgewertet. Darin befindet sich nach Übergabe ein Objekt vom Typ *UISwitch*, mit dem sich codetechnisch der Zustand des Controls auslesen lässt. In der Funktion *swit-*

chValueChanged wird im ersten Schritt eine lokale Variable vom Typ *UISwitch* angelegt. Anschließend wird der übergebene Parameter *sender* ausgelesen. Hier erfolgt eine Typumwandlung, da der Parameter vom Typ *AnyObject* ist. Mit dem *as*-Operator kann der benötigte Typ erst festgelegt und kann dann das entsprechende Objekt zugewiesen werden.

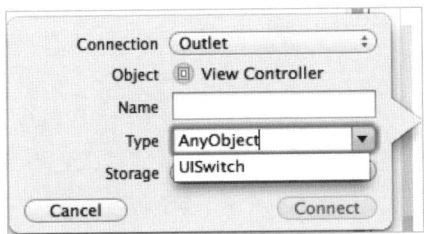

Abb. 5–22   *Konfiguration des Sender-Typs*

Alternativ wäre es auch möglich gewesen, den entsprechenden Parametertyp direkt beim Anlegen der Action festzulegen. Hierzu müssen Sie nur im Konfigurationsfenster (siehe Abb. 5–22) im Feld *Type* die Auswahl auf *UISwitch* ändern. Anschließend kann der Parameter *sender* direkt als *UISwitch* ausgewertet werden. Sie interessiert aber der Zustand des Controls. Zur Auswertung kann die Eigenschaft *on* direkt abgefragt werden. Der Inhalt der Eigenschaft ist vom Typ Boolean und kann somit mit einer *if*-Abfrage ausgewertet werden. In Abhängigkeit von dem Resultat der Abfrage kann dann das Label-Control bzw. dessen Eigenschaft *Text* unterschiedlich beschrieben werden.

Slider

Das im letzten Abschnitt vorgestellte Switch-Control kennt genau zwei Zustände: *an* und *aus*. Manchmal benötigt man aber ein Element, mit dem sich mehr Zustände einstellen lassen, beispielsweise zur Regulierung der Lautstärke oder um hohe Werte bequem auszuwählen. In diesen Situationen sollte man einen Blick auf das Slider-Control werfen, das es ermöglicht, stufenlos einen Wert zwischen einem vorgegebenen Minimum und Maximum auszuwählen.

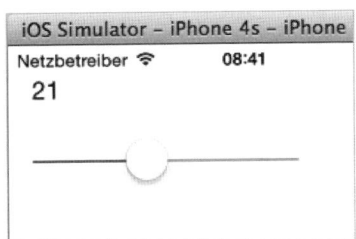

Abb. 5–23   *Das Slider-Control*

Um das Control einmal auszuprobieren, benötigen Sie im Projekt neben dem *Slider*-Control nur noch ein Label-Control. Beide werden auf einem View platziert, und anschließend werden die benötigten Referenzen im Code erzeugt. Auch in diesem Beispiel wird für das *Slider*-Control noch eine Action *silderValueChanged* angelegt. Bevor etwas codiert wird, sollten Sie das Control noch einmal im Interface Builder markieren und sich im Attributes Inspector von Xcode die konfigurierbaren Eigenschaften etwas ansehen.

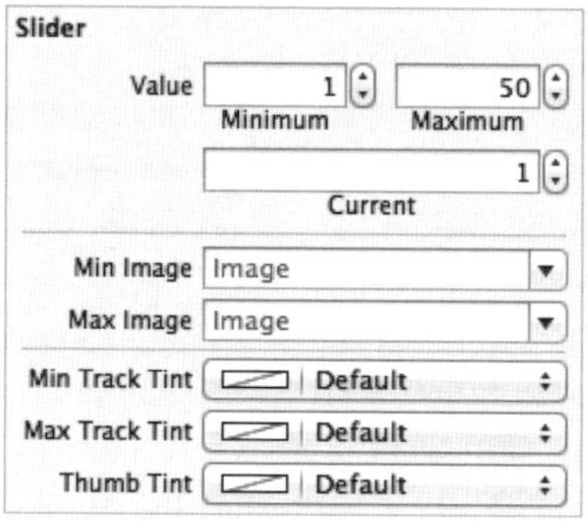

Abb. 5–24   *Die Eigenschaften des Slider-Controls*

Sowohl der Minimal- als auch der Maximalwert lassen sich frei einstellen. Außerdem kann auch die Schrittweite festgelegt werden, in der sich der Regler bewegen lässt (Standard ist 1). Neben diesen wichtigen Punkten gibt es auch hier die Möglichkeit, andere Grafiken zu verwenden (*Min image, Max Image*) sowie die verwendeten Farben dem eigenen Geschmack anzupassen (*Min Track Tint, Max Track Tint, Thumb Tint*).

Nach diesem kleinen Überblick geht es an die Programmierung, die in diesem Fall sehr simpel ist und sich auf das Auslesen des eingestellten Werts beschränkt:

```
import UIKit

class ViewController: UIViewController {

    @IBOutlet var uiLabel: UILabel!
    @IBOutlet var uiSlider: UISlider!

    @IBAction func sliderValueChanged(sender: UISlider) {
        let sliderValue = Int(sender.value)

        uiLabel.text = "\(sliderValue)"
    }

    override func viewDidLoad() {
        super.viewDidLoad()
    }

    override func didReceiveMemoryWarning() {
        super.didReceiveMemoryWarning()
    }
}
```

Der entscheidende Code sitzt auch hier wieder innerhalb der Action *silderVa-lueChanged*. Das aktuelle Objekt vom Typ *UISilder* wird als Parameter überge-ben, und somit kann die Eigenschaft *Value,* in der der aktuell eingestellte Wert enthalten ist, ausgelesen werden. *Value* ist vom Typ Float und wird nur im Bei-spiel in einen Integerwert umgewandelt, um den Nachkommanteil loszuwerden, der im Beispiel nicht benötigt wird.

Activity Indicator

In Programmen kann es mitunter schon einmal zu längeren Wartezeiten kommen. Trotz der Parallelisierung von Aufgaben lassen sich diese kurzen Pausen nicht ganz vermeiden. In solchen Situationen ist es gute Sitte, den Anwender nicht im Unklaren darüber zu lassen, dass im Hintergrund etwas passiert. Um diese Akti-vitäten visuell zu signalisieren, kann das *Activity Indicator*-Control verwendet werden. Sie kennen dieses Control aus iOS ganz sicher: Es handelt sich dabei um Balken, die in Kreisform angeordnet sind und bei einem entsprechenden Prozess rotieren.

Abb. 5–25   *Das »Activity Indicator«-Control*

Wenn Sie das Beispiel einmal nachbauen möchten, so benötigen Sie neben dem *Activity Indicator*-Control noch zwei Button-Controls – jeweils um die Anima-tion des Controls zu starten und zu beenden. Im Attributes Inspector von Xcode kann das Aussehen des Controls etwas angepasst werden. Mit der *Style*-Eigen-schaft kann einer von drei Stilen festgelegt werden (*White, Large White* und *Grey*). Das Attribut *Color* wird verwendet, um die Farbe des Controls festzule-gen. Die letzte interessante Eigenschaft ist *Behavior,* die die Optionen *Animating* und *Hides When Stopped* anbietet. Zur Umsetzung des Beispiels müssen Sie ein Outlet für das *Activity Indicator*-Control sowie zwei Actions anlegen: eine für jeden Button.

```
import UIKit

class ViewController: UIViewController {

    @IBOutlet var uiActivityIndicatorView: UIActivityIndicatorView!

    @IBAction func btnStartPressed(sender: AnyObject) {
        uiActivityIndicatorView.startAnimating()
    }

    @IBAction func btnStopPressed(sender: AnyObject) {
        uiActivityIndicatorView.stopAnimating()
    }

    override func viewDidLoad() {
        super.viewDidLoad()
    }

    override func didReceiveMemoryWarning() {
        super.didReceiveMemoryWarning()
    }
}
```

Über die (Code-)Referenz *uiActivityIndicatorView* erfolgt in den Actions der Aufruf der Methoden *startAnimating* und *stopAnimating*, die die Animation des Controls jeweils starten und stoppen.

Segmented Control

Das *Segmented Control* ist mit den Optionsschaltfeldern vergleichbar, die Sie vielleicht aus dem Web kennen. Es wird beispielsweise verwendet, wenn aus einer bestimmten Anzahl von Optionen immer nur eine aktiviert werden soll.

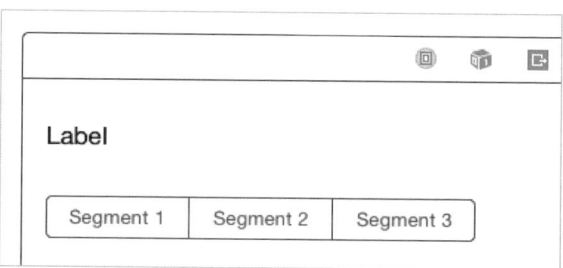

Abb. 5–26   *Das Segmented Control*

Die Eigenschaften zur Konfiguration von Stil und Optionen sind bei diesem Control etwas umfangreicher.

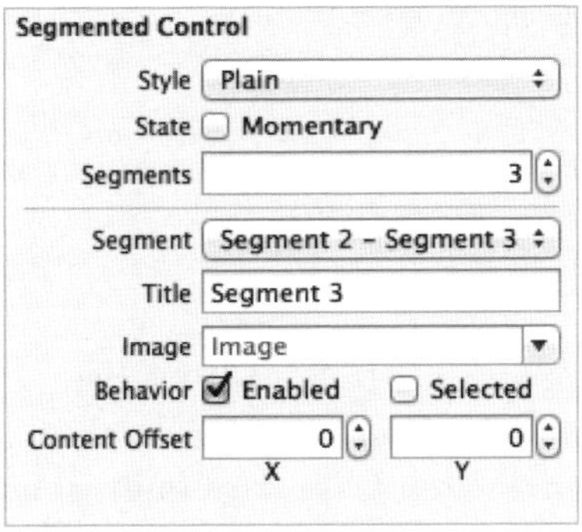

Abb. 5–27   *Konfigurationsoptionen des Segmented Controls*

Über die *Style*-Eigenschaft lässt sich das Design (*Plain, Bordered, Bar*) des Controls anpassen. Die *State*-Eigenschaft wird verwendet, um festzulegen, ob die gewählte Schaltfläche dauerhaft oder nur kurzzeitig als ausgewählt angezeigt wird. Die Anzahl der vorhandenen Segmente wird über die *Segments*-Eigenschaft konfiguriert. Jedes einzelne Segment kann dann selbst auch noch konfiguriert werden. Das zu bearbeitende Segment wird über die *Segement*-Eigenschaft festgelegt. Über *Title* kann der angezeigte Name des Segments angegeben werden.

Auch ein Bild lässt sich zuordnen. Hierfür wird die *Image*-Eigenschaft verwendet. Mit *Behavior* wird das Verhalten (ausgewählt oder nicht) des Segments definiert. Soll die Beschriftung nicht zentriert angezeigt werden, dann kann zur Änderung der Ausrichtung die Eigenschaft *Content Offset* verwendet werden.

Für einen ersten Test müssen Sie in einem Projekt zwei Outlets (für das Label und das *SegmentedControl*) anlegen. Außerdem wird eine Action *segmentedChanged* benötigt. Nach Auswahl eines Segments soll im Beispiel ein Text in das Label-Control geschrieben werden. Hierzu wird innerhalb der Action eine Switch-Case-Abfrage durchgeführt.

```
class ViewController: UIViewController {

    @IBOutlet var uiLabel: UILabel!
    @IBOutlet var uiSegmentedControl: UISegmentedControl!

@IBAction func segmentedChanged(sender: UISegmentedControl) {
    switch sender.selectedSegmentIndex
    {
        case 0:
            uiLabel.text = "Erstes Segment ausgewählt!"
        case 1:
            uiLabel.text = "Zweites Segment ausgewählt!"
        case 2:
            uiLabel.text = "Drittes Segment ausgewählt!"
        default:
            break
    }
}
```

```
override func viewDidLoad() {
    super.viewDidLoad()
}

override func didReceiveMemoryWarning() {
    super.didReceiveMemoryWarning()
}
}
```

Die Action *segmentedChanged* übergibt als Parameter eine Instanz des Controls. Mit der Eigenschaft *selectedSegmentIndex* lässt sich so der Index des ausgewählten Segments ermitteln. Im Switch-Case wird dann anhand des Index die Zuweisung vorgenommen.

Stepper

Der *Stepper* ist ein Control, mit dem sich ein Wert, beispielsweise eine Zahl, schrittweise erhöhen oder verringern lässt.

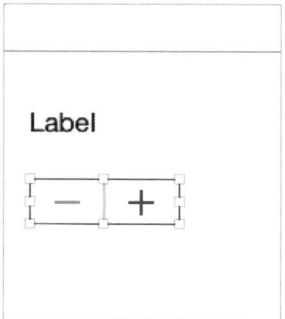

Abb. 5–28   *Das Stepper-Control*

Hierzu enthält das Control zwei Schaltflächen (+ und -). Die Möglichkeiten zur Konfiguration des Controls enthalten die Festlegung des Minimal- und des Maximalwertes (*Value*-Eigenschaft). Außerdem kann die Schrittweite eingestellt werden, in der die Sprünge vorgenommen werden, und zwar mit der Eigenschaft *Step*.

Der aktuelle Wert des *Stepper*-Controls wird mit der Eigenschaft *Current* festgelegt. Ein wenig kann das Verhalten des *Stepper*-Controls auch noch beeinflusst werden. Hierzu wird die Eigenschaft *Behavior* verwendet, die die Optionen *Autorepeat*, *Continuous* und *Wrap* anbietet. Bei aktiver *Autorepeat*-Option wirkt sich die Dauer der Betätigung der Schaltfläche aus. Das bedeutet: Je länger Sie die Plus- oder Minus-Taste gedrückt halten, desto höher wird auch der Wert. Sind die Eigenschaften *Autorepeat* und *Continuous* gleichzeitig aktiv, so wird der Wert bei gedrückter Taste automatisch erhöht/verringert. Die *Wrap*-Eigenschaft steuert den Umbruch beim Erreichen des Maximal- oder Minimalwertes. Ist die Eigenschaft aktiviert, so wird beim Erreichen des jeweiligen Endwerts automatisch auf den Startwert umgebrochen.

Für ein Beispiel benötigt man zwei Outlets (für Label und Stepper) sowie eine
Action. Im Code sieht das Ganze dann wie folgt aus:

```
import UIKit

class ViewController: UIViewController {

    @IBOutlet var uiLabel: UILabel!
    @IBOutlet var uiStepper: UIStepper!

    @IBAction func stepperValueChanged(sender: UIStepper) {
        uiLabel.text = Int(sender.value).description
    }

    override func viewDidLoad() {
        super.viewDidLoad()
        uiStepper.wraps = true
        uiStepper.autorepeat = true
        uiStepper.maximumValue = 20;
    }

    override func didReceiveMemoryWarning() {
        super.didReceiveMemoryWarning()
    }
}
```

Sobald eine Schaltfläche betätigt wird, wird die Action *stepperValueChanged*
ausgelöst. In dieser wird dann der aktuelle Wert des *Steppers* ausgelesen und der
Eigenschaft Text des Label-Controls zugewiesen. In der Eigenschaft *value* ist ein
Double-Wert enthalten, der zuerst in einen Integertyp umgewandelt wird, und
anschließend wird die String-Darstellung dem Label-Control zugewiesen. Im *viewDidLoad*-Ereignis werden zusätzlich noch die drei Eigenschaften *Wraps*, *Autorepeat* und *MaximumValue* vorbelegt.

PickerView

Das *PickerView*-Control ist das Gegenstück zu einem Auswahlfeld im Web. Aus
einer Auflistung kann ein Wert selektiert werden. Das Control zeigt eine nette
Animation, wenn die Trommel gedreht wird, um einen Wert auszuwählen. Aber
ich möchte Ihnen dieses Control nicht nur wegen der Animation vorstellen, sondern weil es die Implementierung eines noch nicht besprochenen Mechanismus –
eines sogenannten *Delegate* – erfordert. Inhaltlich wird dieses Thema in
Abschnitt 5.3 besprochen, aber hier können Sie sich schon einmal ein praktisches
Beispiel dazu ansehen.

Abb. 5–29   *Das PickerView-Control*

Innerhalb der Eigenschaften sind nur die Standardeigenschaften zu finden. Aus diesem Grund kann man sich direkt der Implementierung der Funktion des Controls im Code widmen. Zwei Outlets werden für das Beispiel benötigt: eines für ein Label, in dem später der ausgewählte Wert angezeigt wird, sowie ein weiteres Outlet für das *PickerView*-Control selbst.

```
import UIKit

class ViewController: UIViewController, UIPickerViewDelegate {

    let towns = ["Berlin","Dortmund","Frankfurt","Stuttgart","München"]

    @IBOutlet var uiLabel: UILabel!
    @IBOutlet var uiPickerView: UIPickerView!

    override func viewDidLoad() {
        super.viewDidLoad()
        uiPickerView.delegate = self;
    }

    override func didReceiveMemoryWarning() {
        super.didReceiveMemoryWarning()
    }

    func numberOfComponentsInPickerView(pickerView:
        UIPickerView) -> Int {
        return 1
    }

    func pickerView(pickerView: UIPickerView,
        numberOfRowsInComponent component: Int) -> Int {
        return towns.count
    }

    func pickerView(pickerView: UIPickerView, titleForRow row: Int,
        forComponent component: Int) -> String? {
        return towns[row]
    }
```

```
func pickerView(pickerView: UIPickerView, didSelectRow row: Int,
    inComponent component: Int)
{
    uiLabel.text = towns[row]
}
}
```

Ein *PickerView*-Control zeigt mehrere Werte (beispielsweise eine Liste von Städ-
ten) an, aus denen dann ein Wert selektiert werden kann. Im ersten Schritt muss
zur Implementierung dann auch erst einmal die Liste definiert werden. Im Beispiel wird hierfür eine String-Array angelegt, das eine Auswahl an Städtenamen
enthält. Dieses Array erhält den Namen *towns* und dient als Datenquelle für das
PickerView. Es muss also irgendwie mit dem *PickerView* verknüpft werden.

Die komplette Bereitstellung der Liste über das *PickerView* wird mit Funktionen realisiert, die einem bestimmten Muster entsprechen müssen. Diese Funktionen sind im Protocol *UIPickerViewDelegate* definiert. Da die Umsetzung der
Funktionalität in der Klasse *ViewController* erfolgen soll, muss die Klasse dieses
Mal nicht nur von der Superklasse *UIViewController* abgeleitet werden, sondern
auch von der Schnittstelle *UIPickerViewDelegate*. Wenn Sie sich die Deklaration
der Klasse ansehen, werden Sie die entsprechende Ableitung finden.

Damit das Control korrekt funktioniert, muss es einige Informationen darüber haben, was für Daten und in welcher Form sie im Control angezeigt werden
sollen. Die Konfiguration beginnt mit der Implementierung der Methode *numberOfComponentsInPickerView*. Diese Funktion informiert das Control darüber,
wie viele *Columns*-Objekte (Spalten) es darstellen soll. Im Beispiel benötigen
wird lediglich eine Spalte – es sollen ja nur die Namen den Städte angezeigt werden. Aus diesem Grund gibt die Funktion im Beispiel den festen Wert 1 zurück.

Zusätzlich muss das Control wissen, wie viele Elemente insgesamt angezeigt
werden. Hierüber informiert die Funktion *pickerView (pickerView: UIPicker-
View, numberOfRowsInComponent component: Int) → Int*. Diese Anforderung
ist leicht umgesetzt, da nur die Eigenschaft *count* des Array *towns* aufgerufen und
der enthaltene Wert zurückgegeben werden muss.

Jetzt fehlt noch die direkte Verknüpfung des Arrays *towns* und des *Picker-
View*. Der Inhalt des Arrays soll ja auch angezeigt werden. Dies erledigt die Funktion *pickerView(pickerView: UIPickerView, titleForRow row: Int, forCompo-
nent component: Int) → String!*, der als Parameter die aktuelle Reihe übergeben
(Parameter: *row*) wird und die damit dann als Index das Array (an dieser Stelle)
ausliest.

Zuletzt fehlt noch eine Funktion, die für die Anzeige der Werte nicht benötigt
wird, wohl aber für die Auswahl eines Wertes. Dies ist die Funktion *picker-
View(pickerView: UIPickerView!, didSelectRow row: Int, inComponent component: Int)*.

Welche Reihe der Anwender ausgewählt hat, teilt die Funktion im Parameter
didSelectRow row mit. Dieser Parameter ist vom Typ Integer und kann ebenfalls

direkt dem Array als Index zum Auslesen übergeben werden. In der Funktion wird der ausgelesene Wert dann der Eigenschaft *text* des Labels zugewiesen. Fast der komplette Quellcode wurde jetzt erläutert. Es fehlt nur noch eine Zeile:

```
uiPickerView.delegate = self;
```

Sie wird im Ereignis *viewDidLoad* aufgerufen. Was hat es damit auf sich? Die Eigenschaft *delegate* des PickerViews erwartet offensichtlich einen Hinweis darauf, wo das entsprechende Protocol umgesetzt wurde. Da dies im ViewController selbst der Fall war, erfolgt hier einfach eine entsprechende Zuweisung von *self*. Damit ist das Beispiel zum PickerView vollständig implementiert, und Sie haben bereits jetzt eine Vorstellung davon, was ein *Delgeate* ist und wie dieser funktioniert.

5.2.6   UIAlertController

Es muss nicht immer ein View entworfen werden, um den Anwender über Abläufe innerhalb der App zu informieren. Anstatt aufwendig ein View im Interface Builder zu gestalten und Code dafür zu programmieren, besteht auch die Möglichkeit, für eine kurze Mitteilung oder zur Eingabe von nur wenigen Informationen einen Dialog mit der Klasse *UIAlertController* zu erstellen. Der Vorteil diese Klasse (im Gegensatz zu einem View) ist, dass ein Dialog mit nur wenigen Zeilen Code programmiert ist. Das spart eine Menge Arbeit.

Standard-Dialog

Um einen entsprechenden Dialog in einer App anzeigen zu können, muss lediglich eine Instanz der Klasse *UIAlertController* erstellt werden. Der Dialog lässt sich quasi aus Bausteinen zusammensetzen. Diese Bausteine werden im Code definiert. Im ersten Schritt soll einmal ein Standard-Dialog erzeugt werden, wie er in Abbildung 5–30 zu sehen ist.

Abb. 5–30   *Ein Dialog mit UIAlertController*

Der Dialog besteht aus einer Überschrift, einer Zeile mit etwas Text sowie aus zwei Schaltflächen (*Abbrechen* und *Ok*).

```
let uiAlertController = UIAlertController(title: "Standard Alert",
    message: "Beispiel für einen Standard-Dialog.", preferredStyle: .Alert)

let cancelAction = UIAlertAction(title: "Abbrechen", style: .Cancel) {
    (action) in
    self.uiLabel.text = "Abbrechen-Button wurde betätigt"
}

uiAlertController.addAction(cancelAction)

let OKAction = UIAlertAction(title: "Ok", style: .Default) { (action) in
    self.uiLabel.text = "Ok-Button wurde betätigt"
}
uiAlertController.addAction(OKAction)

self.presentViewController(uiAlertController, animated: true) {
    self.uiLabel.text = "Dialog wird angezeigt!"
}
```

Im ersten Schritt muss eine neue Instanz der Klasse *UIAlertController* erstellt werden. Dem Initialisierer der Klasse werden zur Erstellung drei Parameter übergeben. Der erste, *title*, nimmt die Überschrift des Dialogs entgegen. Der zweite Parameter, *message*, ebenfalls vom Typ String, erwartet den Text, der im Dialog angezeigt werden soll. Mit dem dritten Parameter, *preferredStyle*, wird der Stil des Dialogs festgelegt. Hierfür gibt es unterschiedliche Optionen. Im Beispiel wird *.Alert* übergeben, was dafür sorgt, dass ein Standard-Dialog erzeugt wird.

Danach geht es an die Definition der im Dialog enthaltenen Schaltflächen. Anzumerken ist hierbei, dass nicht nur einfach ein Button erzeugt wird, sondern auch gleichzeitig der Ereignishandler – also der Code, der aufgerufen wird, wenn der Button betätigt wurde. Zuerst wird ein Abbrechen-(*Cancel*-)Button mit zugehöriger Action definiert. Der verwendeten Klasse *UIAlertAction* wird im Initialisierer der Parameter *title* mit dem Wert *Abbrechen* übergeben. Damit wird die Beschriftung des Buttons festgelegt. Dem zweiten Parameter, *style*, wird der Wert *.Cancel* übergeben. Damit ist der *Cancel*-Button definiert. Innerhalb der folgenden (dem Button zugehörigen) Action kann nun noch festgelegt werden, was passiert, sobald die Schaltfläche betätigt wurde. Im Beispiel wird lediglich ein Text in ein Label-Control geschrieben.

Zuletzt wird der neu definierte Button mit der Methode *addAction* der *UIAlertController*-Instanz übergeben. Es wurde also nicht nur ein Button definiert, sondern auch Code, der zur Ausführung kommt, sobald der Button betätigt wurde. Soll kein Code nach Betätigung des Buttons ausgeführt werden, so lässt man die Action einfach leer.

Der Dialog enthält zwei Schaltflächen. Im Anschluss wird nun die zweite Schaltfläche erzeugt. In der Eigenschaft *title* wird der Wert *Ok* und in der Eigenschaft *style* wird der Wert *.Default* übergeben. Zuletzt wird auch diese Definition mit der Methode *addAction* der *UIAlertController*-Instanz übergeben.

Aufruf und Anzeige des Dialogs werden zuletzt durch den Aufruf der Methode *presentViewController* durchgeführt. Als Parameter wird hier die Instanz von *UIAlertController* übergeben, und es wird dem Parameter *animated* der Wert *true* übergeben, was dafür sorgt, dass der Dialog mit einer Animation eingeblendet wird.

Hinweis

Die Methode *presentViewController* sorgt dafür, dass ein View modal angezeigt wird.

Dialog mit mehreren Schaltflächen

Man ist nicht auf einen Standard-Dialog mit zwei Schaltflächen beschränkt. Es ist auch problemlos möglich, mehr als zwei Schaltflächen im Dialog einzufügen.

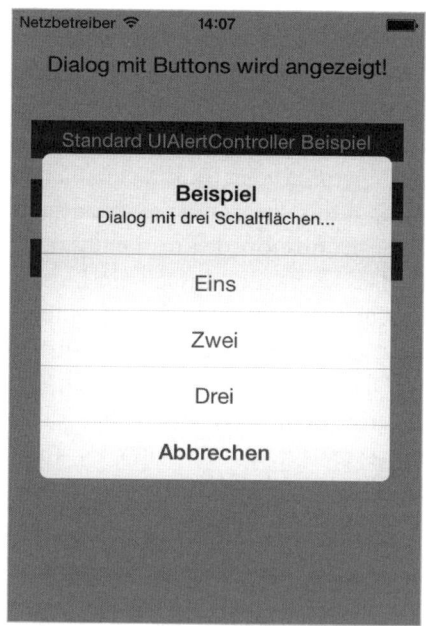

Abb. 5–31   *Ein Dialog mit mehreren Buttons*

Abbildung 5–31 zeigt ein Beispiel für diese Form der Konfiguration. Das Anlegen eines entsprechenden Dialogs ist eigentlich kein Problem, wenn das Grundprinzip der Zusammenstellung des Dialogs bekannt ist. Auch bei einem Dialog mit mehreren Schaltflächen wird im ersten Schritt eine Instanz der Klasse *UIAlertController* erzeugt:

```
let uiAlertController = UIAlertController(title: "Beispiel",
    message: "Dialog mit drei Schaltflächen...", preferredStyle: .Alert)

let btnOneAction = UIAlertAction(title: "Eins", style: .Default) { (action) in
    self.uiLabel.text = "Button 1 wurde betätigt"
}

let btnTwoAction = UIAlertAction(title: "Zwei", style: .Default) { (action) in
    self.uiLabel.text = "Button 2 wurde betätigt"
}
let btnThreeAction = UIAlertAction(title: "Drei", style: .Default) { (action) in
    self.uiLabel.text = "Button 3 wurde betätigt"
}

let btnCancelAction = UIAlertAction(title: "Abbrechen", style: .Cancel) {
    (action) in
    self.uiLabel.text = "Abbrechen-Button wurde betätigt"
}

uiAlertController.addAction(btnOneAction)
uiAlertController.addAction(btnTwoAction)
uiAlertController.addAction(btnThreeAction)
uiAlertController.addAction(btnCancelAction)

self.presentViewController(uiAlertController, animated: true) {
    self.uiLabel.text = "Dialog mit Buttons wird angezeigt!"
}
```

Im Anschluss geht es an die Definition der *UIAlertAction*-Instanzen. Wieder werden die Eigenschaften *title* und *style* festgelegt, und anschließend werden die erzeugten *UIAlertAction*-Objekte mithilfe der Methode *addAction* der Instanz des *UIAlertControllers* übergeben.

Textfelder im Dialog

In den bisherigen Beispielen wurden mit den *UIAlertAction*-Instanzen lediglich Schaltflächen in einen Dialog eingefügt. Aber das muss nicht so sein. Es ist auch möglich, *TextField*-Controls einzufügen und diese mit Ereignismethoden zu verknüpfen. Das ist dann allerdings schon etwas aufwendiger.

Im letzten Beispiel zur Klasse *UIAlertController* wird ein Dialog zur Anmeldung erzeugt, der die Eingabe eines Benutzernamens und eines Passworts erwartet:

Abb. 5-32   *Ein Dialog zur Anmeldung mit UIAlertController*

Auch dieser Dialog beginnt (wieder) mit der Erstellung einer Instanz von *UIAlert-Controller.*

```
let uiAlertController = UIAlertController(title: "Beispiel", message:
    "Dialog mit Eingabefeldern...", preferredStyle: .Alert)

let uiAlertLogAction = UIAlertAction(title: "Anmeldung", style: .Default) {
    (action) in

    let logTextField = uiAlertController.textFields![0] as UITextField

    let pwdTextField = uiAlertController.textFields![1] as UITextField

    self.uiLabel.text = "Anmeldung Action!"
}

uiAlertLogAction.enabled = false

let changePwdAction = UIAlertAction(title: "Passwort vergessen", style:
    .Destructive) { (action) in
    self.uiLabel.text = "Passwort vergssen Action!"
}

let cancelAction = UIAlertAction(title: "Abbrechen", style: .Cancel) {
    (action) in
    self.uiLabel.text = "Abbrechen Action!"
}

uiAlertController.addTextFieldWithConfigurationHandler { (textField) in
    textField.placeholder = "Benutzername"
```

```
     NSNotificationCenter.defaultCenter().addObserverForName(UITextFieldText
     DidChangeNotification, object: textField, queue: NSOperationQueue.mainQueue())
     { (notification) in
         uiAlertLogAction.enabled = textField.text != ""
         }
     }

 uiAlertController.addTextFieldWithConfigurationHandler { (textField) in
     textField.placeholder = "Passwort"
     textField.secureTextEntry = true
 }

 uiAlertController.addAction(uiAlertLogAction)
 uiAlertController.addAction(changePwdAction)
 uiAlertController.addAction(cancelAction)

 self.presentViewController(uiAlertController, animated: true) {
     self.uiLabel.text = "Anmeldedialog wurde angezeigt!"
 }
```

Abermals wird hier im ersten Schritt eine *UIAlertController*-Instanz erzeugt und konfiguriert. Als Nächstes wird eine neue *UIAlertAction*-Instanz (*uiAlertLogAction*) erstellt. Diese Action wird verwendet, um den Code zur Verarbeitung und den entsprechenden Button zur Verfügung zu stellen, damit sich ein Anwender anmelden kann.

Hier beginnen dann auch gleich die Änderungen. Im Code werden nämlich zwei TextField-Controls referenziert, die das eingegebene Passwort und den Benutzernamen enthalten. Diese werden in der Action ausgelesen, und die enthaltenen Daten können weiterverarbeitet werden. Im Beispiel findet hier nur eine lokale Zuweisung an die entsprechende Variable statt, und eine Meldung wird im Label angezeigt.

In der folgenden Zeile wird die Eigenschaft *Enabled* der Instanz *uiAlertLogAction* abgeschaltet. Erst müssen Benutzername und Passwort eingegeben werden, bevor der Button betätigt werden kann. Außerdem wird eine weitere *UIAlertAction*-Instanz *changePwdAction* eingefügt. Dieser Button wird verwendet, wenn der Anwender Benutzername oder Kennwort vergessen hat.

Zuletzt wird noch eine *cancelAction,* ein Button zum Abbruch, eingefügt. Jetzt wird noch eine Ereignismethode eingefügt. Hierzu wird die Methode *addTextFieldWithConfigurationHandler* aufgerufen. In dieser Methode wird im TextField-Control der Text »Benutzername« hinterlegt, und es wird eine *NSNotification* definiert. Dieses *NSNotification*-Objekt – genauer gesagt eine *UITextFieldTextDidChangeNotification* – wird ausgelöst, sobald Text in das TextField-Control eingegeben wurde. Der Anwender soll ja **erst** den Benutzernamen und das Passwort eingeben, bevor die Verarbeitung beginnt. Die hierzu verwendete Zeile ist interessant:

```
 uiAlertLogAction.enabled = textField.text != ""
```

Im rechten Bereich, nach dem ersten Zuweisungsoperator, wird geprüft, ob in der *text*-Eigenschaft des TextField-Controls **keine** leere Zeichenkette enthalten ist. Wenn das der Fall ist – und nur dann –, wird aufgrund der booleschen Aussage ein *true*-Wert erzeugt, der dann der *Enabled*-Eigenschaft zugewiesen wird.

Anschließend geht es mit der Definition eines weiteren *TextFieldWithConfigurationHandlers* weiter. In diesem Handler wird dem Passwort-TextField-Control bzw. der *text*-Eigenschaft der Text »Passwort« zugewiesen, und der Eigenschaft *secureTextEntry* wird der Wert *true* zugewiesen. Diese Eigenschaft sorgt dafür, dass das eingegebene Passwort nicht im Klartext, sondern verschlüsselt angezeigt wird. Die definierten Actions werden anschließend mit der Methode *addAction* dem *UIAlertController* übergeben, und zuletzt wird der Dialog aufgerufen und angezeigt.

Es muss also nicht für alle Aufgaben immer direkt ein neuer ViewController nebst Oberfläche im Interface Builder angelegt werden. Auch etwas komplexere Aufgaben lassen sich mit einer *UIAlertController*-Instanz durchführen. Hierbei sollte man allerdings immer im Auge behalten, dass die Übersichtlichkeit nicht leidet.

5.3 Delegate

Viele Klassen im Cocoa-Touch-Framework haben eine spezielle Instanzvariable (Eigenschaft), die den Namen *delegate* trägt. In Abschnitt 5.2.5 und zwar im Beispiel zum PickerView-Control, wurde dieses Thema bereits einmal angesprochen, ohne es in der Tiefe zu erläutern. Auch an anderer Stelle dürfte Ihnen das Wort *Delegate* schon einmal begegnet sein.

Schaut man sich im Project Navigator von Xcode ein Projekt an, so fällt auf, dass es dort eine Datei mit dem Namen *AppDelegate* gibt. Wofür aber ist die *delegate*-Eigenschaft eigentlich gut?

Über ein Objekt, das dieser Eigenschaft zugewiesen wurde, ist es möglich, Aufgaben an andere Objekte zu delegieren oder auch Nachrichten zu verschicken.

Sehen Sie sich noch einmal das Beispiel zum PickerView-Control an: Dort ist die Anwendung gut sichtbar. Der ViewController, der das PickerView-Control enthält, enthält auch eine Ableitung von *UIPickerViewDelegate*. Die im Protokoll beschriebenen Methoden (z.B. *numberOfComponentsInPickerView*) müssen somit im ViewController implementiert werden. Zuletzt wird der Eigenschaft *delegate* des ViewControllers *self* zugewiesen. Hierdurch sind nun die PickerView-Instanz und der ViewController verknüpft und können Informationen austauschen.

Wie funktioniert ein Delegate?

Sie haben jetzt eine Vorstellung davon, was ein *Delegate* ist und wie man es verwendet. Im kommenden Abschnitt möchte ich Ihnen zeigen, wie ein *Delegate*
programmiert wird. Es ist ein einfaches Beispiel, das sich gut nachvollziehen lässt.

In einem ViewController soll ein *Delegate* dazu verwendet werden, eine
Methode *foo* aufzurufen. Die Methode *foo* macht nichts Besonderes, sie gibt
lediglich mit der *print*-Anweisung eine Zeile aus. Im ersten Schritt muss zur
Umsetzung ein *Single View Application*-Projekt angelegt werden. Diesem Projekt
werden dann zwei Swift-Dateien hinzugefügt. Die erste trägt den Namen
BspDelegate und enthält das *Delegate*-Protokoll, also die Beschreibung der
Methoden des *Delegate*:

```
import Foundation

protocol BspDelegate {
    func foo()
}
```

Diese Beschreibung ist kurz. Nur eine Methode *foo* muss implementiert werden.
Die zweite Datei, die im Projekt angelegt wird, ist *BspClass*. Diese Klasse enthält
eine Referenzvariable vom Typ *BspDelegate*:

```
import Foundation

class BspClass {
    var delegate: BspDelegate?

    init() {
    }

    func execute() {
        print("Ausführung des Delegate")

        delegate?.foo()
    }
}
```

Die Klasse enthält also keine Implementierung der Funktion *foo*, sondern lediglich einen Aufruf derselben, und zwar innerhalb der Methode *execute*. Zur Ausführung des *Delegate* bzw. der Methode *foo* wird also eine Instanz der Klasse
BspDelegate benötigt. Jetzt fehlt noch die Umsetzung der Methode *foo* im View-
Controller.

Bevor Sie sich den Inhalt des ViewControllers anschauen, rufen Sie sich bitte
noch einmal das Beispiel zum PickerView-Control ins Gedächtnis. Auch hier
wurde eine Instanz des Controls im ViewController erzeugt und wurden die
Methoden in ihm implementiert, die zum Datenaustausch benötigt werden. Der
ViewController enthält natürlich eine Ableitung des *BspDelegate*-Protokolls:

```
import UIKit

class ViewController: UIViewController, BspDelegate {

    override func viewDidLoad() {
        super.viewDidLoad()

        var bsp: BspClass = BspClass()
        bsp.delegate = self
        bsp.execute()
    }

    func foo() {
        print("Beispiel für ein Delegate...")
    }

}
```

Diese Ableitung sorgt dafür, dass die Methode *foo* im ViewController implementiert werden muss. Aber ein Aufruf der Methode *foo* findet im ViewController nicht statt. Diese Aufgabe übernimmt das *Delegate*.

Hierzu wird eine Instanz der Klasse *BspClass* im *viewDidLoad*-Ereignis erzeugt, anschließend die *delegate*-Eigenschaft gesetzt und die Methode *execute* aufgerufen. Das *Delegate* sorgt nun dafür, dass die Methode *foo* auch aufgerufen wird. Auch im PickerView-Beispiel ist nicht ersichtlich, von wem die Methode *numberOfCompomentsInPickerView* aufgerufen wird. Auch hier informiert das *Delegate* letztendlich darüber, dass es passiert ist. Im letzten Beispiel wie auch im Beispiel zum PickerView-Control wird das *Delegate* also zur Benachrichtigung, dass etwas passiert ist, verwendet.

Wenn man sich nun noch anschaut, was *Delegate* übersetzt bedeutet (»der Abgesandte«), dann dürfte es keine Fragen mehr zur Funktionsweise und Aufgabe eines *Delegate* geben.

ApplicationDelegate-Protokoll

Ein Delegate, das Sie bisher schon oft benutzt haben (zumindest indirekt), ist das sogenannte *ApplicationDelegate*. Dieses Protokoll definiert Methoden, die in einer App implementiert werden müssen, damit sie mit iOS interagieren kann. So wird die App beispielsweise informiert, wenn die Anwendung vollständig geladen wurde (Methode: *application(_:didFinishLaunchingWithOptions)*, und es ist so möglich, darauf zu reagieren, beispielsweise dadurch, dass die Oberfläche für die Verwendung initialisiert wird.

Aber auch über andere Aktionen wird die App informiert, z.B. wenn die App vom Vordergrund in den Hintergrund (nach Betätigung des Home-Buttons) verschoben wird. Es gibt also eine Reihe von Aufgaben, bei denen das *ApplicationDelegate*-Protokoll eine Rolle spielt. Durch Implementierung der im *ApplicationDelegate* vorgeschriebenen Methoden werden folgende Bereiche abgedeckt:

▦ Ausführung von Code beim Start der App

▦ Reaktion auf Änderungen im Status der App (vom Vordergrund in den Hintergrund)

▦ Rückmeldung auf Nachrichten (Notifications)

▦ Reaktion auf Ereignisse, die die App betreffen (niedriger oder kein freier Hauptspeicher – MemoryWarnings)

▦ Spezieller Code, beispielsweise zur Speicherung von Daten (siehe Kap. 8)

Sie müssen diese Methoden natürlich nicht manuell implementieren. Sobald Sie ein neues Projekt anlegen, wird automatisch eine neue Klasse *AppDelegate* angelegt, die unter anderem vom Protokoll *UIApplicationDelegate* abgeleitet wurde und bereits einen Teil der Methoden implementiert hat. Eine automatisch erstellte *AppDelegate*-Klasse sieht wie folgt aus:

```
import UIKit

@UIApplicationMain
class AppDelegate: UIResponder, UIApplicationDelegate {

    var window: UIWindow?

    func application(application: UIApplication, didFinishLaunchingWithOptions
        launchOptions: [NSObject: AnyObject]?) -> Bool {
        return true
    }

    func applicationWillResignActive(application: UIApplication) {
    }

    func applicationDidEnterBackground(application: UIApplication) {
    }

    func applicationWillEnterForeground(application: UIApplication) {
    }

    func applicationDidBecomeActive(application: UIApplication) {
    }

    func applicationWillTerminate(application: UIApplication) {
    }
}
```

Die automatisch eingefügten Methoden sind alle mit einem Kommentar versehen, sodass sie eigentlich ausreichend beschrieben sind. Trotzdem und da die Zeilen in Englisch sind, hier noch einige erläuternde Sätze. Die erste Methode, *application(_:didFinishLaunchingWithOptions)*, wird ausgeführt, sobald die App vollständig geladen wurde. Sobald eine App vom aktiven Status in den inaktiven Status übergeht, wird *applicationWillResignActive* ausgeführt. Um Ressourcen freizugeben, nachdem eine App inaktiv wurde, kann die Methode *applicationDidEnterBackground* verwendet werden. Weiter geht es mit *applicationWillEnterForeground*, die ausgeführt wird, sobald die App wieder aktiv wird. Nachdem die App wieder aktiv geworden ist, wird *applicationDidBecomeActive* aufgerufen. Und zuletzt gibt es noch *applicationWillTerminate*, die ausgeführt wird, wenn man die App beendet. Das sind bereits alle Methoden, die automatisch in der Klasse *AppDelegate* implementiert werden. Es müssen aber nicht alle Methoden ausprogrammiert werden, d.h., innerhalb der Methoden muss nicht unbedingt Code vorhanden sein.

5.4   Gestenverarbeitung (Touch Events)

Moderne Smartphones zeichnen sich durch die Bedienung über Gesten aus. Alle großen mobilen Betriebssysteme Android, Windows Phone und eben auch iOS verwenden diese Möglichkeit der Steuerung. Die verwendeten Gesten können zum Teil auch in der eigenen App benutzt werden. Da stellt sich natürlich nur die Frage, wie man eine bestimmte Geste auf dem Gerät erkennt?

Unter iOS ist das zum Glück recht einfach, da es für viele Gesten entsprechende Klassen zur Erkennung von Gesten gibt. In der Object Library von Xcode finden Sie sie, wenn Sie ein Stück weiter nach unten durch die Bibliothek scrollen.

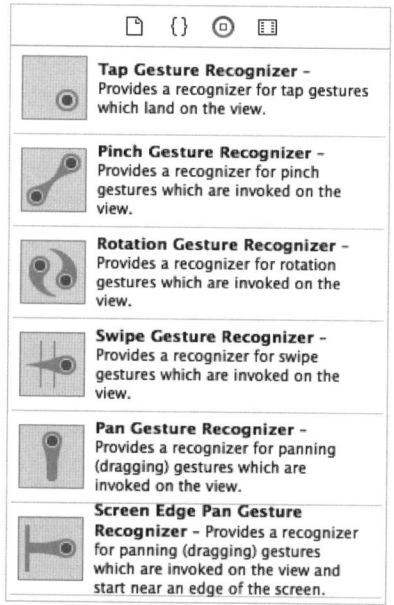

Abb. 5–33   *Komponenten zur Erkennung von Gesten*

Blickt man in die Bibliothek, so stellt man schnell fest, dass dort einige Komponenten zur Erkennung von Gesten vorhanden sind. Gleich die erste beispielsweise wird von fast allen Apps verwendet: Es handelt es sich um eine (kurze) Berührung des Touchscreens. Zur Erkennung dieser Geste wird die Komponente bzw. eine Instanz der Klasse *Tap Gesture Recognizer* verwendet.

Um das einmal auszuprobieren, legen Sie bitte ein *Single View Application*-Projekt an. Im Interface Builder von Xcode wird anschließend zentriert ein Label-Control positioniert und eine Referenzvariable in der ViewController-Klasse erzeugt. Aus der Object Library von Xcode kann dann im nächsten Schritt die *Tap-Gesture- Recognizer*-Komponente im View abgelegt werden. Sobald der Touchscreen berührt wird, soll im Label eine entsprechende Meldung angezeigt werden.

Hierfür wird im nächsten Schritt eine Action benötigt, in der dann die Zuweisung durchgeführt wird. Von der *Tap-Gesture-Recognizer*-Komponente im View wird nun eine Verbindungslinie in den Quellcode gezogen. Im sich öffnenden Fenster zur Konfiguration der Verbindung (*Connection*) wählen Sie zunächst den Connection-Typ *Action* aus, vergeben einen Namen (z. B. *tabGesture*) und legen zuletzt den Typ fest.

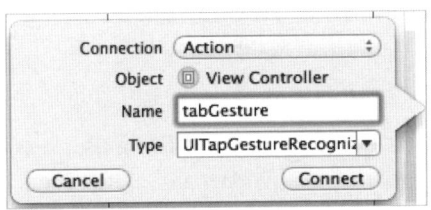

Abb. 5–34   *Konfiguration der Tap Gesture Recognizer-Komponente*

Im Code muss dann lediglich noch die Zuweisung vorgenommen werden:

```
import UIKit

class ViewController: UIViewController {

    @IBOutlet weak var uiLabel: UILabel!

    @IBAction func tabGesture(sender: UITapGestureRecognizer) {

        self.uiLabel.text = "Touchscreen touched!!!"

    }
}
```

Startet man die App anschließend und berührt den Touchscreen, so wird die Action *tabGesture* ausgelöst und die Zuweisung vorgenommen. Man kann es so machen, und es funktioniert auch. Aber anstatt die entsprechenden Komponenten im Interface Builder anzulegen und dort zu konfigurieren, kann man diese Arbeitsschritte auch alle im Code vornehmen. Das ist etwas bequemer. Im folgenden Beispiel erfolgt die komplette Konfiguration der Klasse *Tap Gesture Recognizer* im Quellcode:

```
import UIKit

class ViewController: UIViewController {

    @IBOutlet weak var uiLabel: UILabel!

    override func viewDidLoad() {
        super.viewDidLoad()

        self.view.userInteractionEnabled = true

        let singleTabGesture = UITapGestureRecognizer(target: self,
            action: "handleSingleTapGesture:")
        singleTabGesture.numberOfTapsRequired = 1
        self.view.addGestureRecognizer(singleTabGesture)
    }

    func handleSingleTapGesture(gestureRecognizer:
        UITapGestureRecognizer)
    {
        uiLabel.text = "Einfacher Tab"
    }
}
```

Zur Konfiguration wird im *viewDidLoad*-Ereignis im ersten Schritt der Eigenschaft *userInteractionEnabled* der Wert *true* zugewiesen. Dann geht es mit dem Anlegen einer Instanz der Klasse *UITapGestureRecognizer* weiter. Diese wurde ja bereits im letzten Beispiel verwendet. Nur, was dort innerhalb des Interface Builders konfiguriert wurde, muss nun im Code geschehen. Beim Anlegen des Objekts der Klasse werden der Parameter *target* sowie der Name einer Funktion übergeben, die aufgerufen wird, sobald der Touchscreen betätigt wurde. Der Parameter *target* referenziert mittels *self* das View selbst. Als zweiter Parameter (*action*) wird der Name der Methode *handleSingleTabGesture* übergeben.

In der folgenden Zeile wird der Eigenschaft *numberOfTapsRequired* der Wert 1 zugewiesen. Das bedeutet, dass eine einmalige Berührung zum Aufruf der verknüpften Methode genügt. Zuletzt wird die konfigurierte Instanz mit der Methode *addGestureRecognizer* dem View übergeben. Innerhalb der Methode *handleSingleTabGesture* wird lediglich dem Label-Control eine Zeichenkette zur Anzeige zugewiesen.

Was tun Sie aber, wenn statt einer einfachen Berührung ein doppeltes Tippen erkannt werden soll? Auch dieser Anforderung lässt sich problemlos umsetzen:

```
import UIKit

class ViewController: UIViewController {

    @IBOutlet weak var uiLabel: UILabel!

    override func viewDidLoad() {
        super.viewDidLoad()

        self.view.userInteractionEnabled = true
```

```
        let doubleTabGesture = UITapGestureRecognizer(target: self,
            action: "handleDoubleTapGesture:")
        doubleTabGesture.numberOfTapsRequired = 2
        self.view.addGestureRecognizer(doubleTabGesture)
    }

    func handleDoubleTapGesture(gestureRecognizer:
        UITapGestureRecognizer)
    {
        uiLabel.text = "Doppelter Tab"
    }
}
```

Die Konfiguration der Instanz *doubleTabGesture* ist quasi mit der ersten Version
identisch. Einzig der Name der Action unterscheidet sich sowie der Wert, der der
Eigenschaft *numberOfTapsRequired* zugewiesen wurde. In diesem Fall ist es die
Zahl 2 für zwei Berührungen. Zuletzt wird die erzeugte Instanz wieder dem View
hinzugefügt. Die Methode *handleDoubleTabGesture* ist inhaltlich identisch mit
der ersten Version.

Wie Sie wissen, (er)kennt iOS natürlich nicht nur eine Berührung als Geste.
Bereits beim Entsperren eines iOS-Geräts kommt eine weitere Geste zum Einsatz.
Natürlich lässt sich diese Geste (egal ob von links nach rechts oder umgekehrt) in
das eigene Programm einbauen. Eine *Swipe*-Geste wird mit einer Instanz der
Klasse *UISwipeGestureRecognizer* erkannt.

```
import UIKit

class ViewController: UIViewController {

    @IBOutlet weak var uiLabel: UILabel!

    override func viewDidLoad() {
        super.viewDidLoad()
        self.view.userInteractionEnabled = true

        let rightSwipe = UISwipeGestureRecognizer(target: self, action:
            "handleRightSwipeGesture:")
        rightSwipe.direction = UISwipeGestureRecognizerDirection.Right
        self.view.addGestureRecognizer(rightSwipe)
    }

    func handleRightSwipeGesture(gestureRecognizer:
        UISwipeGestureRecognizer)
    {
        uiLabel.text = "Swipe Geste rechts"
    }
}
```

Die Konfiguration der Instanz verläuft ähnlich wie in den letzten beiden Beispielen – nur dass dem Initialisierer der Klasse *UISwipeGestureRecognizer* mittels
des *action*-Parameters eine andere Methode (*handleRightSwipeGesture*) übergeben wird. Eine *Swipe*-Geste kann von links nach rechts und umgekehrt ausge-

führt werden. Für die korrekte Erkennung ist es deshalb erforderlich, die Richtung zu kennen, in die die Swipe-Geste korrekt ausgeführt werden soll.

Hierzu wird die Eigenschaft *direction* verwendet. Dieser muss ein Wert der
Enumeration *UISwipeGestureRecognizerDirection* zugewiesen werden. Möglich
sind *Right, Left, Up* und *Down*. Im Beispiel soll eine *Swipe*-Geste erkannt werden, die nach rechts ausgeführt wird. Deshalb wird hier der Wert *Right* zugewiesen. Anschließend wird die konfigurierte Instanz mit der Methode *addGesture
Recognizer* dem View hinzugefügt. Der Inhalt der Methode *handleRightSwipe
Gesture* unterscheidet sich nicht von den letzten Beispielen.

Das Gegenstück der *RightSwipeGesture* ist natürlich auch einfach umzusetzen. Bei einer Swipe-Geste, die von rechts nach links ausgeführt wird und erkannt
werden soll, muss lediglich der Parameter *UISwipeGestureRecognizerDirection.Left* gesetzt werden.

Aus der Foto-App von iOS oder auch aus der Maps-App kennen Sie die
Pinch-Geste. Mit dieser Geste können Abschnitte vergrößert oder auch verkleinert werden. Dies geschieht mit zwei Fingern, die entweder gleichzeitig aufeinander zu oder voneinander weg bewegt werden. Auch zur Erkennung einer *Pinch*-
Geste wird eine spezielle Klasse, *UIPinchGestureRecognizer*, verwendet:

```
import UIKit

class ViewController: UIViewController {

    @IBOutlet weak var uiLabel: UILabel!

    override func viewDidLoad() {
        super.viewDidLoad()
        self.view.userInteractionEnabled = true
        let pinchGesture = UIPinchGestureRecognizer(target: self,
            action: "handlePinchGesture:")
        self.view.addGestureRecognizer(pinchGesture)
    }

    func handlePinchGesture(gestureRecognizer:
        UISwipeGestureRecognizer)
    {
        uiLabel.text = "Pinch Geste"
    }
}
```

Auch hier erfolgt die Erkennung durch Konfiguration einer Instanz der Klasse
UIPinchGestureRecognizer.

Skalierung mit Pinch-Geste

Das letzte Beispiel zur Klasse *UIPinchGestureRecognizer* zeigt nicht alle Möglichkeiten, die mit dieser Klasse bestehen. Im folgenden Beispiel soll das nachgeholt werden. In einem View soll ein Bild angezeigt werden, das sich durch Verwendung der *Pinch*-Geste stufenlos verkleinern und vergrößern lässt. Zur Umsetzung legen Sie ein neues *Single View Application*-Projekt an. Im ersten Schritt fügen Sie im Storyboard ein *ImageView*-Control ein.

> **Hinweis**
>
> Ein *ImageView*-Control wird innerhalb von Apps verwendet, um Bilddateien in einer App anzeigen zu können.

Das *ImageView* soll immer zentriert angezeigt werden. Aus diesem Grund muss das Control hierfür konfiguriert werden. Hierzu markieren Sie das Control und öffnen anschließend das *Align*-Menü, das sich direkt unterhalb des Interface Builders am rechten Rand befindet. Dies ist bereits ein kleiner Vorgriff auf Abschnitt 5.5.

Abb. 5–35   *Das Align-Menü*

Im *Align*-Menü befinden sich viele Optionen. Ignorieren Sie alle bis auf *Horizontal Center in Container* und *Vertical Center in Container* – diese müssen ausgewählt werden. Nach Ablage des Controls im View muss der App ein Bild hinzugefügt werden. Wählen Sie ein beliebiges Bild, oder verwenden Sie das aus dem Beispiel. Um die Datei dem Projekt hinzuzufügen, wechseln Sie in den Project Navigator von Xcode, markieren die Projektdatei und rufen über das Kontextmenü oder über das Hauptmenü von Xcode *Add Files to...* auf. Nachdem das Bild in das Projekt eingefügt wurde, kann es mit der Konfiguration des *ImageView*-Controls weitergehen. Hierzu muss das Control markiert werden. Im Attributes Inspector von Xcode geht es dann weiter.

Image View

Image	blumen.jpg ▾
Highlighted	▾
State	☐ Highlighted

View

Mode	Scale To Fill ⬍
Tag	0 ⬍
Interaction	☑ User Interaction Enabled
	☐ Multiple Touch
Alpha	1 ⬍
Background	⬚	Default ⬍
Tint	▬	Default ⬍

Abb. 5–36   *Konfiguration des ImageView-Controls*

In der Eigenschaft *Image* kann der Name des Bildes eingefügt werden. Dieser ist automatisch als Auswahl vorhanden, nachdem das Bild dem Projekt hinzugefügt worden ist. Mit der Eigenschaft *Mode* wird festgelegt, wie sich das Bild bei Änderungen der Größe des Controls verhält. Hier müssen Sie, sofern es nicht voreingestellt ist, *Scale To Fill* auswählen. Außerdem muss innerhalb der Eigenschaft *Interaction* die Auswahl *User Interaction Enabled* ausgewählt sein. Ist das nicht der Fall, reagiert das Control nicht auf Eingaben des Anwenders.

Abb. 5–37   *Bild im »ImageView«-Control*

Im Anschluss können Sie sich um die Konfiguration der *Pinch*-Geste kümmern. In diesem Beispiel wird wieder wie zu Beginn eine Gesten-Komponente aus der Object Library von Xcode im ViewController eingefügt.

Suchen Sie also in der Bibliothek nach der *UIPinchGestureRecognizer*-Komponente, und fügen Sie sie in den ViewController ein. Als Nächstes legen Sie eine Action *scaleImage* an. Mit einer Verbindungslinie erzeugen Sie die notwendige Methode im Code.

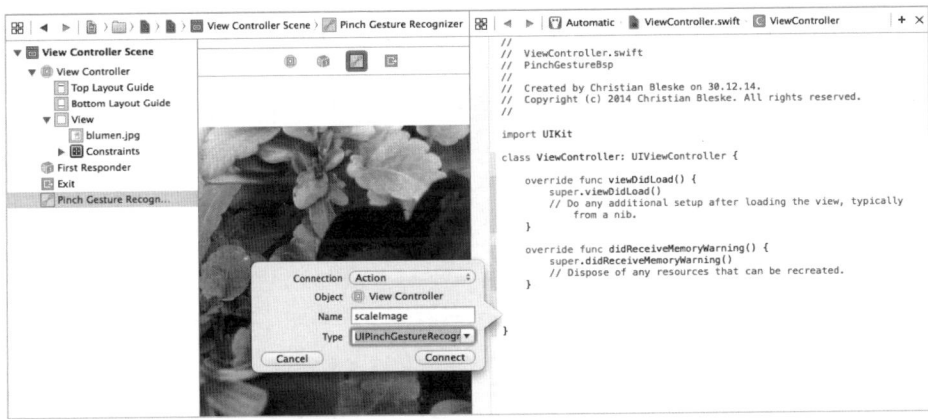

Abb. 5–38   *Anlegen der Action »scaleImage«*

Nachdem Sie das Codegerüst der Action erzeugt haben, können Sie den Quellcode zum Hinein- und Herauszoomen einfügen:

```swift
import UIKit

class ViewController: UIViewController {

    override func viewDidLoad() {
        super.viewDidLoad()
        view.backgroundColor = UIColor.blackColor()
    }

    @IBAction func scaleImage(sender: UIPinchGestureRecognizer) {
        self.view.transform = CGAffineTransformScale(
            self.view.transform, sender.scale, sender.scale)
        sender.scale = 1
    }
}
```

Die komplette Arbeit zur Änderung der Größe des Bildes wird von einer Instanz der Klasse *CGAffineTransformScale* erledigt. Der Initialisierer der Klasse erwartet drei Parameter. Mit dem ersten wird festgelegt, was gemacht werden soll (Parameter: *transform*). Die beiden folgenden Parameter werden zur Berechnung der Transformation benötigt und geben an, um wie viele Punkte die X- und Y-Achse transformiert werden sollen. Zuletzt wird noch der Faktor der Skalierung festgelegt. Startet man die App anschließend, so lässt sich das eingefügte Bild mit der *Pinch*-Geste stufenlos vergrößern und verkleinern.

5.5   AutoLayout

Im September 2014 wurden das iPhone 6 und das iPhone 6 Plus offiziell vorge-stellt. Die beiden sind größer als ihre Vorgänger und sind für die Käufer von Smartphones gedacht, die Geräte mit großen Displays bevorzugen. Bildschirm-diagonalen von 4,7 Zoll und 5,5 Zoll sollten fürs Erste genügen. Natürlich ver-wenden beide Geräte unterschiedliche Auflösungen. Damit verwenden die (eini-germaßen) aktuellen Geräte von Apple nun folgende Auflösungen:

- 960×640 (iPhone 4 bzw. 4s)
- 1136×640 (iPhone 5, 5C und 5s)
- 1334×750 (iPhone 6)
- 1920×1080 (iPhone 6 Plus)
- 1024×768 (iPad Mini, iPad 2)
- 2048×1536 (iPad Air, iPad und iPad Mini)

Das ist eine ansehnliche Palette. Sie ist allerdings zu umfangreich, um eine App, die auf allen Geräten laufen soll, auf althergebrachte Weise, also manuell, an die verschiedenen Auflösungen anzupassen. Hierfür muss nun ein anderer Weg gefunden werden, denn die Liste wird sicherlich bald um neue Geräte und natür-lich somit auch um neue Auflösungen erweitert werden. Eine Lösung für dieses Problem ist *AutoLayout*. Diese Technik erlaubt es, das Layout einer App unab-hängig von der Größe des verwendeten Geräts zu entwerfen.

Wie funktioniert AutoLayout? Im Grunde ist es recht einfach. Das Layout einer Oberfläche wird mithilfe von Regeln beschrieben. Diese Regeln – besser gesagt Bedingungen (engl. *Constraints*) – beschreiben, wie sich die Controls bzw. Views (in Position und Größe) in einem View bei einer Änderung der Auflösung oder der Ausrichtung des Geräts verhalten. Für jedes grafische Element in einer Oberfläche werden diese Bedingungen definiert.

Das hört sich erst einmal aufwendig an, ist es aber nicht. Durch diese Vorge-hensweise wird sichergestellt, dass jedes Element (beispielsweise eine Schaltflä-che) automatisch an Änderungen angepasst wird. Zur Festlegung dieser Bedin-gungen (*Constraints*) gibt es im Interface Builder von Xcode Werkzeuge.

An einem kleinen Beispiel soll die Anwendung einmal demonstriert werden. In einem View wird in der Mitte ein *ImageView* eingefügt. Unser Ziel soll es sein, dass das *ImageView* immer zentriert in gleichbleibender Größe angezeigt wird. Legt man unter Xcode ein neues *Single View Application*-Projekt an, stellt man fest, dass im Gegensatz zu älteren Versionen von Xcode das View eine voreinge-stellte Größe von 600×600 Pixel hat. Diese Einstellung wird sichtbar, wenn man im Size Inspector die Voreinstellung von *fixed* auf *freeform* ändert. Sie kennen das bereits aus Kapitel 2.

Behält man die Voreinstellung bei und startet das Projekt (nachdem ein Bild im *ImageView* angezeigt wird), so stellt man fest, dass das *ImageView* überall, nur nicht mittig angezeigt wird – obwohl man es mittig platziert hat. Wie stellt man es nun an, dass das *ImageView* immer zentriert und in der gleichen Größe angezeigt wird, egal auf welchem Gerät die App läuft? Um diese Anforderung umzusetzen, greift man auf die erste Werkzeugkiste von AutoLayout zurück. In der rechten unteren Ecke des Interface Builders befindet sich ein kleines Menü (siehe Abb. 5–39).

Abb. 5–39   *Die Funktionen »Align«, »Pin«, »Issues« und »Resizing«*

In diesem Menü befinden sich vier Funktionen: *Align, Pin, Issues* und *Resizing*. Mit der *Align*-Funktion werden sogenannte *Align*-Constraints festgelegt. Beispielsweise richtet man damit ein Element am linken Rand des Views aus. Die *Pin*-Funktion wird verwendet, um Constraints anzulegen, die beispielsweise die Breite eines Controls bestimmen. Über die *Issues*-Funktion können Probleme innerhalb des Layouts aufgelöst werden. Zuletzt gibt es im Menü noch die *Resizing*-Funktion, mit der Constraints festgelegt werden, die greifen, sobald sich die Größe eines Views ändert. Klickt man eines der Symbole im Menü an, so öffnet sich ein zusätzliches Fenster (siehe Abb. 5–40).

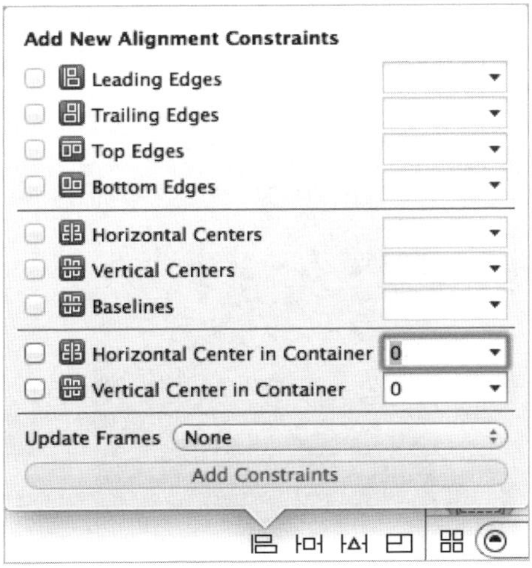

Add New Alignment Constraints

- Leading Edges
- Trailing Edges
- Top Edges
- Bottom Edges

- Horizontal Centers
- Vertical Centers
- Baselines

- Horizontal Center in Container | 0
- Vertical Center in Container | 0

Update Frames (None)

Add Constraints

Abb. 5–40   *Das »Add New Alignment Constraints«-Fenster*

Im Falle der *Align*-Funktion wird das *Add New Alignment Constraints*-Fenster geöffnet. Die Eingaben, die im Fenster gemacht werden können, beziehen sich immer auf das zuvor im Interface Builder selektierte Element. Es wäre jetzt allerdings sehr mühselig, jeden erforderlichen *Constraint* einzeln über dieses Fenster und weitere zu definieren. Aus diesem Grund gibt es auch eine simplere Methode, *Constraints* anzulegen.

Um einen neuen *Constraint* anzulegen, müssen Sie daher nichts anderes tun, als bei gedrückter *Ctrl*-Taste eine Verbindungslinie von dem View, für das ein *Constraint* angelegt werden soll, zum nächsten View zu ziehen. Wenn Sie die Maustaste loslassen, öffnet sich ein Fenster (siehe Abb. 5–41), in dem Sie das *Constraint* auswählen, das Sie anlegen wollen.

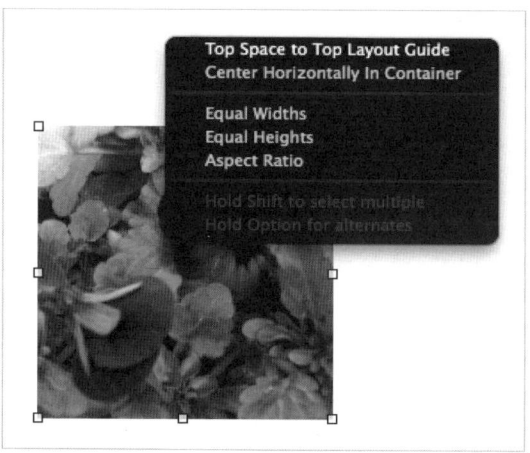

Abb. 5–41　　　*Auswahl und Anlage eines neuen Constraints*

Nach der Auswahl wird das *Constraint* automatisch erzeugt. Innerhalb des Interface Builders wird es durch eine orange oder blaue Linie dargestellt (siehe Abb. 5–42).

Abb. 5–42　　　*Ein Constraint wurde angelegt.*

Die unterschiedlichen Farben haben natürlich eine Bedeutung. Wird die Linie orange angezeigt, so bedeutet das, dass noch nicht alle erforderlichen *Constraints* zur automatischen Bestimmung von Größe oder Position vorhanden sind. In der Regel müssen dann noch weitere *Constraints* eingefügt werden. Erst wenn die *Constraints*-Linien in Blau angezeigt werden, wurden die Bedingungen für ein automatisches Layout ausreichend definiert. Woher erfährt man jetzt, was noch fehlt? In der rechten oberen Ecke der Strukturübersicht des Views wird ein kleiner roter Kreis mit einem weißen Pfeil angezeigt (siehe Abb. 5–43).

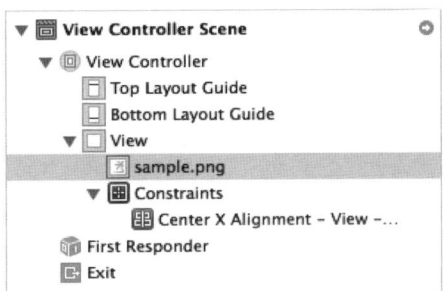

Abb. 5–43 *Die Strukturübersicht eines Views*

Wenn Sie diesen Pfeil anklicken, wird eine Übersicht mit Hinweisen zu fehlenden *Constraints* und sonstigen Problemen angezeigt (siehe Abb. 5–44).

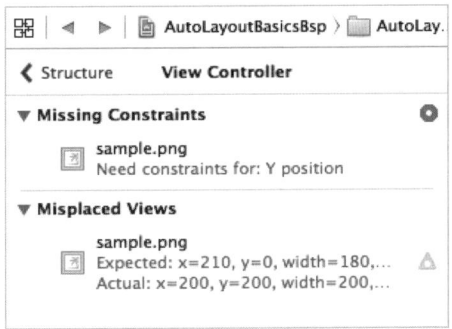

Abb. 5–44 *Fehlende Constraints und Probleme werden angezeigt.*

Zusätzlich werden alle bereits erzeugten *Constraints* auch im Size Inspector von Xcode angezeigt. Um die Anforderungen zur Anzeige des *ImageView* umzusetzen, muss eine Bedingung (*Constraint*) erzeugt werden. Sie muss einerseits dafür sorgen, dass sich die Größe nicht ändert, und andererseits dafür Sorge tragen, dass das View immer zentriert angezeigt wird – egal ob das View im Hoch- oder Querformat dargestellt wird. Im nächsten Schritt muss das *UIView* markiert werden. Im *AutoLayout*-Menü *Pin* müssen Sie dann die Eigenschaften *Width* und *Hight* auswählen (siehe Abb. 5–45).

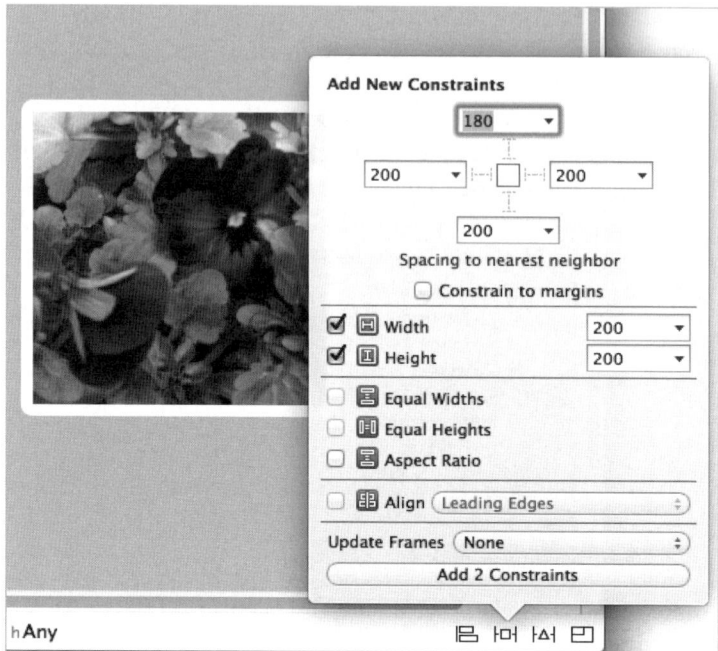

Abb. 5–45   *Breite und Höhe des UIView werden mit einem Constraint festgelegt.*

Nach Auswahl der beiden Eigenschaften müssen Sie noch auf die Schaltfläche *Add 2 Constraints* klicken. Anschließend werden die beiden *Constraints* automatisch erzeugt. Aber das ist nur die halbe Miete. Jetzt müssen Sie noch festlegen, wie sich das *ImageView* verhalten soll, wenn sich die Ausrichtung des Bildschirms verändert.

Ein Blick in den Interface Builder bestätigt: Die Arbeit ist noch nicht getan, denn die erzeugten *Constraints* werden orange angezeigt. Innerhalb der Strukturübersicht von Xcode wird zusätzlich eine Information bereitgestellt. Die Meldungen besagen, dass noch *Constraints* für die X- und Y-Position benötigt werden.

Xcode bietet hier seine Hilfe an und kann die erforderlichen *Constraints* automatisch erzeugen. Hierzu müssen Sie lediglich auf den kleinen roten Kreis klicken. Anschließend öffnet sich ein Dialog, in dem abgefragt wird, ob die fehlenden *Constraints* hinzugefügt werden sollen. Bestätigen Sie dies, so werden die *Constraints* erzeugt und eingefügt. Anschließend werden die Verbindungslinien blau angezeigt. Das bedeutet, dass alles in Ordnung ist. Wenn Sie die Anwendung nun starten, wird das *ImageView* immer zentriert angezeigt.

Aber eine Änderung der Lage des Bildschirms wird noch nicht berücksichtigt. Das Bild soll sich ja nicht drehen. Hierfür ist es erforderlich, noch zwei *Align*-Constraints anzulegen. Klicken Sie deshalb im *AutoLayout*-Menü auf den Punkt *Align,* und markieren Sie im geöffneten Fenster nun die Constraints *Horizontal Center in Container* und *Vertical Center in Container.* Zuletzt muss noch einmal die *Add Constraints*-Schaltfläche betätigt werden. Startet man die App jetzt erneut, so wird das Bild im *ImageView* immer korrekt angezeigt, egal ob im Hoch- oder Querformat.

Das letzte Beispiel war nicht sehr komplex und diente lediglich der Einführung. Dass auch etwas komplexere Layouts relativ einfach zu gestalten sind, soll der Entwurf eines Anmeldebildschirms beweisen. Abbildung 5–46 können Sie das Layout des Login-Dialogs entnehmen.

Abb. 5–46   *Das Layout des Login-Dialogs*

Im Dialog müssen zur Umsetzung fünf Controls eingefügt werden:

- zwei Labels zur Beschriftung
- zwei TextFields, in die der Benutzername und das Passwort eingetragen werden
- ein Button, mit dem der Login-Prozess eingeleitet werden soll

Fest sein müssen die Höhe der Controls sowie die Position innerhalb der X- und Y-Achse. Die Breite der Controls muss hingegen variabel sein, damit sie sich an die verschiedenen Auflösungen anpassen kann.

Im ersten Schritt wird die Höhe festgelegt. Hierzu genügt es, innerhalb eines Controls (beispielsweise des Buttons) den Mauscursor zu positionieren und bei gedrückter Ctrl-Taste eine kurze vertikale Verbindungslinie innerhalb des Buttons zu zeichnen. Sobald Sie die Maustaste loslassen, öffnet sich ein kleines Fenster, in dem Sie unter anderem die Eigenschaft *Hight* auswählenkönnen. Nach dem Ausführen werden umgehend entsprechende Constraints im Button angelegt. Diesen Vorgang müssen Sie für die restlichen Controls wiederholen. Die Höhe der Controls ist damit fixiert.

Nun kann es an die Festlegung der Position gehen. Innerhalb eines Controls, z. B. des Buttons, wird hierzu die zuletzt beschriebene Aktion wiederholt. Dieses Mal allerdings ziehen Sie eine Verbindungslinie nach rechts, und zwar über das Control hinaus, aber nicht ganz bis zum Rand. Nachdem Loslassen der Maustaste öffnet sich abermals ein kleiner Dialog. In diesem wählen Sie den Eintrag *Trailing Space to Container Margin*. Auf der linken Seite wiederholen Sie diese Aktion. Im Dialog wird nun allerdings der Eintrag *Leading Space to Container Margin* selektiert. Damit ist das Control sowohl auf der linken als auch auf der rechten Seite verankert. Die Breite des Controls passt sich jetzt automatisch der Größe des Views an. Die *Constraints* werden immer noch orange gekennzeichnet.

Eine Bedingung fehlt noch: die Festlegung der Y-Position. Um diese einzufügen, klicken Sie einfach in der Strukturübersicht innerhalb der Auflistung *Missing Constraints* auf den kleinen roten Kreis. Das fehlende *Constraint* wird daraufhin automatisch eingefügt. Alternativ dazu kann man natürlich auch wieder eine Verbindungslinie zum Rand ziehen und dann den Punkt *Bottom Space to Bottom Layout Guide* auswählen. Der Button ist damit am unteren Ende des Views verankert – egal wie groß das View ist. Diese Vorgänge müssen für alle Controls wiederholt werden. Die Label und TextFields sollten natürlich am oberen Rand verankert werden.

Obwohl sich dieser Vorgang aufwendig anhört, ist er in der Praxis schnell durchgeführt. Probieren Sie es aus. Nach ein wenig Übung geht es schnell von der Hand – schneller jedenfalls als das Programmieren von *Constraints*, was auch möglich ist.

Hinweis

In den folgenden Kapiteln und Beispielen wird für das Design der Views immer *AutoLayout* verwendet. Dabei wird nicht mehr explizit auf den Einsatz hingewiesen, sondern die Verwendung einfach vorausgesetzt.

AutoLayout programmiert

Nicht jeder mag es, mit dem Interface Builder zu arbeiten. GUIs können – mit Aufwand – auch komplett im Code entstehen. Die *Constraints* werden dann einfach im Code definiert. Apple hat zu diesem Zweck sogar eine eigene Sprache entwickelt, die *Visual Format Language (VFL)*. Mit dieser Sprache können *Constraints*, wie sie in den letzten Abschnitten vorgestellt worden sind, beschrieben werden.

Im folgenden Beispiel soll die Anwendung der *VFL* einmal an Views demonstriert werden. Hierzu legt man sich am besten ein neues *Single View Application*-Projekt an. Innerhalb des Projekts benötigt man eine Methode, im Beispiel *init-View*, in der die benötigten Anweisungen geschrieben werden. Zuerst wird eine neue Instanz der Klasse UIView (*blueView*) angelegt (siehe Listing 5–3). Für diese und ein weiteres View werden später *Constraints* im Code angelegt, die die Position und Größe des Views festlegen.

Als Nächstes wird im Code die Methode *translatesAutoresizingMaskInto-Constraints* aufgerufen und der Parameter *false* übergeben. Der Methodenaufruf stellt sicher, dass kein *Constraint* automatisch angelegt wird. Anschließend kann es an die Festlegung der Eckwerte des Views gehen. Das View soll Blau als Hintergrundfarbe verwenden:

```
func initView() {

    let viewBlue = UIView()
    viewBlue.translatesAutoresizingMaskIntoConstraints = false
    viewBlue.backgroundColor =
    UIColor.blueColor()

    view.addSubview(viewBlue)

    let viewsDictionary = ["viewBlue":viewBlue]

let viewBlue_constraint_H:Array =
    NSLayoutConstraint.constraintsWithVisualFormat(
        "H:[viewBlue(100)]", options:
            NSLayoutFormatOptions(rawValue: 0), metrics: nil,
                views: viewsDictionary)

    let viewBlue_constraint_V:Array =
        NSLayoutConstraint.constraintsWithVisualFormat(
        "V:[viewBlue(100)]", options:
            NSLayoutFormatOptions(rawValue: 0), metrics: nil,
                views: viewsDictionary)

    viewBlue.addConstraints(viewBlue_constraint_H)
    viewBlue.addConstraints(viewBlue_constraint_V)
}
```

Listing 5–3   *Constraints im Code erzeugen*

Im folgenden Schritt wird das View mit der Methode *addSubView* dem übergeordneten View zugeordnet. Die *VFL* ist eine eigene Sprache, mit der *Constraints* definiert werden. Da diese sprachlich definierten Constraints verwaltet werden müssen, wird ein Dictionary angelegt, in dem die *Constraints* abgelegt werden können. Die Vorarbeiten sind damit abgeschlossen. Als Nächstes können die benötigten *Constraints* angelegt werden.

Für jedes *Constraint* wird ein eigenes Array verwendet. Dieses Array wird mit dem Dictionary und einigen zusätzlichen Parametern verknüpft. Das geschieht mit der Methode *constraintsWithVisualFormat* der Klasse *NSLayoutConstraint*.

Die Methode erwartet neben dem formulierten *Constraint* in Form eines Strings noch weitere Parameter. Mittels *NSLayoutFormatOptions* kann eine Richtung oder Zuordnung, wie z. B. *AlignAllTop*, festgelegt werden. Der Parameter *metrics* wird verwendet, um ein Dictionary mit Vorgaben für Breite, Höhe usw. festzulegen. Zuletzt folgt dann das Dictionary, das das View enthält, als Parameter. Der erste Parameter enthält ja das eigentliche *Constraint* in Form eines Strings. Dieses sollte man sich etwas näher anschauen: *H:[viewBlue(100)]* und *V:[viewBlue(100)]*. Wahrscheinlich bedarf der Inhalt keiner großen Erläuterung. *H* steht für »Horizontal« und *V* für »Vertikal«. Es folgen der Name des Views (Controls) und in Klammern dann die Ausdehnung in Pixeln. Es werden also zwei *Constraints* angelegt, die die Eigenschaften *Hight* und *Width* kontrollieren. Dem Layout werden die beiden definierten *Constraints* über die *addConstraints*-Methode hinzugefügt. Startet man die App nun, so wird in der oberen linken Ecke ein blaues View angezeigt.

Ein View allein ist etwas einsam. Aus diesem Grund wird dem Layout noch ein weiteres View hinzugefügt. Zuerst muss das View angelegt und dann das Dictionary erweitert werden, in dem die Views gespeichert werden:

```
let viewGreen = UIView()
viewGreen.translatesAutoresizingMaskIntoConstraints = false
viewGreen.backgroundColor = UIColor.greenColor()

view.addSubview(viewBlue)
view.addSubview(viewGreen)
let viewsDictionary =["viewBlue":viewBlue,"viewGreen":viewGreen]
```

Auch für das zweite View werden *Constraints* angelegt, mit denen die Höhe und Breite kontrolliert wird:

```
let viewGreen_constraint_H:Array =
    NSLayoutConstraint.constraintsWithVisualFormat(
        "H:[viewGreen(50)]", options:
            NSLayoutFormatOptions(rawValue: 0), metrics: nil, views:
                viewsDictionary)

let viewGreen_constraint_V:Array =
    NSLayoutConstraint.constraintsWithVisualFormat(
        "V:[viewGreen(50)]", options:
            NSLayoutFormatOptions(rawValue: 0), metrics: nil, views:
                viewsDictionary)
```

Auch hier wird jeweils ein Array pro *Constraint* angelegt. Das zweite View wird jeweils mit 50 Pixeln für Höhe und Breite definiert. Anschließend werden auch diese beiden *Constraints* mit der *addConstraints*-Methode dem zweiten View hinzugefügt. Zuletzt geht es an die Positionierung der beiden Views. Hierfür müssen noch einmal zwei *Constraints* angelegt werden, die diesmal allerdings für beide Views gelten:

```
let views_constraint_HPos:NSArray =
    NSLayoutConstraint.constraintsWithVisualFormat(
        "H:|-30-[viewBlue]-40-[viewGreen]", options:
            NSLayoutFormatOptions(rawValue: 0), metrics: nil, views:
            viewsDictionary)

let views_constraint_VPos:NSArray =
    NSLayoutConstraint.constraintsWithVisualFormat(
        "V:|-20-[viewBlue]-10-[viewGreen]", options:
            NSLayoutFormatOptions(rawValue: 0), metrics: nil, views:
                viewsDictionary)

view.addConstraints(views_constraint_HPos as! [NSLayoutConstraint]
)

view.addConstraints(views_constraint_VPos as! [NSLayoutConstraint]
)
```

Mit dem ersten Parameter werden die zusätzlichen Constraints übergeben. Sie enthalten nun Informationen sowohl für das blaue als auch für das grüne View. Mit *H* wird die horizontale Ausrichtung beschrieben. Das blaue View wird 30 Pixel vom Rand und das grüne View 40 Pixel ausgehend vom blauen View eingefügt. Für die vertikale Ausrichtung werden 20 Pixel vom Rand für das blaue View und 10 Pixel (vom blauen View aus) festgelegt. Startet man die App jetzt erneut, so werden die Views an den vordefinierten Punkten gezeichnet, egal in welcher Lage sich das Gerät befindet. Eine detaillierte Einführung in die VFL finden Sie in der Apple-Dokumentation, siehe:

*https://developer.apple.com/library/ios/documentation/UserExperience/
Conceptual/AutolayoutPG/VisualFormatLanguage/VisualFormat-
Language.html*

5.6   Workshop – Passwortverwaltung – Teil 1

Bisher haben Sie mit Ausnahme des Beispiels im zweiten Kapitel nur Apps geschrieben, die dazu dienten, eine bestimmte Funktion auszuprobieren. Mit dem nun folgenden Workshop wird sich das ändern. In ihm soll in mehreren Teilen eine »echte« App programmiert werden. Da das ganze Projekt etwas umfangreicher ist und mehrere Themengebiete anschneidet, die bis zu diesem Zeitpunkt noch nicht behandelt worden sind, ist es in insgesamt sechs Teile aufgespalten.

Im ersten Teil befassen wir uns mit der Planung der App und mit der Umsetzung der ersten benötigten Klassen. Die erste Version der App kann noch nicht viel. Sie lässt sich zwar starten, aber eine sinnvolle Funktion erfüllt sie nicht.

5.6.1   Planung der App

Das Ziel des Workshops ist die Programmierung einer Passwortverwaltung. Die wesentlichen Funktionen der App sind:

- Anzeige einer Übersicht (Liste) mit den Namen bzw. einem Hinweis zum Passwort
- eine Detailansicht, in der das Passwort sowie dessen Name und eine Bemerkung angezeigt werden
- ein Dialog, in dem das Passwort angelegt werden kann. Beim Anlegen soll es die Möglichkeit geben, Einfluss auf die Länge des Passworts sowie auf die verwendeten Zeichnen zu nehmen. Außerdem soll das Passwort sowohl automatisch erstellbar als auch manuell änderbar sein.

Das sind grob die Anforderungen an die App. Jetzt könnte man einfach drauflosprogrammieren. Der Umfang der App würde das sicherlich noch zulassen. Aber es ist sicherlich nicht schlecht, sich bereits vor der ersten Programmierung ein wenig mehr Gedanken zur App zu machen: Wie soll sie aussehen? In welcher Reihenfolge sollen die Views aufgerufen werden?

Es gibt so einige Fragen, die sich bereits im Vorfeld klären lassen. Nun könnten Sie hergehen und die Entwürfe auf ein Blatt Papier kritzeln. Das ist aber vielleicht doch etwas umständlich und wenig professionell. Vielleicht erkennen Sie in der Designphase, dass ein Control oder ein Dialog an einer anderen Stelle besser untergebracht ist. Aus diesem Grund sollten Sie auch bei der Planung einer App auf Programmunterstützung zurückgreifen.

Mit sogenannten *Mockup*-Programmen kann man die Oberflächen (nicht nur von iOS-Apps) bequem planen und erhält so schon vor der Programmierung der App einen visuellen Eindruck von dem Programm. Es gibt unterschiedliche Mockup-Programme. Einige sind kostenpflichtig, andere stehen unter der GNU General Public License.

Evolus Pencil ist so ein Programm. Es steht unter der GNU-Lizenz und kann unter folgendem Link: *https://code.google.com/p/evoluspencil/* heruntergeladen werden. Das Programm ist für unterschiedliche Plattformen (Windows, Linux und OS X) verfügbar. Mit *Pencil* können neben Mockups auch Diagramme erstellt werden. Die verfügbaren Grafiken zum Mockup von iOS-Apps entsprechen zwar nicht der neuesten GUI-Version (iOS 7 und höher), sie genügen aber, um eine App zu planen. Ein neues Projekt wird über das *Document*-Menü und dann durch Auswahl des Menüpunkts *New Document* angelegt. Die Bedienung des Programms ist weitestgehend selbsterklärend. Die Grafiken zum Mockup für iOS sind unter den Begriffen *iOS UI Stencils* und *iOS Wireframe* zu finden. Sie entsprechen weitestgehend den unter iOS verfügbaren Controls. Das bedeutet: Für (fast) jedes Control unter iOS finden Sie hier ein entsprechendes Gegenstück. Die Erstellung eines Mockups geht relativ einfach. Nachdem Sie sich für einen Formfaktor (iPhone oder iPad) entschieden haben, positionieren Sie die entsprechende Grafik des gewählten Geräts auf dem Dokument und fügen dann via Drag & Drop alle weiteren gewünschten Elemente hinzu.

Abb. 5–47   *Planung der App – Übersicht*

Die App besteht im Wesentlichen aus drei Views, die es ermöglichen, ein Passwort auszuwählen, einzusehen und anzulegen. In Abbildung 5–47 ist ein Entwurf der Passwortliste zu sehen. Dieses View soll direkt nach dem Start der App zu sehen sein und dient somit als Einstiegspunkt in die App. Von diesem View aus lassen sich alle anderen Funktionen der App erreichen. Um ein gespeichertes Passwort einzusehen, wird der Benutzer den Eintrag zum Passwort in der Übersicht antippen. Anschließend geht es in die Detailansicht, in der das Passwort sowie zusätzliche Informationen zu ihm einsehbar sind.

Abb. 5–48   *Planung der App – Detailansicht*

In diesem View hat der Anwender ansonsten keine Möglichkeiten zur Interaktion. Möchte er zurück zur Übersicht, so muss er die entsprechende Schaltfläche betätigen (siehe Abb. 5–48).

Die letzte Station innerhalb der App ist der View zum Anlegen eines neuen Passworts. Dieses View wird aufgerufen, nachdem innerhalb der Übersicht die Schaltfläche mit der Bezeichnung *Neu* betätigt wurde. In diesem View hat der Anwender die Möglichkeit, ein neues Passwort zu generieren und auch auf dessen Generierung Einfluss zu nehmen.

Zur Einflussnahme kann er die Länge des Passworts über ein Slider-Control festlegen. Außerdem kann der Anwender über das Switch-Control bestimmen, ob das Passwort nur Großbuchstaben enthalten soll oder nicht. Im folgenden Text-Field wird das Passwort nach seiner Erstellung angezeigt und kann ggf. noch manuell nachbearbeitet werden. Erzeugt wird das Passwort natürlich, nachdem die entsprechende Schaltfläche betätigt wurde. Im TextField-Control unterhalb des Labels *Name* kann eine Bezeichnung für das Passwort erfasst werden, unter der es in der Übersicht angezeigt wird. Außerdem kann im TextView-Control *Bemerkung* noch eine etwas ausführlichere Beschreibung zum Passwort eingege-

Abb. 5–49   *Planung der App – Neuanlage*

ben werden. Ganz zuletzt hat der Anwender die Möglichkeit, das Passwort nach
Generierung und Bearbeitung des Datensatzes zu speichern. Hierzu wird der Button mit der gleichlautenden Bezeichnung verwendet. Die Funktionalität der App
ist damit komplett abgesteckt. Jetzt kann es an den ersten Teil der Umsetzung
gehen.

5.6.2   Umsetzung des Projekts – Teil 1

Im ersten Teil des Projekts werden zwei Punkte umgesetzt. Es werden alle erforderlichen Views im Storyboard angelegt, und es wird die grundsätzliche Navigation in diesem Teil implementiert. Außerdem wird die Klasse zur Generierung des
Passworts programmiert.

Jedes Projekt beginnt mit der Auswahl einer passenden Projektvorlage. Hierbei sollte man berücksichtigen, dass die gewählte Projektvorlage bereits möglichst viele der später benötigten Funktionen automatisch erzeugt. Die Passwortverwaltung zeigt dem Anwender die Passwörter im ersten View in Form einer
Liste an, um von diesem Punkt aus in andere View zu verzweigen. Es sollte also

eine Vorlage gewählt werden, die diese Form der Anzeige begünstigt. Von den in Kapitel 1 vorgestellten Vorlagen kommt nur eine als Auswahl in Betracht. Die *Master-Detail-Application-Vorlage* entspricht bereits zum Teil den Vorgaben und dient aus diesem Grund als Ausgangsbasis für das Projekt.

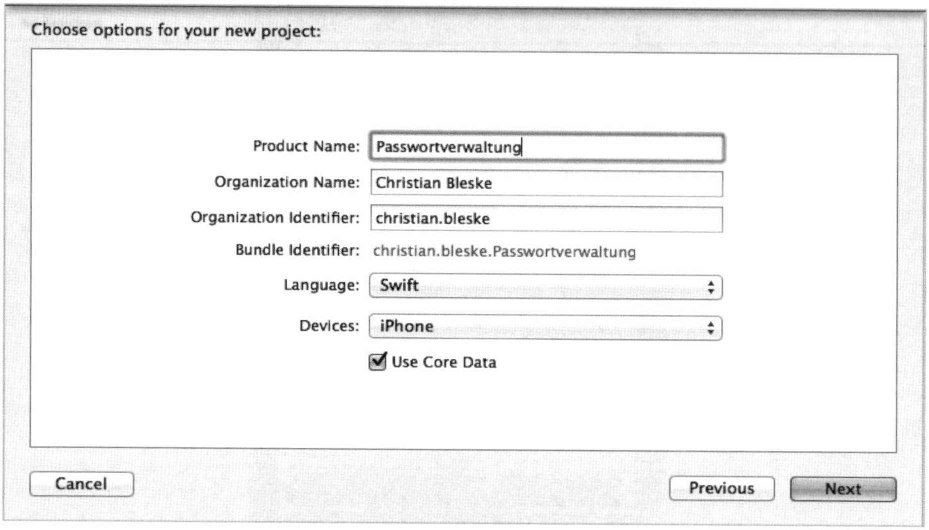

Choose options for your new project:

Product Name:	Passwortverwaltung
Organization Name:	Christian Bleske
Organization Identifier:	christian.bleske
Bundle Identifier:	christian.bleske.Passwortverwaltung
Language:	Swift
Devices:	iPhone
	☑ Use Core Data

Cancel   Previous   Next

Abb. 5–50   *Neuanlegen des Projekts »Passwortverwaltung«*

Die Einstellungen des Projekts bedürfen sicherlich, mit einer Ausnahme, keiner weiteren Erläuterung. Der gewählte Produktname sowie der Name der Organisation und der Identifier sind klar, auch bei der Auswahl der Sprache gibt es sicherlich keine Fragen. Das Projekt wird erst einmal nur für das iPhone konfiguriert, das kann aber später auch problemlos geändert werden.

Einzig die aktivierte Option *Use Core Data* ist zu diesem Zeitpunkt unklar. *Core Data* ist ein Framework und stellt Klassen bereit, die die Speicherung und auch das Laden von Objekten ermöglichen. Dieses Framework wird im Detail in Kapitel 8 besprochen. Da aber die Passwortverwaltung dieses Framework bzw. Klassen daraus verwendet und die Option *Use Core Data* die einfache Verwendung ermöglicht, muss dieser Punkt beim Anlegen des Projekts aktiviert werden. Möglich wäre auch ein späterer Einbau von Core Data in das Projekt, aber so ist es bequemer. Nach dem Anlegen des Projekts müssen einige Punkte abgearbeitet werden:

1. Anpassung des (generierten) Codes in den Klassen *MasterViewController* und *DetailViewController*

2. Erweiterung des Storyboards um ein *View* und ein *Segue* sowie Anpassung des *Master-Views*

3. Hinzufügen einer neuen Swift-Datei und Implementierung der Klasse *GeneratorViewController*

Anpassung des Codes (Punkt 1)

Durch die Aktivierung der Funktion *Core Data* wird automatisch Code generiert.
Einige Teile des generierten Codes werden im Projekt nicht benötigt. Aus diesem
Grund sollten sie direkt entfernt werden. Hier sehen Sie den Quellcode der Klasse
MasterViewController:

```
import UIKit
import CoreData

class MasterViewController: UITableViewController,
NSFetchedResultsControllerDelegate {

    var managedObjectContext: NSManagedObjectContext? = nil

    override func viewDidLoad() {
        super.viewDidLoad()
        self.navigationItem.leftBarButtonItem = self.editButtonItem()

    }

    override func didReceiveMemoryWarning() {
        super.didReceiveMemoryWarning()
    }

    // MARK: - Segues

    override func prepareForSegue(segue: UIStoryboardSegue,
        sender: AnyObject?) {

        if segue.identifier == "showDetail" {
        }
    }

    // MARK: - Table View

    override func numberOfSectionsInTableView(tableView:
        UITableView) -> Int {

        return 1
    }

    override func tableView(tableView: UITableView
        ,cellForRowAtIndexPath indexPath: NSIndexPath)
            -> UITableViewCell {
        let cell = tableView.dequeueReusableCellWithIdentifier("Cell",
        forIndexPath: indexPath) as! UITableViewCell
        self.configureCell(cell, atIndexPath: indexPath)
        return cell
    }

    override func tableView(tableView: UITableView,
        canEditRowAtIndexPath indexPath: NSIndexPath) -> Bool {

            return true
    }
```

```
    override func tableView(tableView: UITableView,
        commitEditingStyle editingStyle:
            UITableViewCellEditingStyle, forRowAtIndexPath
                                indexPath: NSIndexPath) {
        if editingStyle == .Delete {
        }
    }

    func configureCell(cell: UITableViewCell, atIndexPath indexPath:
        NSIndexPath) {
    }
}
```

Die Änderungen am Quellcode betreffen zu diesem Zeitpunkt ausschließlich das Entfernen von nicht benötigten Zeilen. Nach der Bereinigung sollte ein Gerüst der Klasse übrig bleiben.

Zu Beginn von *MasterViewController* wird eine Instanz der Klasse *NSManagedObjectContext* erzeugt. Diese Instanz wird später für das Laden und die Speicherung der Passwörter benötigt. Es folgt die Methode *viewDidLoad*, in der zu diesem Zeitpunkt nur ein *BarButton* in der Navigationsleiste erzeugt wird, der zur Bearbeitung von Einträgen dient.

Die Methode *prepareForSeque* wurde ebenfalls automatisch erzeugt und wird aufgerufen, sobald vom Master- in den Detail-View verzweigt wird. In dieser Methode bleibt nur die *if*-Abfrage stehen, in die in späteren Teilen des Workshops noch neuer Code eingefügt werden wird. Die folgenden Methoden werden ausschließlich für die Aufbereitung und Anzeige der Daten im *TableViewController* benötigt. Detailliert wird die Verwendung dieser Methoden in Kapitel 7 besprochen. Zu diesem Zeitpunkt sollte nur der enthaltene Code entfernt bzw. wie im Listing angezeigt angepasst werden.

Die zweite Klasse, die angepasst werden muss, ist *DetailViewController*:

```
import UIKit

class DetailViewController: UIViewController {

    @IBOutlet weak var detailDescriptionLabel: UILabel!
    var detailItem: AnyObject?

    func configureView() {
        if let detail: AnyObject = self.detailItem {
        }
    }

    override func viewDidLoad() {
        super.viewDidLoad()
        self.configureView()
    }

    override func didReceiveMemoryWarning() {
        super.didReceiveMemoryWarning()
    }
}
```

In dieser Klasse halten sich die notwendigen Änderungen in Grenzen. Einige wenige Zeilen – unter anderem *didSet* in der Eigenschaft *detailItem* – werden entfernt. Damit ist man hier schon fertig. Im View dieser Klasse wird später ein Passwort-Datensatz detailliert angezeigt werden.

Wenn man sich die App in diesem Zustand ansieht, so stellt man fest, dass bereits zwei von drei geplanten Views (Übersicht und Detailansicht) somit in der Basisversion vorhanden sind. Das heißt, es fehlt noch ein View nebst Klasse.

Erweiterung des Storyboards (Punkt 2)

In diesem Schritt geht es um die Erweiterung des Storyboards und um Anpassungen im Master-View. Zuerst einmal wird im Storyboard ein zusätzliches View eingefügt. Das geht ganz einfach, indem die entsprechende *ViewController*-Vorlage aus der Object Library von Xcode in das Storyboard hineingezogen wird.

Abb. 5–51   *Das Storyboard wurde um einen ViewController erweitert.*

In diesem neuen View wird später das Anlegen und Konfigurieren von Passwörtern möglich sein. Das View ist jetzt vorhanden. Aber wie wird es aufgerufen? Hierfür wird ein *Segue* verwendet, das das Master-View mit dem neuen View verbindet. Auslöser für den Aufruf des neuen Views wird die Betätigung einer Schaltfläche sein, die in der Navigationsleiste der App untergebracht wird. Aus diesem Grund muss noch ein weiteres Element aus der Object Library in das Storyboard eingefügt werden – genauer gesagt im *MasterViewController*.

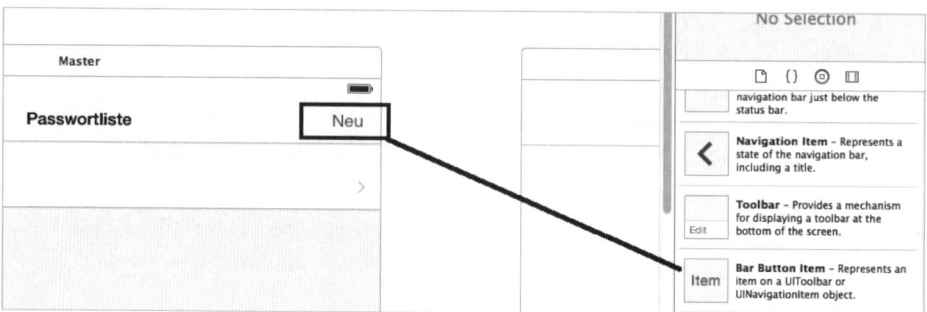

Abb. 5–52   *Einfügen eines BarButtonItems*

Das zusätzliche *BarButtonItem*-Control wird mit Drag & Drop rechts im *NavigationItem* platziert. Wenn Sie schon einmal dabei sind, können Sie auch gleich die Eigenschaft *Title* des *NavigationItem* ändern und die Zeichenkette »Passwort« dort hinterlegen. Auch das *BarButtonItem* erhält eine neue Beschriftung.

Öffnen Sie nach Auswahl des Controls den Attributes Inspector, und suchen Sie auch hier die Eigenschaft *Title*. Tragen Sie dort die Beschriftung *Neu* ein. Über diese Schaltfläche wird später das View zum Neuanlegen eines Passworts geöffnet. Nach diesen Arbeiten sind im Storyboard sowohl das notwendige View als auch der Button vorhanden, um es zu aktivieren.

Nun können beide über einen neuen *Segue* verknüpft werden. Das *Segue* erzeugt man ja, indem man eine Verbindungslinie vom *BarButtonItem*-Control zum View zieht. Wurde die Verbindungslinie erstellt, so öffnet sich das bekannte kleine Fenster zur Konfiguration des *Segue*. Wählen Sie hier den Eintrag *Show Detail* aus. Anschließend selektieren Sie das neu erstellte *Segue* im Storyboard und aktivieren wieder den Attributes Inspector. Innerhalb der Eigenschaft *Identifier* des *Segue* wird der Name der Verbindung *showGenerator* eingetragen (siehe Abb. 5–53).

Auch das View, in dem ein Passwort erstellt werden kann, erhält eine Beschriftung. Markieren Sie hierzu das entsprechende *NavigationItem*, und tragen Sie in der Eigenschaft *Title* den Text *Neuanlage* ein. Vergessen Sie bitte auch nicht, im *NavigationItem* des *DetailViewController* die neue Beschriftung *Detailansicht* einzutragen.

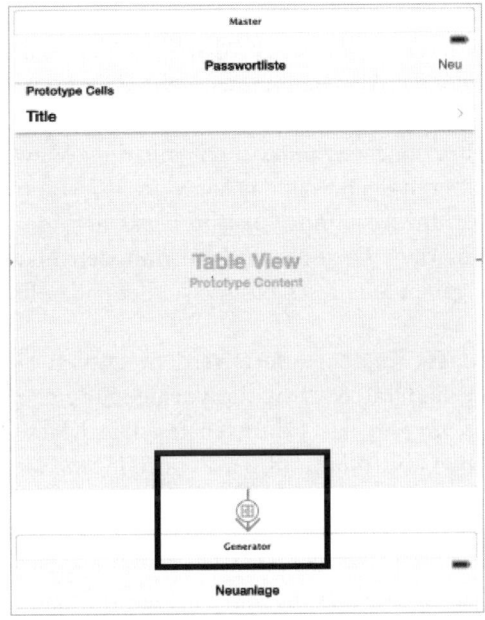

Abb. 5–53   *Das neue Segue im Storyboard*

Klasse implementieren (Punkt 3)

Es fehlt noch die Programmierung der Klasse, die den Passwort-Generator enthält. Dies ist der letzte Schritt im ersten Teil des Workshops. Zuerst muss hierfür eine neue Swift-Datei angelegt werden.

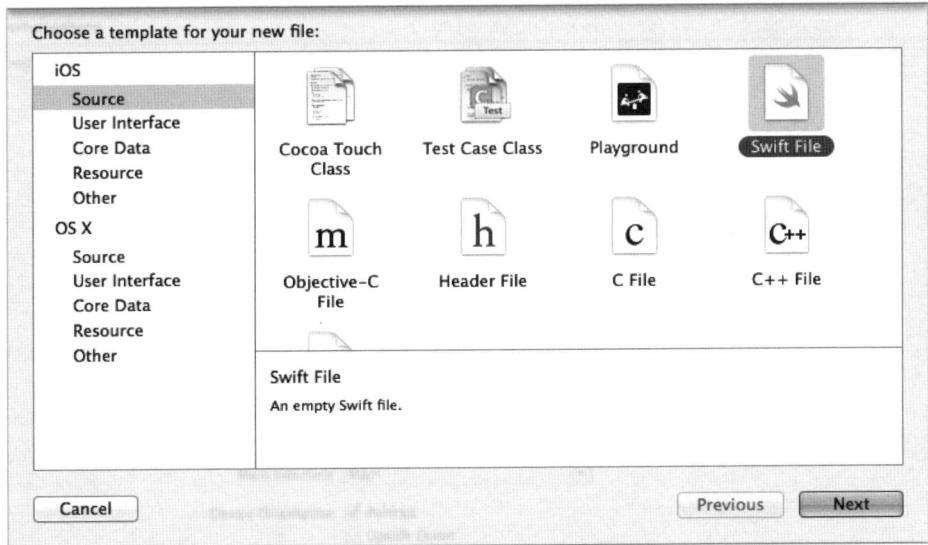

Abb. 5–54   *Neue Swift-Datei anlegen*

Öffnen Sie dazu im *File*-Menü den Menüpunkt *New* und dann *File...* Innerhalb der Rubrik *iOS* selektieren Sie dann den Abschnitt *Source* und wählen dort *Swift File* (siehe Abb. 5–54) aus. Als Dateinamen geben Sie *GeneratorViewController* ein. Danach legen Sie den Speicherort der neuen Datei fest.

Wurde die Datei erzeugt, so muss diese mit dem View im Storyboard verknüpft werden. Markieren Sie hierzu das View im Storyboard, und aktivieren Sie den Identity Inspector. Im Abschnitt *Custom Class* befindet sich die Eigenschaft *Class*. Wählen Sie aus dem *DropDown*-Feld nun den Namen *GeneratorView-Controller* aus, oder geben Sie diesen ein. Anschließend sollte das Projekt gespeichert werden.

Nun kann die Klasse implementiert werden. Öffnen Sie die Swift-Datei im Editor, und ziehen Sie via Drag & Drop die Vorlage für eine neue Swift-Klasse aus der *Code Snippet Library* in das Editorfenster. Die Klasse trägt natürlich den Namen *GeneratorViewController* und wird von *UIViewController* abgeleitet.

```
import UIKit

class GeneratorViewController : UIViewController {
    let strCharacters = ["A","B","C","D","E","F","G","H","I","J","K","L","M",
    "N","O","P","Q","R","S","T","U","V","W","X","Y","Z","1","2","3","4","5",
    "6","7","8","9,","0","a","b","c","d","e","f","g","h","i","j","k","l","m",
    "n","o","p","q","r","s","t","u","v","w","x","y","z"]
    override func viewDidLoad() {
        super.viewDidLoad()
        print(generatePwd(10, withCapOnly:true))
        print(generatePwd(10, withCapOnly:false))
    }

    override func didReceiveMemoryWarning() {
        super.didReceiveMemoryWarning()
    }

    func getRandomNumber(min: Int, max:Int) -> Int {
        return min + Int(arc4random_uniform(UInt32(max - min + 1)))
    }

    func generatePwd(leng : Int, withCapOnly : Bool) -> String {
        var result:String=""

        var stop=0

        if withCapOnly==true {
            stop=35
        } else {
            stop=60
        }
```

```
for var x = 0; x <= leng; x++
{
    var p = getRandomNumber(0, max: stop)
    result = result + strCharacters[p]
}

return result
    }
}
```

Schauen Sie sich das Listing der Klasse *GeneratorViewController* einmal an: Zu Beginn der Klasse wird ein String-Array *strCharacters* mit Groß- und Kleinbuchstaben sowie den Ziffern 0–9 definiert. Aus diesem Zeichenvorrat werden später die Zeichen gewählt, die zu Erzeugung des Passworts verwendet werden. Innerhalb der Methode *viewDidLoad* wird zweimal die Funktion *generatePwd* aufgerufen, die anhand der übergebenen Parameter ein neues Passwort erzeugt.

Zwei Parameter werden der Methode *generatePwd* übergeben. Der erste Parameter – *leng* vom Typ Integer – bestimmt die Länge des Passworts. Der zweite Parameter – *withCapOnly* vom Typ Bool – wird zur Entscheidung verwendet, ob im Passwort Klein- und Großbuchstaben enthalten sein sollen oder nicht.

Innerhalb von *generatePwd* wird im ersten Schritt eine leere Variable *result* vom Typ String erzeugt. In dieser Variablen wird das neu erzeugte Passwort gespeichert.

Im folgenden Schritt wird geprüft, ob nur Groß- oder auch Kleinbuchstaben enthalten sein dürfen. Davon abhängig (Auswertung des Parameters *withCapOnly*) wird der Endwert der Variablen *stop* festgelegt.

Anschließend geht es in der folgenden *for*-Schleife weiter. Hier wird jetzt das Passwort zusammengebaut. Die *for*-Schleife wird so lange durchlaufen, bis die Anzahl der erzeugten Zeichen dem Wert in der Variablen *leng* entspricht. Innerhalb eines Durchlaufs wird zuerst das zu verwendende Zeichen bestimmt. Ein Zeichen wird ja dem Array *strCharacters* entnommen. Hierzu muss natürlich eine Stelle im Array angegeben werden, an der ein Zeichen gelesen werden soll.

Die Methode *getRandomNumber* erzeugt eine Zufallszahl, die zwischen dem Startwert (0) und dem Endwert (35 oder 60) liegt. Diese zufällig generierte Zahl wird dann als Index verwendet, um das Zeichen an der entsprechenden Position im Array *strCharacters* zu lesen und es dann zum neuen Passwort hinzuzufügen. Ist der Wert in *leng* erreicht, so wird das zusammengestellte Passwort von der Funktion zurückgegeben. In der Methode *viewDidLoad* wird die Funktion zweimal zum Testen aufgerufen, und das erzeugte Passwort wird ausgegeben.

Damit sind Sie bereits am Ende des ersten Teils unseres Workshops angelangt. Die App sollte sich bereits starten lassen, und Sie können die entsprechenden Views aufrufen. Viel ist mit der App noch nicht los, um wirklich etwas mit ihr anfangen zu können, sollten Sie möglichst schnell Teil 2 des Workshops durcharbeiten.

Hinweis

Bereits im ersten Teil des Workshops müssen Sie eine ganze Menge an Einstellungen vornehmen und auch einige Zeilen Code schreiben. Wenn Sie keine Lust oder keine Zeit haben, das selbst zu machen, dann können Sie auch auf das vorbereitete Projekt im Ordner *Kapitel 5\Passwortverwaltung\Teil1* zurückgreifen.

Zusammenfassung

In diesem Kapitel wurde das grundlegende Wissen zur Entwicklung von Apps vermittelt. Sie sollten jetzt wissen, wie mit Xcode Storyboards und Views erstellt werden und wie das MVC-Pattern umgesetzt wird.

Außerdem wurden auch vertiefende Themen besprochen, beispielsweise Delegates, AutoLayout oder Gestenerkennung.

6 Fehlersuche und Problembehandlung

Die Grundlagen der App-Entwicklung kennen Sie nun. Aber so sorgfältig man auch arbeitet, hin und wieder schleicht sich der eine oder andere Fehler ein. In diesem Kapitel erfahren Sie, wie Sie Fehler finden und (vielleicht) auch vermeiden können.

6.1 Breakpoints im Quellcode setzen

Einen großen Teil der Zeit bei der App-Entwicklung verbringt man wohl damit, Code zu schreiben, in den sich jedoch der eine oder andere Fehler einschleichen kann. Xcode stellt zum Glück Werkzeuge bereit, um Fehler im Code zu finden. Oft werden Sie nämlich nicht wissen, an welcher Stelle im Quellcode ein Fehler auftritt. Aus diesem Grund muss man sich an die entsprechenden Stellen erst einmal heranpirschen. Möglich wird das mit dem in Xcode integrierten Quellcode-Debugger.

Der Debugger ermöglicht es, den Programmfluss an einer markierten Stelle zu unterbrechen und von dieser Stelle aus Variablen zu inspizieren oder auch die Programmausführung schrittweise fortzusetzen. Der Debugger von Xcode wird auf sehr simple Weise aktiviert. Hierzu müssen Sie im Codefenster zunächst lediglich an der gewünschten Stelle einmal den Mausbutton betätigen. Anschließend wird an dieser Stelle eine Markierung (Breakpoint) gesetzt und die entsprechende Codezeile farblich hervorgehoben (siehe Abb. 6–1). Natürlich können auch mehrere Haltepunkte an unterschiedlichen Stellen gesetzt werden.

Startet man die Anwendung anschließend über Xcode, so wird das Programm genau bis zum zuvor markierten Haltepunkt ausgeführt. Die weitere Ausführung des Programms wird nun angehalten und befindet sich quasi in einem Pausemodus. An dieser Stelle kommen dann die Funktionen des Debuggers zur Steuerung des weiteren Programmflusses zum Tragen.

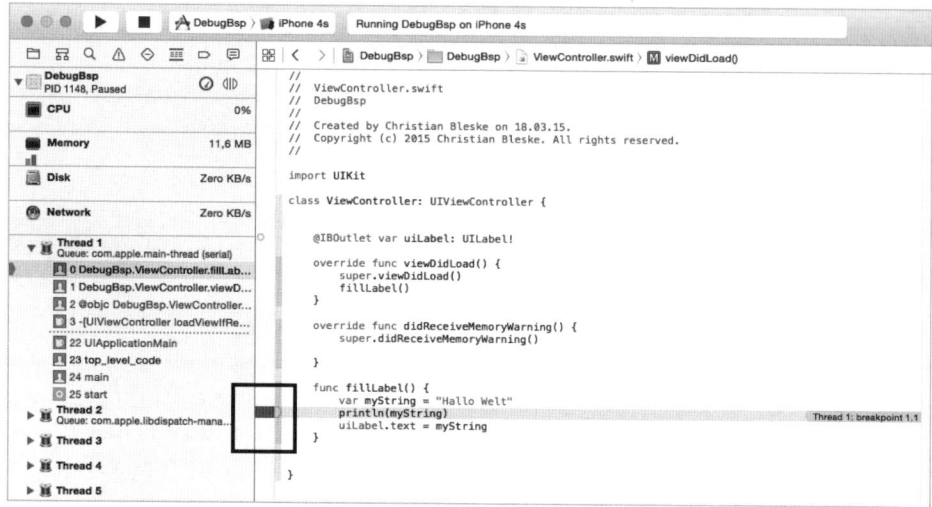

Abb. 6–1   *Einen Breakpoint im Quellcodefenster einfügen*

Hinweis

Um einen Breakpoint wieder zu entfernen, müssen Sie mit einem Rechtsklick das Kontextmenü oberhalb des Breakpoints aufrufen. Im Menü gibt es dann den Punkt *Delete Breakpoint*. Mit der Funktion *Disable Breakpoint* lässt sich ein Haltepunkt vorübergehend deaktivieren.

Direkt unterhalb des Quellcodefensters befindet sich eine Leiste mit unterschiedlichen Schaltflächen, die es erlauben, den Programmfluss unter unterschiedlichen Bedingungen fortzusetzen.

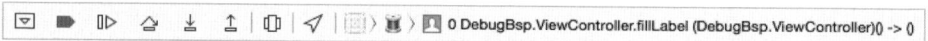

Abb. 6–2   *Optionen zur Codeausführung im Debuggers*

Die erste Schaltfläche (*Toogle global breakpoint state*; siehe Abb. 6–2 von links nach rechts) ermöglicht es Ihnen, an zentraler Stelle den bzw. die gesetzten Haltepunkte ab- und auch wieder einzuschalten. Soll die Programmausführung fortgesetzt werden, so muss die folgende Schaltfläche mit dem Dreiecksymbol (*Continue program execution*) betätigt werden. Die dritte Schaltfläche ist der *Step Over*-Button. Die Betätigung des Buttons ermöglicht es, eine folgende Anweisung, z. B. einen Funktionsaufruf, zu überspringen. Die beiden folgenden Schaltflächen (*Step into* bzw. *Step out*) haben eine ähnliche Funktion. Mit *Step into* kann in eine Funktion und mit *Step out* aus einer Funktion heraus »gesprungen« werden.

6.2 Inspizieren von Variablen

Durch die Verwendung von Haltepunkten haben Sie die Möglichkeit, sich die Inhalte von Variablen zu einem bestimmten Zeitpunkt einmal näher anzusehen. Hierfür gibt es unterschiedliche Möglichkeiten. Zum einen wäre da die Methode, den Mauszeiger oberhalb der zu inspizierenden Variablen zu platzieren.

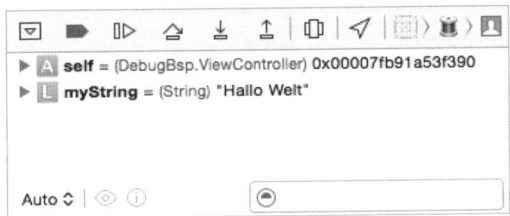

```
func fillLabel() {
    var myString = "Hallo Welt"
    uiLabel.text = myString
}

▶ "Hallo Welt"   ◉ ⓘ

}
```

Abb. 6–3   *Inhalt von Variablen ansehen*

Sobald der Mauszeiger zur Laufzeit oberhalb einer Variablen positioniert wird, wird der Inhalt der Variablen in einem kleinen Fenster automatisch angezeigt. Die beiden Symbole im Fenster (das *Auge* und das *I*) geben zum einen Auskunft über den Typ, und zum anderen wird die Zuweisung noch einmal detailliert angezeigt. Zeitgleich wird der Inhalt der Variablen auch noch im *Variables View* angezeigt, das sich direkt unterhalb des Quellcodefensters befindet.

```
▽  ■  ‖▷  ⌂  ⌄  ⌃ | ⬚ | ◹ | ▦ ⟩ ▣ ⟩ ▲

▶ Ⓐ self = (DebugBsp.ViewController) 0x00007fb91a53f390
▶ Ⓛ myString = (String) "Hallo Welt"


Auto ⌄ | ◉ ⓘ          ◉
```

Abb. 6–4   *Inhalt von Variablen im Variables-View*

Eine weitere Möglichkeit, sich den Inhalt von Variablen anzusehen, haben Sie bereits kennengelernt. Mit der *print*-Anweisung können Inhalte von Variablen im *Output-Fenster* von Xcode angezeigt werden.

```
0 DebugBsp.ViewController.fill...ebugBsp.ViewController)() -> ()

(lldb) po myString
"Hallo Welt"

(lldb)


All Output ⌄                              🗑 | ▢▢
```

Abb. 6–5   *Inhalt einer Variablen im Output-View*

Zur Anzeige ist es natürlich notwendig, dass man zuvor die *print*-Anweisung im Quellcode auch einsetzt:

```
func fillLabel() {
    var myString = "Hallo Welt"
    print(myString)
    uiLabel.text = myString
}
```

Sobald nun die *print*-Anweisung ausgeführt worden ist, wird im *Output Window* von Xcode die entsprechende Information ausgegeben.

Hinweis – Bedingungen für Haltepunkte

Manchmal möchte man den Inhalt einer Variablen zu einem bestimmten Zeitpunkt sehen. Wie lässt sich das bewerkstelligen? Hierzu gibt es die Möglichkeit, für einen Breakpoint Bedingungen festzulegen, die zutreffen müssen, damit die Programmausführung angehalten wird.

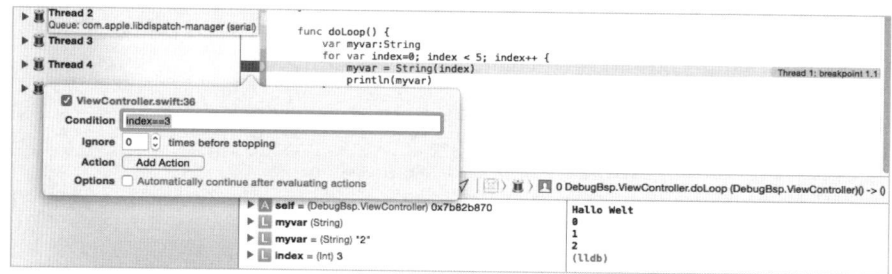

Abb. 6–6   *Bedingung für einen Haltepunkt festlegen*

Damit eine Bedingung für einen Haltepunkt festgelegt werden kann, müssen Sie ihn setzen und anschließend im Kontextmenü zum Breakpoint den Menüpunkt *Edit Breakpoint...* aufrufen. Anschließend öffnet sich ein kleiner Dialog, den Sie in Abbildung 6–6 sehen. Das Beispiel besteht aus einer kleinen Schleife:

```
func doLoop() {
    var myvar:String
    for var index=0; index < 5; index++ {
        myvar = String(index)
        print(myvar)
    }
}
```

Diese Schleife soll durch Setzen eines Haltepunkts untersucht werden, aber nicht nach dem ersten, sondern erst nach dem dritten Durchlauf. Hierzu wird innerhalb des *Condition*-Feldes nun eine Bedingung erfasst (sie muss einen booleschen Ausdruck ergeben). Im Beispiel wurde die Bedingung *index==3* (Achtung: C-Notation!) erfasst. Wird die Anwendung nun gestartet, so wird die Programmausführung angehalten, sobald der entsprechende Wert erreicht ist.

print bzw. Print vs NSLog

Neben der *print*-Anweisung gibt es noch eine weitere Anweisung, um Informationen im Output-Fenster auszugeben. Alte Apple-Entwickler kennen diese Anweisung bereits: *NSLog*. Hierbei handelt es sich um eine Anweisung, die bisher nur in Objective-C verwendet wurde. *NSLog* ist somit (quasi) das Gegenstück zu *print* für Objective-C. *NSLog* kann aber natürlich auch in Swift verwendet werden. Hierbei sollten Sie aber beachten, dass es einige Unterschiede gibt:

- *NSLog* ist langsamer in der Verarbeitung als *print*.
- Neben dem eigentlichen Wert übergibt *NSLog* noch einen Zeitstempel.
- *NSLog* synchronisiert die Ausgabe bei der Verwendung von Threads. Mit *print* ist das nicht der Fall. Hier kann es also zu einem Durcheinander bei der Ausgabe kommen.
- Bleibt *NSLog* im Release-Code enthalten, so verlangsamt es das Laufzeitverhalten einer Anwendung, da es in der Konsole des jeweiligen Geräts ausgegeben wird. Informationen, die mit *print* ausgegeben werden, werden nur in der Debug-Konsole von Xcode ausgegeben.

6.3 View Debugging

Nicht nur Quellcode lässt sich ab Xcode 6 debuggen, sondern es gibt sogar ein neues Werkzeug innerhalb der Entwicklungsumgebung, mit dem sich Views zur Laufzeit der Anwendung untersuchen und Fehler innerhalb der Darstellung finden lassen. Sehen Sie sich hierzu einmal die Beispiel-App des Kapitels an. Diese enthält neben einem Label noch zusätzlich einen Button. Beide Elemente sind mittig platziert. Das bedeutet, zur Laufzeit wird das Label-Control vom Button verdeckt. Startet man die Anwendung, so ist nur der Button zu sehen. Warum aber das Label nicht angezeigt wird, ist auf den ersten Blick nicht zu erkennen (siehe Abb. 6–7).

Nach dem Start der App sollte nun zunächst wieder Xcode aktiviert werden, ohne dabei allerdings die laufende App zu beenden. Öffnen Sie die View-Ansicht, indem Sie im Project Navigator die Datei *Main.Storyboard* markieren. Direkt unterhalb des Interface Builders wird eine Leiste mit mehreren Symbolen angezeigt. Betätigen Sie den Button *Debug View Hierarchy*, der aus zwei übereinandergelegten Rechtecken besteht (siehe Abb. 6–8).

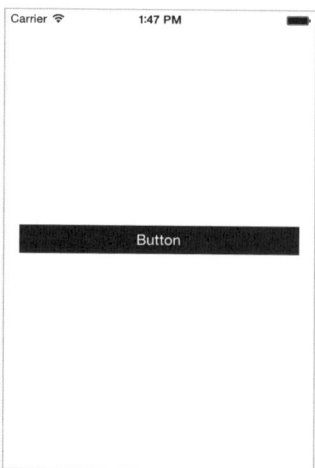

Abb. 6–7   Die App zur Laufzeit

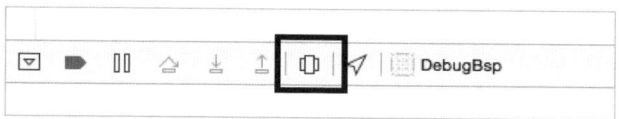

Abb. 6–8   Die App zur Laufzeit

Es dauert nur einen Moment; anschließend ist der Debugging-Modus für Views aktiviert:

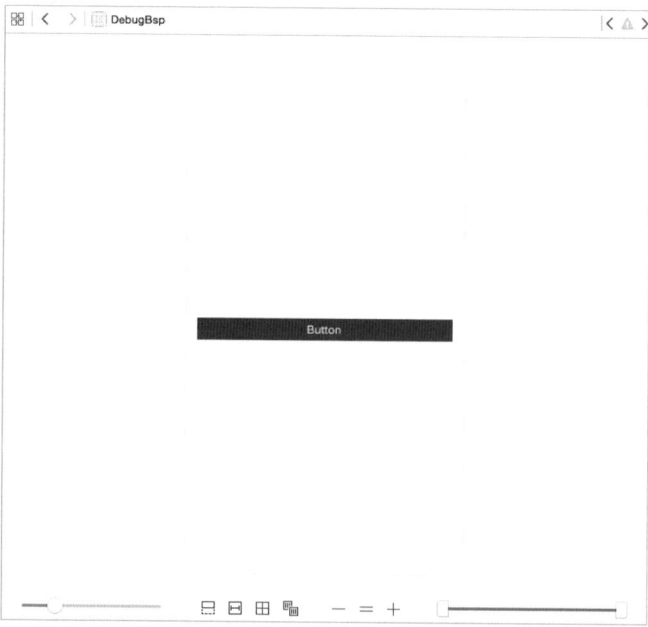

Abb. 6–9   Debug-View-Modus

Auf den ersten Blick unterscheidet sich der Debug-Modus für Views nicht von der normalen Design-Ansicht. Erst auf den zweiten Blick fallen zusätzliche Controls auf. Mit diesen Controls und unter Verwendung der Maus lässt sich das View nämlich aus unterschiedlichen Positionen heraus betrachten. Klicken Sie mit der Maus in die View-Ansicht, und halten Sie die Maustaste gedrückt. Wenn Sie nun die Maus bewegen, so wird sich auch das View bewegen.

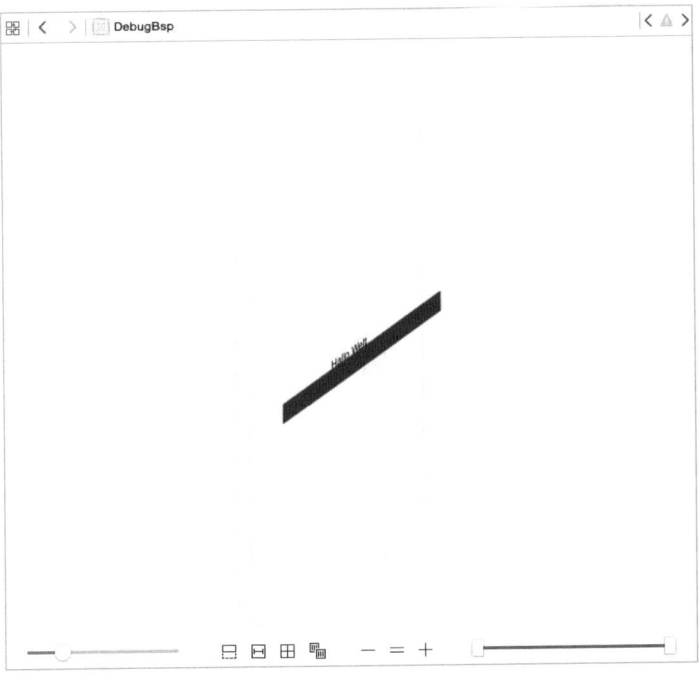

Abb. 6–10   *View, nachdem es gedreht wurde*

Ihnen wird sofort auffallen, dass – sobald das View in die eine oder andere Richtung gedreht worden ist – die Ebenen (Label, Button und View) nicht mehr direkt übereinanderliegend angezeigt werden, sondern mit etwas Abstand zwischen den Controls. Dieser Abstand ist vorhanden, damit man die einzelnen Elemente besser auseinanderhalten kann. Der Abstand kann sogar noch vergrößert oder auch verkleinert werden. Hierzu wird der Schieberegler verwendet, der sich in der linken unteren Ecke befindet. Auch in der rechten Ecke befindet sich ein Schieberegler, der von beiden Seiten aus verwendet werden kann. Mit ihm lassen sich die Ebenen stufenweise ein- und ausblenden.

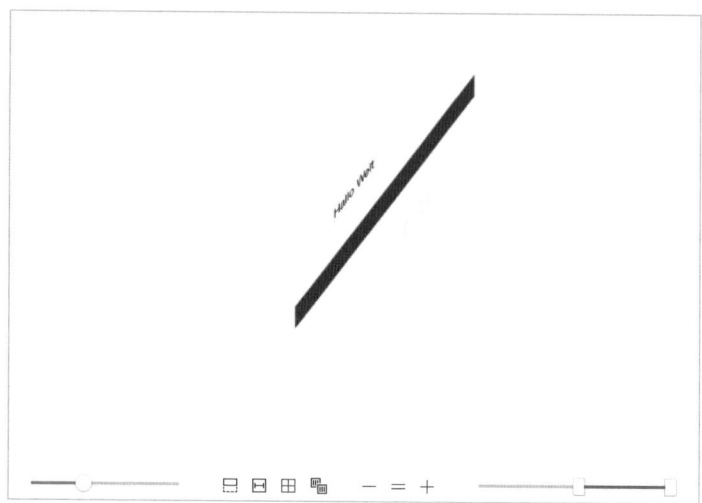

Abb. 6–11   *Ebenen lassen sich ein- und ausblenden.*

Diese Funktion ist natürlich nicht zum Selbstzweck vorhanden. Mit ihr lässt sich visuell relativ einfach ermitteln, wieso in einem View etwas gerade nicht angezeigt wird.

Im Beispiel ist so gut zu erkennen, dass das Label- vom Button-Control verdeckt wird. Zur Rechten befinden sich drei Schaltflächen mit den Symbolen -, = und +. Sie werden benutzt, um in und aus dem View heraus- und hereinzuzoomen sowie um die ursprüngliche Größe wiederherzustellen. Jedes Element im View kann mit der Maus markiert werden.

Auch die im View verwendeten Constraints lassen sich anzeigen. Hierzu wird die zweite Schaltfläche von links verwendet. Wenn Sie sie anklicken, werden die im View vorhandenen Constraints angezeigt. Mit der letzten Schaltfläche (*Adjust the view mode*) lassen sich Elemente ein- und ausblenden. So kann man über eine Option beispielsweise festlegen, dass nur der Rahmen der Elemente (*Wireframes*) oder lediglich der Inhalt (*Contents*) der Controls angezeigt wird.

6.4   Fehlerbehandlung mit »try catch«, (NS)Error & Co.

In Anwendungen können Fehler auftreten – sei es, weil Eingaben nicht verarbeitet werden können oder weil beispielsweise ein entferntes System, das angesprochen werden soll, nicht zur Verfügung steht. In solchen Situationen sollte das Programm natürlich nicht sofort abstürzen, sondern den Anwender darüber informieren, dass ein Problem vorliegt, und ggf. Alternativen anbieten.

In diesen Situationen kommt neben der Klasse *NSError* seit der Version 2.0 von Swift auch ein *do...try...catch*-Block zum Einsatz. Hierbei wird Code, bei dessen Ausführung möglicherweise ein Fehler auftritt, in einen Sicherheitsblock gesteckt. Sofern eine Aktion nicht das gewünschte Resultat erbringt und einen

Fehler auslöst, kann innerhalb eines *catch*-Blocks über eine *NSError*-Instanz der Fehlerursache auf den Grund gegangen werden. Das Arbeiten mit *do...try...catch* und einem *NSError*-Objekt ist zum Glück relativ einfach. Die *NSError*-Instanz enthält üblicherweise eine Fehlermeldung, wenn ein Problem vorliegt. Wenn kein Problem aufgetreten ist, enthält sie einen *nil*-Wert, und der *catch*-Abschnitt wird übersprungen.

Die beschriebene Vorgehensweise erinnert dabei sehr an den Umgang mit *Exceptions* in *Java* oder *C#*. Im einfachsten Fall wird versucht, eine Funktion auszuführen. Sollte innerhalb der Funktion ein Fehler auftreten, so kann das *NSError*-Objekt untersucht und eine Fehlermeldung sowie ein Fehlercode ausgelesen werden. Das könnte beispielsweise wie folgt aussehen:

```
func errorSample() {
    let jstring = "{ \"test\": \"bsp\" }"
    let daten = jstring.dataUsingEncoding(
        NSUTF8StringEncoding, allowLossyConversion: true)
    let jresult : AnyObject?
    do {
        result = try NSJSONSerialization.JSONObjectWithData(daten!,
            options: .AllowFragments)
    } catch let error as NSError {
        print(error.userInfo)
        print(error.code)
        print("Fehler aufgetreten!")
    }
}
```

Im Beispiel sollen Daten im JSON-Format verarbeitet werden, die in einer Variablen vom Typ String gespeichert sind. Wenn Sie JSON noch nicht kennen, finden Sie in Kapitel 9 mehr Informationen zu diesem Thema. Im Moment nehmen Sie einfach hin, dass Daten im JSON-Format zum Datenaustausch verwendet werden.

Die ersten beiden Zeilen im Beispiel dienen der Initialisierung der Variablen. Der Variablen *jstring* wird eine Zeichenkette zugewiesen, die im JSON-Format formatiert ist. Mit der Methode *dataUsingEncoding* wird die Zeichenkette UTF8 encodiert. Das eigentliche Beispiel beginnt mit der Definition des *do...try...catch*-Blocks und des *NSError*-Objekts *nsError*. Da nicht bekannt ist, ob ein Fehler auftritt, wird das Objekt als optional deklariert. Der Block zur Fehlerbehandlung wird mithilfe des Schlüsselwortes *do* eingeleitet.

In der folgenden Zeile wird mit der Methode *JSONObjectWithData* der Klasse *NSJSONSerialization* aus den Daten im JSON-Format ein in Swift lesbares Objekt erstellt. Beachten Sie hier bitte, dass der Methode *JSONObjectWithData* nicht nur die Daten im JSON-Format als Parameter übergeben werden, sondern dass auch das Schlüsselwort *try* verwendet wird, um zu kennzeichnen, dass hier auch ein Fehler auftreten kann. Anschließend wird versucht, die Daten in das JSON-Format umzuwandeln.

Wenn alles in Ordnung ist, dann wird der *catch*-Abschnitt übersprungen. Wenn nicht, wird der Anwender entsprechend informiert, und es werden noch Fehlermeldungen (Eigenschaft *userInfo*) ausgegeben. Der Code wird natürlich durchlaufen, ohne dass ein Fehler auftritt, da die JSON-Zeichenkette korrekt ist.

```
func errorSample() {
    let jstring = "{ fhsdfhsh }"
    let daten = jstring.dataUsingEncoding(NSUTF8StringEncoding,
        allowLossyConversion: true)
    let jresult : AnyObject?
    do {
        result = try NSJSONSerialization.JSONObjectWithData(
            daten!, options: .AllowFragments)
    } catch let error as NSError {
        print(error.userInfo)
        print(error.code)
        print("Fehler aufgetreten!")
    }
}
```

Um das Beispiel interessant zu gestalten, wird jetzt einmal ein Fehler provoziert. In der Variablen *jstring* wird eine sinnlose, nicht dem JSON-Format entsprechende Zeichenkette abgelegt. Der Umwandlungsversuch mit der Methode *JSONObjectWithData* schlägt natürlich fehl. Im Beispiel wird dieses Mal in den *catch*-Abschnitt gesprungen und das *NSError*-Objekt untersucht. Da natürlich ein Problem aufgetreten ist, ist im anschließend untersuchten *NSError*-Objekt auch ein Fehler enthalten. Neben der allgemeinen Fehlermeldung sollen aber noch zusätzliche Informationen ermittelt werden. Hierzu werden die Eigenschaften *userInfo* und *code* des *NSError*-Objekts ausgelesen.

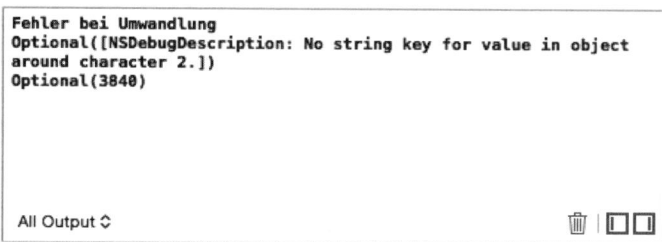

Abb. 6–12   *Auswertung des NSError-Objekts im Output-Fenster*

Nach dem Start des Programms wird automatisch ein Fehler ausgelöst. Die Ausgabe der Eigenschaften *userInfo* und *code* mit der *print*-Anweisung liefert zusätzliche Informationen im Output-Fenster von Xcode.

> **Hinweis**
>
> Eine detaillierte Übersicht der Fehlercodes finden Sie unter folgender URL:
>
> *https://developer.apple.com/library/prerelease/ios/documentation/Cocoa/Reference/ Foundation/Miscellaneous/Foundation_Constants/index.html#//apple_ref/doc/ constant_group/NSError_Codes*

Sofern es möglich ist, sollten Sie im Code *NSError*-Objekte immer auswerten.

Das Protokoll »ErrorType«

Es ist möglich, auch eigene Fehlertypen zu definieren. Im folgenden Beispiel soll das einmal demonstriert werden. Im ersten Schritt wird ein neuer Enumerationstyp angelegt, der vom Protokoll *ErrorType* (wie auch *NSError*) abgeleitet wurde:

```
enum MyBigBadError: ErrorType {
    case small
    case medium
    case big
}
```

Der Enumerationstyp trägt den Namen *MyBigBadError*. Drei Werte (*small*, *medium* und *big*) wurden in ihm definiert. Dieser neue Typ bildet die Basis für die nun folgende Funktion, in der ein Fehler vom Typ *MyBigBadError* auftreten kann:

```
func throwsPossibleError(input:Int) throws -> String {
    let result:String

    switch input {
        case 1...3:
            throw MyBigBadError.small

        case 4...6:
            throw MyBigBadError.medium

        case 7...9:
            throw MyBigBadError.big

        default:
            result = "Passed"
    }
    return result
}
```

Innerhalb der Methode *throwsPossibleError* kann der zuvor definierte Fehler auftreten. Um innerhalb einer Funktion zu kennzeichnen, dass ein Fehler ausgelöst werden kann, wird die Funktion mit dem Schlüsselwort *throws* (nach dem Funktionsnamen) gekennzeichnet. Es handelt sich ja um ein Beispiel. Aus diesem Grund wird eine *switch*-Anweisung verwendet, um einen Fehler vom Typ *MyBigBadError* auszulösen (manche Programmierer sagen wegen »throws« auch: »einen Fehler zu werfen«), wenn nicht ein Integer-Wert größer-gleich 10 der Funktion zuvor als Parameter übergeben wird. Bei übergebenen Werten kleiner 10 wird geprüft, ob diese in eine Kategorie (klein, mittel, groß) passen. Ist das der Fall, wird in den entsprechenden *case*-Zweig gesprungen und mithilfe des Schlüsselwortes *throw* ein Fehler ausgelöst (geworfen). Die eigentliche Aufgabe im *do...try...catch*-Block besteht nun darin, jeden möglichen Fehler abzufangen:

```
func testError() {
    do {
        let result = try throwsPossibleError(5)
        print("Alles ok - es wurde kein Fehler geworfen")
        print(result)
    } catch MyBigBadError.small {
        print("Nur ein kleiner Fehler")
    } catch MyBigBadError.medium {
        print("Ein mittlerer Fehler")
    } catch MyBigBadError.big {
        print("Ein großer Fehler")
    } catch {
        print("Keine Ahnung, was passiert ist!")
    }
}
```

Innerhalb der Funktion *testError* wird im *do*-Abschnitt die zuvor definierte Funktion *throwsPossibleError* aufgerufen. Tritt kein Fehler auf, so werden die beiden folgenden *print*-Anweisungen ausgeführt und ausgegeben.

Da als Parameter aber der Wert 5 übergeben wurde, wird innerhalb der Funktion ein Fehler ausgelöst. Im *catch*-Abschnitt wird der Fehler durch die entsprechende Anweisung abgefangen und die zugehörige Fehlermeldung ausgegeben. Aber auch wenn ein Wert kleiner oder größer 5 der Funktion *throwsPossibleError* übergeben wird, wird ein passende Fehlerbehandlungsroutine aufgerufen und ausgeführt. Für alle möglichen Varianten gibt es einen passenden *catch*-Abschnitt. Selbst für den Fall, dass ein nicht absehbarer Fehler auftritt, ist ein entsprechender Abschnitt zur Fehlerbehandlung (*catch* ohne Parameter) vorhanden. So ausgerüstet, kann dann auch einmal etwas danebengehen.

Die defer-Anweisung

Der Name *defer* leitet sich von »deferred« (engl. für »verzögert« oder »aufge-schoben«) ab. Die Syntax der Anweisung sieht folgendermaßen aus:

```
defer {
    //Anweisung(en)
}
```

Alle Anweisungen in einem *defer*-Block werden zwar verzögert, aber in jedem Fall ausgeführt. Auch wenn nach dem *defer*-Block ein Fehler auftritt, wird der Code im *defer*-Block trotzdem noch abgearbeitet. Dieser Anweisungsblock ist also ideal, um Aktionen auszuführen, die in jedem Fall (z.B. das Schließen einer Datei) vorgenommen werden sollen. Vergleichbares gibt es auch in anderen Spra-chen, z.B. in C# oder Java den *finally*-Block. Wenn Sie diese Anweisung bereits kennen, wissen Sie auch, wie *defer* funktioniert. Hier sehen Sie noch einmal das letzte Beispiel, dieses Mal mit einem *defer*-Block:

```
func testError() {
    defer {
        print("defer wurde ausgeführt!«)
    }

    do {
        let result = try throwsPossibleError(5)
        print("Alles ok - es wurde kein Fehler geworfen")
        print(result)
    } catch MyBigBadError.small {
        print("Nur ein kleiner Fehler")
    } catch MyBigBadError.medium {
        print("Ein mittlerer Fehler")
    } catch MyBigBadError.big {
        print("Ein großer Fehler")
    } catch {
        print("Keine Ahnung, was passiert ist!")
    }
}
```

Der *defer*-Block steht im Beispiel direkt zu Beginn der Funktion *testError*. Er wird aber nicht umgehend ausgeführt, sondern erst dann, wenn abhängig vom überge-benen Parameter entweder der *do*-Block komplett durchlaufen wurde oder einer der *catch*-Blöcke ausgeführt worden ist. Wurde die Funktion *throwsPossibleEr-ror* mit dem Parameterwert 5 aufgerufen (ein Fehler tritt auf), dann würde die Ausgabe wie folgt aussehen:

```
Ein mittlerer Fehler
defer wurde ausgeführt!
```

Im anderen Fall, die Funktion *throwsPossibleError* wurde mit dem Parameterwert 10 aufgerufen, sieht die Ausgabe so aus:

```
Alles ok – es wurde kein Fehler geworfen
Passed
defer wurde ausgeführt!
```

Ein *defer*-Block kann also sehr gut verwendet werden, um im Abschluss aufzuräumen.

6.5   Fehlerbehandlung bei knappem Speicher

In der Regel kümmert sich der ARC-Mechanismus (siehe Abschnitt 4.9) um die Speicherverwaltung unter iOS. Das heißt, sobald der ARC-Zähler bei einem Referenzobjekt feststellt, dass es auf dieses keine Referenzen mehr gibt, wird das Objekt freigegeben. Unter Umständen kann es aber vorkommen, dass der Speicher trotzdem knapp wird. In solchen Fällen informiert iOS die App über einen Aufruf der Methode *didReceiveMemoryWarning*. Diese Methode wird automatisch nach dem Aufruf einer Vorlage jedem Projekt hinzugefügt:

```
override func didReceiveMemoryWarning() {
    super.didReceiveMemoryWarning()
}
```

Wenn also diese Situation eintritt, dann sollte innerhalb dieser Methode Code vorhanden sein, der im Speicher etwas Freiraum schafft. Wie aber kann ein solcher Code aussehen? Im folgenden Beispiel wird in der Klasse *ViewController* zu Beginn eine Variable *myFoo* vom Typ *Foo* als optional deklariert:

```
import UIKit

class ViewController: UIViewController {

    var myFoo : Foo?

    override func viewDidLoad() {
        super.viewDidLoad()
        myFoo = Foo()
    }

    override func didReceiveMemoryWarning() {
        super.didReceiveMemoryWarning()

        if (myFoo != nil) {
            myFoo = nil
            print(
            "Der Variablen myFoo wurde nil zugewiesen!")
        } else {
            print("myFoo enthält bereits nil!")
        }
```

```
        print(
            "didReceiveMemoryWarning wurde aufgerufen!")
    }
}

class Foo {
}
```

Eine Zuweisung für *myFoo* erfolgt erst zur Laufzeit innerhalb der Methode *view-DidLoad*. Dort wird eine neue Instanz erzeugt und zugewiesen. Meldet iOS jetzt knappen Speicher, so wird die Methode *didReceiveMemoryWarning* aufgerufen. Innerhalb der Methode wird im ersten Schritt geprüft, ob die Variable *myFoo* einen Wert enthält. Sofern das der Fall ist, wird der Variablen *nil* zugewiesen und eine entsprechende Meldung ausgegeben. Enthält die Variable bereits *nil*, dann passiert nichts. In jedem Fall wird via *print* ein Hinweis darüber ausgegeben, dass die Methode aufgerufen wurde.

Knappen Speicher simulieren

Wie aber simuliert man knappen Speicher? Darauf gibt es zum Glück eine einfache Antwort: innerhalb des iOS-Simulators. Dieser enthält eine entsprechende Funktion.

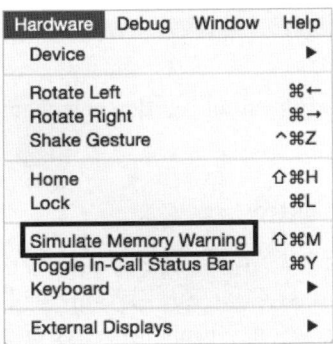

Abb. 6–13   *Memory Warnings simulieren*

Sobald der Simulator gestartet wurde, kann im Menü *Hardware* der entsprechende Menüpunkt aufgerufen werden. Als Folge des Aufrufs wird die Methode *didReceiveMemoryWarning* aufgerufen.

6.6   Vorausetzungen prüfen, Fehler vermeiden

Probleme können im Code natürlich auch auftreten, wenn der Quellcode eine bestimmte Version von iOS voraussetzt. Mit Swift 2 ist für diese Situation eine neue Abfrage verfügbar. Mit dem sogenannten *API Availability Checking* lässt sich sehr simpel prüfen, ob die App unter einer bestimmten Version von iOS ausgeführt wird oder nicht. Sie können dafür den folgenden Code nutzen:

```
func isIOS82Available() -> Int? {
    if #available(iOS 8.2, *) {
        return nil
    }
    return 1
}
```

Die Funktion liefert 1 zurück, wenn iOS 8.2 oder eine höhere Version oder auch eine alternative Plattform (z. B. watchOS) verfügbar ist. Die entscheidende Stelle im Code ist *if #available*. Der Code kann natürlich auch in einer *if*-Abfrage verwendet werden, um dann alternativen Code auszuführen:

```
if #available(iOS 9, *) {
    // Anweisungen
} else {
    // Anweisungen
}
```

Das ist aber noch nicht alles, was das *API Availability Checking* ermöglicht. Es können auch Funktionen mit einer entsprechenden Kennzeichnung versehen werden, sodass diese nur unter bestimmten Versionen von iOS aufgerufen werden können:

```
@available(iOS 9, *)
func onlyAvailableUnderiOS9AndGreater() {
    // Anweisung(en)
}
```

Diese Funktion kann nur aufgerufen werden, wenn die App unter iOS 9 ausgeführt wird.

Überwachte Ausführung mit guard

Manchmal ist es eine gute Idee, Anweisungen nur überwacht ausführen zu lassen. So lässt sich sicherstellen, dass Code direkt, ohne Abbruch, beendet wird, wenn er nicht ausgeführt werden kann. Möglich ist das unter Swift 2 mit dem *guard*-Schlüsselwort. Ähnlich einer *if*-Anweisung prüft *guard* eine Bedingung. Allerdings – und das ist der große Unterschied zur *if*-Anweisung – wird der *guard-else*-Zweig nur ausgeführt, wenn die geprüfte Bedingung <u>nicht</u> zutrifft. Ein (kleines) Beispiel sagt mehr als 1000 Worte. Sehen Sie sich bitte einmal folgenden Code an:

```
func checkNumber(number:Int)  {

    if number <= 5 {
        return
    }

    print("Zahl ist Ok")
}
```

Innerhalb der Funktion *checkNumber* soll geprüft werden, ob eine übergebene Variable größer als 5 ist. Wenn das der Fall ist, wird eine *print*-Anweisung ausgeführt, wenn nicht, soll der Code bzw. die Funktion beendet werden (mit der *return*-Anweisung). So weit, so gut; die Prüfung mit <= ist unschön, aber praktikabel. Nun betrachten wir dieselbe Funktion unter Verwendung der *guard*-Anweisung:

```
func checkNumber(number:Int)  {

    guard number > 5 else {
        return
    }

    print("Zahl ist Ok")
}
```

Es fällt direkt auf, dass die Prüfung der Bedingung hier genau der Überlegung entspricht. Die ganze Funktion bzw. der darin enthaltene Code wirkt so etwas klarer. Noch deutlicher wird der Vorteil von *guard* aber in Verbindung mit dem API Availability Checking:

```
func testVersion() {
    guard #available(iOS 9, OSX 10.10, *) else { return }

    //Anweisungen, die nur unter iOS 8 / OSX 10.10
    //ausgeführt werden können
}
```

Der Code innerhalb der Funktion *testVersion* wird eben nur dann ausgeführt, wenn die App unter iOS 8 oder OSX 10.10 ausgeführt wird. Ansonsten wird die Ausführung der Funktion direkt beendet. Klarer geht es nicht. Vor allem dann, wenn entsprechend viele Prüfungen im Code vorhanden sind, wird der Nutzen der Verwendung von *guard* deutlich.

Zusammenfassung

In diesem Kapitel haben Sie erfahren, wie man Fehler im Programm aufspürt, wie man diese behandelt und wie man ihnen entgegenwirkt.

7 Tabellen und Controller

In diesem Kapitel geht es um die Anzeige und Verarbeitung von Informationen in einer iOS-App, die nach einem bestimmten Schema aufgebaut ist. *Master-Detail-Apps* zeigen die enthaltenen Daten in einer tabellarischen Ansicht an. In dieser Ansicht wählt der Anwender einen Datensatz aus, um sich diesen dann in einer Detaildarstellung genauer anzusehen. Die SMS-, Erinnerungen- oder auch die Notiz-App von iOS funktionieren nach diesem Muster. Sie kennen diesen App-Typ bereits aus den vorigen Kapiteln. Auch die im Workshop entwickelte Passwort-App arbeitet nach diesem (Strick-)Muster. Nach einem Schnelleinstieg schauen wir uns einmal die Details und den Aufbau einer solchen App an.

7.1 Schnellstart: App mit Master-Detail-Application-Vorlage

Legen Sie also zunächst ein neues Projekt vom Typ *Master-Detail Application* an. Die Konfiguration des Projekts beschränkt sich in diesem Fall auf die Auswahl einer Bezeichnung.

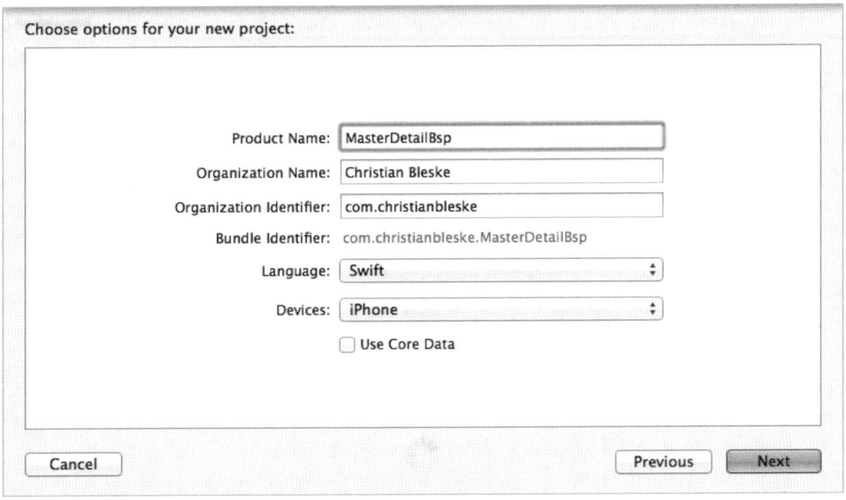

Abb. 7–1   *Neuanlegen einer »Master-Detail Application«*

Wichtig: Die Option *Use Core Data*, die im Workshop aktiviert wurde, wird in diesem Beispiel nicht benötigt. Nach dem Neuanlegen sollte man sich zuerst einen Überblick über die Views verschaffen, die automatisch erzeugt worden sind.

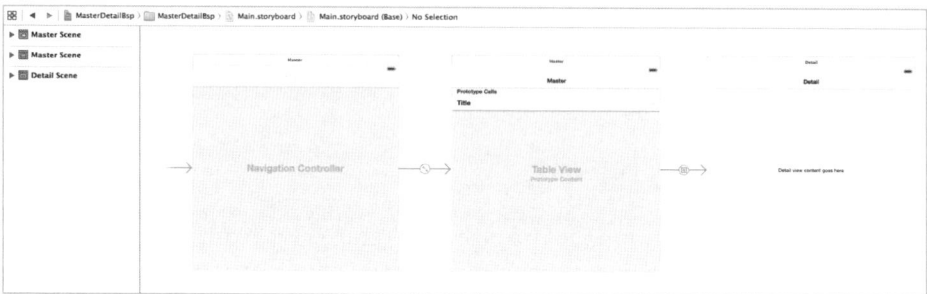

Abb. 7–2   *Die automatisch erzeugten Views im Projekt*

Danach kann direkt mit der Anpassung des Projekts begonnen werden. Kurz zur Funktion der App: Innerhalb der App werden in einer tabellarischen Übersicht jeweils die ersten Wörter eines Zitats angezeigt. Ein vollständiges Zitat wird erst nach Auswahl eines Eintrags in der Übersicht (der Tabelle) in dem Detailbildschirm präsentiert, der sich anschließend öffnet.

Im ersten Arbeitsschritt werden die erforderlichen Anpassungen im Storyboard vorgenommen. Hierzu öffnen Sie bitte das *Storyboard* und selektieren innerhalb der *Detail Scene* das *Label*-Control. Öffnen Sie anschließend den Attributes Inspector von Xcode. Suchen Sie nun die Eigenschaft *Lines*, und erhöhen Sie den enthaltenen Wert auf *10*: Es werden maximal 10 Zeilen im *Label*-Control angezeigt; länger sind die Zitate nicht.

Zusätzlich kann man noch die Hintergrundfarbe des Controls mit der Eigenschaft *Background* ändern, sodass das angezeigte Zitat in einem anderen farblichen Hintergrund als das View selbst angezeigt wird. Die Anpassungen im *Storyboard* sind damit beendet.

Als Nächstes wird der erzeugte Code geändert.

Abb. 7–3   *Anpassung des Label-Controls*

7.1.1   Datenquelle für Master-Detail hinzufügen

Damit die Zitate in einer Liste angezeigt werden können, bedarf es einer *Daten-quelle*. Diese *Datenquelle* enthält im Beispiel dann auch gleich die Zitate. Um es einfach zu halten, werden die Zitate in einem String-Array abgelegt. Dieses lässt sich dann sehr gut als Quelle zur Anbindung an die tabellarische Darstellung verwenden. Die *Datenquelle* wird in der Klasse *MasterViewController* untergebracht. Öffnen Sie also die entsprechende Datei *MasterViewController.swift* im Quellcodefenster von Xcode. Das Array wird direkt nach der Ableitung der Klasse eingefügt:

```
import UIKit

class MasterViewController: UITableViewController {

    let zitate = ["Heimisch in der Welt wird man nur durch Arbeit. Wer nicht
    arbeitet, ist heimatlos. - Berthold Auerbach", "Gib blind, nimm sehend. -
    Dt. Sprichwort", "Die kürzesten Wörter, nämlich 'ja' und 'nein' erfordern
    das meiste Nachdenken. - Pythagoras von Samos", "Es gehört oft mehr Mut
    dazu, seine Meinung zu ändern, als ihr treu zu bleiben. - Friedrich Hebbel"]

    //Quellcode entfernt
}
```

Es wurden nur vier Zitate eingefügt; es soll an dieser Stelle ja nur um ein Beispiel gehen. Jedes Zitat ist ein Element im Array. Die im Quelltext folgende Deklaration

```
var objects = [AnyObject]()

override func awakeFromNib() {
    super.awakeFromNib()
}
```

kann ignoriert werden. Die Variable *objects* wurde automatisch von Xcode generiert und wird nicht benötigt. Sie kann aber auch als Datenquelle verwendet werden, wenn beispielsweise mit Objekten gearbeitet wird. Auch die Funktion *awakeFromNib* wird nicht verwendet.

Hinweis

Die Methode *awakeFromNib* dient zur Initialisierung von Objekten zu einem bestimmten
Zeitpunkt, und zwar dann, wenn die Objekte aus der Xib-Datei geladen wurden. Sie erinnern sich sicherlich, dass beispielsweise der LaunchScreen einer App in einer Datei vom
Typ *xib* untergebracht ist. Es gibt diese Methode schon sehr lange, was sich im Namen
niederschlägt. Die Datei liegt heute im XML-Format vor. In grauer Vorzeit jedoch wurde
diese Datei binär gespeichert und hatte damals noch die Kennung *nib*. Daher stammt
der Name *awakeFromNib*.

Im Projekt folgt als Nächstes die Methode *viewDidLoad*. Den Inhalt können Sie
ebenfalls löschen oder auskommentieren. Auch die Methoden *insertNewObject*
und *didReceiveMemoryWarning werden* nicht benötigt. Sie können ebenfalls entfernt werden. Weiter geht es mit der Methode *prepareForSegue*. Wofür diese
Methode gut ist, wissen Sie bereits aus Kapitel 5.

```
override func prepareForSegue(segue: UIStoryboardSegue, sender: AnyObject?) {
    if segue.identifier == "showDetail" {
        if let indexPath = self.tableView.indexPathForSelectedRow {
            let zitat = zitate[indexPath.row] as String
            (segue.destinationViewController as!
                            DetailViewController).detailItem = zitat
        }
    }
}
```

Im Beispiel wird der Code in dieser Methode benötigt, um das ausgewählte Zitat
aus dem Array *zitate* auszulesen und an den Detail-View weiterzureichen. Wann
geschieht dies? Sobald der Anwender mit einem Finger eine Zeile in der Übersicht
ausgewählt hat, ist die App bereit, um den *Detail-View* aufzurufen. Es wird lediglich die Information benötigt, welche Zeile der Anwender ausgewählt hat.

Zur Ermittlung der entsprechenden Zeile kann eine Methode der Klasse *TableView* aufgerufen werden. Diese Methode trägt den Namen *indexPathForSelec-
tedRow* und gibt die vom Anwender ausgewählte Reihe zurück. Eine Zeile tiefer
wird dieser Parameter dann verwendet, besser gesagt der enthaltene Index, um an
der entsprechenden Stelle das Array *zitate* zu lesen. Das ausgelesene Zitat wird
dann der Eigenschaft *detailItem* des Views *Detail* zugewiesen. Die nun folgenden
Zeilen sind im Code besonders gekennzeichnet:

```
// MARK: - Table View

override func numberOfSectionsInTableView(tableView: UITableView) -> Int {
    return 1
}

override func tableView(tableView: UITableView, numberOfRowsInSection section:
    Int) -> Int {
    return zitate.count
}

override func tableView(tableView: UITableView, cellForRowAtIndexPath
    indexPath: NSIndexPath) -> UITableViewCell {
    let cell = tableView.dequeueReusableCellWithIdentifier("Cell",
    forIndexPath: indexPath) as UITableViewCell

    let zitat = zitate[indexPath.row] as String
    cell.textLabel!.text = zitat
    return cell
}

override func tableView(tableView: UITableView, canEditRowAtIndexPath
    indexPath: NSIndexPath) -> Bool {
    return true
}
```

Die Zeilen werden ausschließlich dafür benötigt, um den Inhalt des Arrays *zitate* im TableView-Controller anzuzeigen. Es handelt sich um die bereits für das Beispiel angepasste Version. Die Methode *numberOfSectionsInTableView* informiert darüber, wie viele Abschnitte es in der Datenquelle gibt. Der Standardwert ist *1* und ändert sich nur dann, wenn noch in untergeordneten Abschnitten Informationen enthalten sind, die im *TableView* angezeigt werden sollen.

Es folgt *numberOfRowsInSection*. Mit dieser Methode wird dem *TableView* mitgeteilt, wie viele Datensätze in der Datenquelle vorhanden sind. Im Falle des Arrays *zitate* wird diese Information mit der Eigenschaft *count* des Arrays abgefragt.

Die vorletzte Methode im Quellcode wird verwendet, um im *TableView* die Zeilen so zu füllen, dass der Anwender den Beginn eines jeden Zitats lesen kann. Hierzu gibt die Methode ein Objekt vom Typ *UITableViewCell* zurück. Es handelt sich bei dieser Klasse um die Vorlage für eine Zelle in einem *TableView*. Innerhalb der Methode wird im ersten Schritt für jedes anzuzeigende Element eine Zelle vom Typ *UITableViewCell* erzeugt. Man benötigt ein Objekt, um ihm dann den Inhalt aus einem Feld des *zitate*-Arrays zuzuweisen. Hierzu wird (wieder) auf den Parameter *indexPath* zurückgegriffen.

Sie merken sicherlich schon, worauf das hinausläuft. Sobald das *TableView* geladen wird, wird automatisch die Datenquelle sequenziell durchlaufen und jedes Element ausgelesen und dann in eine Zelle des *TableViews* geschrieben. Um den Anriss des Zitats im *UITableViewCell*-Objekt anzuzeigen, wird der Text einfach der Eigenschaft *Text* des *TextLabel*-Controls des *UITableViewCell*-Objekts *cell* zugewiesen. Hierzu muss man natürlich wissen, wie ein *UITableViewCell*-

Objekt aufgebaut ist. Ein Blick in die entsprechende Apple-Dokumentation verrät dann auch, auf welche Eigenschaften (Controls) man zugreifen kann.

Hinweis

Eine detaillierte Beschreibung der Klasse UITableViewCell finden Sie unter dem folgenden Link:

*https://developer.apple.com/library/ios/documentation/UIKit/Reference/
UITableViewCell_Class/*

Geben Sie einfach den Begriff *UITableViewCell* in eine Suchmaschine Ihrer Wahl ein, dann müssen Sie den Link nicht abtippen.

Eine Standardzelle enthält folgende Controls, die als Eigenschaften angesprochen werden können: *TextLabel*, *DetailTextLabel* und *ImageView*.

TextLabel ist die Eigenschaft, die zur Anzeige eines Titels verwendet wird. Der Font ist entsprechend groß gewählt, damit die Information dem Anwender auch direkt ins Auge springt. Das *DetailTextLabel* wird verwendet, um eine zusätzliche Information anzuzeigen. Schauen Sie sich doch einmal die SMS-App von iOS an. Der Absender bzw. dessen Nummer wird im *TextLabel* angezeigt, und die ersten Zeilen des Textes der SMS erscheinen im *DetailTextLabel*.

Ein Beispiel für die Verwendung des *ImageViews* innerhalb einer Zelle ist die Büroklammer als Zeichen für eine Anlage innerhalb der Mail-App oder das Zeichen für *Erledigt* bzw. *Nicht erledigt* innerhalb der App *Erinnerungen* von iOS. Damit aber die zusätzlichen Controls in einem *UITableViewCell* verwendet werden können, muss zuerst die Eigenschaft *Style* der Zelle im Attributes Inspector geändert werden. Wie das im Detail geht, wird in Abschnitt 7.4 vorgestellt. Nach der Zuweisung des Zitats an die *Text*-Eigenschaft des Label-Controls wird die entsprechend konfigurierte Zelle dem *TableView* via *return*-Anweisung übergeben.

Die letzte Methode im Quellcode signalisiert dem *TableView*, ob eine Zeile änderbar ist oder nicht. Alle weiteren Zeilen, die automatisch angelegt wurden, werden im Projekt nicht benötigt und können auskommentiert oder entfernt werden. Übrig bleibt dann noch die zweite Klasse, *DetailViewController*, mit der ein Zitat komplett angezeigt wird:

```
import UIKit

class DetailViewController: UIViewController {

    @IBOutlet weak var detailDescriptionLabel: UILabel!

    var detailItem: AnyObject? {
        didSet {
            self.configureView()
        }
    }
```

```
    func configureView() {
        if let detail: AnyObject = self.detailItem {
            if let label = self.detailDescriptionLabel {
                label.text = detail.description
            }
        }
    }

    override func viewDidLoad() {
        super.viewDidLoad()
        self.configureView()
    }

    override func didReceiveMemoryWarning() {
        super.didReceiveMemoryWarning()
    }
}
```

In der Klasse *DetailViewController* müssen überhaupt keine Änderungen vorgenommen werden. Sie kann so bleiben, wie sie automatisch generiert wurde. Interessant ist hier nur die Eigenschaft *detailItem*, die aus der Methode *prepareForSegue* der Klasse *MasterViewController* angesprochen wird und das Zitat
entgegennimmt. Dem im View enthaltenen Label-Control wird das Zitat dann in
der Methode *configureView* übergeben.

7.1.2   Das Projekt testen

Nach diesen Anpassungen kann das Projekt gestartet werden. Die komplette
Funktionalität ist vorhanden. In der Übersichtsliste werden die ersten Wörter
eines jeden Zitats angezeigt.

Abb. 7–4   *Die Zitate im TableView*

Sobald der Anwender ein Zitat ausgewählt hat, wechselt die Ansicht der App und das zweite View wird aufgerufen. In ihm wird das Zitat dann komplett angezeigt.

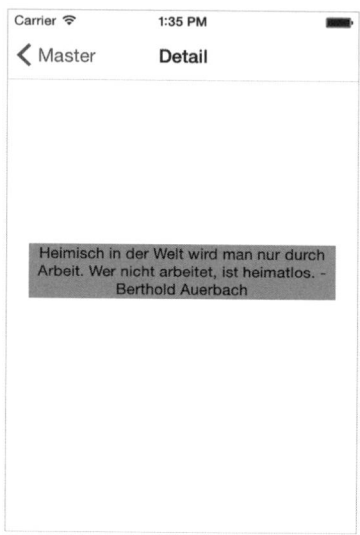

Abb. 7–5   *Ein Zitat in der Detailansicht*

7.2   UITableView und Controller

Der *TableView* ist ein häufig verwendetes Objekt innerhalb von Apps. Er findet immer dann Verwendung, wenn Elemente in einer tabellarischen Übersicht angezeigt werden sollen. Nicht nur die Standard-Apps wie SMS (Nachrichten) oder Erinnerungen verwendet diese Form der Anzeige. Auch andere Apps, wie z.B. die *Apple Store*-App, verwenden diese Darstellung, um die Inhalte in einer Übersicht anzuzeigen (siehe Abb. 7–6).

Eine solche tabellarische Übersicht setzt sich natürlich aus zwei Elementen zusammen: dem TableView und dem zugehörigen Controller, also der Klasse, die für die Aufbereitung des Inhalts zuständig ist. Diese Klasse ist in der Regel von *UITableViewController* abgeleitet, wie es ja auch im letzten Beispiel der Fall war.

Die Hauptaufgabe eines *TableViews* ist die Anzeige großer Datenmengen. Hierbei hat der Entwickler die Wahl, ob er die Daten in einer großen Tabelle anzeigen möchte oder die Daten abschnittsweise geordnet angezeigt werden. Eine abschnittsweise Anzeige kann beispielsweise im Mail-Programm von iOS beobachtet werden, wenn mehrere Postfächer eingebunden sind. Für jedes Postfach wird ein eigener Abschnitt eingefügt, in dem nur die Mails angezeigt werden, die im jeweiligen Postfach liegen. Auch das TableView, das in den Einstellungen von iOS verwendet wird, ist in mehrere Abschnitte eingeteilt.

Abb. 7–6   Die »Apple Store«-App mit TableView

Bei der Verwendung eines TableViews kommen Sie mit drei Akteuren in Berührung. Zuerst ist da die Klasse *UITableView*. Sie ist für die Darstellung und den Aufbau zuständig und verarbeitet Eingaben. Der TableView kann aus einer durchgehenden Liste bestehen, oder die Liste kann auch in Abschnitte unterteilt sein.

Auch das Protokoll *UITableViewDataSource* kann zum Einsatz kommen. Diese Schnittstelle definiert die Anzahl der Zeilen pro Abschnitt und ist für die Views der Zellen zuständig.

Und auch ein Delegate gibt es hier: *UITableViewDelegate*. In dieser Schnittstelle werden unterschiedliche Methoden bereitgestellt. Beispielsweise kann man sich mit einer Methode darüber informieren lassen, welche Zeilen ausgewählt wurden. Beide Protokolle sind in einer Basisversion in der Klasse *UITableView-Controller* implementiert und müssen nur in Ausnahmefällen direkt abgeleitet werden. Die zur Anzeige wichtigsten Methoden, wie z. B. *numberOfRowsInTab-leView*, haben Sie bereits im ersten Beispiel zum Thema TableViews kennengelernt.

7.3   UITableViewCell

Ein wichtiger Bestandteil eines TableViews sind natürlich die Zellen, in denen die Informationen angezeigt werden. Grundlage für eine Zelle ist die Klasse *UITable-ViewCell*. In dieser Klasse sind die entsprechenden Eigenschaften und Methoden implementiert, mit denen festgelegt werden kann, was und wie etwas in einer Zelle angezeigt wird. Hierbei gibt es nicht nur die Möglichkeit, sich auf eine Zeile Text zur Anzeige zu beschränken, sondern die Konfigurationsmöglichkeiten sind etwas umfangreicher. So lassen sich beispielsweise der Hintergrund, mehrere Texte und auch Bilder in einer Zelle anzeigen.

Um Ihnen das einmal zu demonstrieren, wird das letzte Beispiel im Bereich der Anzeige der Zelle erweitert. Hierbei kann man sich entscheiden, ob man auf ein vorgefertigtes Muster oder auf einen Neuentwurf der Zelle zurückgreift. In diesem Beispiel wird das Aussehen der Zelle durch Verwendung zusätzlicher Eigenschaften und durch Verwendung eines anderen Stils angepasst. Bevor etwas am Code geändert wird, wird zuerst im Storyboard eine kleine Anpassung vorgenommen. Hierzu wird das View in der *Master Scene* ausgewählt und in ihm das bereits vorhandene *Cell*-Objekt markiert. Anschließend wird der Attributes Inspector von Xcode aktiviert.

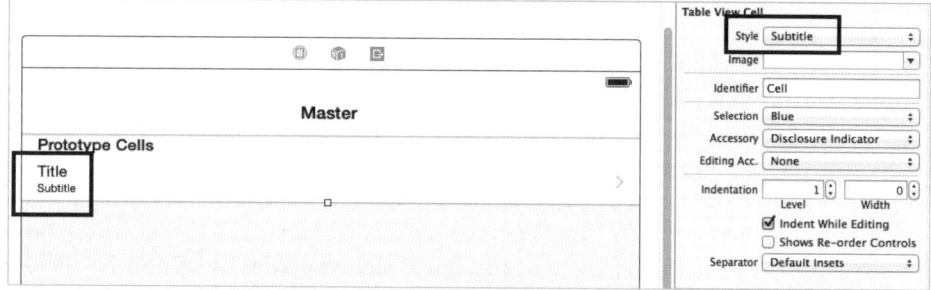

Abb. 7–7   *Ändern der Style-Eigenschaft einer Zelle*

Innerhalb des Abschnitts *Table View Cell* befindet sich gleich zu Beginn die *Style*-Eigenschaft. Hier dürfte zu diesem Zeitpunkt noch die Einstellung *Basic* ausgewählt sein. Neben dieser Option findet man auch noch *Subtitle* sowie *Right* und *Left Detail*. Die Bezeichnungen dürften eigentlich selbsterklärend sein und können direkt im Interface Builder ausprobiert werden. Die Änderung der Auswahl wird sofort angezeigt.

In Abbildung 7–7 ist zu sehen, dass die Auswahl im Beispiel auf den Stil *Subtitle* festgelegt worden ist. Zusätzlich kann man der Abbildung noch entnehmen, dass mit der *Image*-Eigenschaft ein Bild ausgewählt werden kann, das in der Zelle angezeigt werden soll. Außerdem kann die Bezeichnung des Objekts über die Eigenschaft *Identifier* festgelegt werden. Neben der Änderung im Storyboard muss natürlich auch der Code innerhalb der Klasse *MasterViewController* etwas angepasst werden. Alle erforderlichen Änderungen werden in der Methode *table-View* mit dem Parameter *cellForRowAtIndexPath* vorgenommen. Die angepasste Variante der Methode gestaltet sich dann wie folgt:

```
override func tableView(tableView: UITableView, cellForRowAtIndexPath
indexPath: NSIndexPath) -> UITableViewCell {
    let cell = tableView.
        DequeueReusableCellWithIdentifier(
            "Cell", forIndexPath: indexPath) as UITableViewCell

    let zitat = zitate[indexPath.row] as String
    cell.textLabel!.text = zitat
    cell.detailTextLabel!.text = "Platz für zusätzliche Informationen"
    var imageName = UIImage(named: "books")
    cell.imageView!.image = imageName
    return cell
}
```

Das Abgreifen der aktuellen Zelle unterscheidet sich nicht von der bereits bekannten Variante. Erst durch die Verwendung der Eigenschaft *detailTextLabel* wird deutlich, dass die Änderung der *Style*-Eigenschaft auch eine Auswirkung auf das Objekt im Code mit sich bringt. Eine Zeile tiefer wird eine *UIImage*-Instanz erzeugt, um im *ImageView*-Control das Bild anzeigen zu können. Hierzu wird der Klasse *UIImage* der Name des zu verwendenden Bildes übergeben. Mit der abschließenden *return*-Anweisung wird die entsprechend konfigurierte Zelle dann im TableView-Control angezeigt. Das Ergebnis dieser Bemühungen mündet in einer geänderten Darstellung der Zellen in der Tabelle.

Abb. 7–8   *Zelle im TableView mit Bild und Subtitle*

7.4   CustomCell

Die Änderungen an der Zelle bringen zur Laufzeit schon etwas Schwung in das Layout des TableView. Aber was ist, wenn zwei Label-Controls nicht genügen oder wenn man die Anordnung der Controls innerhalb der Zelle ändern möchte?

Mit den vorgefertigten Stilen ist eine solche Änderung nicht machbar. Aber auch für dieses Problem gibt es natürlich eine Lösung. Mit einer sogenannten *CustomCell* hat man die Möglichkeit, eine Zelle von Grund auf so zu gestalten, wie es notwendig ist. Die Anpassung einer Zelle besteht dabei aus zwei Schritten. Im ersten Schritt wird die Oberfläche der Zelle im Interface Builder umgebaut. Der zweite Schritt umfasst die Erstellung einer abgeleiteten Klasse sowie die Anpassung der bereits bekannten (und in den letzten Beispielen gezeigten) Methoden innerhalb der Klasse *TableViewController*.

An dieser Stelle möchte ich das folgende Beispiel einmal etwas anders beginnen. Als Template für das Projekt wird die *Single View Application*-Vorlage gewählt und nicht (wie man meinen könnte) *Master-Detail Application*. Nach dem Anlegen des Projekts sollte zunächst einmal das Storyboard geöffnet und das darin enthaltene View markiert und anschließend gelöscht werden. Im nächsten Schritt wird dann ein *TableViewController* aus der Object Library von Xcode via Drag & Drop im Storyboard abgelegt.

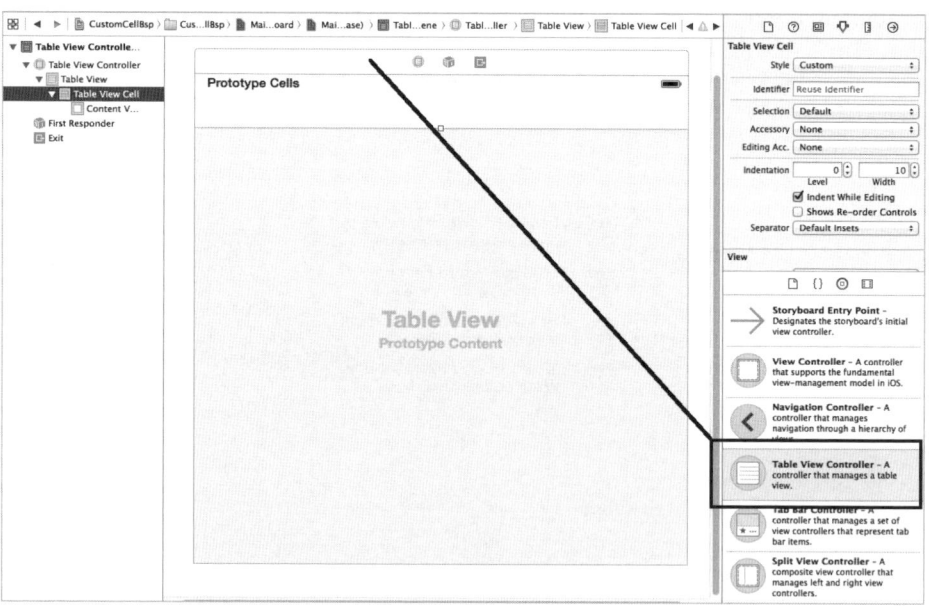

Abb. 7–9   *Einfügen des TableViewControllers in das Storyboard*

Nun kann man beginnen, das Layout der Zelle anzupassen. Im Beispiel sollen in der Zelle drei Textauszüge angezeigt werden. Hierzu werden in der Zelle drei Label-Controls benötigt. Ein Label mit der Fontgröße 18 wird am oberen Rand eingefügt, die beiden anderen Label-Controls verwenden die Fontgröße 14 und werden am unteren Rand positioniert. Passen Sie die Labels so an, dass sie wie in Abbildung 7–10 angeordnet sind. Die Breite der Labels kann auf der Voreinstellung belassen werden.

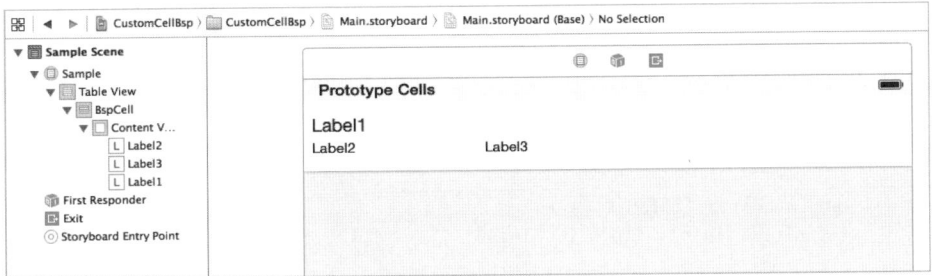

Abb. 7–10   *Das neue Layout der CustomCell*

Wenn die Zelle nicht mehr fokussiert ist, dann markieren Sie sie nun wieder, und öffnen Sie anschließend den *Attributes Inspector* von Xcode. Damit die Zelle später im Quellcode auch angesprochen werden kann, benötigt sie eine eindeutige Bezeichnung. Im Abschnitt *Table View Cell* des Attributes Inspector finden Sie die Eigenschaft *Identifier*. Tragen Sie hier bitte die Bezeichnung *BspCell* für die Zelle ein.

Werfen Sie auch noch einen Blick auf die *Style*-Eigenschaft. Hier müsste (nach der Anpassung der Zelle) der Eintrag *Custom* (daher *CustomCell*) selektiert sein. Eine *CustomCell* benötigt neben der Anpassung im Interface Builder auch immer eine eigene Klasse. Aus diesem Grund muss eine neue Swift-Datei angelegt werden, in der diese Klasse implementiert wird. Die Datei trägt analog zur Zelle den Namen *BspCell.swift*. Öffnen Sie die Datei im Codeeditor, und fügen Sie aus der *Code Snippet Library* die Vorlage für eine neue Swift-Klasse ein.

```
import Foundation
import UIKit

class BspCell : UITableViewCell {

    @IBOutlet var Label1: UILabel!
    @IBOutlet var Label2: UILabel!
    @IBOutlet var Label3: UILabel!
}
```

Die Klasse wird von der Superklasse *UITableViewCell* abgeleitet. Außerdem werden Outlets für die drei Label-Controls angelegt. Nach diesen Vorbereitungen kann es an die Programmierung gehen. Für die neue *Cell* wird natürlich auch eine passende Datenstruktur benötigt. Im Beispiel wird diese Struktur mit einem *struct* gebaut:

```
struct InfoBit {
  var Info1: String
  var Info2: String
  var Info3: String
}
```

Jede der Variablen innerhalb der Struktur ist vom Typ String und wird direkt in Kombination mit einem Label-Control in der Zelle verwendet. Mehr Aufwand muss für diese Klasse nicht betrieben werden. Es folgt der Code, der die *Datenquelle* mit dem TableView verknüpft:

```
class ViewController: UITableViewController {

  var InfoBits: [InfoBit] = [
    InfoBit(Info1: "Info 1", Info2: "Text 1.1", Info3: "Text 1.2"),
    InfoBit(Info1: "Info 2", Info2: "Text 2.1", Info3: "Text 2.2"),
    InfoBit(Info1: "Info 3", Info2: "Text 3.1", Info3: "Text 3.2"),
    InfoBit(Info1: "Info 4", Info2: "Text 4.1", Info3: "Text 4.2")
  ]

  override func viewDidLoad() {
    super.viewDidLoad()
  }

  override func tableView(tableView: UITableView,
    cellForRowAtIndexPath indexPath: NSIndexPath) -> UITableViewCell {
    let cell = tableView.dequeueReusableCellWithIdentifier("BspCell",
    forIndexPath: indexPath) as! BspCell

    cell.Label1.text = InfoBits[indexPath.row].Info1
    cell.Label2.text = InfoBits[indexPath.row].Info2
    cell.Label3.text = InfoBits[indexPath.row].Info3
    return cell
  }

  override func tableView(tableView: UITableView,
    numberOfRowsInSection section: Int) -> Int {
    return InfoBits.count
  }

  override func didReceiveMemoryWarning() {
    super.didReceiveMemoryWarning()
  }
}
```

Hinweis

Mit Swift 2.0 ist die explizite Ableitung vom Protokoll *UITableViewDataSource* bei der Definition der Klasse nicht mehr erforderlich.

Zu Beginn der Klasse wird erst einmal die Datenquelle initialisiert. Sie besteht aus einem Array, das die zuvor definierte Struktur in Form von mehreren Variablen enthält. In der TableView-Methode mit dem Parameter *cellForRowAtIndexPath* wird jede Zelle mit den Daten aus dem Array initialisiert und zur Ausgabe zurückgegeben. Gut zu erkennen ist hier, wie die einzelnen Attribute der Struktur ausgelesen und anschließend zugewiesen werden. Die TableView-Methode *numberOfRowsInSection* sorgt dann dafür, dass dem TableView bekannt ist, wie viele Elemente in der Datenquelle vorliegen.

Im Prinzip waren das bereits alle Schritte, um eine selbst gebaute Zelle in Betrieb zu nehmen. Startet man die App aber in der vorliegenden Variante, so erscheint die Meldung aus Abbildung 7–11 in der Debug-Console von Xcode.

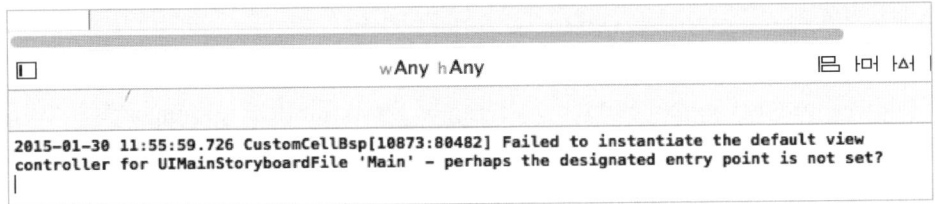

Abb. 7–11   *Fehlermeldung beim Start des Projekts*

Die Fehlermeldung besagt, dass wir kein View im Storyboard haben, das als Einstiegspunkt in die App markiert ist. In jeder App ist normalerweise definiert, welches View zum Start der Anwendung aufgerufen wird. Eigentlich wird dieser Einstiegspunkt direkt mit der Verwendung einer Projektvorlage angelegt. Das war auch bei diesem Projekt der Fall, allerdings wurde das View ja direkt zu Beginn gelöscht, und mit dem Löschen des Views wurde dann natürlich auch der Einstiegspunkt in die Anwendung gelöscht. Der Einstiegspunkt in die App muss nun neu festgelegt werden. Früher wurde dieses Merkmal über ein Optionsfeld direkt im Attributes Inspector festgelegt. Seit Xcode 6.2 hat sich das ein wenig geändert. Innerhalb der Object Library gibt es hierfür nun ein Control, das die Bezeichnung *Storyboard Entry Point* trägt. Dieses Control wird jetzt verwendet, um den Einstiegspunkt in die Anwendung zu kennzeichnen.

Hinweis

Wenn Sie ältere Projekte in Xcode öffnen, dann werden Sie vielleicht feststellen, dass das *Storyboard Entry Point*-Control nicht verfügbar ist. In solchen Fällen suchen Sie bitte im Attributes Inspector das Optionsfeld *Is Initial View Controller* und aktivieren es. Anschließend ist das markierte View der Einstiegspunkt in die App.

Sample Scene
Sample
Table View
First Responder
Exit
Storyboard Entry Point
Prototype Cells
Label1
Label2
Label3

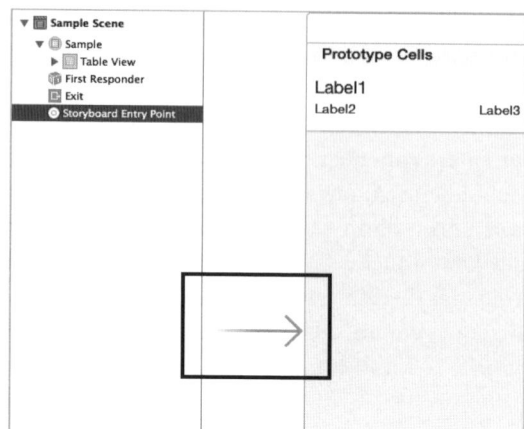

Abb. 7–12 *Einstiegspunkt in die App festlegen*

Hierzu wird das Control einfach via Drag & Drop mit dem jeweiligen View verknüpft. Nach dieser Drag&Drop-Aktion (siehe Abb. 7–12) kann die Anwendung wieder gestartet werden und bricht nun auch nicht mehr während des Starts ab. Betrachtet man das TableView nun, so wird in jeder Zelle das neue Layout berücksichtigt. Natürlich sind hier weitere Alternativen möglich, und auch eine weitere Abbildung kann (z.B. via ImageView) in die Zelle eingefügt werden.

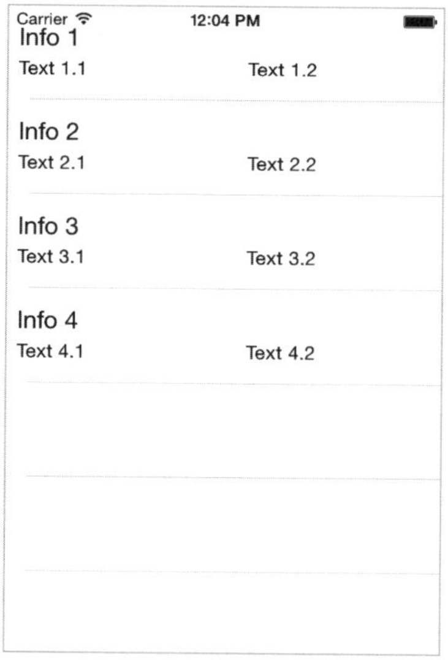

Carrier
12:04 PM
Info 1
Text 1.1
Text 1.2
Info 2
Text 2.1
Text 2.2
Info 3
Text 3.1
Text 3.2
Info 4
Text 4.1
Text 4.2

Abb. 7–13 *Die neu gestaltete Zelle im Einsatz*

7.5   NavigationBar anpassen

Wenn die Vorlage *Master Detail Application* zum Anlegen einer neuen App verwendet oder aber ein neuer *NavigationController* in ein Storyboard eingefügt
wird, dann wird auch gleichzeitig ein *NavigationBar* in den *NavigationController* eingefügt.

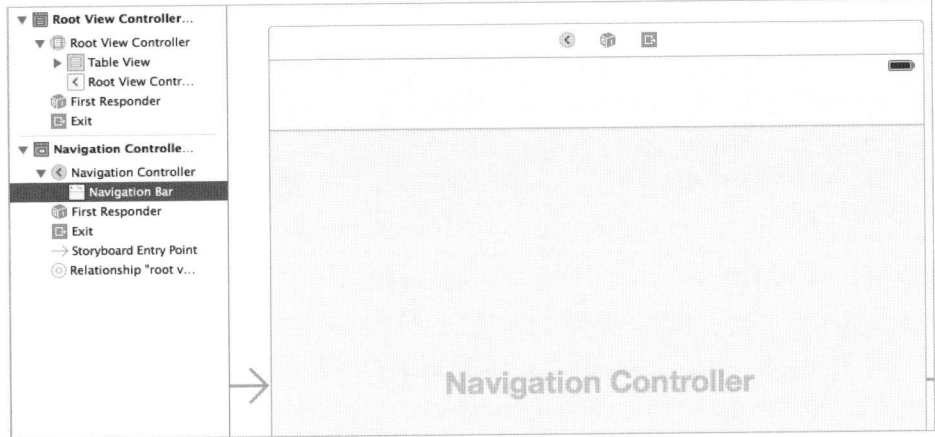

Abb. 7–14   *NavigationBar im NavigationController*

Bisher wurde der *NavigationBar* aber immer so verwendet, wie er erzeugt wurde.
Es gibt aber auch die Möglichkeit, den *NavigationBar* anzupassen. Zum Nachvollziehen können Sie in einem *Single View Application*-Projekt einen neuen *NavigationBar* einfügen, indem Sie zuerst den ViewController markieren und dann im
Menü *Editor* den Eintrag *Embed In → Navigation Controller* auswählen. Fügen
Sie anschließend zwei *Bar Button Items* in den *NavigationBar* ein. Zuletzt entfernen Sie bitte noch den Titel (Eigenschaft: *Title*) aus dem *Navigation Item*.

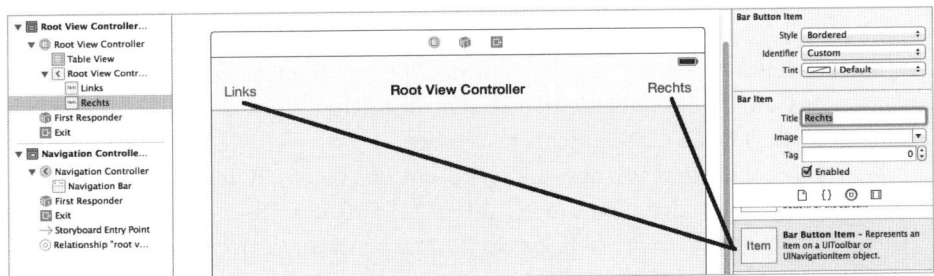

Abb. 7–15   *Bar Button Items in NavigationBar einfügen*

Ändern Sie die Bezeichnung der *Bar Button Items* in *Links* und *Rechts*. Denken
Sie auch daran, das View mit der Klasse zu verknüpfen. Hierzu muss zuerst das
View im Storyboard markiert und anschließend im Identity Inspector die Klasse
ViewController im Auswahlfeld *Class* ausgewählt werden.

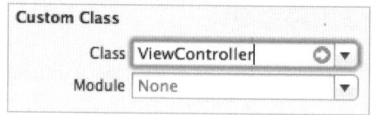

Abb. 7–16　　*Verknüpfung von View und Klasse*

Die restliche Konfiguration des *NavigationBar* wird dann im Code vorgenommen:

```
import UIKit

class ViewController: UIViewController {

    override func viewDidLoad() {
        super.viewDidLoad()

        var navCntr = self.navigationController?.navigationBar
        navCntr?.barStyle = UIBarStyle.Black
        navCntr?.tintColor = UIColor.redColor()
        let imageView = UIImageView(frame: CGRect(x: 0, y: 0, width: 35,
        height: 35))
        imageView.contentMode = .ScaleAspectFit

        let image = UIImage(named: "kreis")
        imageView.image = image

        navigationItem.titleView = imageView
    }

    override func didReceiveMemoryWarning() {
        super.didReceiveMemoryWarning()
    }
}
```

Im ersten Schritt wird zur Konfiguration des *NavigationBar* eine neue Variable vom Typ *NavigationBar* angelegt, die eine Referenz auf das entsprechende Objekt im View enthält. Sobald das Control im Code verfügbar ist, kann es an die Änderung der Werte gehen. Über die Eigenschaft *barStyle* wird die Hintergrundfarbe des *NavigationBar* festgelegt. Mit *tintColor* wird die Farbe des Fonts bestimmt. Außerdem wird im *NavigationBar* ein ImageView-Control erzeugt. Hierzu wird ein neues Objekt der Klasse abgeleitet, und im Initialisierer der Klasse wird die Größe des Controls festgelegt.

Wie das Bild skaliert werden soll, wird mit der Eigenschaft *contentMode* festgelegt. Es fehlt noch der Name des Bildes. Er wird dem Initialisierer der Klasse *UIImage* übergeben. Zuvor sollte das Bild natürlich dem Projekt hinzugefügt worden seien. Durch die Übergabe des *image*-Objekts an die Eigenschaft *image* des ImageViews wird das geladene Bild im ImageView angezeigt. Zuletzt muss das ImageView-Control noch mit dem *NavigationItem* verknüpft werden (Eigenschaft: *titleView*). Nur so wird das Bild anschließend im *NavigationBar* angezeigt.

Abb. 7–17   *Der angepasste NavigationBar zur Laufzeit*

Damit haben Sie nun eine Vorstellung davon, wie sich ein *NavigationBar* anpassen lässt.

7.6   Workshop – Passwortverwaltung – Teil 2

Einige der in diesem Kapitel angesprochenen Themen werden in diesem Abschnitt in die Passwortverwaltung übernommen. bzw. wiederholt. In diesem Teil des Workshops gilt es, einige Punkte umzusetzen. Zum einen sollen die Views zum Einsehen und Anlegen eines Passworts fertiggestellt werden – also der grafische Teil der App. Außerdem soll auch der Code programmiert werden, der zur detaillierten Anzeige eines Passworts im Detail-View erforderlich ist. Im Prinzip wird jetzt also der komplette Code mit Ausnahme der dauerhaften Speicherung sowie der Erzeugung der Passwörter realisiert. Los geht es mit dem Anlegen einer neuen Klasse.

In der Workshop-App dreht sich alles um Passwörter. Aus diesem Grund wäre es natürlich günstig, auch eine entsprechende Klasse im Projekt zu haben.

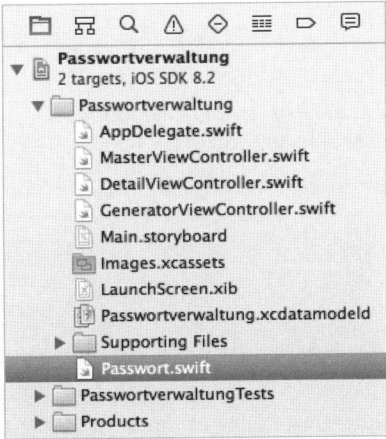

Abb. 7–18   *Die erweiterte Projektstruktur*

Legen Sie nun bitte im folgenden Schritt eine neue *Swift-Datei* an, und fügen Sie aus der *Code Snippet Library* das Gerüst für eine neue Swift-Klasse in die Datei ein. Die Klasse ist sehr einfach gestaltet:

```
import Foundation

class Passwort {

    var passwort: String=""
    var name: String=""
    var bemerkung: String=""
}
```

Sie wird sich aber im Laufe des Projekts noch etwas ändern. Zu diesem Zeitpunkt genügt es jedoch, die drei Eigenschaften vom Typ String zu implementieren, deren Bedeutung weitestgehend selbsterklärend sein dürfte. Die Property *name* wird verwendet, um einem Passwort eine Bezeichnung zuordnen zu können, sodass das Passwort selbst in der Übersicht (im TableView) nicht angezeigt wird, sondern nur der vergebene Name.

Container für Testdaten

Nach dem Einfügen der neuen Klasse wäre es natürlich auch sinnvoll, die Klasse im Projekt zu verwenden. Aus diesem Grund wird im nächsten Schritt eine Datenquelle (ein Array) angelegt, in dem ein paar Objekte vom Typ Passwort mit Testdaten gespeichert werden. Die Datenquelle wird innerhalb der Klasse *MasterViewController* angelegt. Dies ist auch der Platz, an dem später der Code zur Verwaltung (Laden, Speichern) der Passwörter eingefügt werden wird. Die neuen Ergänzungen beginnen direkt unterhalb der Ableitung der Klasse *MasterViewController*:

```
import UIKit
import CoreData

class MasterViewController: UITableViewController,
    NSFetchedResultsControllerDelegate {

    var managedObjectContext: NSManagedObjectContext? = nil

    var passworte = NSMutableArray()

    //Quellcode entfernt...
}
```

Nur eine Zeile ist hier von Interesse, und zwar diejenige, in der das Array *passworte* vom Typ *NSMutableArray* angelegt wird. Der verwendete Typ wird für die Zusammenarbeit mit einem später verwendeten Framework (Core Data) benötigt. Jetzt, da eine Datenquelle im Code vorhanden ist, muss diese auch gefüllt werden. Um alles zu testen, z.B. die Anzeige der Passwörter in der Übersicht oder auch die Detailansicht, werden ein paar Testdaten benötigt. Diese Testdaten bzw. die Befüllung des Arrays *passworte* geschieht innerhalb der Methode *viewDidLoad*:

```
override func viewDidLoad() {
  super.viewDidLoad()
  self.navigationItem.leftBarButtonItem = self.editButtonItem()

  var pwd1 = Passwort()
  pwd1.name = "Passwort 1"
  pwd1.passwort = "ADJSFKSDK21d"
  pwd1.bemerkung = "Dies ist ein langer Text. Dies ist ein langer Test. ↵
  Dies ist ein langer Test.Dies ist ein langer Test."

  var pwd2 = Passwort()
  pwd2.name = "Passwort 2"
  pwd2.passwort = "CVDGGVS3243e"
  pwd2.bemerkung = "Dies ist ein langer Test. Dies ist ein langer Test. ↵
  Dies ist ein langer Test.Dies ist ein langer Test."

  var pwd3 = Passwort()
  pwd3.name = "Passwort 3"
  pwd3.passwort = "GHZFU4422F4"
  pwd3.bemerkung = "Dies ist ein langer Test. Dies ist ein langer Test. ↵
  Dies ist ein langer Test.Dies ist ein langer Test."

  passworte.addObject(pwd1)
  passworte.addObject(pwd2)
  passworte.addObject(pwd3)
}
```

Es wird im ersten Schritt jeweils eine neue Variable vom Typ *Passwort* angelegt. Anschließend werden die Eigenschaften: *name*, *passwort* und *bemerkung* mit Testdaten gefüllt. Mit der Methode *addObject* werden die erzeugten Passwort-Objekte zuletzt in das Array eingefügt. Nach dieser Aktion ist nun eine Datenquelle im Projekt vorhanden.

Anzeige der Passwörter im TableView

Nun fehlt noch etwas Code, der zum einen das TableView füllt und zum anderen dafür sorgt, dass ein ausgewähltes Passwort an das Detail-View übergeben wird. Zuerst folgt die Besprechung des Codes, der zur Anzeige der Passwörter im TableView notwendig ist. Wie Sie in diesem Kapitel erfahren haben, sind für die Füllung des TableView mehrere Methoden verantwortlich:

```
// MARK: - Table View

override func numberOfSectionsInTableView(tableView: UITableView) -> Int {
  return 1
}

override func tableView(tableView: UITableView,
  numberOfRowsInSection section: Int) -> Int {
  return passworte.count
}
```

```
override func tableView(tableView: UITableView,
    cellForRowAtIndexPath indexPath: NSIndexPath) -> UITableViewCell {
    let cell = tableView.dequeueReusableCellWithIdentifier("Cell",
    forIndexPath: indexPath) as! UITableViewCell

    let pwd = passworte[indexPath.row] as! Passwort
    cell.textLabel?.text = pwd.name
    return cell
}

override func tableView(tableView: UITableView,
    canEditRowAtIndexPath indexPath: NSIndexPath) -> Bool {
    return true
}
```

Die erste Methode in der Auflistung ist *numberOfSectionsInTableView*. Wie bereits beschrieben, wird diese Methode verwendet, um festzulegen, wie viele Abschnitte in der Übersicht des TableViews angezeigt werden. Bei der Passwortverwaltung ist nur ein durchgehender Abschnitt erforderlich. Aus diesem Grund wird der Wert 1 zurückgegeben.

Außerdem muss das TableView wissen, wie viele Zeilen es insgesamt anzeigen soll. Hierzu wird die Methode *numberOfRowsInSection* herangezogen. In der Passwortverwaltung wird hierzu das Array *passworte* bzw. dessen *count*-Eigenschaft ausgelesen.

Die TableView-Methode *cellForRowAtIndexPath* übernimmt auch hier wieder die Aufbereitung des Inhalts der Zellen. Deshalb wird eine neue Zelle angelegt, und dem enthaltenen Label-Control bzw. dessen Eigenschaft *textLabel* wird der Name des Passworts zur Anzeige zugewiesen. Gelesen wird der Name aus der Eigenschaft *Name* eines *Passwort*-Objekts.

In der Methode *canEditRowAtIndexPath* wird festgelegt, dass eine Zeile änderbar ist. Dies ist erforderlich, damit ein Passwort auch später aus der Auflistung gelöscht werden kann.

Nach diesen Vorarbeiten werden die erzeugten Dummys (die Passwort-Objekte) nun im TableView angezeigt. Die Detaildarstellung im Detail-View fehlt aber noch. Der hierzu erforderliche Code wird zusammen mit dem notwendigen Design des Views erläutert.

GeneratorViewController gestalten

Öffnen Sie zur Gestaltung des *GeneratorViewControllers* das entsprechende View im Storyboard, das bereits in Teil 1 des Workshops angelegt worden ist. Das View ist mit Ausnahme des NavigationBar noch leer. Werfen Sie nun bitte einen Blick auf Abbildung 7–19. In ihr sehen Sie einen fertigen Entwurf des Views mit allen Controls.

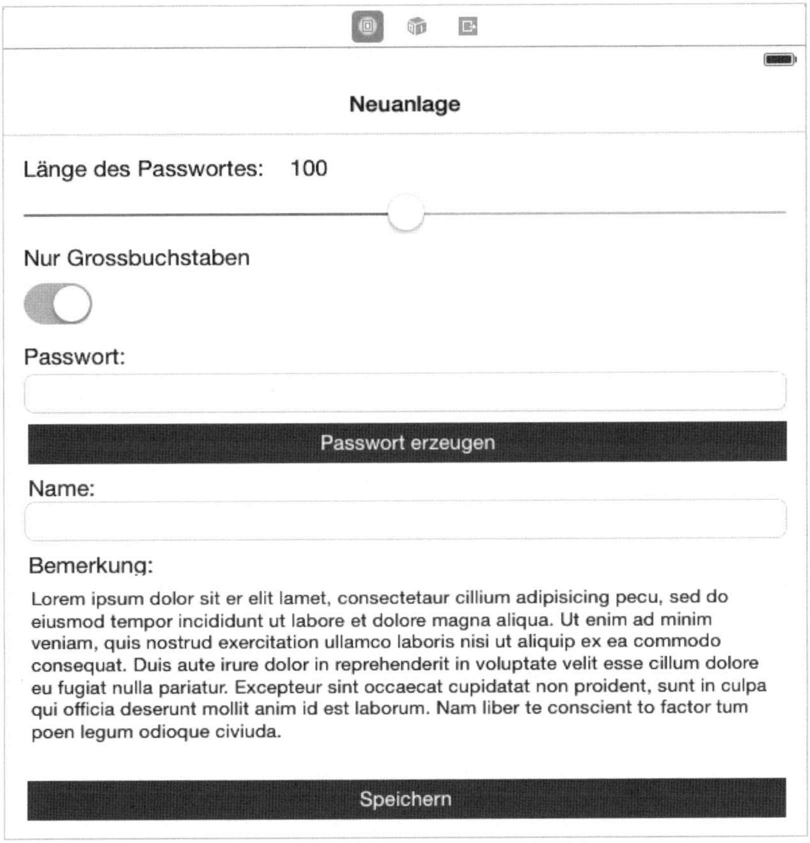

Abb. 7–19   *Das fertige Layout des Views für den Generator*

Direkt zu Beginn werden zwei Label-Controls benötigt: eines als textuelle Beschreibung, das andere dient zum Anzeigen der Länge des Passworts, das erzeugt werden soll (*Länge des Passworts*). Die Controls können direkt via Drag & Drop in das Formular eingefügt werden.

Nutzen Sie dann den Attributes Inspector, um in die *Text*-Eigenschaft der beiden Controls jeweils den Text einzutragen, den Sie in Abbildung 7–19 sehen. Wie groß sollen die Controls sein? Vergrößern Sie diese, sofern erforderlich so, dass jeweils der komplette Text zu sehen ist.

Die Voreinstellung der Schriftgröße kann übernommen werden. Da die App auf iOS-Geräten mit unterschiedlichen Bildschirmgrößen laufen soll, mühen Sie sich gar nicht erst damit ab, eine feste Größe zu vergeben, sondern nutzen Sie das in Abschnitt 5.5 vorgestellte AutoLayout, um mit Constraints feste Maße zu vermeiden.

Nachdem Sie die Constraints für die Labels eingefügt haben, sollten Sie nacheinander den *UISlider*, *UISwitch* sowie die erforderlichen Buttons, Labels und TextField-Controls einfügen. Zur Anzeige der Bemerkung wird ein TextView-Control verwendet.

Die Ansteuerung des TextView-Controls wird im dritten Teil des Workshops vorgestellt. Zuletzt sollte noch das View mit der zugehörigen Klasse verknüpft werden. Diese Aktion findet im Identity Inspector (Eigenschaft *Class*) statt.

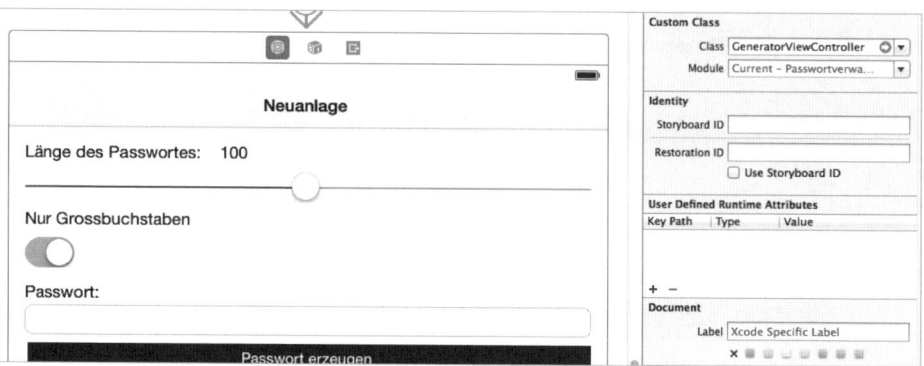

Abb. 7–20　　*Verknüpfung von View und Klasse*

Ein Segue für das Passwort

Weiter geht es mit dem Detail-View. Bevor es aber layout- und codetechnisch umgesetzt wird, muss zuerst noch etwas Code in die Klasse *MasterViewController* eingefügt werden. Hierbei handelt es sich um den Code, der dafür sorgt, dass das im TableView ausgewählte Passwort auch an den Detail-View übergeben wird.

TableViewController und *DetailViewController* sind durch ein *Segue* verknüpft. Für das Segue bzw. im verknüpften Ereignishandler wird nun etwas Code erfasst, der beim Aufruf der Methode innerhalb der Klasse *MasterViewController* ausgeführt wird:

```
// MARK: - Segues

override func prepareForSegue(segue: UIStoryboardSegue, sender: AnyObject?) {
    if segue.identifier == "showDetail" {
        if let indexPath =
            self.tableView.indexPathForSelectedRow() {
            let pwd = passworte[indexPath.row] as
            Passwort(segue.destinationViewController as
            DetailViewController).detailItem = pwd
        }
    }
}
```

Sobald ein Benutzer eine Zelle ausgewählt hat, wird innerhalb der Methode *prepareForSegue* zuerst geprüft, ob das Detail-View angezeigt werden soll.

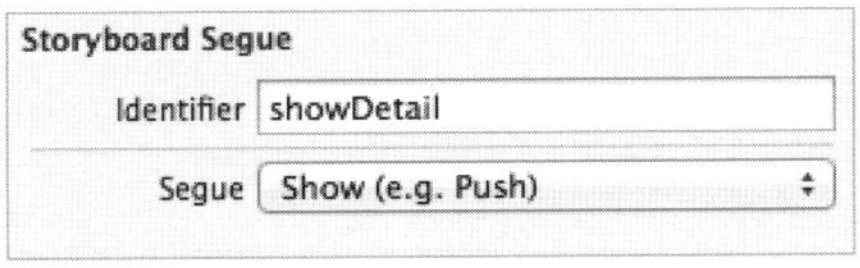

Abb. 7–21   *Konfiguration des Segue*

Hierzu wird das *Segue* zwischen *Master-* und *DetailView* entsprechend konfiguriert, indem in der Eigenschaft *Identifier* ein Name (*showDetail*) eingetragen wird, der später zur Laufzeit ausgelesen und zum Vergleich verwendet wird. Im Code geschieht das mithilfe einer *If*-Anweisung. Diese prüft, ob das passende *Segue* aufgerufen wurde. Wenn das der Fall ist, wird im nächsten Schritt die gewählte Zelle ermittelt und ihr Index ausgelesen. Mit dem ermittelten Index kann dann das Array *passworte* an der passenden Stelle ausgelesen werden. Das ausgelesene *Passwort*-Objekt wird zuletzt der Eigenschaft *detailItem* der Klasse *DetailViewController* zugewiesen, und – schwupp – sind die Daten des Passworts im Detail-View verfügbar.

Detailansicht

Die Detailansicht des Views zeigt neben dem Passwort auch die gespeicherte Bemerkung sowie den zugehörigen Namen an. Das komplette Layout des Views können Sie Abbildung 7–22 entnehmen.

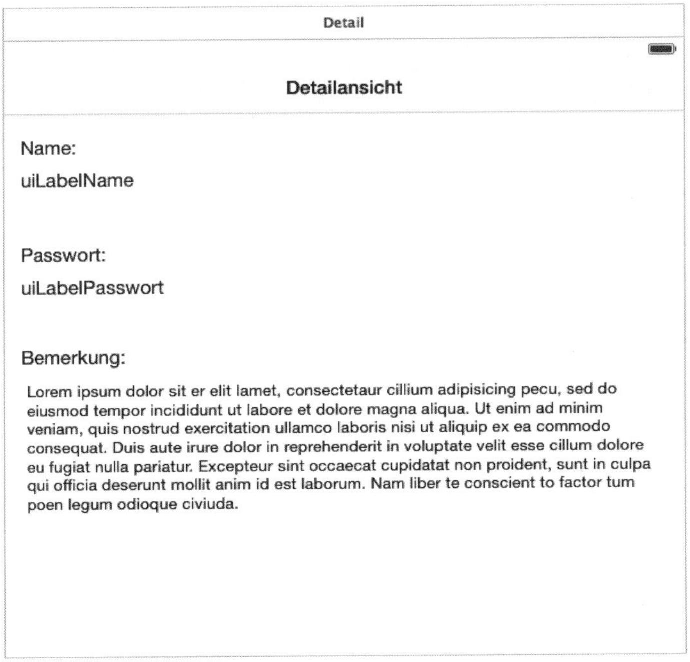

Abb. 7–22   *Layout des Views zur Detailansicht*

Wie Sie der Abbildung entnehmen können, werden im View mit Ausnahme des *TextViews* für die Bemerkung ausschließlich Label-Controls verwendet. Auch hier gilt wieder: Verwenden Sie keine festen Größen, sondern fügen Sie Constraints ein. Um die Label-Controls später im Quellcode ansprechen zu können, müssen im ersten Schritt drei *Outlets* eingefügt werden. Als Bezeichnungen für diese werden die folgenden Namen vergeben: *uiLabelName*, *uiTextView* und *uiLabelPasswort*.

```swift
import UIKit

class DetailViewController: UIViewController {

    @IBOutlet var uiLabelName: UILabel!
    @IBOutlet var uiTextView: UITextView!
    @IBOutlet var uiLabelPasswort: UILabel!

    var detailItem: Passwort?

    func configureView() {
        if let detail: Passwort = self.detailItem {
            self.uiLabelName.text = detail.name
            self.uiLabelPasswort.text = detail.passwort
            self.uiTextView.text = detail.bemerkung
        }
    }

    override func viewDidLoad() {
        super.viewDidLoad()
        self.configureView()
    }

    override func didReceiveMemoryWarning() {
        super.didReceiveMemoryWarning()
    }
}
```

Listing 7–1   *Code der Klasse »DetailViewController«*

Schauen Sie sich den Code in Listing 7–1 an. Er ist nicht sonderlich komplex, sondern beschränkt sich darauf, die im Passwort-Objekt enthaltenen Daten den Label-Controls zur Anzeige zu übergeben. Diese Zuweisung geschieht innerhalb der Methode *configureView*. Das erforderliche Passwort-Objekt wird zuerst innerhalb der Methode aus der Eigenschaft *detailItem* ausgelesen und kann dann weiterverwendet werden, um die entsprechenden Eigenschaften auszulesen.

Zwischenfazit

Startet man die App zu diesem Zeitpunkt – ja, das sollte schon funktionieren –, wird der Anwender von der TableView-Ansicht begrüßt (siehe Abb. 7–23).

Abb. 7–23   *Übersicht in der Passwort-App*

Auch die Navigation innerhalb der App sollte bereits einwandfrei funktionieren. Wenn man eine Passwort-Zelle auswählt, dann wird die Detailansicht automatisch geöffnet.

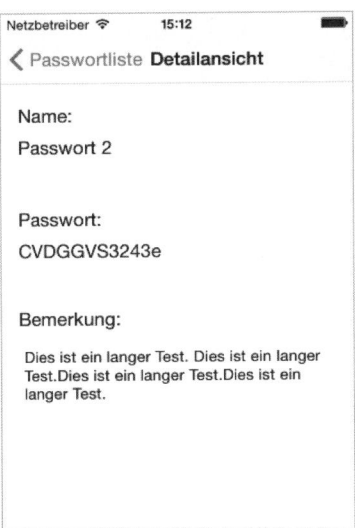

Abb. 7–24   *Detailansicht in der Passwort-App*

Natürlich sollte auch die Anzeige des Views zum Anlegen eines Passworts aufgerufen werden können.

Abb. 7–25   *View zum Anlegen eines Passworts*

Das Anlegen und die Speicherung funktionieren natürlich zu diesem Zeitpunkt noch nicht. Diese Erweiterung wird im dritten Teil des Workshops vorgenommen werden.

Zusammenfassung

In diesem Kapitel drehte sich alles um das Thema *Master-Detail Application*. Ihnen sollte jetzt klar sein, wann Sie diese Projektvorlage verwenden können und wie auch komplexere Aufgaben umgesetzt werden.

8 Core Data

In diesem Kapitel und dem anschließenden Workshop dreht sich alles um das Thema CoreData. Mit dieser Bibliothek ist es möglich, Daten, die in Apps erfasst werden, dauerhaft auf einem iOS-Gerät zu speichern.

8.1 Was ist Core Data?

Apps, in denen Daten erfasst werden, müssen die Daten in der Regel auch speichern. Das kann auf unterschiedliche Art und Weise geschehen, beispielsweise über einen Webdienst oder auch lokal auf dem Gerät selbst. Sollen die Daten lokal auf dem Gerät gespeichert werden, so gibt es auch hier unterschiedliche Möglichkeiten. Beispielsweise können Textdateien verwendet werden, in denen die Daten sequenziell abgelegt werden, oder man setzt eine Datenbank ein.

Unter iOS stellt Apple dem Entwickler zur Speicherung von Daten das *Core Data Framework* zur Verfügung. Core Data ist aber keine Schnittstelle für eine Datenbank, in der mit SQL-Befehlen die Daten selektiert, sortiert und eingefügt werden müssen. Core Data ist ein Framework für objektrelationales Mapping (ORM). Das bedeutet: Anstatt zu programmieren, wie die Daten gespeichert werden (z.B. mit SQL), sagt man dem Framework lediglich, welche Daten gespeichert werden sollen. Das komplette Management der Daten (Suchen, Einfügen usw.) wird von Core Data selbst durchgeführt. Das Portfolio von Core Data umfasst unter anderem folgende Punkte: Speicherung von Daten in der internen SQLite-Datenbank, Verwaltung von Objektbeziehungen sowie Funktionen zum Gruppieren und Filtern von Daten.

8.2 Ein neues Projekt mit Core Data

Bereits beim Anlegen eines Projekts (im Beispiel verwenden wir eine *Single View Application*) kann man die Weichen für die Verwendung von Core Data stellen. Sobald man eine Projektvorlage in Xcode ausgewählt hat, wird ein Dialog zur Konfiguration des Projekts angezeigt.

Choose options for your new project:

Product Name:	CoreDataBspSW
Organization Name:	Christian Bleske
Organization Identifier:	christian.bleske
Bundle Identifier:	christian.bleske.CoreDataBspSW
Language:	Swift
Devices:	iPhone
	☑ Use Core Data

Cancel   Previous   **Next**

Abb. 8–1   *Anlegen eines Projekts mit CoreData-Unterstützung*

Hier muss nur die Option *Use Core Data* ausgewählt werden. Wird im Anschluss das Projekt erzeugt, so werden auf diesem Wege alle notwendigen Änderungen in den Projektdateien vorgenommen, damit das *Core Data Framework* verwendet werden kann. Natürlich ist es auch möglich, die *Core Data*-Option nachträglich einem Projekt hinzuzufügen. So ist es aber bequemer.

Nach dem Anlegen des Projekts inklusive *Core Data*-Option wird das View entworfen, das für das Projekt benötigt wird. Im Beispiel wird eine kleine Adressverwaltung mit *Core Data* umgesetzt. Folgende Felder sollen gespeichert werden: *Nachname*, *Vorname*, *Straße*, *Plz* und *Ort*. Im View werden hierfür die benötigten Controls eingefügt.

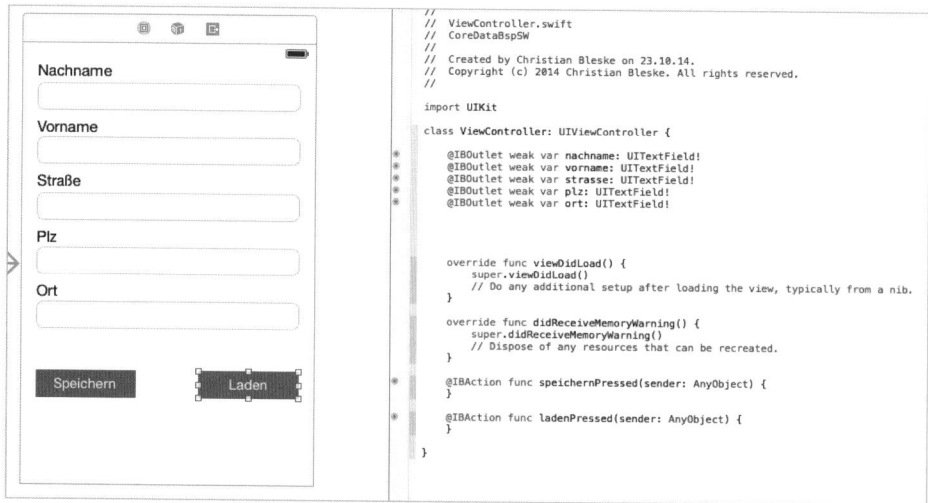

Abb. 8–2   *Outlets für das View erzeugen*

Neben den Labels und TextFields werden auch noch zwei Button-Controls zum Laden und Speichern der Daten benötigt. Für die TextFields werden *IBOutlets* benötigt, und für die Buttons werden zwei *IBActions* angelegt.

8.3 Ein Modell für die Speicherung

Wenn man sich das Projekt im Project Navigator von Xcode ansieht, so sticht eine Datei hervor, die sonst sicherlich nicht in jedem Projekt zu finden ist: die Datei *CoreDataBspSW.xcdatamodeld*. In ihr ist oder besser gesagt wird später das *Core Data-Modell* enthalten sein.

Wählt man die Datei im Project Navigator aus, so wird der Editor zum Anlegen von *Entities* angezeigt. Ein *Entity* ist ein Datenmodell. Es wird verwendet, um Informationen in einer Anwendung, genauer gesagt in einer angeschlossenen Datenbank, strukturiert zu speichern. Die zu speichernden Daten werden dabei in *Attribute* aufgeteilt, analog den Eigenschaften einer Klasse. Nach Erfassung der Daten im View werden sie einer *Entity* zur Speicherung übergeben. Ohne *Entity* können also keine Daten gesichert werden.

Aus diesem Grund muss im folgenden Schritt zuerst die *Entity* definiert werden. Um ein neue *Entity* anzulegen, klicken Sie auf die Schaltfläche *Add Entity*. Diese befindet sich links unten, unterhalb des *Entity-Editors*. Danach legen Sie unterhalb der Bezeichnung *Entities* (Outline-Fenster) im Editor eine neue (noch namenloses) *Entity* an. Ein Doppelklick auf den Eintrag *Entity* ermöglicht das Editieren der Bezeichnung. Im Beispiel trägt die Entity den Namen *Kontakte*.

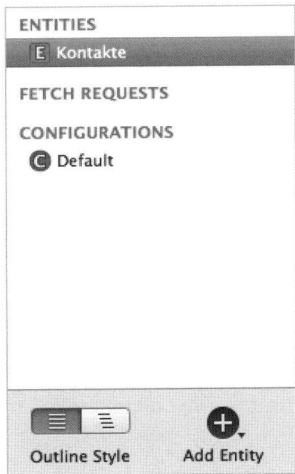

Abb. 8–3   *Konfiguration des CoreData-Entity*

Nach dem Neuanlegen der *Entity* müssen Sie deren *Attribute*, also die Eigenschaften, anlegen. Diese Eigenschaften gleichen den im View angelegten Text-Field-Controls zur Erfassung des Namens und der Adresse.

Legen Sie also die Attribute *nachname, vorname, Strasse, Plz* und *Ort* an, und wählen Sie als Datentyp jeweils *String* aus. Hierzu klicken Sie im rechten Bereich des *Entity-Editors* unterhalb des Abschnitts *Attributes* auf das *Pluszeichen*. Danach legen Sie den Namen und den Datentyp des *Attributs* fest. Die fertige *Entity* sollte dann so wie in Abbildung 8–4 aussehen.

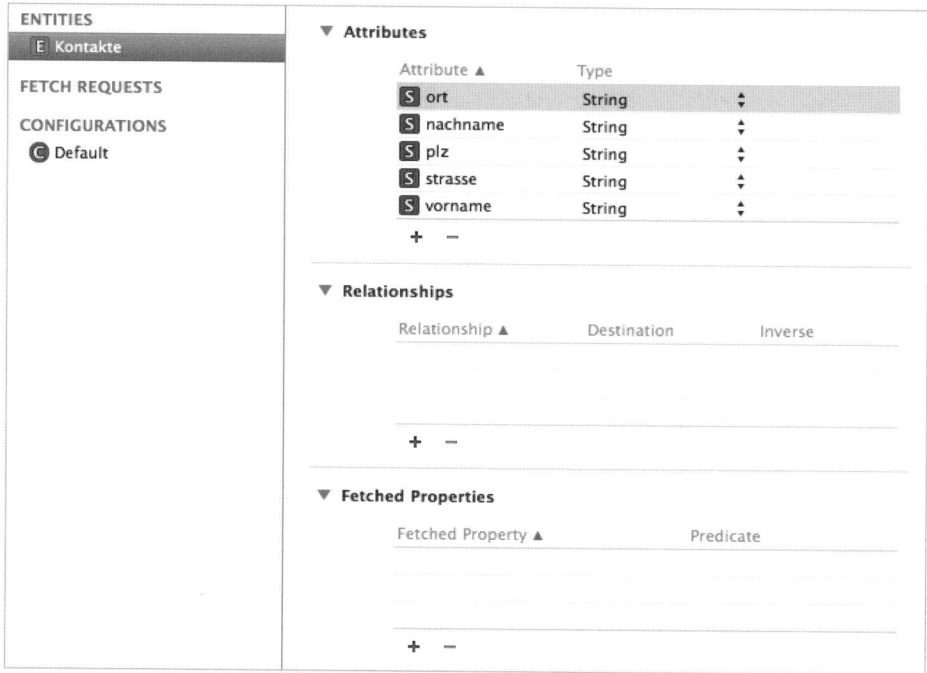

Abb. 8–4   *Die erzeugte CoreData-Entitiy*

Es gibt noch eine alternative Ansicht zur Anzeige der *Entities* in einem Projekt. Im rechten unteren Bereich des *Entity-Editors* befinden sich zwei Schaltflächen mit der Bezeichnung *Editor Style*. Betätigt man die zweite, *Editor Style: Table, Graph,* so ändert sich die Darstellung von der tabellarischen in eine grafische Übersicht (siehe Abb. 8–5).

Neben der *Entity* benötigt man im Projekt auch noch eine Klasse, von der zur Laufzeit Objekte abgeleitet werden können. Diese Klasse hat dieselbe Struktur wie die *Entity*. Man benötigt sie, um beispielsweise einen Datensatz (im Beispiel einen Kontakt) im Speicher halten und bearbeiten zu können oder aber um einen neuen Datensatz anzulegen.

Da die Struktur und die Datentypen bekannt sind, muss diese Klasse nicht manuell angelegt werden. Man kann sie automatisch anlegen lassen. Hierzu muss allerdings der *Entity-Editor* in Xcode aktiv sein. Ist das der Fall, dann gibt es im Hautpmenü unter dem Menüpunkt *Editor* einen zusätzlichen Punkt mit dem Namen *Create NSManagedObject Subclass...*

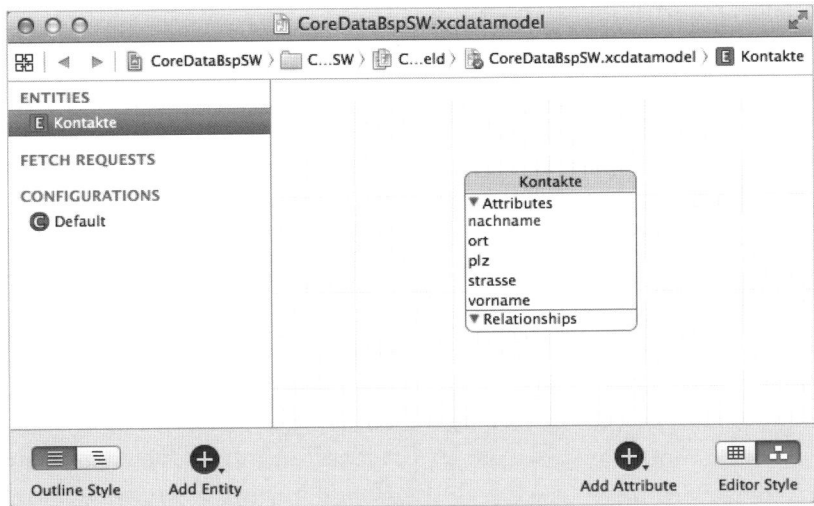

Abb. 8–5   *Alternative Ansicht im CoreData-Editor*

Nach Auswahl des Menüeintrags erscheint ein Dialog. In ihm wird der Entwickler aufgefordert, das Projekt auszuwählen, in dem die *Entity* enthalten ist, die als Basis für die zu generierende Klasse verwendet werden soll. Im Beispiel gibt es nur eine: *CoreDataBspSW*. Anschließend müssen Sie auf die *Next*-Schaltfläche klicken.

Aus der Übersicht der im folgenden Dialog angezeigten *Entities* wählen Sie nun die Entity aus, für die eine Klasse erzeugt werden soll. Anschließend geht es (wieder) mit *Next* weiter.

Im letzten Schritt muss noch ein Verzeichnis ausgewählt werden, in dem die Swift-Datei angelegt werden soll, die die neue Klasse enthält. Hier sollte man natürlich das Projektverzeichnis auswählen.

Hinweis

Achten Sie beim automatischen Erstellen der Klasse darauf, auch die passende Sprache – Swift – auszuwählen.

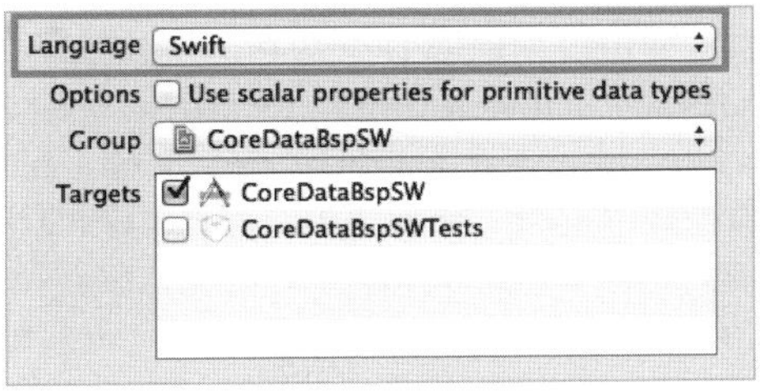

Abb. 8–6   *Subclass für die Entitiy erzeugen*

Abschließend wird die Subclass erzeugt. Dabei kommt der folgende Code heraus:

```
import Foundation
import CoreData

class Kontakte: NSManagedObject {

    @NSManaged var nachname: String
    @NSManaged var ort: String
    @NSManaged var plz: String
    @NSManaged var strasse: String
    @NSManaged var vorname: String
}
```

Als Nächstes könnten die Routinen zum Lesen und Schreiben von Daten erstellt werden. Bevor Sie sich auf diesen Teil der Arbeit stürzen, sollen ein Paar Begriffe angesprochen werden, die in Verbindung mit *Core Data* stehen.

Die Klasse *Kontakte* wird von der Klasse *NSManagedObject* abgeleitet. Sie erbt somit die darin enthaltenen Funktionen und Eigenschaften. Diese Basisfunktionen benötigt ein Objekt, damit es von den *Core Data*-Klassen verwaltet werden kann. Die *NSManagedObject*-Instanzen werden also als Container für die Daten verwendet.

Ein *Entity* wird durch ein *ManagedObject* dargestellt. Alle in einem Projekt vorhandenen *Entities* sind über das *ManagedObjectModel* ansprechbar. Hierbei handelt es sich um das Schema, in dem die einzelnen *ManagedObjects* erzeugt worden sind. Bildlich kann man sich dies am besten visualisieren, indem man in Xcode den *Editor Style* auf *Graph, Table* ändert. Dann sieht man alle im *ManagedObjectModel* vorhandenen *Entities*.

Nun stellt sich die Frage, wann *ManagedObject*-Instanzen verwaltet werden, also zur Verarbeitung verfügbar sind? Dies geschieht, sobald der sogenannte *ManagedObjectContext* bzw. eine Instanz davon erzeugt wurde. *ManagedObjectContext* ist natürlich auch eine Klasse und stellt Funktionen bereit, mit denen sich *ManagedObjects* lesen, speichern oder auch löschen lassen.

Es bleiben noch zwei Begriffe (Klassen) übrig, die im folgenden Beispiel eine Rolle spielen. Zum einen ist da *PersistentStoreController*. Über diese Klasse bzw. deren Instanz steuert man, wie und wo die verwalteten Objekte von *Core Data* gespeichert werden. Der *PersistentStore* kann dabei eine der folgenden Konfigurationen verwenden: *SQLite, In-Memory, XML* und *Binary*. Die Option *SQLite* ist klar: Hier wird die in iOS integrierte SQLite-DB zur Speicherung der Objekte verwendet. Mit *In-Memory* wird festgelegt, dass die *ManagedObjects* im Hauptspeicher gehalten werden (es handelt sich somit eigentlich nicht um einen dauerhaften Speicher). Wird *Binary* gewählt, werden die Daten in eine binäre Datei serialisiert. Und die Option *XML* bewirkt, dass eine XML-Datei geschrieben wird.

Zuletzt gibt es noch die Klasse *NSFetchRequest*. Mit Instanzen dieser Klasse werden Anfragen zum Abfragen von *ManagedObjects* angelegt. Hierbei kann durch Parameter festgelegt werden, welche Daten zurückgeliefert werden sollen. Beispielsweise kann so festgelegt werden, dass nur Objekte, deren Eigenschaft *Nachname* mit »B« beginnt, aus der ganzen Menge zurückgeliefert werden sollen.

8.4 Core-Data-Klassen verwenden

Dies sind eine Menge Klassen und Möglichkeiten zur Konfiguration. Das klingt nach viel (Konfigurations-)Arbeit, oder? Alles halb so wild.

Werfen Sie einmal einen Blick in die Datei *AppDelegate.swift*. Wenn Sie das Projekt mit der *Core Data*-Option angelegt haben, dann sind in dieser Klasse bereits Instanzen von *NSManagedObjectModel*, *NSManagedObjectContext* und *NSPersistentStoreCoredinator* vorhanden.

Die Grundkonfiguration ist somit bereits implementiert – vorausgesetzt, man kann mit *SQLite* als *PersistentStore*-Typ leben. Dieser Typ ist nämlich standardmäßig festgelegt. Im nächsten Schritt kann es an die Implementierung des Codes zum Lesen und Schreiben der Kontakte gehen.

Zuerst müssen aber innerhalb der Klasse *ViewController* noch einige Erweiterungen vorgenommen werden. Um überhaupt mit *Core Data* bzw. den darin enthaltenen Klassen bzw. Instanzen innerhalb der Klasse *ViewController* arbeiten zu können, muss das Framework mit der *import*-Anweisung referenziert werden. Außerdem muss die Klasse *ViewController* zusätzlich von der Schnittstelle *UIAlertViewDelegate* abgeleitet werden, da in dieser App einige Dialoge zur Information des Anwenders verwendet werden. Direkt unterhalb der *IBOutlets* wird nun zusätzlich eine Referenz auf die in der Klasse *AppDelegate* erzeugte *managedObjectContext*-Instanz angelegt:

```
import UIKit
import CoreData

class ViewController: UIViewController, UIAlertViewDelegate {

    @IBOutlet weak var nachname: UITextField!
    @IBOutlet weak var vorname: UITextField!
    @IBOutlet weak var strasse: UITextField!
    @IBOutlet weak var plz: UITextField!
    @IBOutlet weak var ort: UITextField!

    lazy var managedObjectContext :
        NSManagedObjectContext? = {
            let appDelegate = UIApplication.
                sharedApplication().delegate
                    as AppDelegate
        if let managedObjectContext =
            appDelegate.managedObjectContext
        {
            return managedObjectContext
        }
        else {
            return nil
        }
        }()
    //Quellcode entfernt...
}
```

Jetzt sind alle (Vor-)Arbeiten abgeschlossen, und man kann darangehen, die Funktionen für das Schreiben und Lesen der Daten umzusetzen. Bevor gelesen werden kann, sollten natürlich erst einmal Daten vorhanden sein. Aus diesem Grund wird zuerst die Funktion zum Schreiben der Daten umgesetzt. Der komplette Code zum Schreiben von *Kontakte*-Objekten ist in der Funktion *writeData* enthalten:

```
func writeData() {
    let kontakt = NSEntityDescription.
        InsertNewObjectForEntityForName(
            "Kontakte",
                inManagedObjectContext:
                    self.managedObjectContext!)
                        as! Kontakte
    kontakt.vorname = vorname.text!
    kontakt.nachname = nachname.text!
    kontakt.strasse = strasse.text!
    kontakt.plz = plz.text!
    kontakt.ort = ort.text!
    managedObjectContext?.save(nil)

    showAlertViewWithTitle("Hinweis",
        message:
            "Datensatz wurde gespeichert!")

    vorname.text = ""
    nachname.text = ""
    strasse.text = ""
    plz.text = ""
    ort.text = ""
}
```

Um Daten einfügen zu können, wird die Instanz einer noch nicht besprochenen Klasse benötigt. *NSEntityDescription* liefert (wie es die Bezeichnung schon vermuten lässt) die Beschreibung eines *Entity*. Im Beispiel wird die Methode *insertNewObjectForEntityForName* verwendet, um ein neues *Kontakte*-Objekt anzulegen. Nach der Zuweisung der Inhalte aus den unterschiedlichen TextField-Controls an die entsprechenden Eigenschaften des *Kontakte*-Objekts wird das neu angelegte Objekt mit der Funktion *save* des *managedObjectContext*-Objekts im *PersistentStore* gespeichert. Anschließend wird noch ein Hinweis ausgegeben, und der Inhalt der TextField-Controls wird gelöscht. Jetzt muss nur noch die Funktion zum Lesen der Objekte umgesetzt werden:

```
func loadData() {
    let fetchRequest =
        NSFetchRequest(entityName:
            "Kontakte")

    let predicate = NSPredicate(format:
        "nachname contains %@",
            nachname.text!)
    fetchRequest.predicate = predicate
```

```
if let fetchResults=
    managedObjectContext!.
        ExecuteFetchRequest(
            fetchRequest, error: nil) as?
                [Kontakte] {
    if (fetchResults.count > 0) {
        nachname.text = fetchResults[0].nachname
        vorname.text = fetchResults[0].vorname
        strasse.text = fetchResults[0].strasse
        plz.text = fetchResults[0].plz
        ort.text = fetchResults[0].ort
    } else {
        showAlertViewWithTitle(
            "Hinweis", message:
                "Datensatz nicht gefunden!")
    }
  }
}
```

Zum Lesen der Objekte wird im ersten Schritt eine Instanz von *NSFetchResult* erzeugt. Als Parameter wird der Name des zu lesenden *Entity* (*Kontakte*) übergeben. Es soll immer nur ein Objekt gelesen werden, und zwar das Objekt, dessen *Nachname* als Parameter übergeben wurde. Diese Bedingung wird der Instanz von *NSFetchResult* durch eine Instanz der Klasse *NSPredicate* mitgeteilt. *NSPredicate* wird die Bedingung in Form eines Strings (*"nachname contains %@"*) übergeben.

Ein Teil des Strings ist der zuvor im TextField *Nachname* eingegebene Text. Der eigentliche Suchvorgang wird dann mit der Funktion *executeFetchRequest* eingeleitet. Die Fallunterscheidung an dieser Stelle stellt sicher, dass eine Verarbeitung nur dann stattfindet, wenn ein Objekt zurückgegeben wurde. Da das Objekt auch leer sein kann, wird anschließend geprüft, ob ein Objekt in der zurückgegebenen Auflistung *fetchResults* vorhanden ist. Erst jetzt wird das erste gefundene Objekt ausgelesen und der Eigenschaft *Text* der zugehörigen TextField-Controls zugewiesen. Startet man die App jetzt, so können neue Kontaktinformationen gespeichert und vorhandene – nur durch Eingabe des Nachnamens – abgerufen werden.

Hinweis

Achten Sie beim automatischen Erstellen der Klasse darauf, auch die passende Sprache – Swift – auszuwählen.

Um Core Data nachträglich einem Projekt hinzuzufügen, müssen Sie über *File* → New → *File* den Abschnitt *Core Data* im Dialog *Choose a template...* selektieren. Dann rufen Sie die Vorlage für ein neues Data Model auf.

Nach dem Model fügen Sie noch mithilfe der *import*-Anweisung die *CoreData*-Bibliothek dem Projekt hinzu. Zuletzt ergänzen Sie das Projekt um *NSManagedObjectContext*, *NSManagedObjectModel* und *NSPersistentStoreCoordinator*.

8.5   Workshop – Passwortverwaltung – Teil 3

Im letzten Beispiel ging es ausschließlich um die Core-Data-Klassen und ihre Verwendung. Im dritten Teil des Workshops »Passwortverwaltung« sollen die gewonnenen Kenntnisse zum Thema Core Data in ein größeres Projekt einfließen. Die Passwortverwaltung wird um Funktionen zur Speicherung und zum Laden von Passwort-Objekten ergänzt. Bevor Sie sich dem Thema *Core Data* im Projekt widmen, muss allerdings noch der Code der Klasse *GeneratorViewController* um fehlende *Outlets* und *Actions* ergänzt werden.

Abb. 8–7   *Outlets und Actions für das Generator-View erzeugen*

In Abbildung 8–7 sind die Controls markiert, für die Actions angelegt werden müssen. Da ein Teil der Controls auch im Code referenziert wird, werden im ersten Schritt die erforderlichen Outlets für diese angelegt:

```
@IBOutlet var uiSlider: UISlider!
@IBOutlet var uiSwitch: UISwitch!
@IBOutlet var labelSliderValue: UILabel!
@IBOutlet var uiTextFieldPwd: UITextField!
@IBOutlet var uiTextFieldName: UITextField!
@IBOutlet var uiTextView: UITextView!
```

Es wird ein Outlet für das *UISlider*-Control benötigt, da ein Wert (10 Zeichen) im Code voreingestellt wird. Außerdem muss die Schalterstellung des *UISwitch*-Controls gelesen werden, was ebenfalls ein Outlet für das Control erfordert. Zur Anzeige des gewählten Wertes im *UISlider* wird ein *Label*-Control *labelSliderValue* verwendet. Die beiden *TextField*-Controls werden zur Eingabe bzw. Anzeige der Attribute *Passwort* und *Name* verwendet. Das *TextView*-Control dient zur

Eingabe und Anzeige der Bemerkung. Neben den *Outlets* werden für die in Abbildung 8–7 markierten Controls noch *Actions* benötigt:

```
@IBAction func btnPasswort_Pressed(sender: AnyObject)
@IBAction func btnSpeichern_Pressed(sender: AnyObject)
@IBAction func sliderValueChanged(sender: UISlider)
```

Legen Sie also im folgenden Arbeitsschritt zuerst die *Outlets* an, und generieren Sie dann die erforderlichen *Actions*. Dies sind im Moment alle vorbereitenden Maßnahmen, die getroffen werden müssen. Bevor der Code in der Klasse *GeneratorViewController* fertiggestellt werden kann, muss zuerst Core Data im Projekt implementiert werden.

Core Data im Projekt implementieren

Sie werden sich sicherlich erinnern, dass bereits beim Anlegen des Projekts die Core-Data-Option ausgewählt wurde. Die Voraussetzungen für die Verwendung von Core Data sind damit bereits im Projekt vorhanden. Im ersten Schritt wird die bereits vorhandene Klasse *Passwort* nun von *NSManagedObject* abgeleitet und an Core Data angepasst:

```
import Foundation
import CoreData

class Passwort: NSManagedObject {

    @NSManaged var passwort: String
    @NSManaged var name: String
    @NSManaged var bemerkung: String

}
```

Öffnen Sie die Klasse im Editor von Xcode, und führen Sie die erforderlichen Änderungen durch. Anschließend öffnen Sie durch einen Doppelklick im Project Navigator die Datei, die das CoreData-Modell (*Passwortverwaltung.xcdatamodel*) enthält. Fügen Sie ein neues *Entity* hinzu, und löschen Sie das alte, oder ändern Sie die Bezeichnung des vorhandenen Entity in *Passwort*. Sofern das Entity schon ein Attribut enthält, löschen Sie dieses bitte. Anschließend müssen die drei erforderlichen Attribute *bemerkung*, *name* und *passwort* dem Entity hinzugefügt werden.

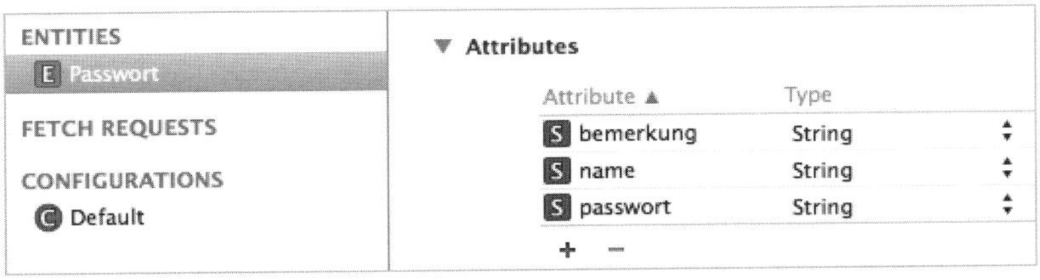

Abb. 8–8 *Das Entity für die Passwort-App anlegen*

Vergessen Sie nicht, zwischendurch das Projekt zu speichern. Das Entity ist nun im Projekt vorhanden. Aber es fehlt noch die Verknüpfung des erzeugten Entity mit der zugehörigen Klasse. Um diese Verknüpfung zu erstellen, muss der *Data Model Inspector* geöffnet werden, wenn das Entity markiert ist.

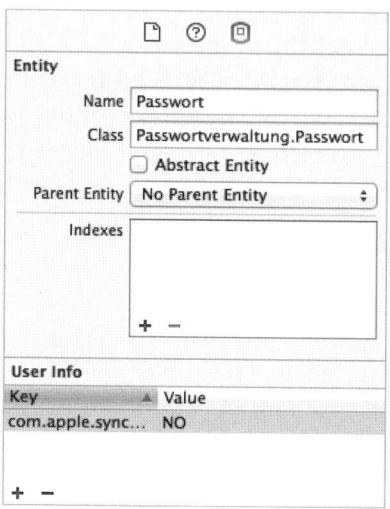

Abb. 8-9   *Das Entity und die Passwort-Klasse im Data Model Inspector verknüpfen*

Im Abschnitt *Entity* befinden sich die Eigenschaften *Name* und *Class*. In der Eigenschaft *Name* sollte *Passwort* stehen – wenn nicht, muss das geändert werden. Auch die Eigenschaft *Class* muss konfiguriert werden. Hier sollte der Projektname, gefolgt vom Klassennamen *Passwortverwaltung.Passwort* stehen. Vergewissern Sie sich, dass das Projekt gesichert wurde.

Im nächsten Schritt beginnen Sie, fehlenden Code in den Klassen *MasterViewController*, *DetailViewController* und *GeneratorViewController* zu ergänzen. Auch die Klasse *MasterViewController* muss noch einmal ergänzt bzw. geändert werden. Innerhalb der Methode *viewDidLoad* kann jetzt der Code zur Erzeugung der Dummy-Passwort-Objekte entfernt werden. Es bleiben in dieser Methode lediglich zwei Zeilen Code stehen:

```
override func viewDidLoad() {
    super.viewDidLoad()
    self.navigationItem.leftBarButtonItem = self.editButtonItem()
    self.navigationItem.leftBarButtonItem?.title = "Bearbeiten"
}
```

Dabei handelt es sich um Code zur Konfiguration der Schaltfläche, die die Bearbeitung und das Löschen von Passwörtern ermöglicht. Direkt unterhalb der Methode *viewDidLoad* wird die neue Methode *viewWillAppear* eingefügt. Sie wird ausgeführt, sobald das View geladen wurde:

```
override func viewWillAppear(animated: Bool) {
    loadData()
}
```

Diese Methode enthält lediglich den Aufruf einer weiteren Methode *loadData*, die noch implementiert werden muss. Die nächste Methode, die der Klasse hinzugefügt wird, ist *writeData*. Sie dient zur Speicherung von Änderungen:

```
func writeData() {
    managedObjectContext?.save(nil)
}
```

Hier wird das zu Beginn der Klasse *MasterViewController* deklarierte Objekt *mangedObjectContext* bzw. dessen Methode *save* aufgerufen. Es folgt die Methode *loadData*, in der sich der Code zum Laden der gespeicherten Passwort-Objekte befindet:

```
func loadData() {
    passworte.removeAllObjects()
    let fetchRequest = NSFetchRequest(entityName:
        "Passwort")

    if let fetchResults = managedObjectContext!.
        executeFetchRequest(fetchRequest,
            error: nil) as? [Passwort] {
        if (fetchResults.count > 0) {
            for passwort: Passwort in fetchResults {
                print(passwort.name + " " + passwort.passwort)
                passworte.addObject(passwort)
            }
        } else {
        }
    }
    self.tableView.reloadData()
}
```

Innerhalb der Methode wird zuerst einmal aus Sicherheitsgründen das *Passwort*-Array geleert. Anschließend wird ein neues *NSFetchRequest*-Objekt erzeugt, das dafür sorgt, dass alle *Passwort*-Objekte geladen werden. Das *NSFetchRequest*-Objekt wird in der folgenden Zeile der Methode *executeFetchRequest* des *mangedObjectContext*-Objekts als Parameter übergeben. Durch die Verwendung des *as*-Operators wird sichergestellt, dass nur *Passwort*-Objekte geladen werden. Mit einer Fallunterscheidung wird dann geprüft, ob die Anzahl der gelesenen *Passwort*-Objekte größer 0 ist. Sofern das der Fall ist, werden die *Passwort*-Objekte, die nun in der *fetchResults*-Variablen enthalten sind, innerhalb einer Schleife ausgelesen und mit der Methode *addObject* dem NSMutableArray *passworte* hinzugefügt.

Die folgenden Methoden *prepareForSegue*, *numberOfSectionsInTableView*, *numberOfRowsInSection*, *cellForRowAtIndexPath* und *canEditRowAtIndexPath* müssen nicht geändert werden. Sie wurden schon im zweiten Teil des Workshops fertiggestellt.

Die letzte Methode in der Klasse *MasterViewController* ist die folgende:

```
override func tableView(tableView: UITableView, commitEditingStyle
editingStyle: UITableViewCellEditingStyle, forRowAtIndexPath indexPath:
NSIndexPath) {
    if editingStyle == .Delete {
        let pwd = passworte[indexPath.row] as! NSManagedObject
        self.managedObjectContext?.deleteObject(pwd)
        writeData()
        loadData()
        self.tableView.reloadData();
    }
}
```

Sie ist neu und wird ausgeführt, wenn der *Bearbeiten*-Button betätigt wurde. Zu
Beginn wird geprüft, ob eine Zeile gelöscht werden soll. Wenn das der Fall ist,
wird das aktuelle *Passwort*-Objekt aus dem Array in Form eines *NSManagedOb-
ject* gelesen. Dieses Objekt wird im folgenden Schritt der Methode *deleteObject*
der Instanz *managedObjectContext* übergeben. Damit wird das *Passwort*-Objekt
gelöscht. Anschließend wird die Methode *writeData* aufgerufen, um den neuen
Inhalt der Instanz *managedObjectContext* zu speichern. Der neue Inhalt wird aus
Sicherheitsgründen geladen, und zuletzt wird durch Aufruf der Methode *reload-
Data* des TableView die Anzeige aktualisiert. Die Programmierung der Klasse
MasterViewController ist damit abgeschlossen.

In der Klasse *DetailViewController* müssen keine Änderungen mehr vorgenommen werden. Achten Sie darauf, *print*-Anweisungen zu entfernen, die ggf.
zum Debuggen verwendet wurden.

Zum Schluss müssen Sie sich noch einmal der Klasse *GeneratorViewController* widmen. Sie hat noch keinen Zugriff auf den *ObjectStore*, in dem die *Passwort*-Objekte gespeichert sind. Diesen Umstand ändern Sie zuerst. Innerhalb der
Klasse wird aus diesem Grund eine neue Deklarierung von *managedObjectContext* eingefügt, die alte kann anschließend gelöscht werden:

```
lazy var managedObjectContext : NSManagedObjectContext? = {
    let appDelegate = UIApplication.sharedApplication().delegate as!
    AppDelegate
    if let managedObjectContext = appDelegate.managedObjectContext {
        return managedObjectContext
    }
    else {
        return nil
    }
}()
```

Direkt in der ersten Zeile wird eine neue Variable der Klasse *NSManagedObject-
Context* erzeugt. Beachten Sie die Verwendung des *lazy*-Schlüsselworts. Ein
Objekt wird also erst erzeugt, wenn es wirklich benötigt wird, und verbraucht
somit nicht unnötig Ressourcen. Als Nächstes wird eine Referenz auf das *App-

Delegate erstellt. Die Verknüpfung zum im Projekt verwendeten *ObjektStore* geschieht dann eine Zeile tiefer. Über das *AppDelegate* wird eine Referenz auf das *managedObjectContext*-Objekt erzeugt und zurückgegeben. Nun fehlen noch zwei weitere Variablen:

```
var newPasswort:String?
var currentValue:Int=10
```

In der Variablen *newPasswort* wird ein neu erzeugtes Passwort gespeichert, sodass es für alle Methoden der Klasse verfügbar ist. Die Variable *currentValue* enthält den Startwert für das UISlider-Control. Innerhalb der Methode *viewDid-Load* fehlt noch eine Initialisierung:

```
override func viewDidLoad() {
    super.viewDidLoad()
    labelSliderValue.text = String(currentValue)
}
```

Hier wird der zu Beginn deklarierte Wert als Startwert für die Anzeige im *UISlider*-Control zugewiesen. Sobald die Schaltfläche *Passwort erzeugen* betätigt wurde, soll ein neues Passwort generiert werden:

```
@IBAction func btnPasswort_Pressed(sender: AnyObject) {
    if uiSwitch.on {
        newPasswort = generatePwd(currentValue, withCapOnly:true)
    } else {
        newPasswort = generatePwd(currentValue, withCapOnly:false)
    }
    self.uiTextFieldPwd.text = newPasswort
}
```

Dies geschieht in der Action *btnPassword_Pressed*. Zuerst wird hier die Schalterstellung des *UISwitch*s geprüft. Je nach Schalterstellung wird ein Passwort erzeugt, das nur Großbuchstaben enthält oder nicht. Die Methode *generatePwd* wird hierzu mit den entsprechenden Parametern aufgerufen. Zuletzt erfolgt die Zuweisung und damit die Anzeige des neuen Passworts im TextField-Control. Anhand der Stellung des *UISlider*-Controls wird die Länge des Passworts abgelesen. Diese Auswertung findet in der folgenden Action *sliderValueChanged* statt:

```
@IBAction func sliderValueChanged(sender: UISlider) {
    currentValue = Int(sender.value)
    labelSliderValue.text = String(currentValue)
}
```

Die Position des *UISilder*s wird der Eigenschaft *value* entnommen und in einen Integer-Wert umgewandelt. Anschließend erfolgt die Zuweisung an das Label-Control. Eine der wichtigsten Schaltflächen ist natürlich der *Speichern*-Button. Er bzw. der in der entsprechenden Action enthaltene Code sorgt dafür, dass ein neues Passwort dauerhaft gesichert wird:

```
@IBAction func btnSpeichern_Pressed(sender: AnyObject) {
    let pwd = NSEntityDescription.insertNewObjectForEntityForName("Passwort",
    inManagedObjectContext: self.managedObjectContext!) as! Passwort

    pwd.name = self.uiTextFieldName.text
    pwd.passwort = self.uiTextFieldPwd.text
    pwd.bemerkung = self.uiTextView.text

    managedObjectContext?.save(nil)

    showAlertViewWithTitle("Hinweis", message: "Passwort wurde gespeichert!")
}
```

Zur Speicherung des neuen *Passwort*-Objekts wird erst einmal eine neue Instanz der Klasse *NSEntityDescription* (*pwd*) erzeugt. Während der Erstellung wird die Methode *insertNewObjectForEntityName* aufgerufen, der als Parameter eine Referenz auf die aktuelle *managedObjectContext*-Instanz übergeben wird. Dem erzeugten Objekt *pwd* bzw. dessen Eigenschaften werden anschließend die entsprechenden Inhalte aus den TextField-Controls zugewiesen. Zuletzt wird die Methode *save* aufgerufen, und das neue Objekt wird gespeichert. Mit der letzten Anweisung in dieser Action wird dem Anwender mitgeteilt, dass das Passwort gespeichert worden ist.

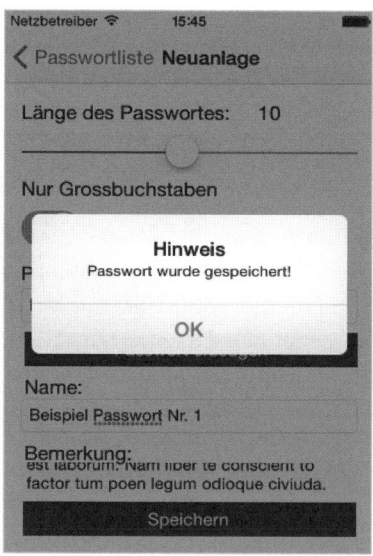

Abb. 8–10   *Ein Dialog informiert über die Speicherung.*

Hierzu wird die Methode *showAlertWithTitle* aufgerufen:

```
func showAlertViewWithTitle(title:String, message:String) {

    let alertController = UIAlertController(title: title, message: message,
preferredStyle: .Alert)

    let OKAction = UIAlertAction(title: "OK", style: .Default) { (action) in
    }

    alertController.addAction(OKAction)

    self.presentViewController(alertController, animated: true) {
    }
}
```

Die Funktionsweise der Klasse *UIAlertController* wurde bereits in Abschnitt 5.2.6 erläutert. Damit ist das Beispiel fast fertig. Aber eben nur fast! Was passiert, wenn der Benutzer auf einem Gerät mit einem kleineren Bildschirm den Namen des Passworts erfasst? Richtig, die Tastatur wird angezeigt. Aber auf dem iPhone enthält das Soft-Keyboard keine Taste, um das Keyboard wieder einzuklappen. Der *Speichern*-Button bleibt somit für den Anwender unerreichbar (das betrifft nur die Modelle 4S, 5, 5S, 5C). Was nun?

Dieser Fall muss in der App bzw. im View direkt abgefangen werden. Eine simple Möglichkeit, das zu tun, besteht darin, nach Eingabe des Namens die Tastatur nach Betätigung der *Enter*-Taste automatisch wieder zu schließen.

Wie wird das realisiert? Ausschlaggebend ist hier das *TextField*-Control. Es gibt ein Protokoll, das genau eine solche Methode definiert. Sie muss lediglich implementiert werden. Hierzu erweitern Sie das View um eine Ableitung vom Protokoll *UITextFieldDelegate*:

```
class GeneratorViewController : UIViewController, UITextFieldDelegate {
```

Das wäre der erste Schritt. Als Nächstes müssen Sie das betroffene *Control* mit dem *Delegate* verknüpfen. Das machen Sie am besten im Ereignis *viewDidLoad*:

```
override func viewDidLoad() {
    super.viewDidLoad()
    labelSliderValue.text = String(currentValue)
    self.uiTextFieldName.delegate = self;
    self.uiTextFieldPwd.delegate = self;
}
```

Hier werden gleich beide im View vorhandenen TextField-Controls mit dem entsprechenden Delegate verknüpft. Nun wird nur noch die Implementierung der entsprechenden Methode benötigt:

```
func textFieldShouldReturn(textField: UITextField!) -> Bool
{
    textField.resignFirstResponder()
    return true;
}
```

Fügen Sie also die Methode *textFieldShouldReturn* in die Klasse *GeneratorView-Controller* ein. Der Aufruf der Methode *resignFirstResponder* sorgt dafür, dass das Keyboard nach Eingabe und Betätigung der *Return*-Taste wieder verschwindet.

Mit diesen Änderungen ist der dritte Teil des Workshops abgeschlossen. Die App ist voll funktionsfähig. Passwörter können eingesehen und neue angelegt werden. Es bleibt natürlich noch Raum für zusätzliche Erweiterungen. Verpassen Sie deshalb bitte nicht die noch folgenden Teile des Workshops.

Zusammenfassung

In diesem Kapitel ging es um das Thema Core Data und die Speicherung von Daten. Sie sollten jetzt wissen, wie Sie Core Data in einem Projekt verwenden und was Sie dabei beachten müssen.

9 Internet und Netzwerke

In diesem Kapitel dreht sich alles um das Thema Internet und Netzwerke. Der Fokus liegt hierbei hauptsächlich auf dem Abruf und dem Austausch von Daten. Aber auch weitere Themen, wie z.B. die Verwendung des Browser-Controls, sind Inhalt der folgenden Abschnitte.

9.1 Das UIWebView

Beim Thema World Wide Web kommt einem sicherlich bald die Idee, Inhalte aus dem Internet in die eigene App zu integrieren bzw. in ihr anzuzeigen. Hierbei stellt sich schnell die Frage, wie man Inhalte aus dem Netz, beispielsweise eine Seite aus dem Web oder Inhalte in HTML-Form, in der eigenen App anzeigen kann. Anwendungen für iOS werden in der Regel mit dem iOS-SDK und Xcode entwickelt.

Trotzdem kann es auch bei der nativen Entwicklung sinnvoll sein, an der einen oder anderen Stelle auf HTML(-Code) zurückzugreifen, vor allem dann, wenn es um die Darstellung längerer Textblöcke geht, in denen keine Interaktion mit dem Anwender stattfindet. Hierfür eignet sich HTML hervorragend. Soll beispielsweise eine Online-Hilfe oder auch ein Impressum in die App integriert werden, so ist die Umsetzung eines solchen Inhalts mit HTML sicherlich bequemer möglich als mit den Bordmitteln des jeweiligen SDKs. Ein weiterer Vorteil ergibt sich, wenn die Anwendung für mehrere Plattformen umgesetzt werden soll. Eine Portierung der in HTML umgesetzten Inhalte ist recht schnell vorgenommen, da auf der jeweiligen Plattform nur der native Code geschrieben werden muss, der für das Laden des HTML-Dokuments notwendig ist.

Wie aber können HTML-Dokumente innerhalb einer App angezeigt werden? Diese Anforderung stellt zum Glück kein großes Problem dar. Auf jeder Plattform (egal ob Android, iOS oder auch Windows Phone) gibt es eine Komponente, die HTML anzeigen kann. Es spielt dabei keine Rolle, ob die Quelle für die HTML-Anweisungen lokal oder im Netz zu finden ist. Dieses Control kann natürlich auch verwendet werden, um innerhalb der App gespeicherte HTML-Dokumente anzuzeigen.

Unter iOS trägt dieses Steuerelement die Bezeichnung *UIWebView*. Im Prinzip handelt es sich hierbei um eine Schnittstelle, die den Zugriff auf den lokal installierten Browser des Betriebssystems erlaubt (bei iOS ist das Safari). Es ist klar, dass durch die Übergabe einer URL eine Webseite von einem beliebigen Webserver abgerufen und angezeigt werden kann. Um aber auf in das Projekt integrierte HTML-Dokumente zugreifen zu können, ist etwas Quellcode erforderlich.

In den folgenden Absätzen wird beschrieben, wie solch eine Umsetzung aussehen kann. Zur Demonstration wird eine kleine App erstellt, die HTML-Anweisungen aus unterschiedlichen Quellen verarbeiten und im Browser-Control anzeigen kann. Legen Sie hierzu ein neues *Single-View-Application*-Projekt an. Nach dem Anlegen des Projekts müssen diesem mehrere Dateien hinzugefügt werden. Entnehmen Sie die Dateien einfach dem Beispielprojekt. Es handelt sich um zwei HTML-Dateien und eine Bilddatei.

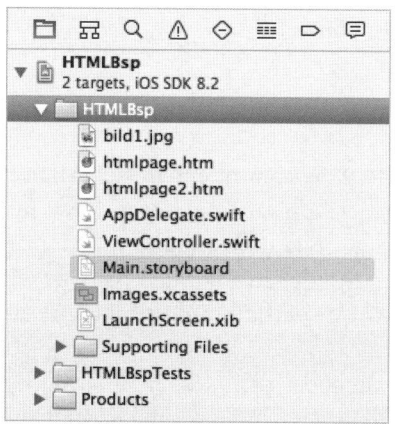

Abb. 9–1   *Die dem Projekt hinzugefügten Dateien*

Markieren Sie zum Hinzufügen der Dateien den Ordner im Project Navigator, und betätigen Sie anschließend die rechte Maustaste, um im Kontextmenü den Eintrag *Add Files to…* auszuwählen. Markieren Sie Dateien im Dialog, und betätigen Sie dann den *Add*-Button. Öffnen Sie nun das Storyboard. Dort müssen im View drei *UIButton*-Controls sowie ein *UIWebView*-Control eingefügt werden.

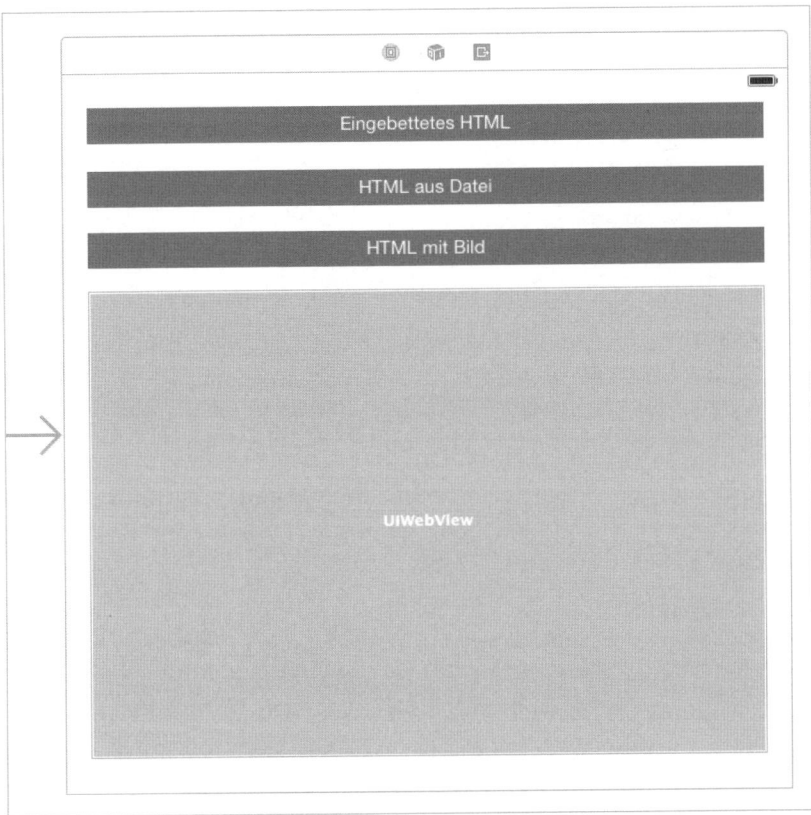

Abb. 9–2 *UIWebView und Buttons hinzufügen*

Anschließend muss für jeden Button eine Action erzeugt werden, und außerdem wird für das *WebView*-Control ein *Outlet* benötigt. Die Klasse *ViewController* sieht nach diesen Vorarbeiten wie folgt aus:

```swift
import UIKit

class ViewController: UIViewController {

    @IBOutlet weak var uiWebView: UIWebView!

    override func viewDidLoad() {
        super.viewDidLoad()
    }

    override func didReceiveMemoryWarning() {
        super.didReceiveMemoryWarning()
    }

    @IBAction func uiButtonEmbeddedHtml_Pressed(sender: AnyObject) {
        embeddedHTML()
    }
```

```
@IBAction func uiButtonHtmlFromFile_Pressed(sender: AnyObject) {
    loadHTMLFromFile()
}

@IBAction func uiButtonHtmlFromFileWithImage_Pressed(sender: AnyObject) {
    loadHTMLFromFileWithImage()
}

//Quellcode entfernt ...
}
```

Drei Situationen sollen einmal im Code nachgestellt werden:

▪ die Verwendung von eingebettetem HTML-Code, also von Code, der direkt
  im Swift-Quellcode zu finden ist
▪ das Laden eines kompletten HTML-Dokuments in das *UIWebView*-Control
▪ die Verlinkung eines anzuzeigenden Bildes im HTML-Code

Analog zu diesen drei Beispielen wurden die Methoden benannt, in denen der
Code untergebracht ist. Die Methode *embeddedHTML* enthält den Code, der
eingebetteten HTML-Code im *UIWebView* anzeigt:

```
func embeddedHTML() {
    var htmlHead = "<html><head><title>Eingebettetes HTML</title></head>"
    var htmlBody = "<body><b>Ein Beispiel für embedded HTML in iOS</b></body>"
    var htmlCode = htmlHead + htmlBody
    htmlCode += "</html>"
    uiWebView.loadHTMLString(htmlCode, baseURL: nil)
}
```

Der HTML-Code wird beim Einbetten von HTML-Code einfach String-Variablen zugewiesen, die später vom UIWebView-Control geladen werden. Im Beispiel
wird das HTML-Dokument in zwei Variablen, *htmlHead* und *htmlBody*, aufgeteilt und zugewiesen. In einer dritten Variablen namens *htmlCode* fließt der zuvor
getrennt erfasste Code zusammen und wird mit einem HTML-End-Tag geschlossen.
   Der so erzeugte String bzw. die Variable wird anschließend der Methode
loadHTMLString des *WebView*-Controls als Parameter übergeben. Sobald diese
Methode ausgeführt wurde, wird das HTML-Dokument im Control angezeigt.
Eine alternative Möglichkeit zur Einbettung von HTML-Code in Swift ist das
Laden eines kompletten HTML-Dokuments, das Bestandteil des Projekts ist. Die
Methode *loadHTMLFromFile* demonstriert diese Vorgehensweise:

```
func loadHTMLFromFile() {
    var url = NSURL(fileURLWithPath:
        NSBundle.mainBundle().pathForResource(
            "htmlpage", ofType: "htm")!)
    var request = NSURLRequest(URL: url!)
    uiWebView.loadRequest(request)
}
```

Im ersten Schritt wird ein *NSURL*-Objekt erzeugt. Die Klasse *NSURL* bzw. Objekte dieser Klasse werden verwendet, um auf Ressourcen zuzugreifen, die über eine URL abgerufen werden können. Es muss sich dabei nicht zwangsweise um einen Server handeln. *NSURL* kann auch beispielsweise verwendet werden, um einen lokalen Pfad oder auch eine Ressource in einem Projekt zu lesen.

In der Methode *loadHTMLFromFile* wird ein *NSURL*-Objekt dann auch genau auf diese Weise verwendet. Über den Parameter *fileURLWithPath* wird der Pfad zur Ressource mitgeteilt. Damit auf die eingebettete Ressource zugegriffen werden kann, muss der Pfad bekannt sein. Der Pfad kann über die Klasse *NSBundle* mit der Methode *pathForRessource* ermittelt werden. *NSBundle*-Objekte ermöglichen einen Zugriff auf Ressourcen, da diesen Objekten die Struktur des Projekts bekannt ist. Die Methode *pathForRessource* wird über die Methode *mainBundle* aufgerufen, da nur dieser Methode bzw. dem zurückgegebenen Objekt bekannt ist, wo sich die ausführende Anwendung befindet.

Neben der Methode *pathForRessource* werden als Parameter außerdem der Dateiname sowie der Dateityp übergeben. Das erzeugte *NSURL*-Objekt wird anschließend der Klasse *NSURLRequest* als Parameter übergeben. Ein Objekt der Klasse *NSURLRequest* ist eine Aufforderung, die angegebene Ressource von der übergebenen Position zu laden. Als Parameter wird dieses Objekt dann der Methode *loadRequest* des *UIWebView*-Controls übergeben. Anschließend wird das HTML-Dokument im *WebView* angezeigt.

Hinweis

Möchten Sie eine HTML- bzw. eine Webseite direkt aus dem Netz anzeigen, so initialisieren Sie das NSURL-Objekt mit

```
var url = NSURL(string: "http://www.apple.de")
```

und übergeben es dann *NSURLRequest*.

Das dritte und letzte Beispiel zum Thema ist eigentlich nur eine Abwandlung des zweiten Beispiels. Der Swift-Code zum Laden eines HTML-Dokuments, das ein Bild anzeigt, unterscheidet sich nicht vom letzten Beispiel:

```
func loadHTMLFromFileWithImage() {
    var url = NSURL(fileURLWithPath:
        NSBundle.mainBundle().pathForResource(
            "htmlpage2",    ofType: "htm")!)

    var request = NSURLRequest(URL: url!)
    uiWebView.loadRequest(request)
}
```

Lediglich ein anderer Dateiname wird hier verwendet. Der Unterschied liegt im HTML-Dokument, in dem nun zusätzlich ein Bild verlinkt ist:

```
<head>
   <title>HTML-Datei</title>
      <style type="text/css">
      .style1
      {
          color: #0066FF;
          font-weight: bold;
      }
      </style>
</head>
<body>
<p class="style1">
   <img alt="" src="bild1.jpg" style="height: 200px; width: 266px" /></p>
<p class="style1">Dies ist ein Test.</p>
<p class="style1">Dies ist ein Test.</p>

<!-- Quellcode entfernt -->

</body>
</html>
```

Das Resultat dieser Bemühung können Sie in Abbildung 9–3 sehen.

Abb. 9–3   *HTML-Dokument mit Bild im UIWebView*

Durch die Einbettung von HTML-Anweisungen und ganzen HTML-Seiten ist es
sehr einfach möglich, die eigene App um Bereiche zu erweitern, die sich mit Swift
und dem Interface Builder nur umständlich umsetzen lassen.

9.2   Wetter mit JSON

Oft greifen Apps auf Daten zu, die zentral auf einem (Web-)Server gespeichert sind. Um die Daten zu übertragen, kann auf unterschiedliche Formate zurückgegriffen werden. So gibt es beispielsweise die Möglichkeit, Daten im XML-Format zu schreiben oder JSON (Java Script Object Notation) zu verwenden.

JSON setzt sich seit einigen Jahren immer mehr durch und entwickelt sich zum Standard für den Austausch von Daten über Systemgrenzen hinweg. Gerade im Mobile- und auch im Webbereich hat JSON bereits viele Anhänger gefunden. Worin ist der Erfolg von JSON begründet? Zum Ersten sind Daten im JSON-Format, ähnlich wie in XML, für den Menschen relativ gut lesbar und können auch manuell erstellt werden. Das liegt sicherlich auch daran, dass die verwendete Struktur C sehr nah ist. Zum Zweiten gestaltet sich auch die maschinelle Verarbeitung sehr simpel. In iOS wird z.B. keine separate Bibliothek zum Parsen von Daten im JSON-Format benötigt, denn alle notwendigen Funktionen sind mittlerweile im Betriebssystem enthalten. Im Vergleich zu XML ist JSON zudem schlanker und nicht ganz so geschwätzig. Ein kleines Beispiel in Listing 9–1 und Listing 9–2 soll den Unterschied herausstellen.

```
<WETTER>
  <ORT>
    <NAME>Berlin</NAME>
    <BESCHREIBUNG>Sonnig</BESCHREIBUNG>
    <TEMPERATUR>22</TEMPERATUR>
    <WIND>
      <GESCHWINDIGKEIT>1.1
      </GESCHWINDIGKEIT>
      <RICHTUNG>NW</RICHTUNG>
    </WIND>
    <KOORDINATEN>
      <LAT>52.52</LAT>
      <LON>13.41</LON>
    <KOORDINATEN>
  </ORT>
  <ORT>
    <NAME>Witten</NAME>
    <BESCHREIBUNG>Wolkig</BESCHREIBUNG>
    <TEMPERATUR>19</TEMPERATUR>
    <WIND>
      <GESCHWINDIGKEIT>1.4
      </GESCHWINDIGKEIT>
      <RICHTUNG>SW</RICHTUNG>
    </WIND>
    <KOORDINATEN>
      <LAT>51.43</LAT>
      <LON>07.33</LON>
    <KOORDINATEN>
  </ORT>
</WETTER>
```

Listing 9–1   *Wetterdaten im XML-Format*

Es geht um die Abfrage von Wetterdaten bezogen auf einen Ort bzw. eine Stadt. Listing 9–1 zeigt die Daten in Form einer XML-Struktur. Hier wird die bekannte Form der XML-Tags verwendet, um die Struktur der Daten sowie deren Inhalt zur Verfügung zu stellen. Jede Information wird innerhalb eines eigenen XML-Tags angezeigt.

Das JSON-Beispiel in Listing 9–2 sieht auf den ersten Blick etwas ungewohnt aus. Allerdings wirkt es schon rein optisch deutlich schlanker. Falls Sie mit C oder einer C-nahen Sprache vertraut sind, kommt Ihnen der Aufbau sicherlich vertraut vor.

```json
{"ort":[
  {
    "name": "Berlin",
    "beschreibung" : "sonnig",
    "temperatur" : "22",
    "wind": [
      {
        "geschwindigkeit" : "1.1",
        "richtung" : "NW"
      }
    ],
    "koordinaten": [
      {
        "lat" : "52.52",
        "lon" : "13.41"
      }
    ]
  },
  {
    "name": "Witten",
    "beschreibung" : "wolkig",
    "temperatur" : "19",
    "wind": [
      {
        "geschwindigkeit" : "1.4",
        "richtung" : "SW"
      }
    ],
    "koordinaten": [
      {
        "lat" : "51.43",
        "lon" : "07.33"
      }
    ]
  }
]}
```

Listing 9–2   *Wetterdaten im JSON-Format*

Aufgrund der genannten Punkte lassen sich Daten, die im JSON-Format bereitgestellt werden, besonders leicht verarbeiten. Die Darstellung eines Elements anhand von Name-Wert-Paaren gleicht entsprechenden Auflistungen von Objekten in vielen Sprachen. Hinzu kommt, dass eine JSON-Auflistung mehrerer Elemente wie ein Array aufgebaut ist. Es fällt auf, dass die JSON-Auflistung schlanker als die XML-Variante ist. Somit wird bei der Datenübertragung natürlich auch weniger Bandbreite benötigt. Gerade bei mobilen Systemen, wie beispielsweise Smartphones, ist das ein nicht zu unterschätzender (Kosten-)Vorteil.

Eine JSON-Schnittstelle

Viele Systeme stellen mittlerweile Daten nicht nur im XML-Format zur Verfügung, sondern halten auch eine JSON-Schnittstelle zum Abruf bereit. Eines dieser Systeme ist *OpenWeatherMap.org*, das ein entsprechendes API für Entwickler bereitstellt. Das API stellt natürlich auch ein Abfrageergebnis im JSON-Format bereit. Über eine HTTP-Anfrage können dem API die aktuellen Positionsdaten (Längen- und Breitengrad) oder auch der Name eines Ortes übergeben werden. Nach der Übergabe erhält man anschließend eine Auflistung mit den Wetterdaten zurück, wahlweise im XML- oder eben im JSON-Format. Das Ergebnis einer Anfrage an *OpenWeatherMap.org* kann wie in Abbildung 9–4 aussehen.

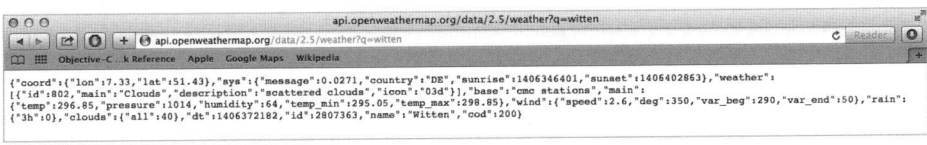

Abb. 9–4   *Abfrage von OpenWeatherMap.org*

Folgende HTTP-Anfrage wurde zuvor im Browserfenster eingegeben:

```
http://api.openweathermap.org/data/2.5/weather?q=Witten
```

Es stellt sich nun die Frage, wie diese Daten innerhalb einer iOS-App verarbeitet werden können. Um das Beispiel nachvollziehen zu können, benötigt man Zugriff auf das OpenWeatherMap.org-API. Dieser Zugriff wird über eine Registrierung bei OpenWeatherMap gewährt. Die Abfrage von Basisinformationen ist kostenlos. Erst wenn detailliertere oder auch historische Daten benötigt werden, muss ein kostenpflichtiger Zugang beantragt werden.

Hinweis

Um das OpenWeatherMap-API komplett verwenden zu können, müssen Sie sich dort natürlich zuvor registrieren. Die Anmeldung ist kostenfrei und geht schnell.

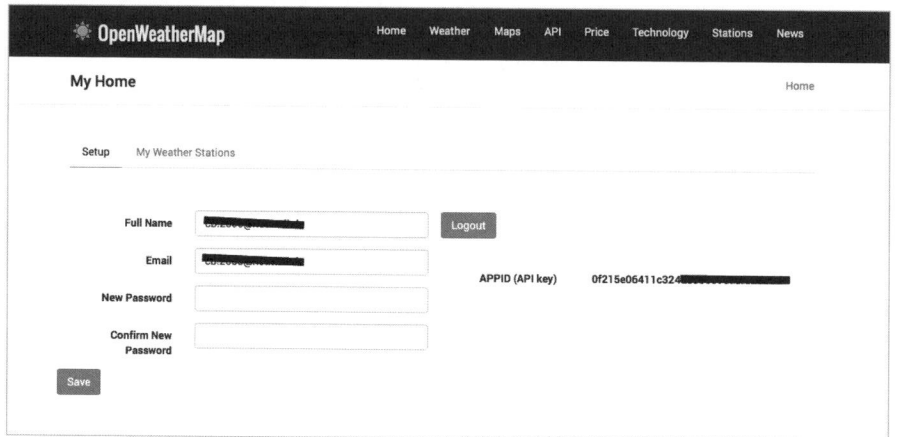

Abb. 9–5   *Anmeldung bei OpenWeatherMap.org*

Gehen Sie einfach auf die Homepage (*http://openweathermap.org/*), und betätigen Sie anschließend die *Sign Up*-Schaltfläche. Zum Anlegen des Accounts müssen lediglich Benutzername und Passwort sowie eine gültige E-Mail-Adresse eingegeben werden. Die Basisfunktionen des Dienstes sind kostenfrei.

Das OpenWeatherMap-API

Im Beispiel geht es natürlich hauptsächlich um die Anforderung von Daten im JSON-Format und deren Verarbeitung. Trotzdem sind, um die Zusammenhänge besser verstehen zu können, einige Hintergrundinformationen notwendig. Diese betreffen vor allem die Struktur eines Abfrageergebnisses des OpenWeatherMap-API.

Da es zu Beginn noch keinen Client gibt, mit dem die JSON-Daten verarbeitet werden können, man aber trotzdem vielleicht erst einmal einen Blick auf die Struktur der Daten werfen möchte, wird ein Werkzeug benötigt, mit dem eine JSON-Abfrage durchgeführt und das Ergebnis analysiert werden kann. Hierfür kann man unter *http://jsonlint.com* eine URL eingeben, die zu einer JSON-Datenquelle führt. Anschließend wird die Antwort im Browser strukturiert angezeigt. Das (JSON-)Ergebnis der Abfrage des OpenWeatherMap-API können Sie Listing 9–3 entnehmen.

```
{
    "coord": {
        "lon": 7.33,
        "lat": 51.43
    },
    "sys": {
        "message": 0.0459,
        "country": "DE",
        "sunrise": 1406346401,
        "sunset": 1406402863
    },
    "weather": [
        {
            "id": 741,
            "main": "Fog",
            "description": "fog",
            "icon": "50d"
        }
    ],
    "base": "cmc stations",
    "main": {
        "temp": 290.97,
        "pressure": 1014,
        "humidity": 100,
        "temp_min": 289.15,
        "temp_max": 292.45
    },
    "wind": {
        "speed": 1.5,
        "deg": 0
    },
    "rain": {
        "3h": 0
    },
    "clouds": {
        "all": 90
    },
    "dt": 1406359667,
    "id": 2807363,
    "name": "Witten",
    "cod": 200
}
```

Listing 9–3   *(JSON-)Ergebnis der Abfrage von OpenWeatherMap*

JSON-Antwort interpretieren

In Listing 9–3 ist die Antwort von *OpenWeatherMap.org* auf die Anfrage zu sehen. Die Antwort im JSON-Format beginnt mit den Koordinaten des Ortes bzw. der Stadt.

Im Abschnitt *sys* folgen allgemeine Informationen zum Sonnenaufgang und - untergang sowie das verwendete Länderkennzeichen des Ortes. Im folgenden

Tag, *weather*, gibt es dann die ersten Daten, die Informationen zum örtlichen Wetter enthalten. Der Abschnitt beginnt mit dem Element *id*. Dieses dient zur Identifikation einer Stadt über einen zugewiesenen Schlüssel. Das Tag *description* enthält eine textuelle Beschreibung des aktuellen Wetters. Als letztes Tag in diesem Abschnitt wird das Tag *icon* aufgelistet. Das Tag *icon* enthält den Namen eines Bildes, das die aktuelle Wettersituation optisch wiedergibt. Die passenden Icons finden Sie ebenfalls auf der Homepage von OpenWeatherMap.org.

Im Abschnitt *main* befinden sich Informationen zur aktuellen Temperatur (*temp*) in Grad Kelvin, zum Luftdruck (*pressure*) oder zur Tageshöchsttemperatur sowie zur niedrigsten Temperatur des Tages. Weitere Abschnitte sind: *wind*, *rain*, *clouds* sowie zusätzliche allgemeine Informationen, z.B. der Name der Stadt. Eine detailliertere Erläuterung der Parameter gibt es ebenfalls auf der Homepage von OpenWeatherMap unter dem Menüpunkt *API*. Aus dieser Sammlung müssen Sie sich nun die Informationen zusammenstellen, die Sie für die eigene App benötigen. Haben Sie sich entschieden, welche Daten angezeigt werden sollen, kann es an die Umsetzung gehen.

9.2.1   Mit der App zum (aktuellen) Wetter

Sie benötigen eine kleine GUI zur Anzeige der Wetterdaten sowie etwas Code zur Verarbeitung der Daten im JSON-Format. Den Rahmen für die Anwendung bildet ein *Single-View-Application*-Projekt. In diesem Projekt werden im ersten Schritt die Wetterdaten einer Stadt ausgelesen und anschließend lokal angezeigt. Abbildung 9–6 zeigt die GUI der App zur Laufzeit mit den aufbereiteten Wetterdaten eines Ortes nach Abfrage.

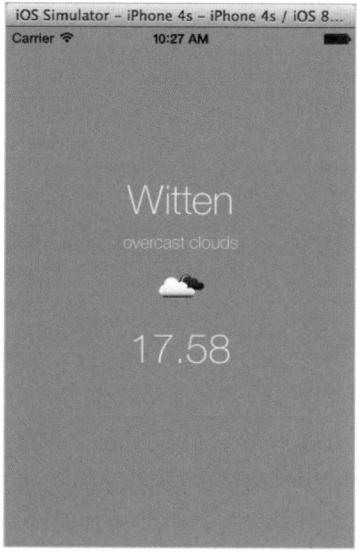

Abb. 9–6   *Die GUI der Wetter-App*

Die Oberfläche ist im Storyboard von Xcode schnell zusammengestellt, da lediglich Informationen angezeigt werden. Für die Hintergrundfarbe der App wird im View ein dezentes Blau verwendet. Drei Label-Controls sind anschließend im View Controller zu positionieren, außerdem ein *UIImageView*. In den Labels werden der Name der Stadt, eine Beschreibung der aktuellen Wettersituation sowie die Temperatur in Grad Celsius angezeigt. Das *UIImageView* zeigt zur Laufzeit ein kleines Bild, in dem das Wetter symbolisch darstellt wird. Die Controls werden auf dem üblichen Wege (CTRL-Taste, Maus und Verbindungslinien) mit dem Quellcode verknüpft. Außerdem wird dem Projekt ein Ordner mit den von OpenWeatherMap heruntergeladenen Bildern zur Wettersituation hinzugefügt. Nach den Vorarbeiten innerhalb der GUI geht es an die Codierung:

```swift
import UIKit

class ViewController: UIViewController, NSURLConnectionDelegate
    {

    @IBOutlet weak var cityNameLabel: UILabel!
    @IBOutlet weak var weatherDescriptionLabel: UILabel!
    @IBOutlet weak var weatherImage: UIImageView!
    @IBOutlet weak var temperatureLabel: UILabel!

    lazy var data = NSMutableData()

    override func viewDidLoad() {
        super.viewDidLoad()
    }

    override func viewWillAppear(
        animated: Bool) {
        super.viewWillAppear(animated)
        connect()
    }

    override func didReceiveMemoryWarning()
    {
        super.didReceiveMemoryWarning()
    }

    func connect(){
        let url: String = "http://api.openweathermap.org/data/2.5/weather?q=Witten"
        var nsUrl: NSURL = NSURL(string: url)
        var request: NSURLRequest = NSURLRequest(URL: nsUrl)
        var nsURLConnection: NSURLConnection =
        NSURLConnection(request: request,
            delegate: self, startImmediately: false)
        nsURLConnection.start()
    }

    func connection(connection:
        NSURLConnection!, didReceiveData data: NSData!){
        self.data.appendData(data)
    }
```

```
func connectionDidFinishLoading(
    connection: NSURLConnection!) {
        var err: NSError

        let jsonData: NSDictionary =
            NSJSONSerialization.
                JSONObjectWithData(data, options:
                    NSJSONReadingOptions.
                        MutableContainers, error:
                            nil) as! NSDictionary

        let main: NSDictionary = jsonData["main"] as! NSDictionary
        var tempKelvin = main["temp"] as! Double
        var tempCelsius = tempKelvin - 273.15
        temperatureLabel.text = NSString(format: "%.2f",
            tempCelsius) as String
        var weather: NSArray = jsonData["weather"] as! NSArray
        var weatherData: NSDictionary = weather[0] as! NSDictionary
        var description = String(weatherData["description"] as! NSString)
        self.weatherDescriptionLabel.text = description
        var icon = String(weatherData["icon"] as! NSString)
        let image1 = UIImage(named: icon)
        self.weatherImage.image = image1
    }
}
```

Listing 9–4   *Der Quellcode der Wetter-App*

NSURL-Abfrage erstellen

Damit die Daten von OpenWeatherMap verarbeitet werden können, müssen sie
erst einmal abgefragt werden. Die Abfrage der Daten wird durch einen Aufruf
der Methode *connect* angestoßen. Das geschieht in *viewWillAppear*. Innerhalb
der Methode *connect* wird (wieder) eine *NSURL*-Instanz zur Abfrage der URL
verwendet. Die URL wird in String-Form als Parameter übergeben. Anschließend
wird das erzeugte *NSURL*-Objekt als Parameter bei der Erstellung eines *NSUR-
LRequest*-Objekts übergeben. Diesen Ansatz kennen Sie bereits aus Abschnitt 9.1.

Aber ganz so simpel wie im letzten Beispiel ist es dieses Mal nicht. Die Ressource (Datenquelle) ist ein Server im Internet. Es ist nicht bekannt, wie lange der
Server benötigt, um die Antwort zusammenzustellen, und es ist auch nicht klar,
wie lange es dauert, bis die Antwort zurück zum Smartphone kommt. Für solche
Abfragen mit den besprochenen Faktoren gibt es in iOS die Klasse *NSURL-
Connection*. Diese Klasse sorgt dafür, dass Abfragen über das Netz durchgeführt
werden können.

Das bedeutet: Es wird eine Verbindung zum Server aufgebaut, die Anfrage
übergeben, und irgendwann kommt dann die Antwort. Um diese Klasse zu verwenden, müssen zwei Methoden in der App implementiert werden: *connection*
sowie *connectionDidFinishLoading*.

Damit ich den Ablauf besser erläutern kann, kehren Sie bitte noch einmal zur Methode *connect* zurück. In den beiden letzten Zeilen wird zuerst ein *NSURL-Connection*-Objekt erzeugt. Hierzu muss das zuvor deklarierte *NSURLRequest*-Objekt als Parameter übergeben werden. Als ausführende Klasse, siehe den Parameter *delegate*, wird hier die Klasse *ViewController* (via *self*) übergeben. Mit dem letzten Parameter, *startImmediately*, wird festgelegt, dass die Ausführung unmittelbar nach dem Aufruf der Methode *start* der Klasse *NSURLConnection* durchgeführt werden soll.

Solange nun Daten abgerufen werden können, die Information also noch nicht vollständig abgerufen wurde, wird die Methode *connection* aufgerufen. Sie nimmt die empfangenen Daten entgegen (im Parameter *data*) und fügt sie an die lokale *NSMutableData*-Instanz (*data*) an. Diese Instanz ist quasi ein Sammelbecken für Informationen. Erst wenn die Übertragung abgeschlossen ist, also alle Daten vollständig übertragen wurden, wird (automatisch) die Methode *connectionDidFinishLoading* aufgerufen, und die lokale Verarbeitung beginnt. In der Methode *connectionDidFinishLoading* werden im ersten Schritt die übertragenen Daten aus der Variable *data* gelesen und in ein *NSDictionary* (*jsonData*) umgewandelt.

JSON-Antwort im Code auswerten

Hierfür wird auf die Klasse *NSJSONSerialization* zurückgegriffen, die die Methode *JSONObjectWithData* enthält. Dieser Methode wird die Variable *data* als Parameter übergeben. Der zweite Parameter, *NSJSONReadingOptions*, wird benötigt, um festzulegen, in welcher Form die JSON-Daten umgewandelt werden sollen. Im Beispiel wird die Option *MutableContainers* verwendet, was dafür sorgt, dass aus den JSON-Daten änderbare Arrays erstellt werden.

Um die Daten korrekt aus den Arrays zu lesen, können an dieser Stelle nun die Ergebnisse der zuvor durchgeführten Analyse der Elemente der JSON-Abfrage (siehe Listing 9–3) verwendet werden. Es ist ja nun bekannt, in welchen Abschnitten die benötigten Informationen abgelegt sind und wie die Namen der entsprechenden Schlüssel lauten.

Als Erstes soll die Temperatur ausgelesen werden. Diese Information befindet sich im *main*-Abschnitt. Deshalb wird dieser Abschnitt zuerst ausgelesen. Der Zugriff erfolgt über die Angabe des Namens des Abschnitts. Das Resultat der Abfrage ist dann ein Objekt vom Typ *NSDictionary*. Da auch der Key-Value bekannt ist (*temp*), kann der »dahinter liegende« Wert als Nächstes ausgelesen werden. Der gelesene Wert wird in der Variablen *tempKelvin* gespeichert. Da es sich um einen Kommawert handelt, wird eine Typumwandlung in Double vorgenommen.

Aber Achtung: Eine direkte Übergabe ist nicht ratsam. Die aktuelle Temperatur ist nämlich in Grad Kelvin übergeben worden. Deshalb wird im folgenden Schritt im Code eine Umrechnung in Grad Celsius durchgeführt und der Wert dann der Variablen *tempCelsius* zugewiesen. Erst anschließend erfolgt die Zuweisung der Temperatur in Form eines Strings an die *Text*-Eigenschaft des Label-Controls. Das Auslesen der weiteren Wetterdaten geschieht auf demselben Weg.

Weiter geht es mit dem Abschnitt *weather*. Hier werden die Daten in ein Array umgewandelt (die Struktur der JSON-Daten verlangt das). Das NSArray *weather* enthält dann wieder ein Objekt vom Typ *NSDictionary*, in dem die aktuelle Wettersituation textuell beschrieben ist. Diese Beschreibung wird der Variablen *description* zugewiesen, die dann in der folgenden Zeile verwendet wird, um das Label-Control *weatherDescriptionLabel* zu initialisieren.

In der folgenden Zeile wird der Name des Icons ausgelesen, das passend zur Wettersituation angezeigt werden soll. Mit diesem Namen als Parameter wird dann ein *UIImage*-Objekt erzeugt, in das das Bild eingelesen wird (die Bilder wurden zuvor dem Projekt im Ordner *Images* hinzugefügt).

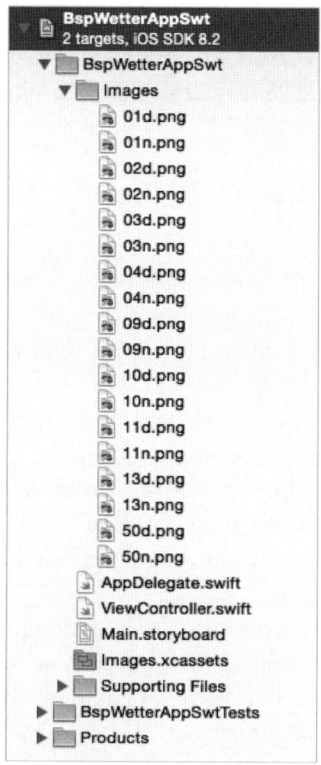

Abb. 9–7   *Die dem Projekt hinzugefügten Bilder*

In der letzten Zeile wird das *UIImage*-Objekt (das nun das Bild enthält) dem ImageView-Control (Eigenschaft *image*) zur Anzeige zugewiesen. Startet man die App jetzt, so wird das Wetter des Ortes angezeigt. Hier gibt es natürlich noch Raum für Verbesserungen, beispielsweise die Auswahl mehrerer Städte. Das überlasse ich aber Ihnen.

9.3 Dateiaustausch mit AirDrop

Bis einschließlich iOS-Version 6 war der Austausch von Dateien zwischen iOS-Geräten, egal ob iPhone oder iPad, eine gruselige Angelegenheit. Hier musste man sich entweder mit Mail als Plattform zum Datenaustausch behelfen oder aber auf Produkte von Drittherstellern zurückgreifen. Mit iOS 7 hat Apple dann endlich eine Schnittstelle zum Austausch von Dateien unter iOS-Geräten – AirDrop genannt – in das Betriebssystem integriert.

Die Verwendung von AirDrop ist relativ intuitiv und gestaltet sich problemlos. Dass AirDrop eine Zukunft hat, kann man schon daran erkennen, dass seit iOS 8 und der Einführung von OS X Yosemite auch der Dateiaustausch plattformübergreifend zwischen Mac (OS X) und iPhone/iPad (iOS) ebenfalls über AirDrop möglich ist. Diese Punkte führen natürlich schnell dazu, über eine Implementierung von AirDrop innerhalb der eigenen App nachzudenken.

Wie funktioniert AirDrop? Prinzipiell kann man die AirDrop-Funktion für sich in der Nähe befindende (iOS-)Geräte aktivieren. AirDrop wird hierfür über das ControlCenter von iOS aktiviert. Nach der Aktivierung von AirDrop können Daten über die Schnittstelle ausgetauscht werden. Hierfür nutzt AirDrop Bluetooth, um eine Kommunikation mit einem weiteren iOS-Gerät aufzubauen. Nachdem eine Verbindung via Bluetooth aufgebaut worden ist, wird eine Ad-hoc-WLAN-Verbindung zum Zielgerät hergestellt.

Das heißt, ohne aktiviertes WLAN-Modul funktioniert auch AirDrop nicht. Auch müssen beide Geräte aktiv sein; das wiederum heißt, der Sperrbildschirm darf nicht angezeigt werden. Nach Auswahl der zu übertragenden Datei muss das Zielgerät für den Empfang im AirDrop-Bereich ausgewählt werden. Im folgenden Schritt muss die Annahme der Datei auf dem Zielgerät bestätigt werden, erst dann erfolgt die Übertragung der Datei.

Abb. 9–8   *Datei via AirDrop annehmen*

Vorbereitungen für AirDrop

Um die Implementierung der AirDrop-Schnittstelle einmal zu testen, sollen im Anwendungsbeispiel Dateien, die einer App zugeordnet sind, über eine Liste zur Auswahl bereitgestellt werden. Hierfür eignet sich die *Master-Detail-Application*-Vorlage. Zuerst werden die erforderlichen visuellen Arbeiten im Storyboard vorgenommen. Im Storyboard müssen Sie den *DetailViewController* auswählen und neben einem *WebView* im *DetailViewController* auch ein *BarButtonItem* innerhalb des *StatusBar* einfügen.

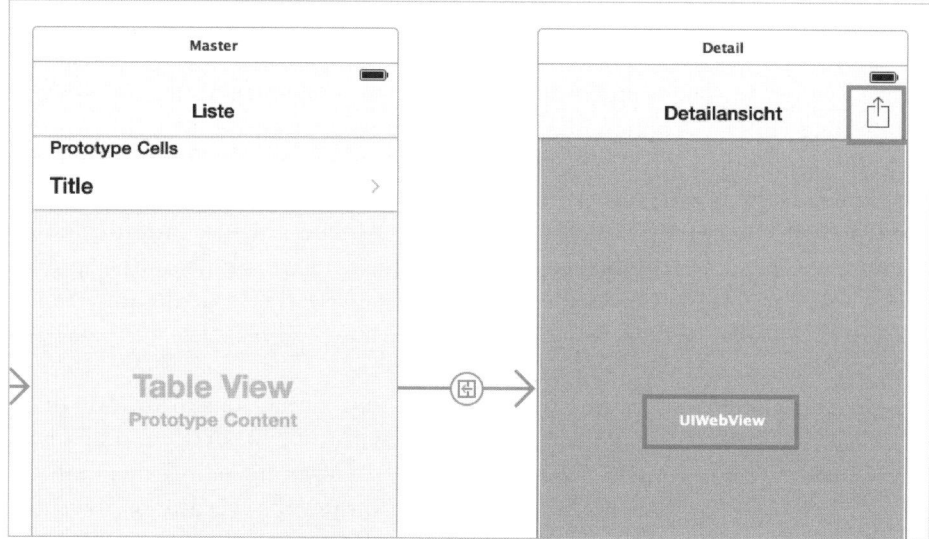

Abb. 9–9   *Vorbereitungen für AirDrop*

Eine Eigenschaft des *BarButtonItem* muss angepasst werden. Im *Attributes Inspector* von Xcode legen Sie dazu nach Auswahl des Buttons die Eigenschaft *Identifier* auf den Eintrag *Action* fest. Die Arbeiten im Storyboard sind damit bereits abgeschlossen.

Im Code der Klasse *MasterViewController* kann man auch noch einige Anpassungen vornehmen. Diese müssen aber nicht umgesetzt werden, da sie das Beispiel nicht beeinflussen. Innerhalb der Klasse *MasterViewController* gibt es die Funktion *insertNewObject*. Sie kann gelöscht werden. Außerdem werden in der Methode *viewDidLoad* noch zwei Buttons erzeugt: einer zum Anlegen, der andere zum Löschen von Einträgen innerhalb der Liste. Auch diese Zeilen werden nicht benötigt und können entfernt werden.

View und Datentypen

Im *DetailViewController* muss als Nächstes eine *IBAction* eingefügt werden, die aufgerufen wird, sobald das *BarButtonItem* für die Übertragung betätigt wurde. Hierzu ziehen Sie vom Storyboard ausgehend eine Verbindungslinie (CTRL + Maus) zum Button. Nach Bearbeitung des Dialogs wird anschließend der Code für die *IBAction* automatisch in die Klasse *DetailViewController* eingefügt. Im Ereignishandler des Buttons wird später der Aufruf der AirDrop-Schnittstelle bzw. des entsprechenden Views eingefügt.

Die komplette GUI-Funktion der AirDrop-Schnittstelle ist in einem eigenen View gekapselt. Hierbei handelt es sich um die Klasse *UIActivityViewController*, wobei aber erwähnt werden muss, dass dieses View auch für andere Services, z.B. Copy&Paste, oder zum Versenden von Anlagen verwendet wird. Aktiviert wird dieses View, sobald die AirDrop-Schaltfläche im Dialog auf einem iOS-Gerät betätigt wurde.

Bevor Dateien verschickt werden können, muss festgelegt werden, welche Typen erlaubt sind. Hierzu sollte man natürlich erst einmal wissen, welche Dateitypen es auf einem iOS-Gerät gibt. Informationen hierzu finden Sie innerhalb der Apple-Dokumentation zum Thema UTI. Bei einem UTI (*Uniform Type Identifier*) handelt es sich um eine Zeichenkette, die Informationen über einen Typ (z.B. Text, PNG usw.) enthält. Anhand dieser Information kann das Betriebssystem ermitteln, um was für eine Datei es sich handelt.

AirDrop implementieren

Die eigentliche Implementierung von AirDrop beschränkt sich auf das Anzeigen des notwendigen Dialogs und das Bereitstellen der Datei, die übertragen werden soll. Außerdem muss festgelegt werden, welche Dateien nicht übertragen werden sollen. Zur Übertragung muss im ersten Schritt der Pfad zur Datei ermittelt werden. Im Projekt erledigt diese Aufgabe eine kleine Methode mit dem Namen *getFilePath*. Dieser Methode (siehe Listing 9–5) wird der Dateiname inklusive Dateikennung (z.B. *txt*) übergeben.

```
func getFilePath(filename:NSString)-> NSURL {
    var filenameSeparated:[String]
    filenameSeparated = filename.componentsSeparatedByString(".") as! [String]

    let path = NSBundle.mainBundle().pathForResource(
    filenameSeparated[0] as String, ofType: filenameSeparated[1] as String)
    let fileWithPath = NSURL.fileURLWithPath(path!)
    return fileWithPath!
}
```

Listing 9–5   *Die Methode »getFilePath«*

Innerhalb der Methode wird der übergebene Dateiname im ersten Schritt in zwei
Teile zerlegt. Getrennt wird der Dateiname durch den Punkt, der dann auch als
Trennungszeichen der Methode *componentsSeparatedByString* als Parameter
übergeben wird.

Im zweiten Schritt wird dann der Name der Datei an die Methode *pathFor-Ressource* übergeben, um zu ermitteln, wo genau die Datei im Projekt abgelegt
wurde. Die sich daraus ergebende Information (der komplette Pfad) wird
anschließend zurückgegeben. Die Methode *getFilePath* wird zweimal im Projekt
verwendet: einmal zur Übergabe der Datei an die AirDrop-Schnittstelle und ein
weiteres Mal, um die Datei zu laden und im WebView anzuzeigen, bevor die
Datei übertragen wird. Diese Aktion wird automatisch ausgeführt, sobald der
DetailViewController geöffnet wurde. Sie befindet sich daher in der Methode *viewDidLoad* (siehe Listing 9–6):

```
override func viewDidLoad() {
    super.viewDidLoad()
    self.configureView()

    let fileUrl = self.getFilePath(
        self.detailItem as! String)
    let request = NSURLRequest(URL:
        fileUrl)
    self.uiwebView.loadRequest(
        request)
}
```

Listing 9–6   *Die Methode »viewDidLoad«*

... und ab durch die Luft

Zur Übertragung kommt es dann innerhalb der Action, die nach Betätigung des
entsprechenden *BarButtonItems* ausgelöst wird (siehe Abb. 9–10).

Hierzu wird im ersten Schritt abermals die Methode *getFilePath* (siehe Listing
9–7) aufgerufen:

```
@IBAction func button_pressed(sender: AnyObject) {
    let fileUrl = self.getFilePath(
    self.detailItem as! String)
    let uiActivityViewController :
        UIActivityViewController =
            UIActivityViewController(
                activityItems: [fileUrl],
                    applicationActivities: nil)

    let excludedActivitiesTypes:NSArray=
        [UIActivityTypePostToTwitter,
        UIActivityTypePostToFacebook,
        UIActivityTypePostToWeibo,
        UIActivityTypeMessage,
```

```
              UIActivityTypeMail,
              UIActivityTypePrint,
              UIActivityTypeCopyToPasteboard,
              UIActivityTypeAssignToContact,
              UIActivityTypeSaveToCameraRoll,
              UIActivityTypeAddToReadingList,
              UIActivityTypePostToFlickr,
              UIActivityTypePostToVimeo,
              UIActivityTypePostToTencentWeibo]

      uiActivityViewController.
          excludedActivityTypes =
              excludedActivitiesTypes as [AnyObject]

      self.navigationController!.
          PresentViewController(
              uiActivityViewController,
                  animated: true, completion: nil)
  }
```

Listing 9–7   *Die Methode »button_pressed«*

Abb. 9–10   *Übertragung via AirDrop*

Im Anschluss wird eine Instanz der Klasse *UIActivityViewController* erzeugt und als Parameter der ermittelte Pfad zur Datei übergeben. Um festzulegen, welche Dateien via AirDrop übertragen werden dürfen, wird nun ein neues *NSArray* angelegt, in dem die Typen eingetragen werden, die *nicht* übertragen werden dürfen. Das NSArray mit diesen Typen wird anschließend der gleichnamigen Eigenschaft der Controller-Instanz zugewiesen. Zuletzt wird der Controller dann zur Anzeige gebracht. Das ist bereits der komplette Code, der zur Übertragung von Dateien via AirDrop erforderlich ist. Nicht viel, oder?

9.4 Daten in der iCloud

Eines der zentralen Themen auf der CeBit 2014 war das Cloud-Computing. Die Ausführung von Programmen oder auch die Auslagerung von Daten in die Wolke ist – trotz der damit verbundenen Datenschutzprobleme – eine Thematik, die innerhalb von IT-Abteilungen und Unternehmen immer mehr an Bedeutung gewinnt.

Auch Apple hat natürlich einen entsprechenden Dienst ins Leben gerufen. Im Jahr 2011 stellte Apple im Rahmen der WWDC erstmals den Dienst *iCloud* vor. Dieser Nachfolger von *MobileMe*, dem ersten Versuch zum Thema Online-Speicherung, bietet dem Anwender unterschiedliche Funktionen an. Zum einen wäre da ein mehrere Gigabyte großer Online-Speicher. Zum anderen sind das Dienste wie die Synchronisation von *Mail*, *Kontakte* und *Kalender*, die sich somit geräteübergreifend nutzen lassen.

Mittlerweile sind die iCloud-Dienste in die Apple-Betriebssysteme iOS (seit Version 5) und OS X (seit Lion) integriert und können direkt ohne Umweg von den installierten Anwendungen genutzt werden. Natürlich gibt es auch ein API, um den iCloud-Service innerhalb der eigenen App verwenden zu können.

Grundsätzlich gesehen ist die Verwendung von iCloud und hier beispielsweise des Mechanismus zur Synchronisierung von Daten eine praktische Sache. Eine Anwendung, die auf verschiedenen Geräten (z.B. iPhone/iPad) installiert ist, kann so problemlos auf denselben Datenbestand zugreifen. Allerdings hat dieser Pluspunkt seit den Enthüllungen von Edward Snowden rund um die NSA einen sehr bitteren Beigeschmack. Schon aus diesem Grund sollte, nein, muss man dem kritischen Anwender heute auch die Abwahl einer entsprechenden Funktion ermöglichen, wenn er oder sie die Wolke lieber nur aus der Ferne betrachten möchte.

Trotz der erwähnten Nachteile wird im Folgenden vorgestellt, wie sich mit wenigen Handgriffen eine einfache Synchronisierungsfunktion mittels iCloud innerhalb einer iOS-Anwendung umsetzen lässt.

Konfiguration der Cloud-App für die Cloud

Die Beispiel-App soll eine Zeichenkette (String) in die (i)Cloud übertragen und dort speichern, damit sie anschließend auf anderen Geräten abgerufen werden kann bzw. dort automatisch synchronisiert werden kann. Zur Speicherung und Übertragung von Informationen stehen drei APIs bereit: Der *Key-Value Store* speichert eine Zeichenkette und ermöglicht den Zugriff auf diese über einen zuvor definierten Schlüssel. Der *Document-Store* erlaubt die Speicherung von ganzen (Text-)Dateien. Als letzte Alternative gibt es dann noch den *Core Data-Store*, der die Speicherung und den Abruf von Informationen mit *Core Data* über iCloud ermöglicht.

Vor der Nutzung des Cloud-Dienstes steht dessen Konfiguration an. Legen Sie also im ersten Schritt ein neues *Single-View-Application*-Projekt an. Nach dem Anlegen des Projekts öffnen Sie zunächst das Register *General*. Hier müssen Sie sicherstellen, dass der *Bundle Identifier* eindeutig ist.

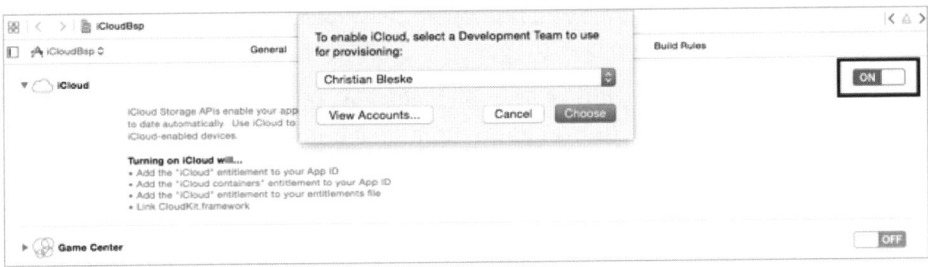

General	Capabilities	Resource Tags	Info	Build Settings	Build Phases	Build Rules

▼ **Identity**

Bundle Identifier com.christianbleske.iCloudBsp

Version 1.0

Build 1

Team Christian Bleske (christian.ble... ◇

Abb. 9–11   *Eindeutigen Bundle Identifier vergeben*

Im nächsten Schritt muss das *Capabilities*-Register geöffnet werden. Betätigen Sie hier die *ON/OFF*-Schaltfläche zur Aktivierung der iCloud-Funktionen innerhalb der App.

Abb. 9–12   *iCloud für die App aktivieren*

An dieser Stelle kann es passieren, dass Xcode Sie auffordert, Ihre Apple-ID und den Developer-Account einzugeben bzw. auszuwählen (siehe Abb. 9–12). Im Anschluss ist die iCloud-Anbindung der App, was das iCloud-SDK betrifft, abgeschlossen. Bitte kontrollieren Sie aber, ob die gewünschte Option zur Speicherung, *Key-value storage*, im Register *Capabilities* aktiviert ist (siehe Abb. 9–13).

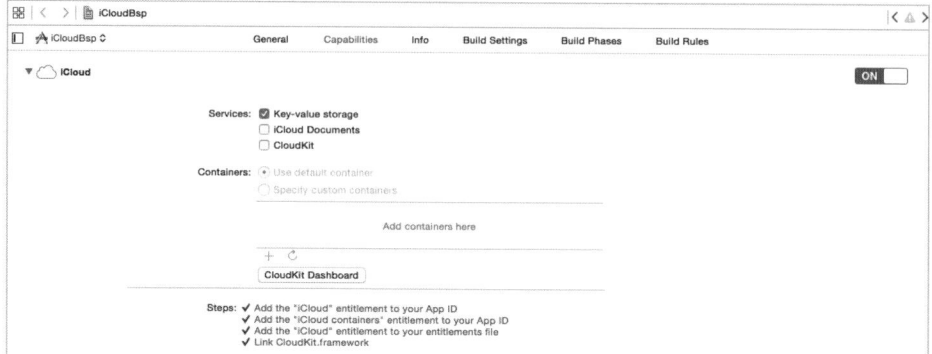

Abb. 9–13   *Die »Key-value storage«-Speicherung wurde aktiviert.*

Wurde alles korrekt konfiguriert, so müsste nun im *Project Navigator* eine zusätzliche Datei namens *iCloudBsp.entitlements* zu finden sein, in der beschrieben ist, was für iCloud-Features verwendet werden.

Hinweis

Treten bei der iCloud-Konfiguration irgendwelche Probleme auf, z.B. ein ungültiger *Bundle Identifier*-Name, so findet sich im Register *Capabilities* eine Möglichkeit, das Problem zu beheben. Bei Problemen wird dort eine Schaltfläche mit dem Namen *Fix issue* eingeblendet. Nach Betätigung versucht Xcode dann, ein Problem selbstständig zu lösen.

Im *Storyboard* der App werden anschließend ein *TextField*-Control sowie ein *Button* eingefügt. Für den *Button* kann dann gleich noch eine *IBAction* angelegt werden, die ausgeführt wird, sobald der *Button* betätigt wurde.

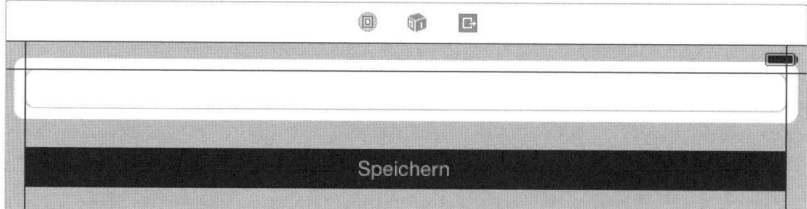

Abb. 9–14   *Die GUI der App*

Innerhalb der zugehörigen Ereignismethode wird später die Methode aufgerufen, die damit beginnt, die Eingabe, die Sie im *TextField* vorgenommen haben, in die Cloud zu übertragen. Alle notwendigen Vorbereitungen sind damit abgeschlossen. Nun kann die Umsetzung im Code beginnen.

Code für die Cloud

Im Code wird direkt nach dem *Outlet* für das *TextField*-Control eine Variable *keyStore* definiert (siehe Listing 9–8), die von der Klasse *NSUbiquitousKeyValueStore* abgeleitet wurde. Diese Klasse ist das Bindeglied zur iCloud. Sie stellt Methoden und Attribute bereit, um Werte in Form eines Key-Value Stores in der iCloud speichern zu können. Diese Klasse stellt auch einen Mechanismus bereit, um darüber zu informieren, dass Werte in den Cloud-Speicher geschrieben wurden.

```
import UIKit

class ViewController: UIViewController {

    @IBOutlet var uiTextField: UITextField!

    let keyStore = NSUbiquitousKeyValueStore()

    override func viewDidLoad() {
        super.viewDidLoad()

        var textString =    keyStore.stringForKey(
            "TEXT_ENTRY")
                as NSString?

        if (textString != nil){
            self.uiTextField.text = textString as! String
        } else {
            self.uiTextField.text = "Keine Daten!"
        }

        NSNotificationCenter.defaultCenter()
            .addObserver(self, selector:  "ubiquitousKeyValueStoreDidChange:",
        name: NSUbiquitousKeyValueStoreDidChangeExternallyNotification,
        object: keyStore)

    }

    override func didReceiveMemoryWarning() {
        super.didReceiveMemoryWarning()
    }

    @IBAction func btnSaveText_Pressed(sender: AnyObject) {
    saveValue()
    }

    func saveValue()
    {
        keyStore.setString(uiTextField.text,
            forKey: "TEXT_ENTRY")
        keyStore.synchronize()
    }
```

```
func ubiquitousKeyValueStoreDidChange
    (notification:NSNotification) {
    showAlertViewWithTitle(
        "Achtung Aktualisierung!",
        message:
        "Im iCloud key-value store wurde eine Änderung festgestellt.")
    self.uiTextField.text = keyStore.stringForKey(
        "TEXT_ENTRY")
}

func showAlertViewWithTitle(title:String, message:String) {
    let alertController = UIAlertController(title:
        title, message: message,
            preferredStyle: .Alert)

    let OKAction = UIAlertAction(title: "OK",
        style: .Default) { (action) in
    }

    alertController.addAction(OKAction)

    self.presentViewController(alertController, animated: true) {
    }
  }
}
```

Listing 9–8   *Code zum Zugriff auf die iCloud*

Zu Beginn wird im *viewDidLoad*-Ereignis der Inhalt des *KeyStores* der lokalen Variablen *textString* zugewiesen. Zum Zugriff auf den Inhalt des *KeyStores* wird ein Schlüsselbegriff (*TEXT_ENTRY*) verwendet. Anschließend wird der Inhalt der Variablen geprüft. Sind keine Daten vorhanden, so wird eine entsprechende Meldung ausgegeben. Sind Daten vorhanden, werden diese dem *Text Field*-Control zugewiesen.

Mit der letzten Anweisung wird noch die Methode *ubiquitousKeyValueStore-DidChange* registriert, mit der die Klasse *NSNotificationCenter* weitere angeschlossene Objekte über Änderungen informiert. Diese Überwachung (*Observer*) wird verwendet, um automatisch Änderungen am bzw. im *KeyStore* zu ermitteln und eine entsprechende Nachricht abzusetzen. Im Prinzip sind das bereits die wesentlichen Teile der App gewesen.

Ein paar Kleinigkeiten werden aber noch benötigt, damit das Ganze auch reibungslos funktioniert. Drei Methoden sind somit noch zu erläutern. Innerhalb der *IBAction btnSaveText_Pressed* wird nur die lokale Methode *saveValue* zur Speicherung der eingegebenen Zeichenkette aufgerufen. Die Methode *saveValue* enthält zwei Methodenaufrufe. Mit dem Aufruf von *setString* wird die zu speichernde Zeichenkette in die iCloud übertragen. Gespeichert wird der Datensatz unter Angabe des Schlüsselbegriffs (*TEXT_ENTRY*). Ein anschließender Aufruf der Methode *synchronize* der Klasse *NSUbiquitousKeyValueStore* bewirkt die Übertragung der Daten in die iCloud.

Zuletzt gibt es im *ViewController* noch eine Definition des Ereignisses *ubiquitousKeyValueStoreDidChange*. Das Ereignis wird ausgelöst, sobald eine Änderung im *KeyStore* festgestellt wurde. Als Parameter wird hier ein *Notification*-Objekt erwartet, das vom *KeyStore* übertragen wird. Innerhalb des Ereignisses wird zuerst die Methode *showAlertWithTitle* aufgerufen, die den Anwender über die Aktualisierung des *KeyStores* informiert. Anschließend wird der neue Inhalt im *KeyStore* mit der Methode *stringForKey*, der der Schlüsselbegriff als Parameter übergeben wird, abgefragt und zur Anzeige dem *Text Field* zugewiesen. Damit sind die Zutaten für eine kleine App mit iCloud-Anschluss bereits beisammen. Startet man die App jetzt auf zwei Geräten, beispielsweise auf einem iPhone und einem iPad gleichzeitig, so wird eine Änderung auf einem Gerät automatisch nach der Übertragung der Daten in die iCloud auch an das zweite Gerät übermittelt – vorausgesetzt, beide Geräte verwenden dieselbe Apple-ID.

Zusammenfassung

In diesem Kapitel wurden die Themen Internet und Netzwerk behandelt. Sie haben erfahren, wie HTML-Dokumente in einer App angezeigt werden und wie Daten im JSON-Format abgefragt und verarbeitet werden können. Außerdem wurden der Austausch von Dateien mittels AirDrop und die Speicherung von Informationen mittels iCloud demonstriert.

10 Sensoren

iOS unterstützt in den verschiedenen Geräten (iPhone, iPad, iPod und Apple Watch) unterschiedlichste Sensoren. In diesem Kapitel wird die Entwicklung von Apps mit Sensor-Support erläutert.

10.1 Kamera

Moderne Smartphones sind mit einer Kamera ausgestattet. Da macht auch das iPhone keine Ausnahme. Auch das iPad und eine iPod-Variante sind mit einer Kamera ausgestattet. Somit kann es sich schon lohnen, eine entsprechende Funktion in die App einzubauen. Wie sich eine solche Funktion mit wenigen Handgriffen umsetzen lässt, zeigt das folgende Beispiel.

Als Ausgangspunkt dient eine *Single-View-Application*-Vorlage, die nach dem Anlegen etwas umgestaltet werden muss. Innerhalb des Views wird zuerst ein *ImageView*-Control eingefügt. In diesem Control wird später (nach der Aufnahme) das erstellte Bild angezeigt werden. Neben dem *ImageView* wird noch ein *Button* benötigt, in dessen Ereignishandler anschließend eine Instanz der Klasse *UIImagePickerController* aufgerufen wird (siehe Abb. 10–1).

Im Abschnitt *Deployment Info* des Projekts wird lediglich die *Portrait*-Ansicht aktiviert. Im folgenden Schritt wird für das *UIImageView*-Control ein *Outlet* und für den *Button* eine *Action* angelegt. Anschließend kann es an die Codierung des Beispiels gehen.

```
import UIKit

class ViewController: UIViewController, UINavigationControllerDelegate,
    UIImagePickerControllerDelegate {

    @IBOutlet var uiImageView: UIImageView!

    var uiImagePickerController: UIImagePickerController!

    override func viewDidLoad() {
        super.viewDidLoad()
    }
```

```
override func didReceiveMemoryWarning() {
    super.didReceiveMemoryWarning()
}

@IBAction func btnTakePhoto_Pressed(sender: AnyObject) {
    uiImagePickerController = UIImagePickerController()
    uiImagePickerController.delegate = self
    uiImagePickerController.sourceType = .Camera

    presentViewController(uiImagePickerController, animated: true,
    completion: nil)
}

func imagePickerController(picker: UIImagePickerController,
didFinishPickingMediaWithInfo info: [NSObject : AnyObject]) {
uiImagePickerController.
    dismissViewControllerAnimated(true,
        completion: nil)
    uiImageView.image =    info[UIImagePickerControllerOriginalImage]
        as? UIImage
}
}
```

Listing 10–1   *Quellcode der Kamera-App*

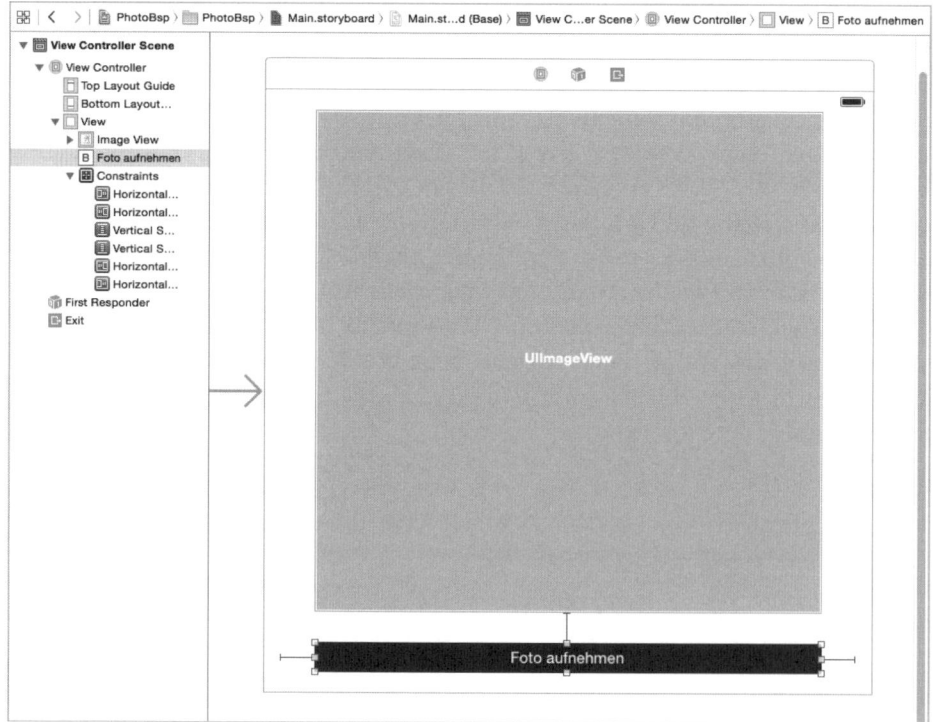

Abb. 10–1   *Das Layout der Kamera-App*

Listing 10–1 beginnt mit der obligatorischen Ableitung von *UIViewController*. Dann folgen die Ableitungen der Protokolle *UINavigationControllerDelegate* und *UIImagePickerControllerDelegate*. Die Implementierung der beiden Protokolle ist notwendig, weil die Kamerafunktion durch iOS – genauer gesagt durch die Kamera-App von iOS – zur Verfügung gestellt wird. Unsere App greift also nicht direkt auf die Hardware zu, sondern verwendet die hierfür eigens in iOS integrierte Klasse *UIImagePickerController*. Eine Instanz der Klasse stellt eine Schnittstelle zur Erstellung und zum Zugriff auf die Bildbibliothek von iOS bereit.

Im Code folgen danach das Outlet des ImageView-Controls sowie die Deklaration der *UIImagePickerController*-Instanz. Ausgelöst wird die Erstellung eines Fotos durch Betätigung des Buttons im View. Erst hier wird das neue *UIImagePickerController*-Objekt erzeugt und anschließend für den Gebrauch konfiguriert. So wird der Eigenschaft *delegate* des Objekts der Wert *self* zugewiesen, sodass eine Implementierung der Methode *didFinishPickingMediaWithInfo* in der aktuellen Klasse gesucht wird.

Außerdem wird die Eigenschaft *sourceType* der *UIImagePickerController*-Instanz gesetzt, und zwar auf den Wert .*Camera*, was dafür sorgt, dass als Quelle für Bilder die Kamera des iOS-Geräts verwendet wird. Möglich sind auch andere Quellen, wie z.B. *PhotoLibrary* oder *SavedPhotosAlbum*. Die entsprechende Enumeration trägt den Namen *UIImagePickerControllerSourceType*.

Zuletzt wird die Methode *presentViewController* aufgerufen, die als Parameter die *UIImagePickerController*-Instanz übergeben bekommt und somit die entsprechende iOS-App startet (siehe Abb. 10–2).

Neben der *UIImagePickerController*-Instanz werden außerdem noch die Parameter *animated* sowie *completion* übergeben. *animated* sorgt dafür, dass die iOS-eigene Kamera-App animiert eingeblendet wird; der Parameter *completion* wird verwendet, um einen Code-Block nach Anzeige auszuführen. Nach Auswahl des Fotos wird wieder die eigene Kamera-App aufgerufen und das aufgenommene Foto angezeigt (siehe Abb. 10–3).

Um das gemachte Foto innerhalb der eigenen App anzeigen zu können, wird die Funktion *imagePickerController* mit den Parametern *picker* und *didFinishPickingMediaWithInfo* aufgerufen. Innerhalb der Funktion wird zuerst die Funktion *dismissViewControllerAnimated* aufgerufen, die dafür sorgt, dass das eigene View wieder angezeigt wird. In der letzten Zeile wird das als Parameter übergebene Foto dem ImageView-Control zur Anzeige übergeben. Damit ist die eigene Kamera-App vollständig implementiert.

Die bereits in iOS integrierte Schnittstelle (die iOS-Kamera-App) erleichtert die Implementierung einer entsprechenden Funktion erheblich.

Abb. 10–2   *Die in iOS integrierte Kamera-App*   **Abb. 10–3**   *Die eigene Kamera-App, nun mit Foto*

10.2 Mikrofon

Neben der Kamera verfügen das iPhone, das iPad sowie der iPod touch auch über ein Mikrofon. Natürlich lässt sich auch das Mikrofon eines iOS-Geräts problemlos innerhalb einer App verwenden, beispielsweise um eine Aufnahme anzufertigen und sie anschließend wiederzugeben.

Im folgenden Beispiel wird dies demonstriert. Als Vorlage für die App wird ein neues *Single-View-Application*-Projekt angelegt. Für die Oberfläche der App werden drei Schaltflächen (*Aufnahme*, *Wiedergabe* und *Stopp*) sowie zwei Label-Controls zur Anzeige des Status benötigt (siehe Abb. 10–4).

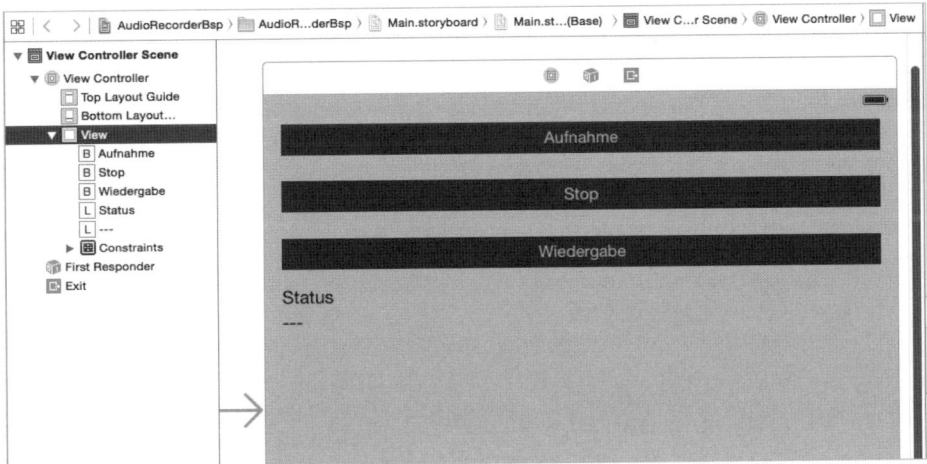

Abb. 10–4   *Die Oberfläche der Audio-App*

Zur Realisierung müssen natürlich drei Actions (für die drei Schaltflächen) sowie ein Outlet (für das Label) im Code angelegt werden:

```
import UIKit
import AVFoundation
import MediaPlayer

class ViewController: UIViewController, AVAudioPlayerDelegate,
    AVAudioRecorderDelegate {

    var avAudioPlayer: AVAudioPlayer?
    var avAudioRecorder: AVAudioRecorder?

    @IBOutlet var btnRecord: UIButton!
    @IBOutlet var btnStop: UIButton!
    @IBOutlet var btnPlay: UIButton!

    @IBOutlet var uiLabelStatus: UILabel!

//Quellcode entfernt ...
}
```

Außerdem muss die Klasse *ViewController* noch von *UIViewController, AVAudioPlayerDelegate* und *AVAudioRecorderDelegate* abgeleitet werden.

Die Ableitung der beiden Protokolle erfolgt, damit auf Ereignisse, beispielsweise das Beenden der Aufnahme, reagiert werden kann. Außerdem erfolgt zu Beginn der Klasse die Deklarierung der Instanzen von *AVAudioPlayer* und *AVAudioRecorder*. Weiter geht es mit der Initialisierung, die im Ereignis *viewDidLoad* erfolgt:

```
override func viewDidLoad() {
    super.viewDidLoad()
    btnPlay.enabled = false
    btnStop.enabled = true
```

```
avAudioPlayer?.delegate = self;
avAudioRecorder?.delegate = self;

let dirPaths =
    NSSearchPathForDirectoriesInDomains(
        .DocumentDirectory,
            .UserDomainMask, true)
let docsDir = dirPaths[0] as! String
let soundFilePath = docsDir + ("/sound.caf")
let soundFileURL = NSURL(fileURLWithPath:
    soundFilePath)
let recordSettings =
    [AVEncoderAudioQualityKey:
        AVAudioQuality.Min.rawValue,
            AVEncoderBitRateKey: 16,
                AVNumberOfChannelsKey: 2,
                    AVSampleRateKey: 44100.0]

let audioSession =
    AVAudioSession.sharedInstance()

do {
    try audioSession.setCategory(
        AVAudioSessionCategoryPlayAndRecord)
} catch {
    print("Fehler bei der Initialisierung")
}

do {
    try avAudioRecorder = AVAudioRecorder(URL:
        soundFileURL, settings: recordSettings as!
            [String : AnyObject])
    avAudioRecorder?.prepareToRecord()
} catch {
    print("Fehler bei der Initialisierung")
}
}
```

Der Abschnitt zur Initialisierung der App ist relativ umfangreich. Zuerst werden die Buttons konfiguriert. Sie werden abgeschaltet, damit sie nur verwendet werden können, sofern auch Daten vorliegen. Diese Prüfung findet nach Betätigung des jeweiligen Buttons statt. Anschließend wird der Eigenschaft *delegate* der beiden Objekte die Referenz auf die aktuelle Klasse mit *self* übergeben.

Nun geht es an das Anlegen und die Konfiguration der Datei, in der die Aufzeichnung der Audio-Information vorgenommen wird. Hierzu muss im ersten Schritt der Pfad zur App ausgelesen werden. Er wird in der Variablen *dirPaths* gespeichert. Das Auslesen geschieht mit der Funktion *NSSearchPathForDirectoriesInDomains*. Mit dem ersten Parameter wird festgelegt, welcher Pfad verwendet werden soll. Im Beispiel wird der Parameter *.DocumentDirectory* übergeben.

> **Hinweis**
>
> Die Apps in iOS laufen in einer Sandbox-Umgebung. Das heißt, sie können nicht über den Rand des Sandkastens »hinausschauen«. Um Dateien zu speichern, bleibt der App somit nichts anderes übrig, als den eigenen Speicher für Dokumente zu verwenden.
>
> Eines dieser Verzeichnisse ist das *DocumentDirectory*, in dem entsprechende Dateien abgelegt werden können. Ein weiteres Verzeichnis einer App ist *LibraryDirectory*. Eine detaillierte Aufstellung hierzu finden Sie unter:
>
> *https://developer.apple.com/library/ios/documentation/FileManagement/Conceptual/ FileSystemProgrammingGuide/AccessingFilesandDirectories/AccessingFilesand-Directories.html*

Der zweite Parameter, *UserDomainMasks*, gibt an, dass das User-Home-Directory gelesen werden soll. Mögliche andere Werte wären hier z. B. *LocalDomain-Mask* (das aktuelle iOS-Gerät) oder auch *NetworkDomainMask*, womit ein öffentlich verfügbares Netzwerk bzw. der darin enthaltene Speicher gemeint ist.

Der letzte Parameter gibt an, dass im Pfad ein Tilde-Zeichen enthalten sein kann. Die Funktion gibt ein Array zurück, das in der Variablen *dirPaths* gespeichert wurde. In der ersten Stelle des Arrays ist der Pfad gespeichert. Aus diesem Grund wird diese ausgelesen und der Variablen *docsDir* zugewiesen. Dieser Pfad wird dann um eine Zeichenkette *(sound.caf)* erweitert, die den zu verwendenden Dateinamen enthält.

In der folgenden Zeile wird dann eine NSURL-Instanz *(fileURL)* erzeugt. Außerdem wird noch eine weitere Variable, *encoderSettings*, angelegt, in der Informationen zur Konfiguration der Audioqualität des aufzunehmenden Tons gespeichert werden.

Sofern beim Anlegen der Datei ein Fehler auftritt, wird dieser in der folgenden *try*-Anweisung abgefangen und ausgegeben.

Als Nächstes wird eine Instanz der Klasse *AVAudioRecorder* angelegt und mit den zuvor angelegten Variablen initialisiert. Tritt auch hier kein Fehler auf, so wird die Aufzeichnung mit einem Aufruf der Methode *prepareToRecord* vorbereitet. Die Aufnahme beginnt, sobald der Button *Aufnahme* betätigt wurde. Die weitere Verarbeitung findet dann in der entsprechenden Action *btnRecord_Pressed* statt:

```
@IBAction func btnRecord_Pressed(sender: AnyObject) {
    if avAudioRecorder?.recording == false {
        btnPlay.enabled = false
        btnStop.enabled = true
        avAudioRecorder?.record()
        uiLabelStatus.text = "Aufnahme läuft..."
    }
}
```

Innerhalb des Ereignisses wird zuerst geprüft, ob die *AVAudioRecorder*-Instanz sich bereits im Aufzeichnungsmodus befindet. Wenn das nicht der Fall ist, werden die Schaltflächen wie benötigt aktiviert/deaktiviert. Außerdem wird die Methode *record* aufgerufen und im *UILabel*-Control der aktuelle Status angezeigt. Eine laufende Aufnahme wird nicht automatisch beendet. Aus diesem Grund gibt es den *Stop*-Button. Wird dieser betätigt, so wird die zugeordnete Ereignisbehandlungsroutine aufgerufen:

```
@IBAction func btnStop_Pressed(sender: AnyObject) {
    btnStop.enabled = false
    btnPlay.enabled = true
    btnRecord.enabled = true

    if avAudioRecorder?.recording == true {
        avAudioRecorder?.stop()
        uiLabelStatus.text = "Aufnahme beendet..."
    } else {
        avAudioPlayer?.stop()
        uiLabelStatus.text = "Wiedergabe beendet..."
    }
}
```

Innerhalb der Methode *btnStop_Pressed* werden im ersten Schritt die Schaltflächen wie benötigt aktiviert/deaktiviert. Anschließend wird geprüft, ob eine Aufnahme läuft. Wenn das der Fall ist, wird die Aufnahme mit einem Aufruf der Methode *stop* umgehend beendet und der Status im UILabel-Control entsprechend aktualisiert. Läuft keine Aufnahme, ist wohl eine Wiedergabe aktiv. Entsprechend wird dann die *stop*-Methode der Klasse *AVAudioPlayer* aufgerufen und der Status gesetzt. Wurde eine Aufnahme beendet, so kann der aufgezeichnete Ton mithilfe des Wiedergabe-Buttons abgespielt werden:

```
@IBAction func btnPlay_Pressed(sender: AnyObject) {
    if avAudioRecorder?.recording == false {
        btnStop.enabled = true
        btnRecord.enabled = false
        uiLabelStatus.text = "Wiedergabe läuft..."

        do {
            avAudioPlayer = try AVAudioPlayer(
                contentsOfURL: (avAudioRecorder?.url)!)
            avAudioPlayer?.play()
        } catch {
            print("Fehler bei der Wiedergabe!")
        }
    }
}
```

Analog zum *Stop*-Button wird im ersten Schritt der Methode *btnPlay_Pressed* geprüft, ob eine Aufnahme läuft. Wenn das nicht der Fall ist, werden zunächst die Schaltflächen wie benötigt aktiviert/deaktiviert und das Status-Label initialisiert.

Anschließend wird eine Instanz der Klasse *AVAudioPlayer* erzeugt. Dieser Instanz wird als Parameter der im Objekt *avAudioRecorder*, Eigenschaft *url*, gespeicherte Pfad mit der Aufzeichnung der Audio-Information übergeben. Zuletzt wird in einem *try-catch*-Block die Methode *play* der Klasse *AVAudio-Player* aufgerufen und die Aufzeichnung ausgegeben.

Es gibt noch einige weitere Zeilen Code innerhalb der Klasse:

```
func audioPlayerDidFinishPlaying(player: AVAudioPlayer!,
    successfully flag: Bool) {
    println("Wiedergabe beendet...")
    uiLabelStatus.text = "Wiedergabe beendet..."
}

func audioPlayerDecodeErrorDidOccur(player: AVAudioPlayer!, error: NSError!) {
    println("Ein Fehler ist während der Wiedergabe aufgetreten...")
}

func audioRecorderDidFinishRecording(recorder: AVAudioRecorder!,
    successfully flag: Bool) {
    println("Aufnahme beendet...")
    uiLabelStatus.text = "Aufnahme beendet..."
}

func audioRecorderEncodeErrorDidOccur(recorder: AVAudioRecorder!,
    error: NSError!) {
    println("Ein Fehler ist während der Aufnahme aufgetreten...")
}
```

Diese vier Methoden sind die Implementierung der durch die Protokolle vorgege-benen Methoden. Sie werden aufgerufen, sobald der entsprechende Status ein-tritt, z.B. das Beenden der Aufnahme.

10.3 Beschleunigungssensor

Der Beschleunigungssensor (Accelerometer) kann die Beschleunigung des Geräts bezogen auf die Bewegung oder die Gravitation in jede der drei Dimensionen messen. Auch ist der Beschleunigungssensor in der Lage, die Geschwindigkeit zu ermitteln, mit der sich ein Gerät in eine bestimmte Richtung bewegt.

Diese Funktion kann innerhalb von Apps genutzt werden, um zu ermitteln, in welche Richtung ein Gerät gerade geneigt wird. Viele Apps nutzen die vom Beschleunigungssensor ermittelten Daten für die Steuerung, z.B. von Spielen. Gerade diese Möglichkeit macht den Beschleunigungssensor so interessant.

Es stellt sich die Frage, wie eine Steuerung auf Basis des Beschleunigungssen-sors in einer App umgesetzt werden kann. Hierzu soll im folgenden Beispiel eine kleine Grafik nur durch das Neigen des Geräts in Bewegung gebracht werden.

Welche Bibliothek(en) benötigt man, um eine Steuerung auf Basis des Beschleunigungssensors zu implementieren, und wo findet man diese? Die meisten der für das Beispiel notwendigen Klassen finden Sie im *UIKit-Framework*, und für eine weitere Klasse muss das *CoreMotion-Framework* importiert werden.

Die Klasse *CMMotionManager* ist das Bindeglied zwischen App und Beschleunigungssensor. Eine Instanz dieser Klasse versorgt eine App mit Daten des Accelerometers, der Rotationsrate und/oder mit weiteren Daten, wie beispielsweise vom Magnetometer.

Für das Beispiel werden aber noch weitere Klassen benötigt, zum einen die Klasse *NSOperationQueue*, die in Verbindung mit der Klasse *CMMotionManager* gebraucht wird, um Daten des Beschleunigungssensors abzurufen. Im Beispiel wird das iOS-Gerät bewegt, um ein Klötzchen in die entsprechende Richtung zu bewegen. Berührt das Klötzchen den Rand des Geräts, so soll es von diesem abprallen und sich in die entgegengesetzte Richtung bewegen. Um dieses Verhalten zu realisieren, werden noch Instanzen folgender Klassen benötigt: *UIGravity-Behavior*, *UIDynamicAnimator* und *UICollisionBehavior*. Wofür diese Klassen verwendet werden, wird im weiteren Verlauf erläutert.

Umsetzung im Code

Zur Umsetzung wird ein neues *Single-View-Application*-Projekt angelegt. Nach dem Anlegen muss das Projekt konfiguriert werden. Es soll lediglich die Portrait-Ansicht verwendet werden. Aus diesem Grund werden die anderen Ansichten deaktiviert.

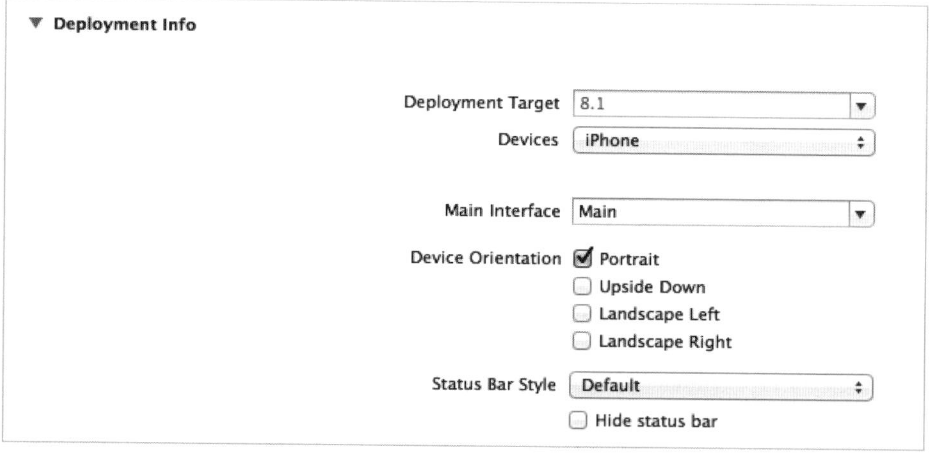

Abb. 10–5   *Konfiguration der App*

Zu Beginn werden erst einmal die benötigten Objekte deklariert (siehe Listing
10–2).

```
import UIKit
import CoreMotion

class ViewController: UIViewController {

    var uiView : UIView?
    var uiDynamicAnimator: UIDynamicAnimator? = nil;
    let uiGravityBehavior = UIGravityBehavior()
    let uiCollisionBehavior = UICollisionBehavior()
    let cmMotionManager = CMMotionManager()
    let nsOperationQueue = NSOperationQueue()

    override func viewDidLoad() {
        super.viewDidLoad()
        self.view.backgroundColor =
            UIColor.greenColor()
        addView(CGRectMake(150, 150,50, 50))
        initBehavior()
    }

    override func
        didReceiveMemoryWarning() {
        super.didReceiveMemoryWarning()
    }

    func initBehavior() {
        uiDynamicAnimator = UIDynamicAnimator(
            referenceView:self.view);

        uiGravityBehavior.addItem(uiView!);
        uiGravityBehavior.gravityDirection =
            CGVectorMake(0, 0.8)
        uiDynamicAnimator?.addBehavior(
            uiGravityBehavior);

        uiCollisionBehavior.addItem(uiView!)
        uiCollisionBehavior.
            translatesReferenceBoundsIntoBoundary = true
        uiDynamicAnimator?.addBehavior(
            uiCollisionBehavior)
    }

    func addView(location: CGRect) {
        let newView = UIView(frame: location)

        newView.backgroundColor = UIColor.blackColor()

        view.insertSubview(newView, atIndex: 0)
        uiView = newView
    }
```

```
override func viewDidAppear(animated: Bool) {
    cmMotionManager.
        StartDeviceMotionUpdatesToQueue(
            nsOperationQueue, withHandler:
                cmAccelerometerHandler)
}

func cmAccelerometerHandler(motion:
    CMDeviceMotion!, error: NSError!){
    if (error != nil) {
        NSLog("\(error)")
    } else {
        let gravity : CMAcceleration =
            motion.gravity
        let x = CGFloat(gravity.x)
        let y = CGFloat(gravity.y)
        var cgPoint = CGPointMake(x,y)
        var v = CGVectorMake(cgPoint.x,
            0 - cgPoint.y)
        uiGravityBehavior.gravityDirection = v
    }
}

override func viewWillDisappear(animated: Bool) {
    cmMotionManager.stopDeviceMotionUpdates()
}
}
```

Listing 10–2 *Quellcode des Beispiels zum Beschleunigungssensor*

Anschließend wird im Ereignis *viewDidLoad* dem View ein grüner Hintergrund verpasst. Außerdem werden die Methoden *addView* und *initBehavior* aufgerufen. Innerhalb der Methode *addView* wird das Klötzchen erzeugt, das durch die Bewegung des iOS-Geräts gesteuert werden soll. Der Methode werden als Parameter die Größe und Position des zweiten Views (des Klötzchens) in Form einer Struktur vom Typ *CGRect* übergeben. Aus diesen Informationen wird dann innerhalb der Funktion das neue View erzeugt, und anschließend wird diesem eine Hintergrundfarbe zugewiesen. Zuletzt wird das neue View in das übergeordnete View mit der Methode *insertSubview* eingefügt.

Animation, Gravitation und Verhalten kontrollieren

Innerhalb der Methode *viewDidLoad* wird zuletzt die Methode *initBehavior* aufgerufen. In ihr werden die zu Beginn deklarierten Objekte der Klassen (*UIGravityBehavior*, *UIDynamicAnimator* und *UICollisionBehavior*) initialisiert. Zuerst wird eine Referenz des Views der *UIDynamicAnimator*-Instanz übergeben. Diese Instanz wird benötigt, damit das View später auf Veränderungen der Lage reagieren kann. Die Instanz teilt dem View solche Veränderungen mit.

Als Nächstes wird das View mit der Instanz der Klasse *UIGravityBehavior* verknüpft, die auf Änderungen des Gravity Vectors reagiert. Im folgenden Schritt werden die Instanzen *UIGravityBehavior* und *UIDynamicAnimator* verknüpft, indem die *UIGravityBehavior*-Instanz als Parameter der Methode *addBehavior* übergeben wird. Somit werden Änderungen der Gravitation direkt an die Instanz *UIDynamicAnimator* übergeben und können von ihr bei der Darstellung berücksichtigt werden. Das Klötzchen soll bei Berührung einer der vier Seiten des Views ja von ihr abprallen.

Solche Berührungen werden mit der Instanz von *UICollisionBehavior* festgestellt. Aus diesem Grund wird das View auch diesem Objekt als Parameter übergeben. Das Zuweisen von *true* an die Eigenschaft *translatesReferenceBoundsIntoBoundary* bewirkt, dass die Grenzen (Ränder) aktiv sind. Zuletzt muss auch die *UICollisionBehavior*-Instanz an den *UIDynamicAnimator* übergeben werden.

Der Beschleunigungssensor spielt mit …

Das letzte Glied in der Kette fehlt noch: der Beschleunigungssensor bzw. die Interaktion mit ihm. Wenn das Gerät bewegt wird, so gibt er entsprechende Informationen weiter. Die Methode, die dafür Sorge trägt, dass der Beschleunigungssensor in das Spiel einsteigt, ist *cmAccelerometerHandler*. Diese Methode wird als Parameter zusammen mit einer Instanz der Klasse *NSOperationQueue* der Klasse *CMMotionManager* übergeben – genauer gesagt, der Methode *startDeviceMotionUpdatesToQueue*.

Alle aufgezeichneten Bewegungen werden in eine Warteschlange (*NSOperationQueue*) gestellt und anschließend Stück für Stück verarbeitet. Innerhalb von *cmAccelerometerHandler* wird zuerst geprüft, ob ein Fehler vorliegt. Hierzu wird das als Parameter übergebene Objekt *error* vom Typ *NSError* untersucht. Ist ein Fehler enthalten, wird ggf. eine Meldung ausgegeben. Liegt kein Fehler vor, dann wird mit der *gravity*-Eigenschaft eine vorliegende Bewegung ausgelesen.

Die in der *gravity*-Eigenschaft enthaltene Information ist vom Typ *CMAcceleration* und enthält Informationen darüber, in welche Richtung (X- oder Y-Achse oder beide) das Gerät bewegt wurde. Anhand der Koordinaten wird ein Punkt (*cgPoint*) ermittelt und im Anschluss der benötigte Vektor. Diese Information wird der Eigenschaft *gravityDirection* der *UIGravityBehavior*-Instanz zugewiesen, die dann den Rest erledigt.

Angestoßen wird die Ermittlung der Bewegung innerhalb des Ereignisses *viewDidLoad*. Gestoppt wird die Überwachung, sobald die Methode *viewDidDisappear* aufgerufen wurde. Startet man die App, so hat man schon fast ein kleines Bewegungsspielchen.

Abb. 10–6   *Das Beispiel zum Beschleunigungssensor im Einsatz*

10.4 Positionsdienste

Weitere Sensoren von iOS-Geräten sind der integrierte Kompass sowie GPS. Beide werden mit Klassen programmiert, die Bestandteil des *CoreLocation-Framework* von iOS sind. Über GPS kann die aktuelle Position des Geräts bestimmt werden und können die zugehörigen Koordinaten ausgelesen werden.

Ein weiterer Bestandteil der Positionsdienste von iOS ist die Möglichkeit, anhand der Position (genauer gesagt, anhand des aktuellen Längen- und Breitengrades) die (ungefähre) Adresse der übergebenen Koordinaten zu ermitteln. Beide Funktionen sowie die notwendige Klasse sollen im folgenden Beispiel demonstriert werden.

Nach dem Anlegen eines neuen *Single-View-Application*-Projekts geht es an die Bearbeitung des Views.

Es werden mehrere *Label*-Controls (vier) sowie ein *Button*-Control benötigt und in das View eingefügt. Die Positionierung der Controls wird wie immer mit Constraints festgelegt. Im Anschluss geht es an die Implementierung. Im Code werden vier *Outlets* (für die *Label*-Controls) sowie eine *Action* benötigt.

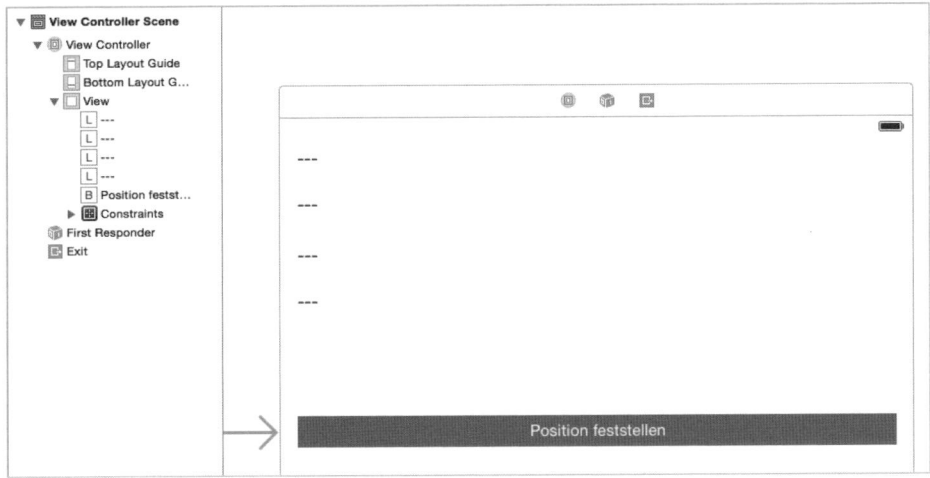

Abb. 10–7 *Die Oberfläche der App*

Konfiguration des Projekts

Bevor es an die Arbeit mit den notwendigen Klassen geht, müssen Sie dem Projekt noch eine Bibliothek hinzufügen. Alle Klassen, die zur Verarbeitung und Bestimmung der Position benötigt werden, sind Bestandteil des *CoreLocation-Frameworks*.

Natürlich müssen Sie auch diese Bibliothek dem Projekt hinzufügen, bevor Sie damit arbeiten können. Markieren Sie hierzu im *Project Navigator* die Projektdatei. Anschließend wird in Xcode das Register *General* angezeigt. Wenn das nicht der Fall ist, aktivieren Sie es bitte. Je nach Auflösung Ihres Macs müssen Sie eventuell ein wenig scrollen, um den Abschnitt *Linked Frameworks and Libraries* zu finden.

Abb. 10–8 *Das CoreLocation-Framework dem Projekt hinzufügen*

Nun muss der Button mit dem Plus-Symbol betätigt werden. Anschließend wird der Dialog *Choose frameworks and libraries to add* angezeigt. Geben Sie nun im *Search*-Feld den Namen (*CoreLocation*) ein. Markieren Sie die Bibliothek, und betätigen Sie anschließend den *Add*-Button. Das Framework wurde somit dem Projekt hinzugefügt.

Bevor es an die weitere Programmierung geht, nehmen Sie noch eine weitere Einstellung am Projekt vor. Wenn Sie schon länger ein iOS-Gerät verwenden, dann haben Sie den folgenden Dialog bestimmt schon einmal gesehen:

Vodafone.de 09:08
Darf „PositionsdiensteBsp" auf Ihren Standort zugreifen, wenn Sie die App benutzen?
Request permission to use location service
Nein
Erlauben

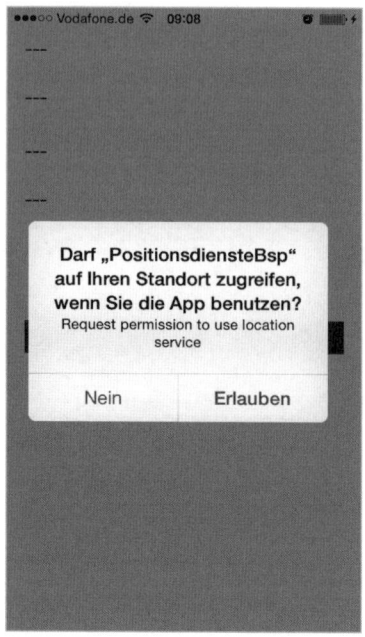

Abb. 10–9 *Einer App erlauben, die Positionsdienste zu verwenden*

Eine App erkundigt sich, ob sie die Standortdaten des Geräts verwenden darf. Nur wenn der Anwender einwilligt, wird die App die Positionsdienste auch verwenden, um den Standort zu ermitteln. Diese Berechtigung bzw. die Frage danach muss im Projekt aktiviert werden. Die entsprechende Konfiguration wird in der *Info.plist*-Datei des Projekts durchgeführt.

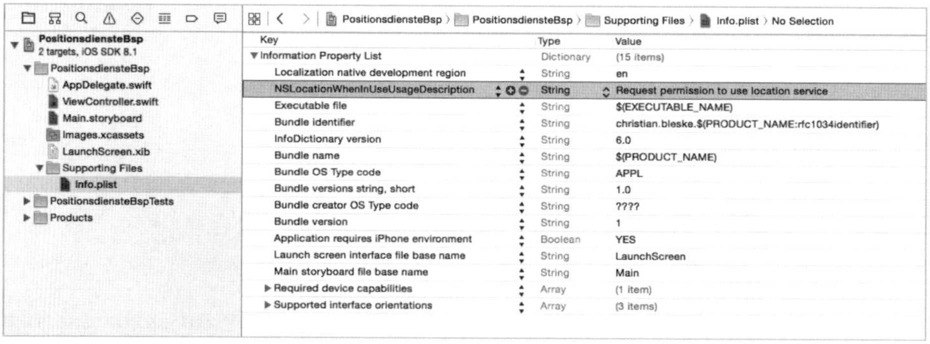

PositionsdiensteBsp
2 targets, iOS SDK 8.1
PositionsdiensteBsp
AppDelegate.swift
ViewController.swift
Main.storyboard
Images.xcassets
LaunchScreen.xib
Supporting Files
Info.plist
PositionsdiensteBspTests
Products
PositionsdiensteBsp › PositionsdiensteBsp › Supporting Files › Info.plist › No Selection
Key Type Value
Information Property List Dictionary (15 items)
Localization native development region String en
NSLocationWhenInUseUsageDescription String Request permission to use location service
Executable file String $(EXECUTABLE_NAME)
Bundle identifier String christian.bleske.$(PRODUCT_NAME:rfc1034identifier)
InfoDictionary version String 6.0
Bundle name String $(PRODUCT_NAME)
Bundle OS Type code String APPL
Bundle versions string, short String 1.0
Bundle creator OS Type code String ????
Bundle version String 1
Application requires iPhone environment Boolean YES
Launch screen interface file base name String LaunchScreen
Main storyboard file base name String Main
Required device capabilities Array (1 item)
Supported interface orientations Array (3 items)

Abb. 10–10 *Eigenschaft zur Standortabfrage hinzufügen*

Selektieren Sie die Datei durch einen Doppelklick im *Project Navigator*, und fügen Sie die folgende Eigenschaft in der Spalte *Key* hinzu: *NSLocationWhenInUseUsageDescription*. Als Typ wählen Sie *String*, und in der Spalte *Value* können Sie eine Beschreibung hinterlegen, die auch im Dialog (siehe den englischen

Text in Abbildung 10–9 angezeigt wird. Erst wenn diese Eigenschaft dem Projekt hinzugefügt wurde, können die Positionsdienste von iOS innerhalb der App verwendet werden. Übrigens wird durch die Konfiguration innerhalb der Einstellungen von iOS auch ein Eintrag für die App hinzugefügt, in dem diese Berechtigung auch wieder entzogen werden kann.

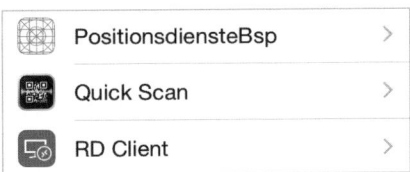

Abb. 10–11   *Eigenschaft zur Standortabfrage unter »Einstellungen« in iOS-Apps*

Hierzu muss lediglich der Menüpunkt ausgewählt werden, und anschließend kann die Einstellung geändert werden.

Zurück zur Programmierung: Neben Outlets und Actions wird auch noch eine zusätzliche Ableitung vom Protokoll *CLLocationManagerDelegate* implementiert. Dieses Protokoll definiert unter anderem Methoden, die zum einen zur Aktualisierung der Positionsabfrage und zum anderen zur Fehlerbehandlung verwendet werden. Hier sehen Sie den Einstieg in die Klasse:

```
import UIKit
import CoreLocation

class ViewController: UIViewController, CLLocationManagerDelegate {

    let clLocationManager = CLLocationManager()

    @IBOutlet weak var laLocality: UILabel!
    @IBOutlet weak var laPostalCode: UILabel!
    @IBOutlet weak var laCountry: UILabel!
    @IBOutlet weak var laArea: UILabel!

    override func viewDidLoad() {
        super.viewDidLoad()
    }

    override func didReceiveMemoryWarning() {
        super.didReceiveMemoryWarning()
    }
    //Quellcode entfernt ...
}
```

Neben der Ableitung und der Deklaration der Outlets ist hier noch die Erzeugung des Objekts *clLocationManager* interessant. Die Klasse *CLLocationManager* ist das zentrale Element, um mit der Positionserkennung von iOS zu arbeiten. Das Erzeugen des Objekts allein genügt natürlich nicht. Es muss noch konfiguriert werden, was im weiteren Verlauf geschieht.

```
@IBAction func btnGetPosition_Pressed(sender:AnyObject) {
    clLocationManager.delegate = self
    clLocationManager.desiredAccuracy =
        kCLLocationAccuracyNearestTenMeters
    clLocationManager.requestWhenInUseAuthorization()
    clLocationManager.startUpdatingLocation()
}
```

Nach dem Start der App kann nur der Button mit der Beschriftung *Position fest-stellen* betätigt werden. Geschieht das, so wird erst einmal die *delegate*-Eigen-schaft des *CLLocationManager*-Objekts mit der Klasse verknüpft.

In der folgenden Zeile wird die Eigenschaft *desiredAccuracy* konfiguriert. Ihr wird der Wert *kCLLocationAccuracyNearestTenMeters* zugewiesen. Mit dieser Einstellung wird die Genauigkeit der Positionsermittlung festgelegt. Mögliche Werte sind beispielsweise *CLLocationAccuracyKilometer*, *CLLocationAccuracy-HundredMeters*, *CLLocationAccuracyNearestTenMeters* oder *CLLocationAccu-racyBest*. Aber Achtung: Je genauer die Positionserkennung sein soll und dann definiert wird, desto mehr Akku-Kapazität wird bei der Feststellung der Position benötigt. Sie sollten aus diesem Grund hier eine Einstellung wählen, die zwar unbedingt für die Funktion der App benötigt wird, aber auch am wenigsten Akku-Ressourcen verbraucht.

Der folgende Funktionsaufruf *requestWhenInUseAuthorization* sorgt dafür, dass die Berechtigung zur Ermittlung der Position nur dann abgefragt wird, wenn die App sich im Vordergrund befindet.

Der letzte Funktionsaufruf in der Methode betrifft den Start der Positionser-mittlung.

Positionsermittlung durchführen

Durch den Aufruf der Methode *startUpdatingLocation* wird das *CLLocati-onManager*-Objekt angewiesen, die Position laufend abzufragen. Diese Abfrage geschieht innerhalb der Methode *locationManager:didUpdateLocations*:

```
func locationManager(locManager: CLLocationManager!,
    didUpdateLocations locations: [AnyObject]!) {
    CLGeocoder().reverseGeocodeLocation(
        locManager.location, completionHandler:   {(placemarks, error)->Void in

        if (error != nil) {
            println("Fehler bei der Umwandlung der Geokoordinaten: " +
            error.localizedDescription)
            return
        }

        if placemarks.count > 0 {
            let clPlacemark = placemarks[0] as!
                CLPlacemark
                self.setLocationInformation(
                    clPlacemark)
```

```
        } else {
            println("Fehlerhafte  Daten vom Geocoder")
        }
    })
}
```

Diese Methode ist im Protokoll definiert. Sobald der Aktualisierungsdienst für die Position gestartet wurde, wird sie laufend mit neuen Positionsdaten versorgt. Innerhalb der Implementierung der Methode wird im ersten Schritt die Klasse *CLGecoder* bzw. deren Methode *reverseGeocodeLocation* aufgerufen. Als Parameter erwartet diese Methode ein Objekt der Klasse *CLLocationManager* (im Beispiel *locManager*).

In der Eigenschaft *location* des Objekts ist die aktuelle Position bzw. sind die Koordinaten hinterlegt. Diese Daten (Längen- und Breitengrad, *Latitude* und *Longitude*) werden dann der Methode *reverseGeocodeLocation* zur weiteren Verarbeitung übergeben. Zuerst wird geprüft, ob ein Fehler aufgetreten ist. Anschließend wird geprüft, ob das *Placemarks*-Objekt (ein Array) umgewandelte Adressdaten enthält. Wenn das der Fall ist, wird das erste Objekt im Array (vom Typ *CLPlacemark*) gelesen. Es enthält die Adresse. Sofern kein Fehler enthalten ist, wird anschließend zur Ausgabe der Adresse im Beispiel die Methode *setLocationInformation* aufgerufen und das Objekt als Parameter übergeben:

```
func setLocationInformation(clPlacemark: CLPlacemark?) {
    if let placemark = clPlacemark {

        clLocationManager.stopUpdatingLocation()

        laLocality.text = (placemark.locality != nil) ? placemark.locality : ""
        laPostalCode.text = (placemark.postalCode != nil) ? placemark.postalCode : ""
        laArea.text = (placemark.administrativeArea != nil) ?
placemark.administrativeArea : ""
        laCountry.text = (placemark.country != nil) ? placemark.country : ""
    }
}
```

In dieser Methode wird nach Prüfung des Parameters zuerst die Methode *stopUpdatingLocation* der Klasse *CLLocationManager* aufgerufen. Dies wird gemacht, um den Akku des iOS-Geräts zu schonen. Anschließend werden nacheinander die Eigenschaften *locality*, *postalCode*, *administrativeArea* sowie *country* ausgelesen, sofern in ihnen ein Wert enthalten ist. Das ausgelesene Ergebnis wird dann jeweils dem zugehörigen Label-Control zur Anzeige zugewiesen.

Abb. 10–12   *Ergebnis der Positionsabfrage*

```
func locationManager(manager: CLLocationManager!, didFailWithError
   error: NSError!) {
   println("Fehler bei der Aktualisierung der Position: " +
error.localizedDescription)
}
```

Tritt während der Verarbeitung ein Fehler auf, so wird die Methode *locationMa-nager:didFailWithError* aufgerufen und die Fehlermeldung als Parameter übergeben, um zuletzt ausgegeben zu werden.

10.5 Workshop – Passwortverwaltung – Teil 4

In diesem Kapitel ging es bis jetzt um die Sensoren (Kamera, Mikro, GPS & Co.), die in einem iOS-Gerät oft anzufinden sind. Bisher gab es allerdings nichts, was man in der Passwortverwaltung verwenden könnte.

Aber seit das iPhone 5S auf dem Markt ist, gewinnt ein neuer Sensor immer mehr an Bedeutung: der Fingerabdruck-Scanner, der die simple Entsperrung eines iPhone (5S, 6S, 6S+) oder eines iPad ermöglicht. Auch zur Freigabe von Downloads wird dieser Sensor mittlerweile verwendet, und seine Bedeutung im Rahmen von Apple Pay dürfte jedem Interessierten bewusst sein.

Neben dem Zugriff auf das Bankkonto ist der Zugriff auf Zugangsdaten bzw. Passwörter sicherlich ein sehr sensibler Bereich. Es ist also sicherlich eine gute Idee, die Passwort-App ebenfalls durch *Touch ID* zu sichern. So ist sichergestellt, dass die Passwörter nicht preisgegeben werden, auch wenn das Smartphone einmal im entsperrten Zustand aus der Hand gegeben wird.

Es stellt sich die Frage, wie aufwendig die Implementierung von *Touch ID* innerhalb der App ist. Glücklicherweise hat Apple dafür gesorgt, dass der Fingerabdruck-Scanner relativ einfach in der eigenen App verwendet werden kann. Um die entsprechende Funktion in die Passwort-App einzubauen, müssen Sie lediglich zwei Methoden und eine Import-Anweisung in das Projekt einfügen. Die zusätzliche Import-Anweisung wird innerhalb der Klasse *MasterViewController* eingefügt, in der auch die beiden zusätzlichen Methoden untergebracht werden:

```
import UIKit
import CoreData
import LocalAuthentication

class MasterViewController: UITableViewController {
    //Quellcode entfernt ...
}
```

Alle benötigten Funktionen sind Bestandteil des *Local Authentication Frameworks*, das Sie, wie oben erwähnt wurde, dem Projekt hinzufügen müssen. Als Nächstes fügen Sie die Methode *authenticate* in die Klasse *MasterViewController* ein:

```
func authenticate() {
    let laContext = LAContext()
    var error: NSError?

    if laContext.canEvaluatePolicy(
        .DeviceOwnerAuthenticationWithBiometrics,
            error: &error) {
        let reason = "Überprüfung mit TouchID"
        laContext.evaluatePolicy(
            .DeviceOwnerAuthenticationWithBiometrics,  localizedReason: reason,
            reply:
            {(succes: Bool, error: NSError!) in
                if succes {
                    self.showAlertViewWithTitle(
                    "Hinweis",message:
                    "Prüfung mit Touch ID erfolgreich!")
                } else {
                    self.showAlertViewWithTitle(
                    "Hinweis",message:
                    "Prüfung mit Touch ID nicht erfolgreich!")
                    self.tableView.allowsSelection = false
                }
            })
    } else {
        showAlertViewWithTitle("Hinweis",message:
            "Touch ID nicht verfügbar!")
    }
}
```

Los geht es im Code mit der Erzeugung des Objekts *laContext*, das von der Klasse *LAContext* abgeleitet wurde. Diese Klasse stellt die Funktionen zur Arbeit mit dem *Touch ID*-Sensor bereit. Im Beispiel wird die Methode *evaluatePolicy* verwendet. Der Methode werden drei Parameter übergeben:

Der erste Parameter, *DeviceOwnerAuthenticationWithBiometrics,* ist ein Wert, der der Enumeration *LAPolicy* entnommen wird. In dieser Enumeration sind Werte aufgelistet, die einen Authentifizierungsmechanismus beschreiben. Im Beispiel ist es die Möglichkeit, einen Benutzer über ein biometrisches Kennzeichen zu identifizieren – den Fingerabdruck.

Der zweite Parameter, *localizedReason*, enthält eine Begründung oder einen Hinweis, der dem Benutzer im *Touch ID*-Dialog angezeigt wird.

Bei dem dritten Parameter, *reply*, handelt es sich um einen (Code-)Block. Er wird ausgeführt, sobald der Scan des Fingers durchgeführt wurde. Der Block kennt zwei Parameter. Der erste, *success*, ist ein boolescher Wert, der darüber Auskunft gibt, ob der Vergleich des Abdrucks erfolgreich oder nicht erfolgreich verlaufen ist. Der zweite Parameter ist ein Objekt vom Typ *NSError* und enthält ggf. eine Fehlermeldung. Durch Prüfung des Parameters *success* ist es nun sehr einfach möglich, festzustellen, ob der Fingerabdruck erkannt wurde oder nicht.

Abb. 10–13   *Fingerabdruck in der Passwort-App scannen*

In jedem Fall wird eine Meldung mit der Klasse *UIAlertController* ausgegeben. War die Erkennung nicht erfolgreich, darf der Benutzer die Passwörter nicht einsehen. Der Einfachheit halber wird in diesem Fall einfach das *TableView*-Control gesperrt, indem der Eigenschaft *allowsSelection* der Wert *false* zugewiesen wird.

Hier folgt noch (der Vollständigkeit halber) der Code der Methode *show-AlertViewWithTitle*:

```
func showAlertViewWithTitle(title:String, message:String) {

    let alertController = UIAlertController(title: title, message: message,
    preferredStyle: .Alert)

    let OKAction = UIAlertAction(title: "OK", style: .Default) { (action) in
    }

    alertController.addAction(OKAction)

    self.presentViewController(alertController, animated: true) {
    }
}
```

Mit wenig Aufwand lässt sich die Passwort-App so um eine Funktion zur Sicherheit des Anwenders erweitern.

Zusammenfassung

In diesem Kapitel wurde die Ansteuerung bzw. Abfrage von Sensoren eines iOS-Geräts behandelt. Vorgestellt wurden: Mikrofon, Kamera, Beschleunigungssensor, GPS bzw. Kompass sowie Touch ID.

11 iOS Maps

Im letzten Kapitel haben Sie eine Möglichkeit kennengelernt, um mithilfe des integrierten GPS-Systems eines iOS-Geräts die aktuellen Koordinaten (Längen- und Breitengrad) zu ermitteln. In diesem Kapitel möchte ich Ihnen zeigen, wie Sie darüber hinaus die in iOS integrierte Karten-App nutzen können.

11.1 Das MapKit-Framework

Apples Kartendienst erfreut sich, trotz einiger Probleme beim Start, großer Beliebtheit. Egal ob man sich nur über einen Ort informieren möchte oder einfach eine Wegbeschreibung benötigt – die Einsatzmöglichkeiten der Karten-App sind vielfältig. Natürlich macht sich eine entsprechende Funktion zur Markierung von Orten innerhalb einer Karte in der eigenen App auch nicht schlecht. Apple weiß das und bietet ein API an, mit dem auf entsprechende Funktionen zugegriffen werden kann.

Kennt man einige grundlegende Klassen und Methoden, so kann man den Kartendienst sehr einfach integrieren, beispielsweise um die Position von bestimmten Orten zu markieren und ggf. Informationen zu diesen bereitzustellen. Bevor es an das Schreiben entsprechender Funktionen geht, muss der Kartendienst natürlich erst einmal in die App eingebunden werden. Wie das geht, wird im Folgenden demonstriert. Hierzu soll einmal exemplarisch ein Punkt, das Brandenburger Tor, auf der Karte markiert und die Markierung mit zusätzlichem Text versehen werden.

Die zur Realisierung notwendige Bibliothek *MapKit-Framework* muss dem Projekt im ersten Schritt hinzugefügt werden. Das Framework wird in den Projekteinstellungen innerhalb des Abschnitts *Linked Frameworks and Libraries* eingebunden. Im *Project Navigator* von Xcode wählen Sie dazu zuerst die Projektdatei aus. Anschließend wechseln Sie in das Register *General*. Je nach verwendeter Bildschirmgröße müssen Sie nun ein Stück nach unten scrollen, bis der entsprechende Abschnitt zur Konfiguration der Bibliotheken sichtbar wird. Unterhalb der bereits eingefügten Bibliotheken bzw. Frameworks befinden sich zwei Schaltflächen (+ und -), um Einträge hinzuzufügen oder zu entfernen. Betätigt man die Plus-Schaltfläche, so wird ein Dialog zum Suchen und Hinzufügen eingeblendet.

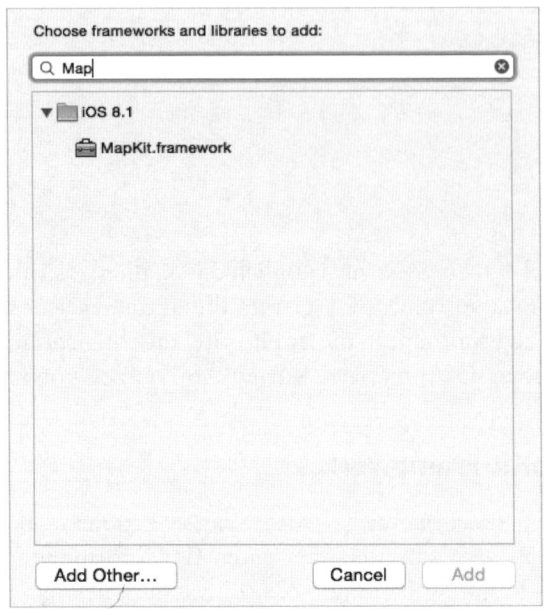

Abb. 11–1   *Das MapKit-Framework hinzufügen*

Um die Auswahl zu vereinfachen, geben Sie im Suchfeld das Kürzel *Map* ein. Anschließend wird das *MapKit-Framework* zur Auswahl angeboten. Nach einem Mausklick auf den Button *Add* wird es dem Projekt hinzugefügt.

Neben der eigentlichen Karte (*MapView*) sind im Framework noch eine ganze Reihe weiterer Klassen vorhanden. Eine Übersicht bietet die *Map Kit Framework Reference*.

> **Hinweis**
>
> Der folgende Link führt direkt zur Map Kit Framework Reference:
>
> *https://developer.apple.com/library/ios/documentation/MapKit/Reference/ MapKit_Framework_Reference/*

11.2 Das MapView-Control

Im nächsten Schritt müssen Sie das MapView-Control in das View der App einfügen. Das geschieht im Storyboard von Xcode. Gehen Sie ins Storyboard, suchen Sie das Control in der *Object Library,* und legen Sie es per Drag & Drop auf dem View ab. Nachdem Sie das Control eingefügt haben, müssen Sie es noch via *IBOutlet* mit der entsprechenden Referenz (*mkMapView*) im Code verknüpfen.

Wenn Sie die App nach dem Ablegen des *MapView*-Controls starten, wird anschließend die Karte angezeigt. Vergessen Sie bitte nicht, zuvor im Simulator unter *Einstellungen* → *Allgemein* → *Landeseinstellungen* die Sprache und Region auf *Deutschland* einzustellen. Die Karte kann bereits verkleinert bzw. vergrößert werden. Aber viel mehr ist noch nicht möglich.

Für weitere Aktionen ist es erforderlich, aus dem Quellcode heraus auf die Karte zugreifen zu können. Dazu importieren Sie zunächst mit der *import*-Anweisung die MapKit-Bibliothek. Anschließend erzeugen Sie ein *MKMapView*-Objekt mit CTRL + einen Mausklick in den Code. Ausgehend vom MapView-Control ziehen Sie (bei gedrückter CTRL-Taste) im Storyboard eine Verbindungslinie in die Klasse *ViewController*. Automatisch öffnet sich ein kleiner Dialog zur Konfiguration der Eigenschaft.

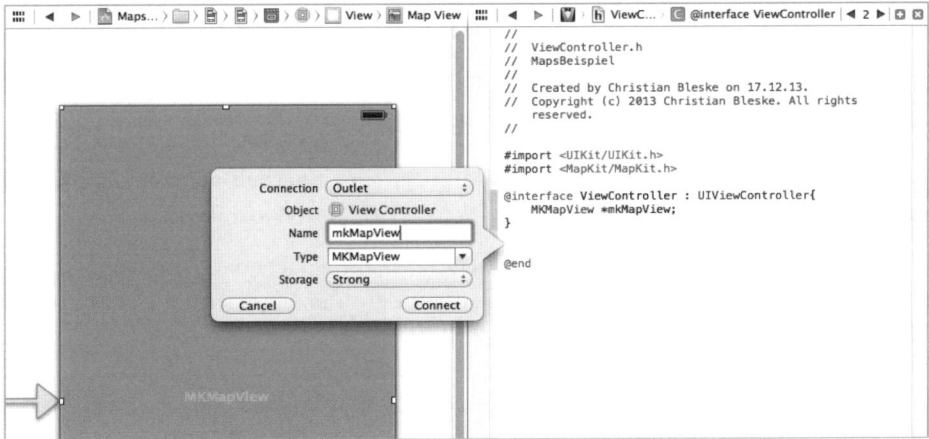

Abb. 11–2   *Outlet für das MapView-Control einfügen*

Im Dialog geben Sie nun nur noch den Namen der Eigenschaft ein, und das war's. Startet man die App jetzt, so wird die Karte bereits angezeigt. Aber ohne weitere Konfiguration ist das natürlich nur begrenzt von Nutzen.

11.3 Markierung mit Annotation

Ohne Markierung ergibt eine Karte natürlich nur begrenzt Sinn. Aus diesem Grund treffen Sie im nächsten Schritt die Vorbereitungen für das Einfügen einer Markierung in die Karte.

Um eine Markierung auf einer Karte zu setzen, wird das Protokoll *MKAnnotation* verwendet. In diesem Interface sind die Methoden und Eigenschaften definiert, die eine Klasse implementieren muss, damit sie als Markierung auf einer Karte verwendet werden kann. Zuerst müssen Sie also eine neue Swift-Datei in das Projekt einfügen: *File → New → Flie → Swift File*. Nennen Sie die Datei *MapAnnotation*. Anschließend importieren Sie die *MapKit*-Bibliothek und legen die erforderlichen Eigenschaften an:

```
import Foundation
import MapKit

class MapAnnotation : NSObject, MKAnnotation {
    var _title:NSString = ""
    var _subtitle:NSString = ""
    var coordinate:CLLocationCoordinate2D

    init (_title : NSString, _subtitle : NSString,
    _coordinate : CLLocationCoordinate2D) {
        self._title = _title
        self._subtitle = _subtitle
        self.coordinate = _coordinate
    }
}
```

Drei Eigenschaften, die im Protokoll definiert sind, werden als Nächstes innerhalb der neuen Klasse implementiert: *title*, *subtitle* und *coordinate*.

title und *subtitle* werden als Über- bzw. Unterschrift verwendet. *coordinate* hingegen enthält den Breiten- und Längengrad, an dem die Markierung innerhalb der Karte gesetzt werden soll.

Neben der Definition der Eigenschaften deklarieren Sie außerdem noch einen Initialisierer. Zur Initialisierung der Eigenschaften werden als Parameter drei Variablen des entsprechenden Typs übergeben, die bei der Initialisierung des Objekts verwendet werden. Die Klasse *MapAnnotation* ist damit komplett umgesetzt und kann nun in der Klasse *ViewController* verwendet werden, um eine Markierung auf der Karte einzufügen.

11.4 Markierung auf der Karte anzeigen

Im letzten Schritt muss der *ViewController*, der das *MapView*-Control enthält, erweitert werden, damit die Markierung auf der Karte angezeigt wird. Hierzu sind verschiedene Punkte umzusetzen:

```
import UIKit
import MapKit

class ViewController: UIViewController, MKMapViewDelegate {

    @IBOutlet var mkMapView: MKMapView!

    override func viewDidLoad() {
        super.viewDidLoad()

        var locCor = CLLocationCoordinate2D(
            latitude: 52.516208,
            longitude: 13.377893
        )

        let span = MKCoordinateSpanMake(0.05, 0.05)
        let region = MKCoordinateRegion(center: locCor, span: span)

        mkMapView.setRegion(region, animated: true)

        let annotation = MKPointAnnotation()
        annotation.coordinate = locCor
        annotation.title = "Brandenburger Tor"
        annotation.subtitle = "Sehenswürdigkeit"

        mkMapView.addAnnotation(annotation)

        //Quellcode entfernt ...

    }
```

Im ersten Schritt wird im *viewDidLoad*-Ereignis eine Variable namens *locCor* vom Typ *CLLocationCoordinate2D* angelegt und mit dem Längen- und dem Breitengrad initialisiert, an denen das Brandenburger Tor liegt.

Mit der Variablen *locCor* definieren Sie als Nächstes einen Bereich innerhalb der Karte, eine *Region*, die vergrößert angezeigt werden soll. Der zu zoomende Ausschnitt wird mit dem Typ *MKCoordinateRegion* definiert.

Zuvor wird eine Variable vom Typ *MKCoordinateSpan* angelegt, der der Längen- und Breitengrad übergeben wird. Dem Typ *MKCoordinateRegion* werden die Koordinaten sowie die Distanz in Metern übergeben.

Mit der Methode *setRegion* des MapView-Controls wird zuletzt die gewählte Region innerhalb der Karte festgelegt und angezeigt.

Im dritten Schritt wird eine Instanz der Klasse *MKPointAnnotation* erzeugt. Dem Objekt *mapAnnotation* werden die Koordinaten sowie die anzuzeigenden Texte (*title* und *subtitle*) übergeben. Zuletzt wird das erzeugte Objekt der Methode *addAnnotation* des *MKMapView*-Controls als Parameter übergeben.

Wird die App nun gestartet, so wird das Brandenburger Tor mit einer Standardmarkierung auf der Karte angezeigt. Wenn man den Pin berührt, erscheinen die als Parameter übergebenen Texte in einem kleinen Hinweisfenster.

Abb. 11–3   *Anzeige der Koordinaten auf der Karte*

11.5 Icon ändern

Hin und wieder kann es vorkommen, dass das Standard-Icon (die rote Stecknadel) (siehe Abschnitt 11.3) nicht den Anforderungen oder Wünschen genügt. In solchen Fällen ist es erforderlich, ein anderes Icon zu verwenden. Der Austausch ist zum Glück nicht weiter schwierig und erfordert lediglich einige wenige Zeilen zusätzlichen Code – und natürlich ein passendes Icon, das zuvor dem Projekt hinzugefügt werden muss.

Alle Änderungen, die Sie dazu vornehmen müssen, werden in der Klasse *ViewController* implementiert. Im ersten Schritt muss allerdings die Klasse *ViewController* um eine Ableitung des Protokolls *MKMapViewDelegate* erweitert werden. In diesem Protokoll sind Methoden enthalten, die zwecks Benachrichtigung über eingetretene Ereignisse implementiert werden. Anschließend wird die Swift-Datei mit der Implementierung der Klasse *ViewController* geöffnet. Im *viewDidLoad*-Ereignis ist nun noch folgende kleine Ergänzung vorzunehmen:

```
mkMapView.delegate=self
```

Hierdurch wird festgelegt, dass Nachrichten durch die Klasse selbst behandelt werden. Nun benötigen Sie noch etwas Code, der dafür sorgt, dass das vorhan-

dene Icon gegen das neue ausgetauscht wird. Dieser Code ist in der Methode
mapView:viewForAnnotation zu finden:

```
func mapView(mapView: MKMapView!, viewForAnnotation annotation: MKAnnotation) ->
   MKAnnotationView! {

   let view = MKAnnotationView(annotation: annotation, reuseIdentifier: nil)
   view.image = UIImage(named: "poiicon.png")
   return view
}
```

Als Parameter wird der Methode die zu ändernde Markierung übergeben.
Anschließend wird eine neue Ansicht für sie erzeugt (*MKAnnotationView*). Dieser Ansicht wird die alte Markierung übergeben. Wurde das neue Objekt vom
Typ *MKAnnotationView* erzeugt, so kann ein zu verwendendes Icon der Eigenschaft *image* zugewiesen werden. Startet man die App nun erneut, so wird das
festgelegte Icon zur Markierung verwendet.

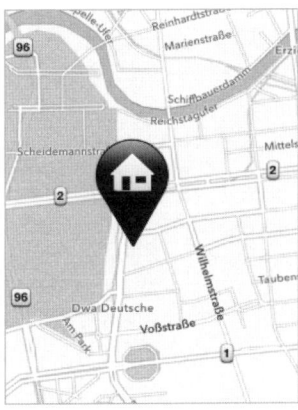

Abb. 11–4   *Anzeige des neuen Icons*

Die Karten-App von iOS kann nicht nur für die von Apple vorgesehenen Aufgaben benutzt werden. Über eine Schnittstelle lässt sich der Kartendienst auch in die
eigene Anwendung übernehmen. So kann die eigene App einfach um sinnvolle
Kartenfunktionen erweitert werden.

Zusammenfassung

In diesem Kapitel wurde die Verwendung von Apples Kartendienst *MapKit* vorgestellt.
Sie sollten jetzt wissen, wie Sie innerhalb einer Karte Markierungen anhand von Positionsdaten (Längen- und Breitengrad) einfügen können.

12 Lokalisierung

Die Lokalisierung von Apps ist heutzutage auf jeder Plattform ein Thema. Möchte man die eigene App einer möglichst großen Zielgruppe anbieten, so muss man dafür sorgen, dass sie zumindest in einer weiteren Sprache (meistens Englisch) zur Verfügung steht. In diesem Kapitel dreht sich daher alles um das Thema Lokalisierung einer App.

12.1 Statische Texte in der GUI

Im ersten Schritt sollte man sich Gedanken darüber machen, welche Teile der App lokalisiert werden müssen. Grundsätzlich gibt es mehrere Möglichkeiten, wie eine Lokalisierung der App vorgenommen werden kann. Als erste Möglichkeit ist die Anpassung von statischen Texten (z.B. Beschriftung von Buttons) im Storyboard zu nennen. Ein weiterer Punkt sind die sogenannten dynamischen Texte (z.B. Text in einem *AlertView*): Auch diese können angepasst werden. Natürlich lassen sich auch Ressourcen wie Bilder oder auch der Titel einer App entsprechend der gewünschten Sprache konfigurieren. In den folgenden Abschnitten wird die Lokalisierung dieser Elemente nacheinander beschrieben.

Legen Sie ein neues Projekt als *Single View Application* an. Im Storyboard platzieren Sie innerhalb des Views zwei *Label*-, ein *Button*- und ein *ImageView*-Control. Beschriften Sie Button und Label (in Englisch), und laden Sie ein Bild in das ImageView (ebenfalls in Englisch). Halten Sie ein weiteres Bild bereit, das den deutschen Text enthält. Das Ergebnis sollte dann ähnlich wie Abbildung 12–1 aussehen.

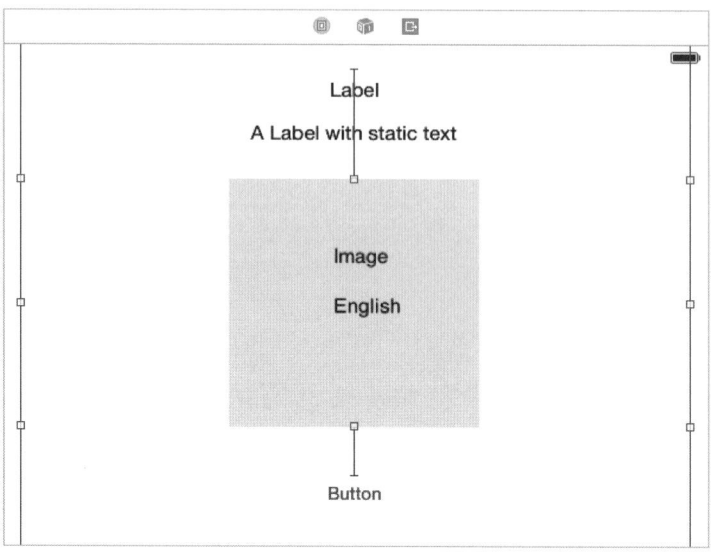

Abb. 12–1   *Die GUI der zu lokalisierenden App*

Hinweis

Bild und Texte in Deutsch bzw. Englisch können Sie der Beispiel-App entnehmen.

Nach diesen Vorbereitungen kann der erste Schritt zur Lokalisierung der statischen Texte in den Controls getan werden. In Xcode wählen Sie hierzu die Projektdatei aus, aktivieren die Projektansicht und dort das Register *Info*. Darin finden Sie den Abschnitt *Localizations*. Prüfen Sie, ob der Haken bei der Option *Use Base Internationalization* gesetzt ist.

Die Aktivierung dieser Option ist für die Lokalisierung zwingend notwendig, da ansonsten benötigte Dateien (*Base, English*) nicht erzeugt werden.

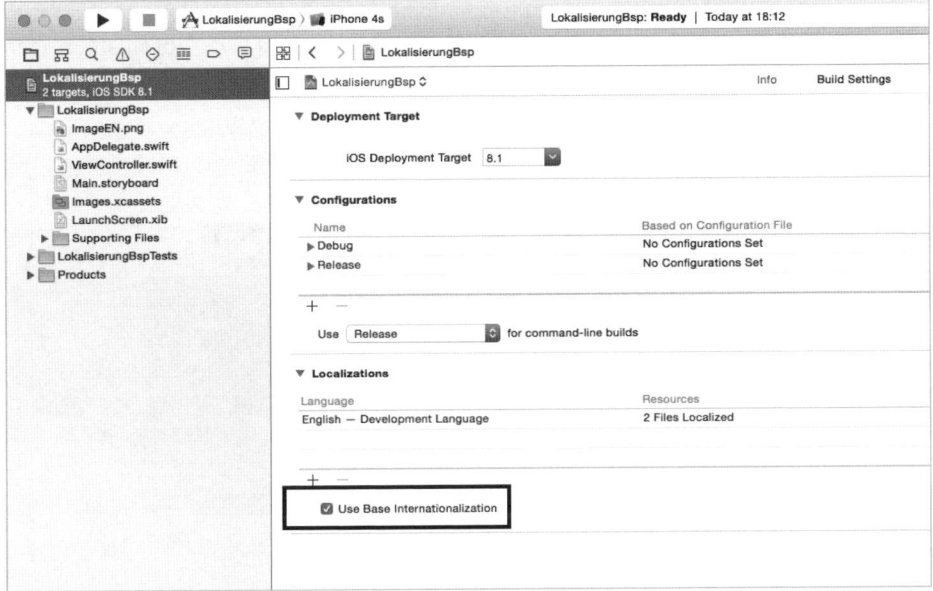

Abb. 12–2   *Die Option »Use Base Internationalization« muss aktiviert sein.*

12.2   Eine Sprache hinzufügen

Nach diesen Vorbereitungen kann nun eine Sprache in das Projekt integriert werden. Hierzu wechseln Sie wieder in die Projektansicht. Im *Localizations*-Abschnitt
gibt es direkt unterhalb der Language-Tabelle zwei Schaltflächen (+ und -), über
die sich zusätzliche Sprachen in das Projekt einfügen oder auch aus diesem entfernen lassen. Nach einem Mausklick auf den Plus-Button wird ein Drop-down-
Menü angezeigt, das eine Liste von Sprachen enthält. Aus dieser Liste wählen Sie
zuerst den Eintrag *Englisch (en)* und anschließend *German (de)* aus.

Abb. 12–3   *Eine Sprache in das Projekt einfügen*

Nach Auswahl der Sprache wird im folgenden Schritt der Dialog *Choose files and reference language to create German localization* angezeigt. Die Voreinstellungen im Dialog können beibehalten werden.

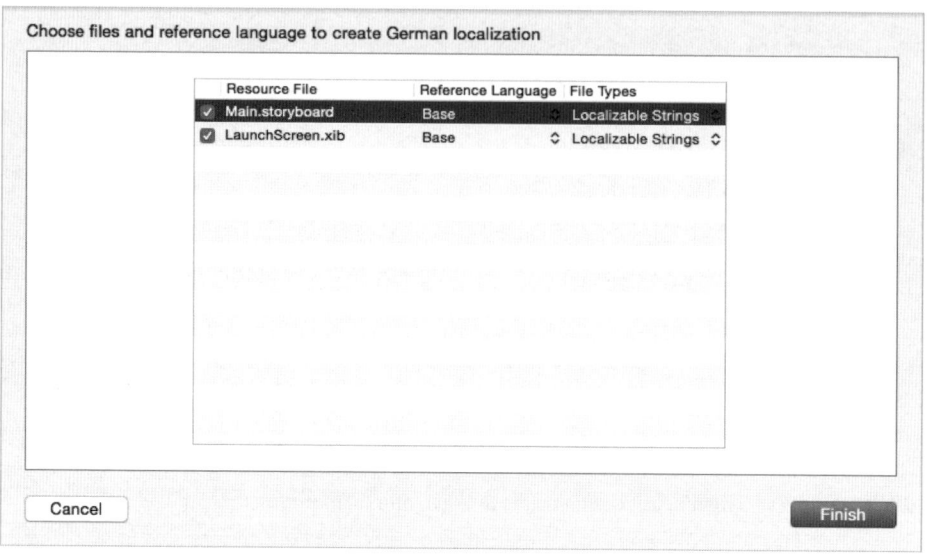

Abb. 12–4   *Sprachdateien dem Projekt hinzufügen*

Innerhalb des Projekts ist anschließend eine Veränderung bemerkbar. Die Anzeige im *Project Navigator* von *Main.Storyboad* wurde erweitert.

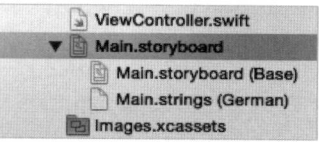

Abb. 12–5   *Veränderung im Projekt*

Nach einem Mausklick auf das nun vorangestellte kleine Dreieck werden unterhalb der Storyboard-Datei zwei zusätzliche Dateien angezeigt: *Main.Storyboard (Base)* sowie *Main.Storyboard (German)*. Wählt man *Base* aus, so wird das Storyboard in Xcode angezeigt. Nach der Auswahl der zweiten Datei, *German*, wird hingegen eine Textdatei angezeigt.

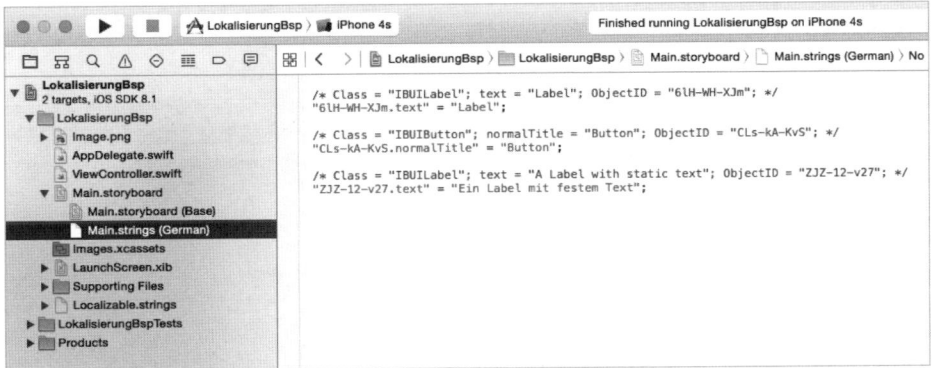

Abb. 12–6   *Inhalt der Datei zur Lokalisierung*

Diese Datei enthält eine Liste mit den Bezeichnungen, die in den Controls enthalten sind. Im linken Bereich (der ersten Spalte) dieser Datei befindet sich der Schlüssel. Es handelt sich hierbei um die *Object ID* des Controls. Angezeigt wird die *Object ID* im *Identity Inspector* von Xcode, wenn das Control im View des Storyboards selektiert wurde. Innerhalb der neu erzeugten Datei können nun die Texte in der deutschen Fassung eingegeben werden. Nach Speicherung und Neustart der App werden die Texte verwendet – natürlich nur, wenn die entsprechende Länderkennung unter iOS gesetzt wurde.

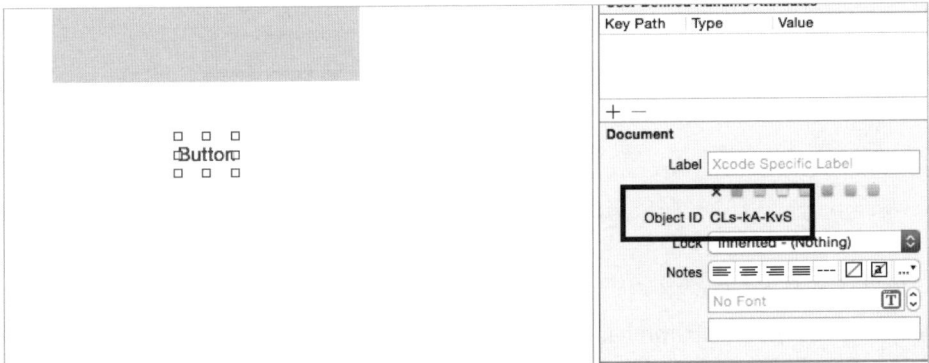

Abb. 12–7   *Die Object ID eines Controls*

Hinweis

Unter iOS 8.1 in Kombination mit Xcode 6.1.1 gibt es an dieser Stelle ein Problem. Auch wenn Sie die entsprechende Länderkennung im iOS-Simulator setzen, wird nicht die korrekte Sprachversion angezeigt. Für dieses Problem gibt es aber einen Workaround, den Sie auch statt der Konfiguration der Sprache und Länderkennung in iOS verwenden können. Öffnen Sie hierzu den Menüpunkt *Edit Scheme...*

→

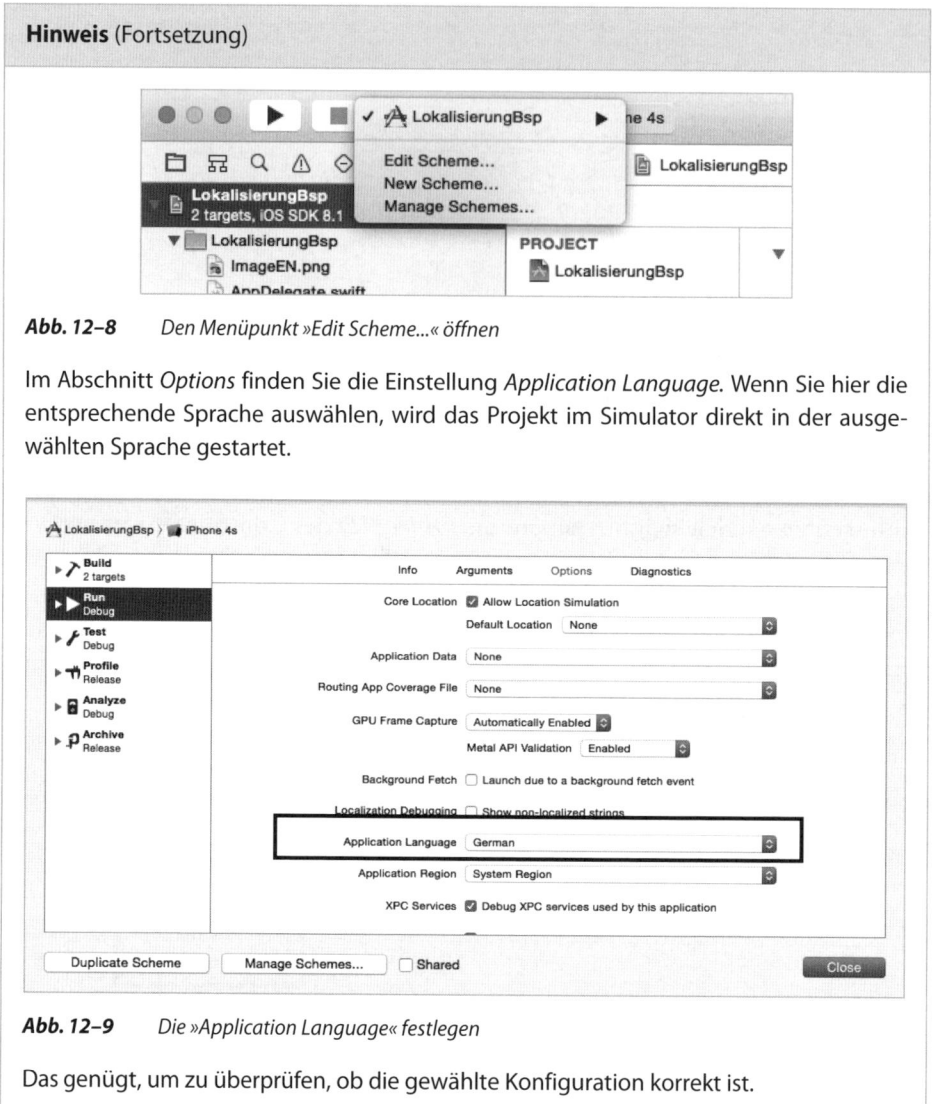

Hinweis (Fortsetzung)

Abb. 12–8   Den Menüpunkt »Edit Scheme...« öffnen

Im Abschnitt *Options* finden Sie die Einstellung *Application Language*. Wenn Sie hier die entsprechende Sprache auswählen, wird das Projekt im Simulator direkt in der ausgewählten Sprache gestartet.

Abb. 12–9   Die »Application Language« festlegen

Das genügt, um zu überprüfen, ob die gewählte Konfiguration korrekt ist.

12.3 Lokalisierung von Bildern

Fast genauso simpel wie das Austauschen von statischen Texten verläuft die Lokalisierung von Bildern, die innerhalb der App verwendet werden. Fügen Sie, wenn es nicht schon geschehen ist, dem Projekt ein Bild hinzu, das die englische Fassung enthalten sollte. Halten Sie die deutsche Variante bereit. Im *Project Navigator* von Xcode muss die Datei im nächsten Schritt markiert werden. Sobald das geschehen ist, werden die Eigenschaften der Datei im *File Inspector* von Xcode angezeigt. Neben den Eigenschaften ist dort auch eine Schaltfläche mit dem Namen *Localize...* im Abschnitt *Localization* zu sehen.

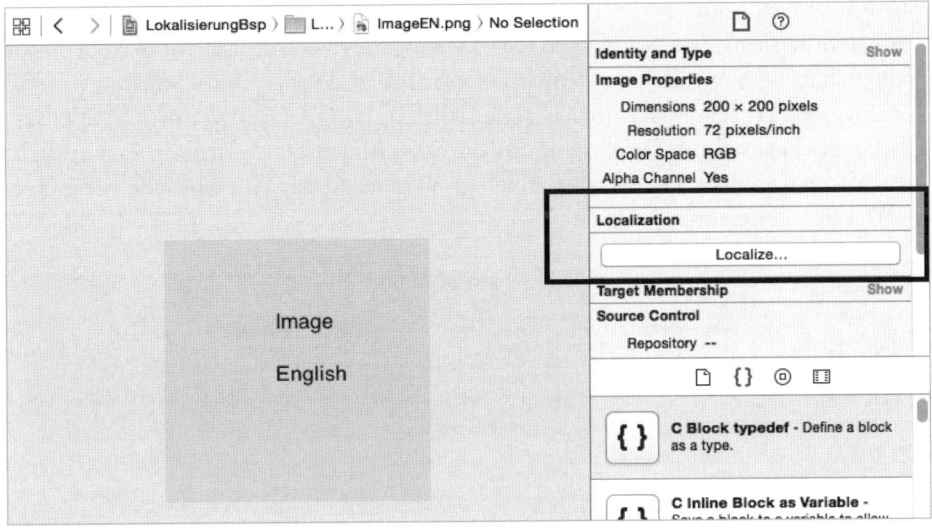

Abb. 12–10   *Der Button »Localize«*

Betätigt man die Schaltfläche, so wird als Nächstes ein Dialog angezeigt, in dem man festlegen muss, welche Sprache mit dem zuvor ausgewählten Bild verknüpft werden soll. Im folgenden Schritt muss noch im Abschnitt *Localization* im *File Inspector* ein Häkchen bei der Option *English* gesetzt werden. Im *Project Navigator* von Xcode wird die Bilddatei nun mit einem führenden Dreieckssymbol angezeigt. Erweitert man die Ansicht, so sind die englische und die Base-Variante zu sehen. Durch Aktivierung der Option *German* wird eine weitere Datei im *Project Navigator* angezeigt.

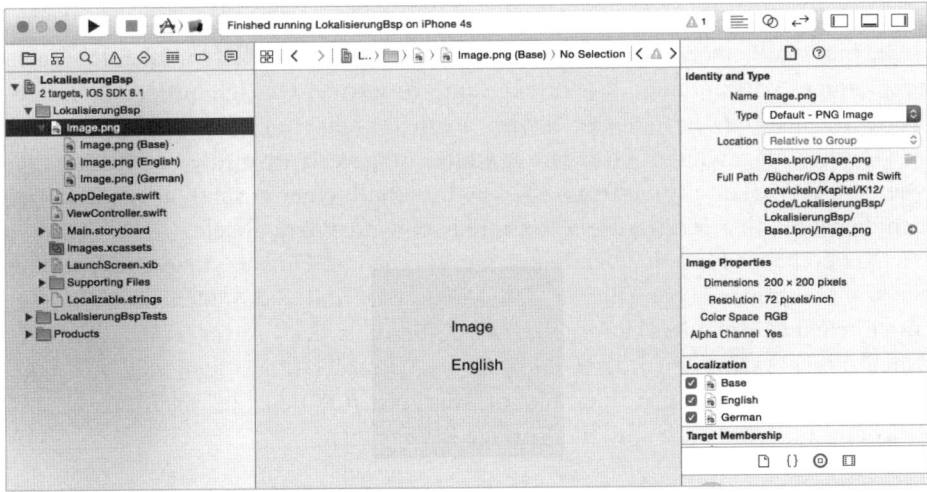

Abb. 12–11   *Die »Sprachversionen« des Bildes*

Wie funktioniert nun die Einbindung der zusätzlichen deutschen Fassung? Hierzu
muss man wissen, dass Xcode pro Datei ein eigenes Verzeichnis auf der Festplatte
erzeugt hat. Öffnet man das Projektverzeichnis im Finder, dann werden die entsprechenden Verzeichnisse pro Sprache sichtbar: *en.lproj* und *de.lproj*. Außerdem
gibt es ein Verzeichnis *Base.lproj*, das die Storyboard-Datei enthält. Pro Sprache
wird also ein eigenes Verzeichnis angelegt, in dem die für eine Sprache verwendeten Dateien abgelegt werden.

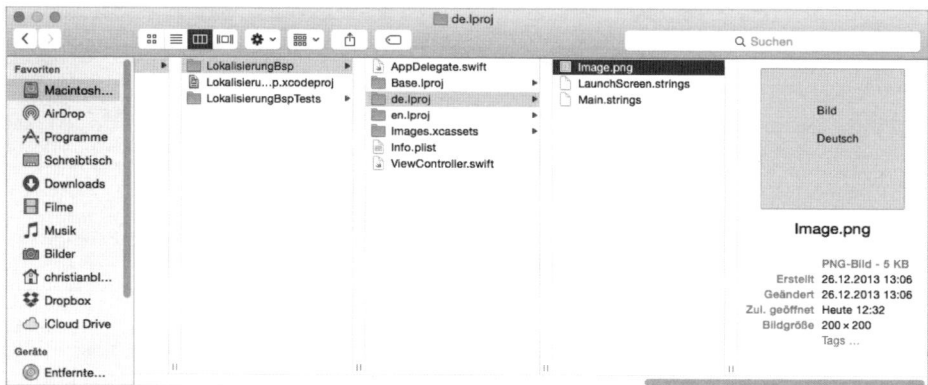

Abb. 12–12   *Ordner für die unterschiedlichen Sprachversionen*

Das Bild mit dem deutschen Text kann nun einfach in das entsprechende Verzeichnis kopiert werden.

12.4 Dynamische Texte

Neben Bildern und statischen Texten innerhalb von Controls gibt es noch eine
Stelle innerhalb einer App, an der ggf. Texte angepasst werden müssen. Im Quelltext kann es vorkommen, dass direkt Texte verwendet werden müssen, beispielsweise in einem *UIAlertController* oder wenn Text einem Control erst dynamisch
zur Laufzeit zugewiesen wird. Die Lokalisierung verläuft in diesem Fall ähnlich
wie bei der Variante für statische Texte. Innerhalb einer zusätzlichen Datei werden die zu lokalisierenden Texte als Schlüssel-Wert-Paare abgelegt.

Xcode bietet für solche Dateien eine Vorlage an. Um sie aufzurufen, wählen
Sie im Hauptmenü von Xcode das Menü *File* und dann *New* aus. Im sich
anschließend öffnenden Untermenü wird abermals der Eintrag *File...* selektiert.
Nach dieser Aktion wird der Dialog *Choose a template for your new file* ange-
zeigt. In diesem Dialog wählen Sie im Abschnitt *iOS* den Eintrag *Resource* aus.
Dort gibt es, unter anderem, die Vorlage *Strings File*.

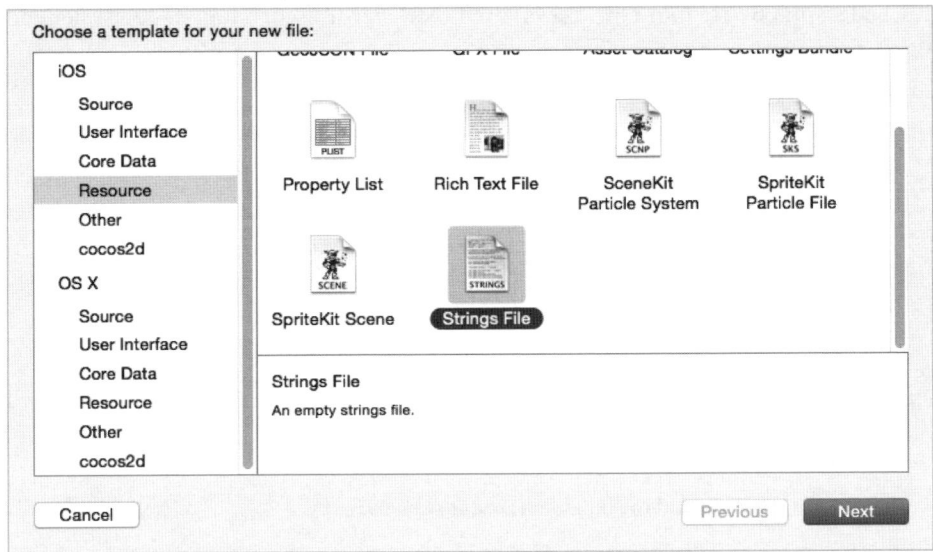

Abb. 12–13   Das »Strings File« anlegen

Nach Auswahl der Vorlage wird die Datei mit dem Namen *Localizable.strings* im Projekt erzeugt. Im folgenden Schritt müssen Sie die Datei im *Project Navigator* markieren und anschließend – wie bereits zuvor – den *Localize*-Button betätigen. Im nun angezeigten Dialog kann der Eintrag *Base* gewählt werden. Um jetzt Dateien für die einzelnen Sprachen anzulegen, müssen die Optionen *English* und *German* im Abschnitt *Localization* des *File Inspector* von Xcode aktiviert werden. Anschließend werden automatisch die benötigten zusätzlichen Dateien angelegt.

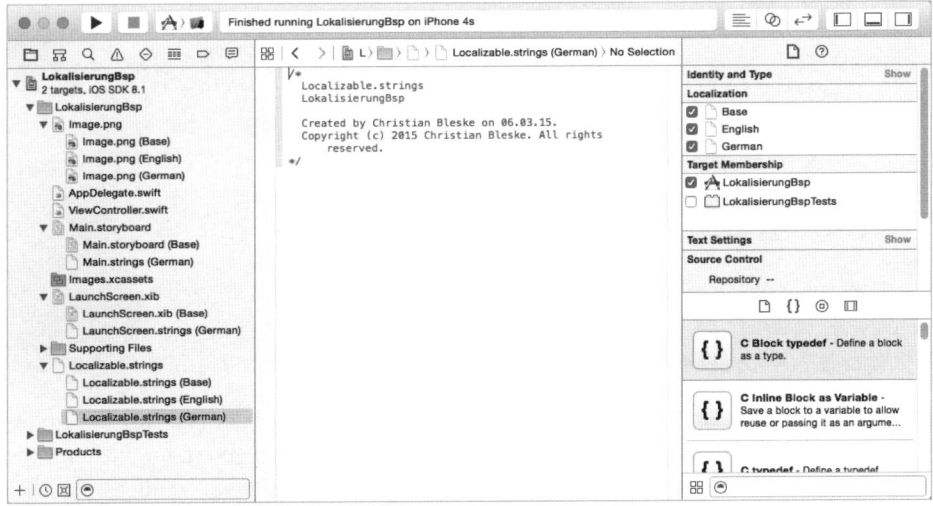

Abb. 12–14   Für jede Sprache gibt es eine Datei.

Für jede Sprache ist nun eine Datei zur Lokalisierung vorhanden. Anschließend
kann es an die Codierung gehen:

```
import UIKit

class ViewController: UIViewController {

    override func viewDidLoad() {
        super.viewDidLoad()
        label.text = NSLocalizedString("LblText",
            comment: "-")
        button.setTitle(NSLocalizedString("BtnTitle",
            comment: "-"),
                forState:UIControlState.Normal)
    }

    @IBOutlet weak var label: UILabel!
    @IBOutlet weak var button: UIButton!

    @IBAction func button_Pressed(sender: AnyObject)
    {
        showAlertViewWithTitle(
            NSLocalizedString("DlgTitel",comment: "-"),
                message: NSLocalizedString("DlgMessage"
                    , comment: "-"))
    }

    func showAlertViewWithTitle(title:String,
        message:String) {

        let alertController = UIAlertController(title:
            title, message: message,
                preferredStyle: .Alert)

        let OKAction = UIAlertAction(title:
            NSLocalizedString("DlgOkBtnText",
                comment: "-"),
                    style: .Default) { (action) in
        }

        alertController.addAction(OKAction)

        self.presentViewController(alertController,
            animated: true) {
        }
    }
}
```

Listing 12–1   *Die Klasse mit der Lokalisierung des Codes*

Listing 12–1 zeigt den Quellcode, nachdem entsprechende Schlüssel für die Lokalisierung vergeben wurden. Mithilfe der Funktion *NSLocalizedString* können die
Texte nun aus der Datei *Localizable.strings* für die jeweils verwendete Sprache
ausgelesen werden. Hier sehen Sie ein Beispiel für die deutsche Version:

```
/*
  Localizable.strings
*/

"LblText" = "Wichtige App!";
"BtnTitle" = "Zeige Information";
"DlgTitel" = "Titel des Dialogs";
"DLgMessage" = "Sehr wichtige Mitteilung";
"DlgOkBtnText" = "Ok";
"DlgCanBtnText" = "Abbrechen";
```

Für die englische Variante müssen nun nur noch – analog zur deutschen – Schlüssel-Wert-Paare angelegt werden.

12.5 Lokalisierung des App-Namens

Gegebenenfalls ist es auch erforderlich, den Namen der App an die jeweilige Sprache anzupassen. Dies ist problemlos möglich. Informationen dieser Art können in der Datei *InfoPlist.string* abgelegt werden, natürlich im jeweiligen auf die Sprache bezogenen Ordner. Folgender Schlüssel wird verwendet:

```
"CFBundleDisplayName" = "MeinAppName";
```

Sollte die Datei nicht vorhanden sein, so kann sie auf die beschriebene Weise angelegt werden.

12.6 Workshop – Passwortverwaltung – Teil 5

In diesem Kapitel ging es um das Thema Lokalisierung von Apps. Da bietet es sich natürlich an, auch die Passwort-App zu lokalisieren und eine Unterstützung für mehrere Sprachen (zumindest Deutsch und Englisch) zu implementieren. Die Schritte für die Lokalisierung der Passwort-App unterscheiden sich hierbei nicht von den bereits vorgestellten Methoden.

Öffnen Sie also das Projekt in Xocde, und markieren Sie die Projektdatei. Öffnen Sie danach die Projektansicht, und wechseln Sie von dort in das Register *Info*. Innerhalb des Registers finden Sie den bereits bekannten Abschnitt *Localizations*. Prüfen Sie nun, ob der Haken bei der Option *Use Base Internationalization* gesetzt ist. Im *Localizations*-Abschnitt gibt es ja direkt unterhalb der Tabelle mit den Sprachen zwei Schaltflächen (+ und -), über die sich eine zusätzliche Sprache in das Projekt einfügen lässt. Nach einem Mausklick auf den Plus-Button wird ein Drop-down-Menü angezeigt, das eine Liste von Sprachen enthält. Aus dieser Liste wählen Sie zuerst den Eintrag *Englisch (en)* und anschließend *German (de)* aus.

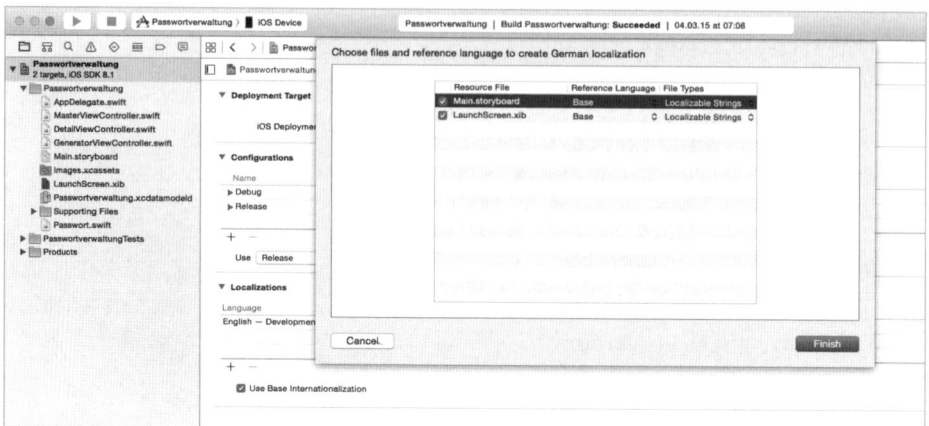

Abb. 12–15   *Sprachdateien dem Projekt hinzufügen*

Nachdem der Dialog angezeigt wurde, wird das Projekt um neue Sprachdateien erweitert. Im *Project Navigator* von Xcode ist dem Storyboard nun ein kleines Dreieck vorangestellt. Wenn Sie die Ansicht erweitern, werden jetzt zwei zusätzliche Dateien angezeigt: *Main.Storyboard (Base)* sowie *Main.Storyboard (German)*.

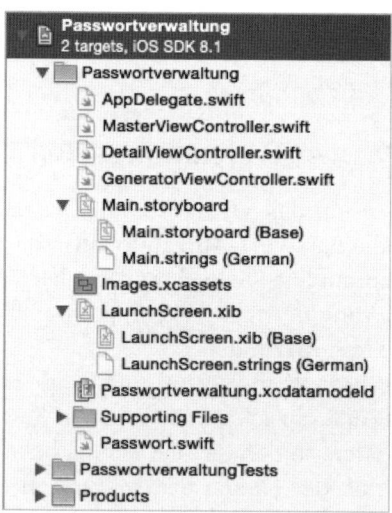

Abb. 12–16   *Das erweiterte Projekt*

Wählen Sie *Base* aus, wird das Storyboard in Xcode angezeigt. Nach der Auswahl der zweiten Datei, *German*, wird hingegen eine Textdatei angezeigt. Hier können nun die statischen Texte der GUI hinterlegt werden. Direkt in dem View im Storyboard werden die Texte in Deutsch nun durch die entsprechenden Gegenstücke in Englisch ausgetauscht.

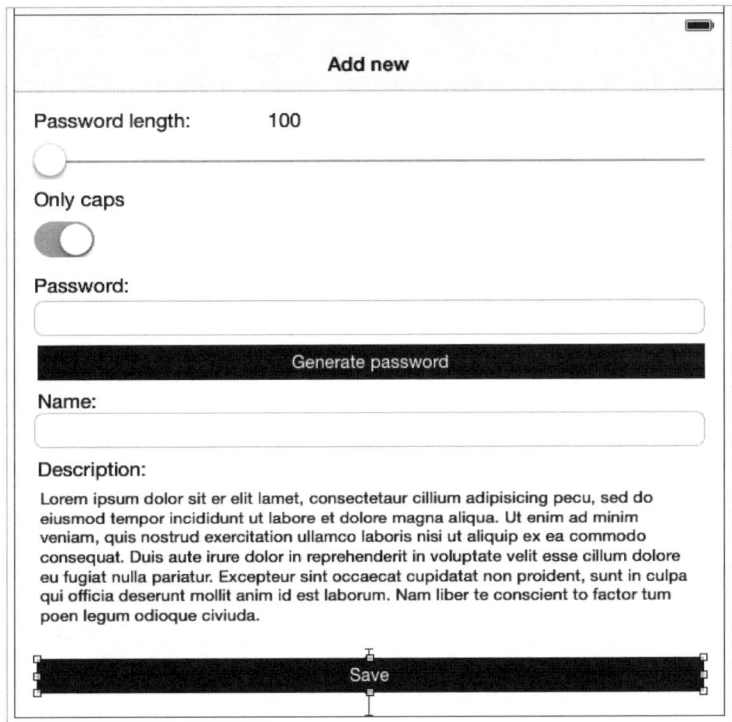

Abb. 12–17   *Die GUI der App – nun in Englisch*

Nach dem Austausch der statischen Texte innerhalb der GUI der App werden die dynamischen Texte im Quellcode bearbeitet, sodass auch sie in unterschiedlichen Sprachen angezeigt werden können.

Dynamische Texte hinzufügen

Im ersten Schritt werden die Strings Files für die Lokalisierung der dynamischen Texte benötigt.

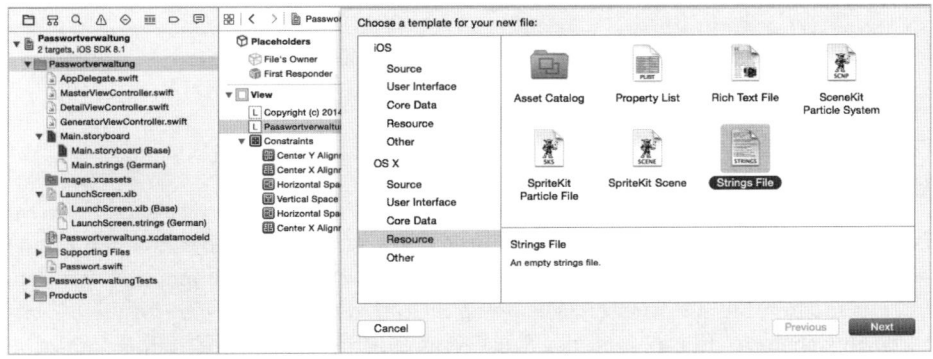

Abb. 12–18   *Strings Files hinzufügen*

Über *File* → *New* → *File* rufen Sie die entsprechende Vorlage *Strings File* auf und legen eine neue Ressourcen-Datei an (Dateiname: *Localizable.strings*). Vergessen Sie bitte nicht, die Datei mit dem passenden Button zu lokalisieren. Markieren Sie hierzu die Datei im *Project Navigator* von Xcode, und klicken Sie dann im *File Inspector* von Xcode auf den Button *Localize...* Anschließend müssen Sie die Einträge *Base*, *English* und *German* im Abschnitt *Localization* markieren sofern noch keine Markierung vorhanden ist

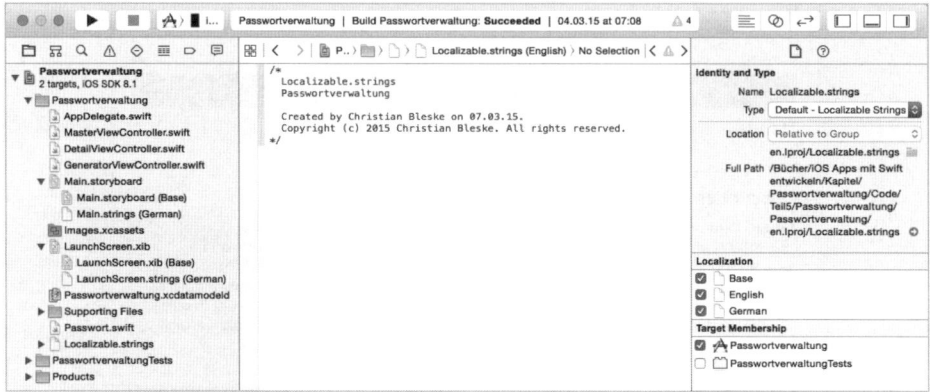

Abb. 12–19   *Lokalisierung der dynamischen Texte*

Den Inhalt der jeweiligen Datei können Sie den folgenden Listings entnehmen:

```
"MVC_leftBarButtonItem" = "Edit";
"Msg_Reason_TouchID" = "Check with TouchID";
"Msg_Title" = "Hint";
"Msg_TouchID_success" = "Check with TouchID successful!";
"Msg_TouchID_failed" = "Check with TouchID failed!";
"Msg_TouchID_NA" = "TouchID not available!";
"Msg_PwdSaved" = "Password saved!";
```

Listing 12–2   *Englische Version*

```
"MVC_leftBarButtonItem" = "Bearbeiten";
"Msg_Reason_TouchID" = "Überprüfung mit TouchID";
"Msg_Title" = "Hinweis";
"Msg_TouchID_success" = "Prüfung mit TouchID erfolgreich!";
"Msg_TouchID_failed" = "Prüfung mit TouchID nicht erfolgreich!";
"Msg_TouchID_NA" = "TouchID nicht verfügbar!";
"Msg_PwdSaved" = "Passwort wurde gespeichert!";
```

Listing 12–3   *Deutsche Version*

Nach diesen Änderungen am Projekt müssen nur noch die entsprechenden Zeilen im Quellcode an die Verwendung der lokalisierten Version angepasst werden. Hierzu müssen Sie die Klassen *MasterViewController* und *GeneratorViewController* bearbeiten. Ein passendes Werkzeug hierfür ist natürlich die Funktion *NSLocalizedString*. An allen Stellen im Quellcode, an denen zukünftig auf lokalisierte Texte zurückgegriffen wird, muss der entsprechende Aufruf eingefügt werden, wie Sie im Folgenden am Beispiel der Funktion *authenticate* sehen:

```
func authenticate() {
    let laContext = LAContext()
    var error: NSError?

    if laContext.canEvaluatePolicy(
        .DeviceOwnerAuthenticationWithBiometrics,
            error: &error) {
        let reason = NSLocalizedString(
                "Msg_Reason_TouchID", comment: "-")
        laContext.evaluatePolicy(
            .DeviceOwnerAuthenticationWithBiometrics,    ocalizedReason: reason,
            reply:
            {(succes: Bool, error: NSError!) in
                if succes {
                    self.showAlertViewWithTitle(
                        NSLocalizedString("Msg_Title",
                            comment: "-"),message:
                        NSLocalizedString(
                            "Msg_TouchID_success", comment: "-"))
                } else {
                    self.showAlertViewWithTitle(
                        NSLocalizedString("Msg_Title",
                            comment: "-"),message:
                            NSLocalizedString(
                            "Msg_TouchID_failed",
                            comment: "-"))
                    self.tableView.allowsSelection = false
                }
            })
    } else {
        showAlertViewWithTitle(NSLocalizedString(
            "Msg_Title", comment: "-"),message:
            NSLocalizedString("Msg_TouchID_NA",
                comment: "-"))
    }
}
```

Listing 12–4   *Der lokalisierte Code zur Verwendung von Touch ID*

Im Code wurden die Stellen, die Texte in einer Sprache enthielten, mithilfe des Aufrufs von *NSLocalizedString* durch die entsprechenden Parameter ersetzt. Mit diesen Änderungen ist die Lokalisierung der Passwort-App bereits abgeschlossen.

Zusammenfassung

In diesem Kapitel wurde die Verwendung von unterschiedlichen Landessprachen innerhalb einer App vorgestellt. Sie sollten jetzt wissen, wie man Sprach- und auch Ressourcendateien (Bilder) unterschiedlichen Sprachen zuordnet.

13 Universal Apps

In diesem Kapitel dreht sich alles um das Thema *Universal App*. Bisher wurde beim Neuanlegen von Apps in diesem Buch nicht darauf geachtet, ob die Apps nur für das iPhone oder auch für andere iOS-Geräte erzeugt werden. Das ändert sich jetzt.

13.1 Universal Apps

Eine App für iOS wird mit einer bestimmten Funktion im Hinterkopf entworfen. Diese Funktion bestimmt dann schon oft das Zielgerät, wie beispielsweise ein Messenger für das iPhone oder ein Malprogramm für das iPad. In solchen Fällen erübrigt sich eine zusätzliche Version für einen weiteren Gerätetyp.

Manchmal kann man eine App aber auch so konzipieren, dass sie sowohl auf einem iPhone als auch auf einem iPad lauffähig ist. In solchen Fällen gibt es zwei Lösungsmöglichkeiten für die Umsetzung. Entweder setzt man die App zweimal um (optimiert jeweils für iPhone/iPad), oder man entscheidet sich, eine Universal App zu entwickeln.

Das Ganze hat Vor- und Nachteile. Der größte Vorteil beim Anlegen einer Universal App: Es muss nur ein Projekt gepflegt werden. Daraus ergibt sich aber auch ein Nachteil: Das Projekt wird umfangreicher. Je nach Typ der App (z. B. bei Spielen durch unterschiedlich große Grafiken) kann auch der Umfang des Downloads zunehmen. Xcode unterstützt mit einer entsprechenden Option die Entwicklung von sogenannten Universal Apps.

13.2 Ein Projekt als Universal App anlegen

Es gibt unterschiedliche Verfahren, um eine *Universal App* anzulegen. Normalerweise trifft man diese Entscheidung direkt beim Anlegen des Projekts. Im *Choose a template…*-Dialog von Xcode selektieren Sie dazu im ersten Schritt die gewünschte Projektvorlage und klicken danach auf den *Next*-Button. Anschließend legen Sie im folgenden Dialog neben dem Namen der App und einigen anderen Punkten im letzten Feld (*Devices*) auch das Zielgerät fest. Wenn Sie hier aus

der Liste den Punkt *Universal App* wählen, konfiguriert Xcode das Projekt entsprechend.

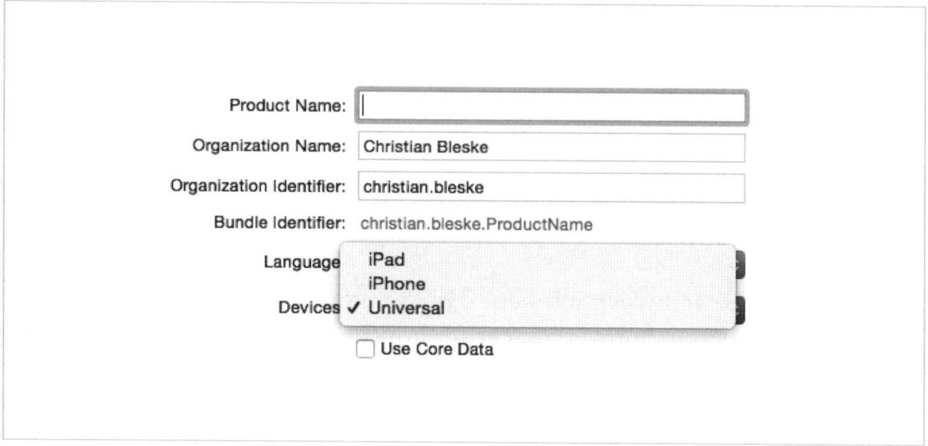

Product Name:	
Organization Name:	Christian Bleske
Organization Identifier:	christian.bleske
Bundle Identifier:	christian.bleske.ProductName
Language	iPad
	iPhone
Devices	✓ Universal
	☐ Use Core Data

Abb. 13–1   *Das Anlegen einer Universal App*

Überprüfen lässt sich die Einstellung, wenn Sie in Xcode den Abschnitt *Deployment Info* aufrufen. An dieser Stelle können Sie die Einstellung auch wieder
ändern. Sie finden sie im Register *General* der Entwicklungsumgebung. Je nachdem, welches Gerät über die Schalter *iPhone/iPad* selektiert wurde, werden innerhalb der IDE gerätespezifische Konfigurationsmöglichkeiten (z. B. *Status Bar
Style*) angezeigt.

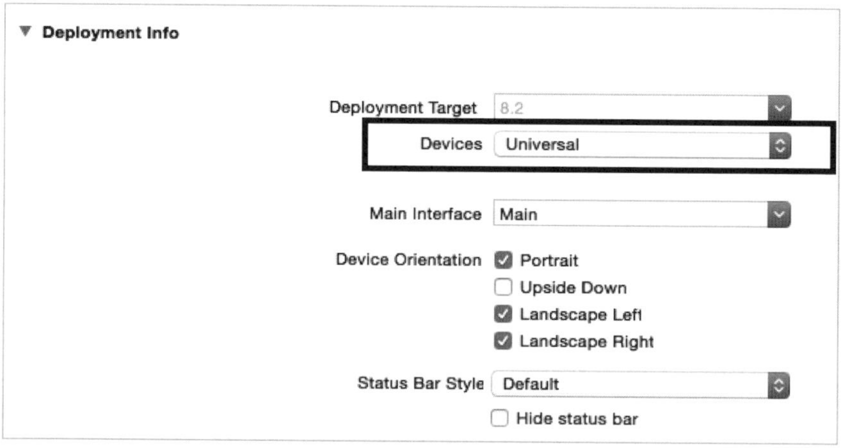

▼ **Deployment Info**

Deployment Target	8.2
Devices	Universal
Main Interface	Main
Device Orientation	☑ Portrait
	☐ Upside Down
	☑ Landscape Left
	☑ Landscape Right
Status Bar Style	Default
	☐ Hide status bar

Abb. 13–2   *Konfiguration der Universal App*

Wenn man AutoLayout verwendet, dann erübrigt sich eigentlich eine spezielle
Anpassung an einen bestimmten Gerätetyp – es sei denn, man verwendet Grafiken, z. B. als Hintergrundbilder, innerhalb der App. In solch einem Fall muss man
sich ein paar Gedanken mehr machen.

In unserem Beispiel soll die App eine bildschirmfüllende Hintergrundgrafik verwenden, die in einem ImageView angezeigt wird. In einer *Universal App* müssen nun die unterschiedlichen Auflösungen berücksichtigt werden.

Legen Sie im ersten Schritt eine neue *Single View Application* an, und fügen Sie im View ein *ImageView* ein. Außerdem wird ein *Button* benötigt, der unterhalb des *ImageView* platziert wird. Achten Sie darauf, dass das ImageView mit zwei *Constraints* horizontal und vertikal im View zentriert wird. Der *Button* wird am unteren Rand des Views und an der linken und rechten Seite fixiert.

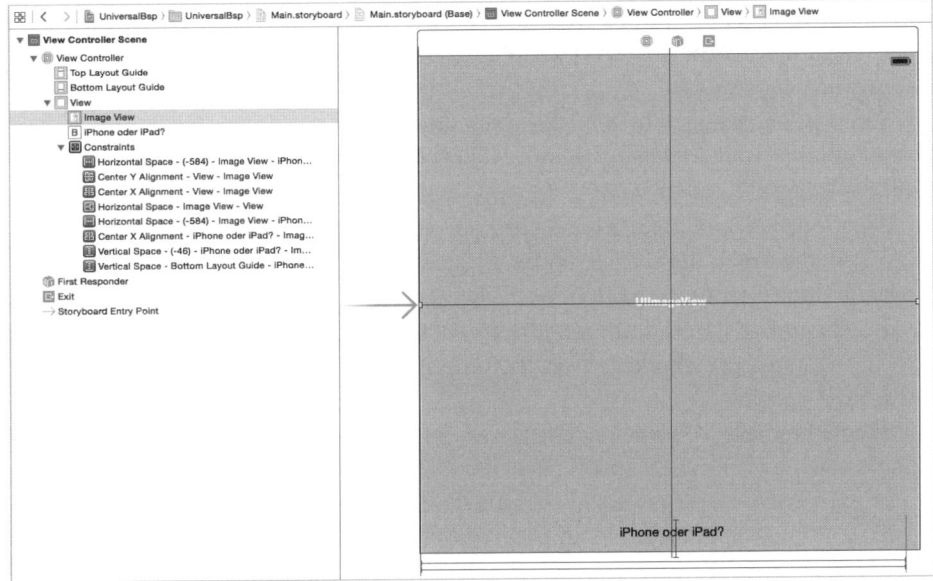

Abb. 13–3   *ImageView in Universal App*

Anschließend können Sie sich daran begeben, die Grafiken in das Projekt einzufügen.

13.3 Bilder in der App

Für die Universal App benötigt man unterschiedlich große Versionen der Grafik, die als Hintergrundbild angezeigt wird. Folgende Auflösungen sollten heutzutage in einer Universal App (im Portrait-Modus) unterstützt werden:

- 640×960   (iPhone 4 bzw. 4S)
- 640×1136   (iPhone 5, 5C und 5S)
- 750×1334   (iPhone 6S)
- 1242×2208   (iPhone 6S Plus)
- 1024×768   (iPad Mini, iPad 2)
- 2048×1536   (iPad Air/2, iPad Mini2/3/4)

Läuft die App nicht nur im *Portrait-*, sondern auch im *Landscape-*Modus oder werden beide Ausrichtungen unterstützt, dann müssen ggf. entsprechend mehr Bilder hinterlegt werden. Wie erkennt ein iPhone/iPad aber, welche Grafik gerade benötigt wird?

Hierzu hat Apple Schlüsselbegriffe eingeführt, mit denen eine Grafik einem bestimmten Gerätetyp zugeordnet werden kann. Grafiken, die für das iPad bestimmt sind, sollten mit dem Schlüsselbegriff *~ipad* zum Ende der Bezeichnung hin gekennzeichnet sein. Bilder, die innerhalb des 4-Zoll-Bildschirms ab dem iPhone 5 verwendet werden sollen, werden mit dem Kürzel *-568* gekennzeichnet. Jetzt fehlt noch eine Kennzeichnung, ob es sich um ein Retina-Display handelt oder nicht (iPad Mini und iPad 2). Hierfür wird am Ende die Zeichenkette *@2x* verwendet.

Eine Bezeichnung für ein Hintergrundbild, das beispielsweise in einem Retina-iPad (z.B. iPad Air) verwendet werden soll, sieht somit wie folgt aus: *Bildname~ipad@2x*.

Neu hinzugekommen ist die Kennzeichnung *@3x* für das iPhone 6S Plus.

Verwendet man diese Kennzeichnung(en), dann werden zur Laufzeit automatisch die zum Gerätetyp passenden Bilder geladen. Im Code ist die Angabe des entsprechenden Kürzels dann nicht notwendig. In den Zeiten, als das iPhone 3GS und das iPhone 4 noch aktuell waren, konnte diese Methode relativ problemlos verwendet werden.

Heute ist diese Vorgehensweise bestenfalls unübersichtlich. Eine meiner Meinung nach simplere (und übersichtlichere) Möglichkeit, die für eine Auflösung benötigte Grafik zu laden, ist mit etwas Code verbunden. Um das einmal auszuprobieren, muss die Beispiel-App im ersten Schritt um die zu verwendenden Grafiken erweitert werden. Diese werden hierzu innerhalb des Projektordners in einem eigenen Verzeichnis (*Images*) abgelegt und anschließend dem Projekt hinzugefügt. Verwenden Sie eine passende Nomenklatur, um die Grafiken gut unterscheiden zu können.

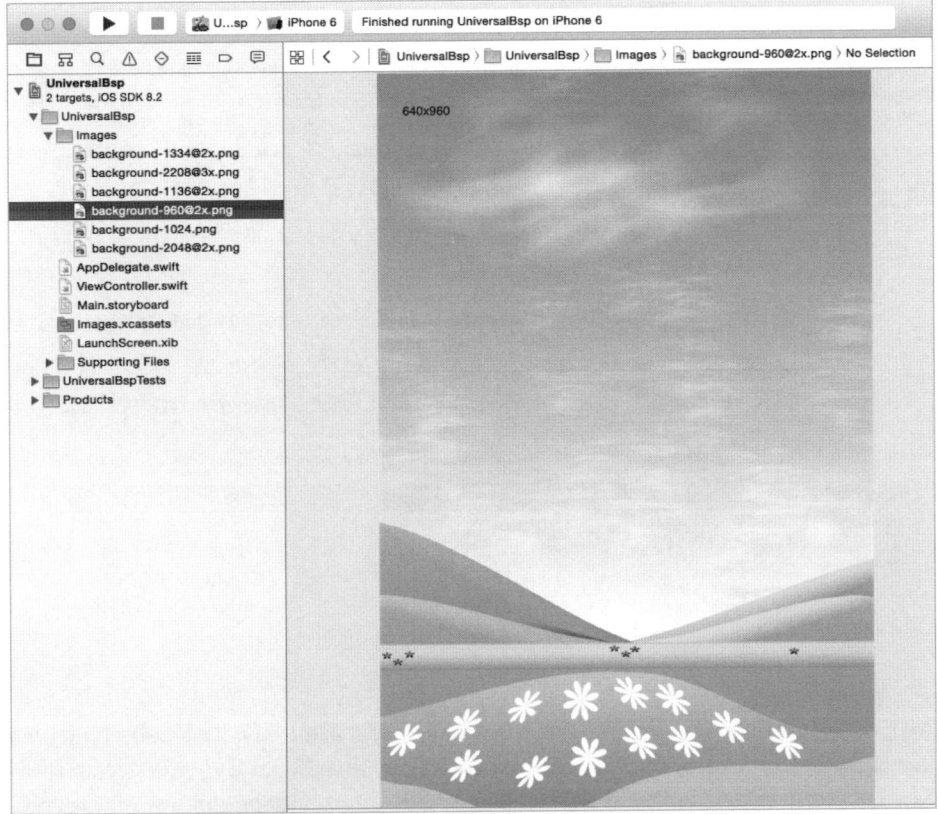

Abb. 13–4 *Grafiken in Universal App*

Im Beispiel wird der Name der Grafik in Kombination mit der Pixel-Höhe des Bildes verwendet (siehe Abb. 13–4). Nachdem die Bilder dem Projekt hinzugefügt worden sind, ist noch etwas Code notwendig, um zur Laufzeit das benötigte Bild zu laden:

```
import UIKit

class ViewController: UIViewController {

    @IBOutlet weak var uiImageView: UIImageView!

    override func viewDidLoad() {
        super.viewDidLoad()

        let screenSize: CGRect =
            UIScreen.mainScreen().nativeBounds
        let screenWidth = screenSize.width
        let screenHeight = screenSize.height

        print("Width=\(screenWidth)")
        print("Height=\(screenHeight)")
```

```
switch (screenHeight) {
    case 960:
        self.uiImageView.image = UIImage(named: "background-960@2x.png")!
        break;
    case 1136:
        self.uiImageView.image = UIImage(named: "background-1136@2x.png")!
        break;
    case 1334:
        self.uiImageView.image = UIImage(named: "background-1334@2x.png")!
        break;
    case 2208:
        self.uiImageView.image = UIImage(named: "background-2208@3x.png")!
        break;
    case 1024:
        self.uiImageView.image = UIImage(named: "background-1024.png")!
        break;
    case 2048:
        self.uiImageView.image = UIImage(named: "background-2048@2x.png")!
        break;
    default:
        break;
    }
}
//Quellcode entfernt ...
}
```

Im Code wird im ersten Schritt die Eigenschaft *nativeBounds* der Klasse *UIScreen* ausgelesen. Diese Information wird in einer Variablen vom Typ CGRect *screenSize* gespeichert. Die Höhe und die Breite werden anschließend in jeweils entsprechend bezeichnete Variablen übertragen und zur Kontrolle mit einer *print*-Anweisung innerhalb von Xcode ausgegeben.

In der Variablen *screenHeight* steht zu diesem Zeitpunkt die Höhe des verwendeten Bildschirms. Diese Information kann anschließend verwendet werden, um in einer *switch-case*-Anweisung das zur Auflösung passende Bild in das *ImageView*-Control zu laden.

Wenn Sie sich an die beschriebene Vorgehensweise halten, dann ist die Handhabung unterschiedlicher Bildgrößen im Projekt kein Problem.

13.4 Portrait oder Landscape?

Wenn man in einer Universal App (und nicht nur in dieser) nicht nur die Portrait-Ansicht unterstützt, sondern in der Konfiguration der App auch die Landscape-Ansicht aktiviert hat, ist es natürlich erforderlich zu erfahren, wann welche Ansicht aktiviert wird.

Abb. 13–5   *Aktivierung der Landscape-Ansicht*

Damit die gerade verwendete Ansicht ermittelt werden kann, muss zur Laufzeit der App eine spezielle Methode ausgeführt werden:

```
override func viewWillTransitionToSize(size: CGSize,
    withTransitionCoordinator coordinator:
        UIViewControllerTransitionCoordinator) {

    if UIDevice.currentDevice()
        .orientation.isLandscape.boolValue {
        print("Landscape-Mode")
    } else {
        print("Portrait-Mode")
    }
}
```

Sobald das iOS-Gerät in die Portrait- oder Landscape-Ansicht gebracht wird, wird die Methode *viewWillTransitionToSize* aufgerufen. Innerhalb der Methode lässt sich durch eine simple *if*-Abfrage der Eigenschaft *isLandscape* diese Frage beantworten. Im Beispiel wird das Resultat der Abfrage noch in einen booleschen Wert umgewandelt und kann dann direkt ausgewertet werden.

13.5   iPad oder iPhone?

Generell ist es möglich, mit einer ViewController-Klasse sowohl das iPad als auch das iPhone zu bedienen. Legt man ein Universal-App-Projekt an, dann wird von der Vorlage auch nur eine *ViewController*-Klasse (automatisch) erstellt. Zur Laufzeit muss aber trotzdem ggf. unterschiedlicher Code ausgeführt werden können, je nachdem, auf welchem Gerätetyp die App gerade ausgeführt wird. Eine Antwort auf die Frage, welches Gerät aktuell verwendet wird, kann mit der Eigenschaft *userInterfaceIdiom* ermittelt werden. Die Eigenschaft kann mit der

Enumeration *UIUserInterfaceIdiom* verwendet werden, die die Werte *Phone* und
Pad enthält. Ein Beispiel für die Anwendung sehen Sie hier:

```
if UIDevice.currentDevice().userInterfaceIdiom ==
   UIUserInterfaceIdiom.Pad {
   self.showAlertViewWithTitle(
      "Neues Spiel", message: "iPad-Version...")
}

if UIDevice.currentDevice().userInterfaceIdiom ==
   UIUserInterfaceIdiom.Phone {
   self.showAlertViewWithTitle(
      "Neues Spiel", message: "iPhone-Version...")
}
```

Mithilfe der Fallunterscheidung wird der Wert der Eigenschaft *userInterfaceI-
diom* untersucht. Je nachdem, welcher Gerätetyp ermittelt wurde (iPhone oder
iPad), wird einer der Zweige der *if*-Abfrage ausgeführt. So präpariert, kann
innerhalb einer ViewController-Klasse sowohl der Code für eine iPhone- als auch
für eine iPad-Version enthalten sein.

13.6   Icons und Launch Images

Neben der Berücksichtigung von Grafik und Layout einer App muss man natürlich auch ein Auge auf Icons und – sofern sie verwendet werden – *Launch Images*
haben. In einem Xcode-Projekt gibt es für die Verwaltung dieser Grafiken mittlerweile einen eigenen Bereich: *Image.xcassets*. Selektiert man den entsprechenden
Eintrag im *Project Navigator* von Xcode, so werden dem Entwickler angrenzend
zum *Project Navigator* zwei Bereiche zur Auswahl angezeigt. Dies sind: *AppIcon*
und *LaunchImage*.

Nach Auswahl des Punkts *LaunchImage* werden im Designer der Entwicklungsumgebung Slots angezeigt, in die die Grafiken für die unterschiedlich großen *Launch-Images* eingefügt werden können. Wie beim *BackgroundImage* können auch hier Grafiken in den bereits erwähnten Auflösungen (z.B. 640×960,
640×1136, 1024×768 und 2048×1536) hinterlegt werden.

Für das *AppIcon* ist die Anzahl der benötigten Bilder etwas höher. So werden
hier Bilder in den folgenden Pixeldichten bzw. Auflösungen für das iPhone/iPad
benötigt: 29×29 (2x=58, 3x=87), 40×40 (2x=80, 3x=120), 60×60 (2x=120,
3x=180) sowie 76×76 (2x=156).

Das sind natürlich eine Menge Bilder. Diese manuell (einzeln) zu erstellen ist
äußerst mühselig. Aber hierfür finden Sie im Web Helferlein, die Ihnen das Erstellen abnehmen und den Prozess automatisieren.

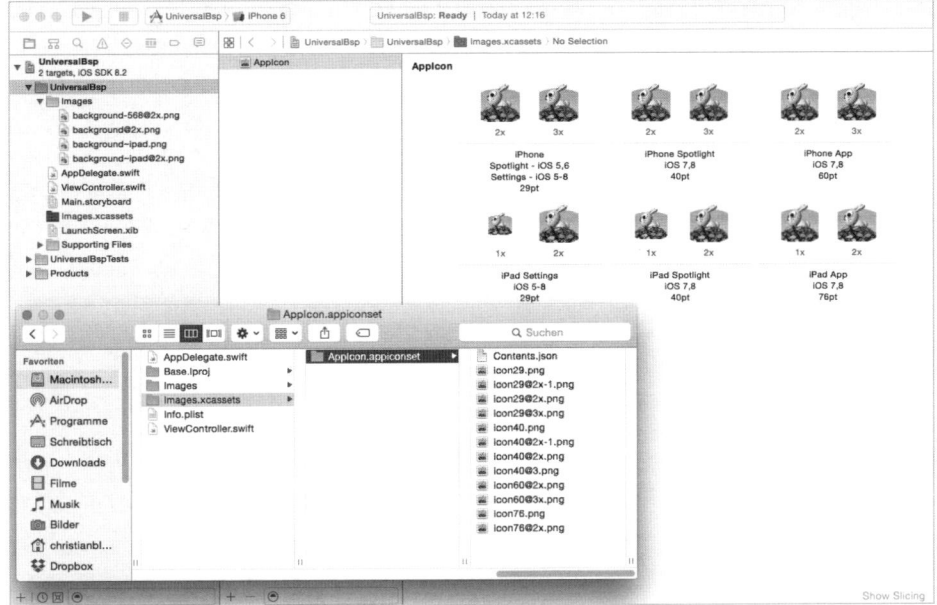

Abb. 13–6   *Icons in App einfügen*

13.7   Workshop – Passwortverwaltung – Teil 6

Haben Sie die Passwortverwaltung schon auf Universal App umgestellt? Wenn nicht, dann holen Sie das jetzt ganz schnell nach. Markieren Sie hierzu im *Project Navigator* von Xcode die Projektdatei, und öffnen Sie das Register *General*. Im Abschnitt *Deployment Infos* befindet sich das benötigte Auswahlfeld.

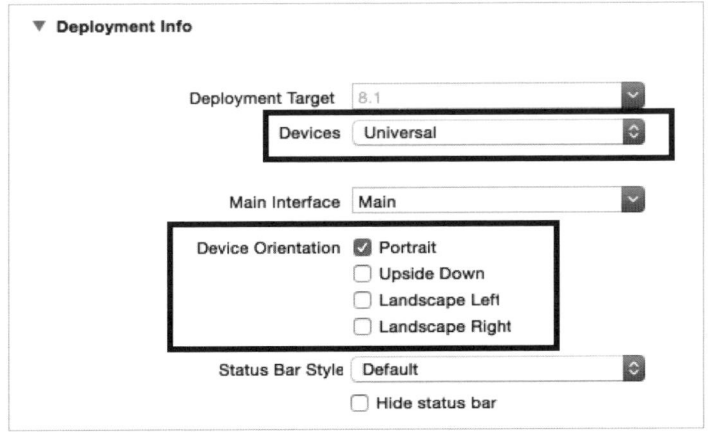

Abb. 13–7   *Konfiguration der Passwort-App*

Außerdem sollten Sie auch noch im Punkt *Device Orientation* dafür sorgen, dass nur die Portrait-Ansicht aktiviert ist. Die Konfiguration ist damit beendet.

Zusammenfassung

Sie können nicht nur Apps für das iPhone oder das iPad schreiben. Mit Universal Apps können Sie Apps erstellen, die universell auf unterschiedlichen Geräten ausgeführt werden können. In diesem Kapitel haben Sie erfahren, wie das geht.

14   App Extensions

Mit der Version 8 ist es erstmals möglich, auch unter iOS Widgets zu entwickeln. In diesem Kapitel dreht sich alles um dieses Thema.

14.1   Widgets und iOS

Mit iOS 8 hat Apple neben vielen anderen Neuerungen im Betriebssystem auch erstmals die Möglichkeit eingeführt, Widgets (von Drittanbietern) im Betriebssystem zu installieren. Diese (Kleinst-)Anwendungen können z.B. innerhalb der Mitteilungszentrale von iOS 8 angezeigt werden und sollen den Anwender schnell und vor allem, ohne dass er eine App starten muss, informieren oder eine bestimmte Funktion anbieten. Standardmäßig wird von Apple ein Kalender-Widget mitgeliefert, und auch einen Ausblick auf das Wetter gibt es. Außerdem können z.B. auch Erinnerungen in der Mitteilungszentrale angezeigt werden (siehe Abb. 14–1).

Neue Widgets fügen Sie durch Betätigen der *Bearbeiten*-Schaltfläche in der Mitteilungszentrale hinzu. Daraufhin wird eine Liste der bereits installierten Widgets angezeigt. Diese einfache Handhabung animiert natürlich dazu, selbst einmal ein Widget zu veröffentlichen.

Eine Warnung hierzu vorab: Wie Sie schon gesehen haben, sollten Sie darauf achten, was für ein Widget Sie bauen. Manche Ideen scheinen Apple nicht wirklich zu gefallen, und diese Widgets werden kurzerhand wieder aus dem App Store entfernt. Leider sind hier klare Vorgaben von Apple Mangelware, sodass man den Markt beobachten muss, um zu entscheiden, ob es sich lohnt, ein Widget zu entwickeln. Denn nichts ist ärgerlicher, als wenn sich viel Arbeit sprichwörtlich in nichts auflöst.

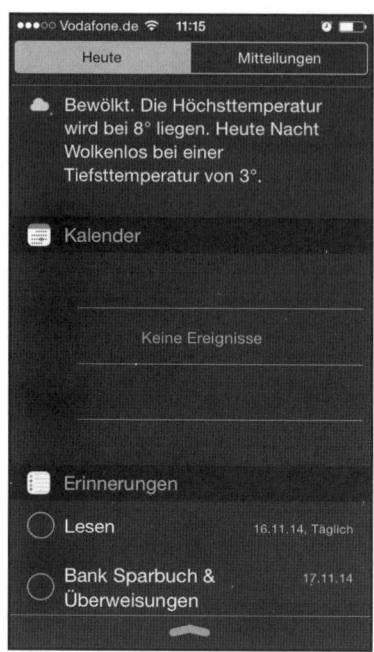

Abb. 14–1   Die Mitteilungszentrale von iOS

14.2   Ein Projekt für Widgets

Zuerst möchte ich ein kleines Missverständnis ausmerzen: Unter Android (und auch anderen Betriebssystemen) lassen sich Widgets als eigenständige Projekte umsetzen. Das gilt aber nicht für Widgets, die iOS als Ziel haben. Unter iOS ist ein Widget (zumindest zurzeit) immer nur in Verbindung mit einer App verfügbar. Das bedeutet aber auch: Ohne App gibt es kein Widget!

Apple spricht bei der Entwicklung folgerichtig auch nicht von Widgets, sondern von sogenannten *Application Extensions* – also von der Erweiterung einer (ggf. bereits vorhandenen) Anwendung.

Muss man nun für ein einfaches Widget (das im Prinzip gar keine App benötigt) zwingend eine App programmieren? Natürlich nicht. Es genügt, eine Rumpfanwendung zu erstellen, der dann quasi huckepack das Widget hinzugefügt wird. Dies ist auch der Standard-Workflow zur Entwicklung einer App Extension. Die Möglichkeit, ein eigenständiges Projekt nur für eine App Extension anzulegen, gibt es somit (zurzeit) nicht.

Doch zuerst einmal sollte man sich ansehen, was es für Typen von App Extensions gibt. Es gibt nämlich unterschiedliche Vorlagen.

Apps mit Extension

Unterschiedliche Vorlagen für ein Widget? An dieser Stelle noch einmal der Hinweis: Eine App Extension ist nicht zwangsläufig auch ein Widget. Deutlich wird die letzte Aussage auch an der Liste der zur Verfügung stehenden Vorlagen für Erweiterungen:

- *Action Extension*
  Diese Form der Erweiterung ermöglicht es Anwendern z. B., mit einem Button Inhalte Listen hinzuzufügen oder auch Dokumente zu kennzeichnen.

- *Custom Keyboard*
  Sie wollten schon immer Ihr eigenes (Soft-)Keyboard innerhalb von iOS realisieren? Mit dieser Vorlage ist das möglich.

- *Document Provider*
  Benötigt die eigene App auch einen eigenen Dateityp, dann kann man diesen Erweiterungstyp verwenden, um Schnittstellen auch für andere Apps bereitzustellen.

- *Photo Editing Extension*
  Wenn man Filter oder Bearbeitungsmöglichkeiten für Fotos bereitstellen möchte, sollte dieser Typ verwendet werden.

- *Share Extension*
  Das Weitergeben von Informationen (z. B. via Mail oder Twitter) ist heute integraler Bestandteil von iOS. Mit einer *Share Extension* kann die eigene App entsprechende Möglichkeiten nutzen.

- *Today Extension*
  Die Today Extension ist eine Vorlage, um Erweiterungen für die Mitteilungszentrale von iOS zu schreiben. Diese Form der Erweiterung kommt einem (ursprünglichen) Widget wohl am nächsten.

Die Auflistung dieser Typen zeigt sicherlich, dass eine App Extension deutlich über ein Widget hinausgeht. Übrigens werden auch die neuen Apps für WatchKit (ab Xcode 6.2) letztendlich als App Extension realisiert. Einen einfachen Einstieg in die Thematik erhält man, wenn eine neue *Today Extension* erzeugt wird.

14.3 Today Extension anlegen

Da eine App Extension an eine App gekoppelt ist, müssen Sie im ersten Schritt ein neues Projekt zum Anlegen einer App starten. Im Beispiel wurde hierfür die Vorlage *Single View Application* verwendet. Erst wenn das Projekt angelegt wurde, kann es ans Anlegen der Erweiterung gehen.

In Hauptmenü von Xcode muss nun der Menüpunkt *File → New → Target* aktiviert werden. Anschließend öffnet sich ein (neuer) Dialog, in dem die Vorlagen für App Extensions verfügbar sind. Für iOS findet man sie im Abschnitt *Application Extension*. Übrigens können nun auch für OS-X-Apps solche Erweiterungen programmiert werden. In Abbildung 14–2 sehen Sie die Vorlagen, die Sie für eine App Extension verwenden können.

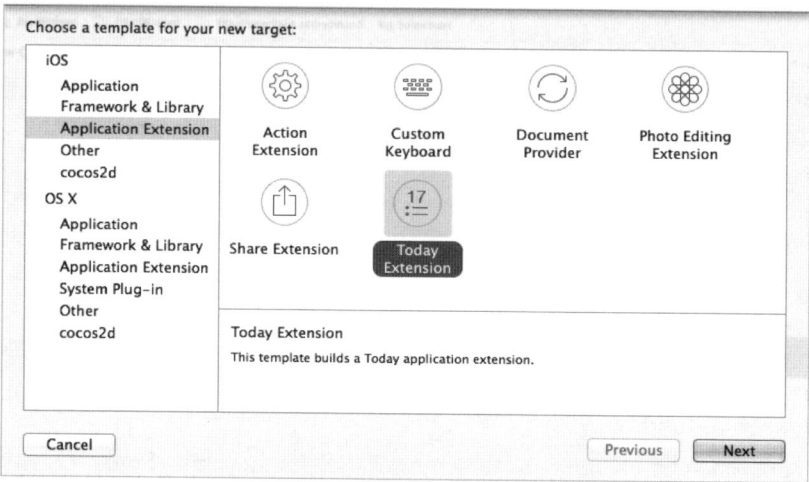

Abb. 14–2   *Vorlage zur Erstellung von App Extensions*

Nach Auswahl der gewünschten Extension geht es im nächsten Dialog darum, das Extension-Projekt zu konfigurieren. Neben einem Namen für die Erweiterung muss auch noch das Projekt ausgewählt werden, in das die Erweiterung bzw. die Projektdateien eingefügt werden. Ein Klick auf den *Finish*-Button beendet das Anlegen. Als Nächstes sollten Sie dann zur Orientierung einen Blick in die nun erweiterte Projektstruktur werfen.

Abb. 14–3   *Projektstruktur mit App Extensions*

Neben den bekannten Dateien und Verzeichnissen wurde ein neuer Ordner mit dem gewählten Namen (im Beispiel *Zitat Widget*) angelegt. Erweitert man diesen Ordner, so ist in ihm eine *Xib-* sowie eine *Swift-*Datei enthalten. Eine *Today Extension* verfügt ähnlich wie eine Standard-App auch über eine Oberfläche, die im Storyboard bzw. Interface Builder von Xcode gestaltet werden kann. Unterschiede sind an den Bezeichnungen der Dateien erkennbar. So enthält die Swift-Datei den Begriff *Today* im Namen, und die *Xib-*Datei verwendet den zusätzlichen Begriff *MainInterface*. Im Ordner *Supporting Files* befindet sich die *Info.plist-*Datei der App Extension.

14.4   Code und GUI des Widgets entwerfen

Wie eingangs erwähnt wurde, gibt es ein Widget immer nur zusammen mit einer App, denn eigentlich ist es ja nur eine Erweiterung der App. Trotzdem kann sich die Implementierung komplett auf das Widget beschränken. Im Beispiel-Widget sollen lediglich Zitate im Wechsel angezeigt werden.

Mehr geschieht nicht; dafür braucht es keine Logik innerhalb der App. Da nur etwas Text angezeigt werden soll, sind keine großen Arbeiten im Interface Builder erforderlich. Das bereits vorhandene Label im *TodayController* sollte lediglich etwas vergrößert werden, sodass das komplette Zitat angezeigt werden kann.

Abb. 14–4   *GUI der App Extension in Xcode*

Im *TodayViewController* markieren Sie deshalb das *Label* und passen dessen Breite und Höhe an. Achten Sie darauf, dass Breite und Höhe durch *Constraints* überwacht werden, sodass die App Extension auch auf unterschiedlichen Geräten problemlos angezeigt werden kann (vgl. iPhone 4S ? iPhone 6S Plus). Nach der kurzen Anpassung der GUI können Sie sich nun an den Code machen. Hierzu öffnen Sie die zugehörige *Swift-*Datei.

```
import UIKit
import NotificationCenter

class TodayViewController:
    UIViewController, NCWidgetProviding {
    var timer:NSTimer?
```

```
let zitate = ["Heimisch …"]

@IBOutlet weak var uiLabel: UILabel!

override func viewDidLoad() {
    super.viewDidLoad()
    timer = NSTimer.
    scheduledTimerWithTimeInterval(3,
    target: self, selector:
    Selector("updateZitat"),
    userInfo: nil, repeats: true)
}

override func
didReceiveMemoryWarning() {
    super.
        didReceiveMemoryWarning()
}

func widgetPerformUpdateWithCompletionHandler( completionHandler:
((NCUpdateResult) -> Void)!) {

    updateZitat()
    completionHandler(NCUpdateResult.NewData)
}

func getRandomNumber(min: Int, max:Int) -> Int
    return min + Int(
        arc4random_uniform(UInt32(max - min + 1)))
}

func updateZitat() {
    let rnd = getRandomNumber(0, max: 3)
    self.uiLabel.text = zitate[rnd]
}
}
```

Listing 14–1   *Quellcode der Today Extension*

Listing 14–1 enthält bereits den kompletten Quellcode der *Today Extension*. Die Ableitung der Klasse zeigt einen ersten Unterschied. So wird diese Klasse nicht nur von *UIViewController*, sondern auch von *NCWidgetProviding* abgeleitet. Während die Bedeutung der ersten Ableitung klar ist, bedarf die zweite einer Erläuterung. Das Protokoll schreibt unter anderem die Implementierung der Methode *widgetPerformUpdateWithCompletionHandler* vor. Diese Methode sorgt dafür, dass das Widget die Gelegenheit erhält, den Inhalt zu aktualisieren. Im Beispiel wird dies genutzt, um die Methode *updateZitat* aufrufen zu können.

Nach den Ableitungen folgt die Deklaration einer Variablen vom Typ *NSTimer* sowie eines Arrays, das die Zitate enthält. Der Timer wird benötigt, um nach einem Zeitintervall (im Beispiel sind es drei Sekunden) den Inhalt des Labels mit einem neuen Zitat (aus dem Array) zu füllen. Innerhalb der Methode *viewDidLoad* wird der Timer initialisiert.

Außerdem gibt es im Beispiel noch zwei weitere Methoden: *getRandomNumber* sowie die bereits erwähnte Methode *updateZitat*. Die Aufgabe von *getRandomNumber* besteht darin, eine Zufallszahl zu liefern, die dann als Index verwendet wird, um die entsprechende Array-Position mit dem Zitat zu lesen, das sich an dieser Position befindet.

14.5   Test des Widgets

Jetzt fehlt nur noch der Test des Widgets. Hierzu muss die komplette App inklusive des Widgets auf das iOS-Gerät gebracht werden. Dies geschieht wie üblich durch Betätigen der *Build and Run*-Schaltfläche von Xcode. Befindet sich das Widget im Simulator (oder auf einem echten iOS-Gerät), dann muss es zuerst aktiviert, d.h. in die Mitteilungszentrale von iOS eingefügt, werden.

Abb. 14–5   *Installation bzw. Deinstallation von Widgets*

Abbildung 14–5 zeigt das am Beispiel. Um das Widget zu installieren, muss das Pluszeichen vor dem Widget betätigt werden. Zu Deinstallation muss analog das Minuszeichen angetippt werden. Nach der Installation wird das Widget automatisch in der Mitteilungszentrale von iOS angezeigt.

Abb. 14–6   *Das neue Widget in der Mitteilungszentrale von iOS*

Zusammenfassung

In diesem Kapitel wurde erläutert, was App Extensions sind und wie sie programmiert
werden.

15 WatchKit

Im September 2014 stellte Apple seine Smartwatch, die Apple Watch, vor. Auch ein SDK für die Uhr ist erschienen. In diesem Kapitel wird Ihnen demonstriert, wie Sie eine simple App mit WatchKit erstellen können.

15.1 Apple und die Watch

Im September 2014 stellte Apple das erste Produkt vor, das gänzlich ohne Mitwirkung von Steve Jobs entwickelt wurde. Tim Cook hat sich für sein erstes eigenes Produkt eine Uhr ausgesucht. Manch einer hat da sicherlich mehr erwartet, und ob das neue Gerät den Markt revolutionieren wird, wie das einst der iPod, das iPhone und das iPad getan haben, steht auch heute noch in den Sternen. Auf jeden Fall sind einige der Funktionen der Smartwatch von Apple schon interessant.

Neben dem Fokus auf den Verbraucher lässt Apple aber auch die Entwickler nicht hängen und hat im Februar 2015 schnell eine erste Version des WatchKit SDK veröffentlicht. Was steckt nun für Entwickler im Paket? Kann man eigene Apps für die Apple Watch schreiben, und wie funktioniert das?

Betrachtet man die Hardware, so fällt erst einmal auf, dass es zwei Größen gibt. Die kleinere Version der Apple Watch zeigt 272×340 und die größere 312×390 Pixel. Das ist nicht viel Fläche für eine App. Die Uhr verfügt über einige Sensoren, um beispielsweise Gesundheitsdaten (z.B. Herzfrequenz) zu ermitteln. Bekannt ist, dass andere Sensoren (z.B. GPS) hingegen fehlen. Auch Telefonate oder SMS können nur über ein gekoppeltes iPhone empfangen werden. Ein Beschleunigungssensor und auch ein Barometer hingegen sind mit an Bord.

Es fällt auf, dass für viele Funktionen ein gekoppeltes iPhone unerlässlich ist. Dieser Umstand limitiert auch zurzeit die Entwicklung von Apps für das auf iOS basierende Betriebssystem (watchOS) der Apple-Uhr.

15.2　Zweiteilung

Etwas überraschend ist es schon: Apps, die mit WatchKit für die Uhr entwickelt werden, laufen (noch) nicht komplett auf der Uhr. Was bedeutet das? Eine App für die Apple Watch hat immer eine App für das iPhone »im Gepäck«.

Somit ist die App zweigeteilt: Ein Teil der App enthält das Storyboard und sonstige Ressourcen und wird auf der Uhr ausgeführt; der andere Teil (Code) läuft auf einem angeschlossenen iPhone und ist eine Erweiterung (Extension) einer App für das iPhone.

Hinweis

Mit dem Erscheinen von *watchOS 2* wird sich dieser Fokus etwas mehr in Richtung Apple Watch verschieben. Das bedeutet, es wird unter watchOS 2 auch möglich sein, dass Code direkt auf der Uhr ausgeführt wird. Das wird die Apps auf der Uhr etwas schneller und leistungsfähiger machen. An der Art der Entwicklung ändert sich aber nichts. Die Zweiteilung des Projekts wird (erst einmal) bleiben.

Das kommt Ihnen bekannt vor? Richtig, die App Extensions in iOS funktionieren nach demselben Prinzip. Das bedeutet aber auch, dass neben dem Watch-Projekt auch ein Projekt für eine iPhone-App angelegt wird. Man muss in der iPhone-App natürlich keinen Code hinterlegen.

Im folgenden Beispiel aber wird in der iPhone-App dieselbe Funktion implementiert, die später auch für die Apple Watch umgesetzt wird. So haben Sie auch einen schönen Vergleich, inwieweit sich die Entwicklung einer normalen App für iOS von einer Entwicklung für watchOS unterscheidet. Als Beispiel kommt noch einmal die Zitate-Anzeige zum Zuge, die Texte im zeitlich gesteuerten Wechsel anzeigen kann. Das spätere Resultat (auf dem iPhone) sehen Sie in Abbildung 15–1.

Da sich der Quellcode nicht sehr von demjenigen unterscheidet, der für die Watch App verwendet wird, gehe ich an dieser Stelle nicht weiter darauf ein, sondern verweise für die Besprechung auf die Watch-App-Variante.

Die Watch-App-Version soll fast denselben Funktionsumfang haben – mit einer Ausnahme: Man soll sich ein weiteres Zitat auch schon vor Ablauf der Zeit anzeigen lassen können. Hierzu wird noch ein Schalter in die App eingebaut. Die Anforderungen sind damit abgesteckt, und die Entwicklung der (Watch-)App kann beginnen.

Abb. 15–1   *Die Zitate-App für das iPhone*

15.3   Das Projekt im Projekt

Zu Beginn sei gesagt, dass man zur Entwicklung einer App für die Apple Watch mindestens Xcode 6.2 oder höher benötigt. Erst ab dieser Versionsnummer sind das WatchKit SDK sowie die entsprechende Vorlage enthalten.

Hinweis

Um Apps für watchOS 2 zu entwickeln, benötigen Sie mindestens Xcode 7.

Um ein vorhandenes App-Projekt um eine Watch-App zu erweitern, aktivieren Sie in Xcode das *File*-Menü und dort den Menüeintrag *Target...* Suchen Sie im linken Bereich des Dialogs zur Vorlagenauswahl im Abschnitt *iOS* den Eintrag *Apple Watch*. Haben Sie diesen Bereich ausgewählt, so wird nur eine Vorlage, *WatchKit App*, angezeigt.

Nach Auswahl der Vorlage und Betätigung der *Next*-Schaltfläche geht es zur Konfiguration der WatchKit-App. In diesem Dialog wird das neue WatchKit-Projekt konfiguriert. Neben bereits bekannten Punkten (z. B. Produktname, Sprache usw.) finden sich hier auch neue Optionen, die speziell zur Konfiguration einer WatchKit-App verwendet werden. Die Optionen *Include Notification Scene*, *Include Glance Scene* und *Include Complication* werden verwendet, um einer WatchKit-App besondere Views hinzuzufügen.

Hinweis

Das WatchKit-Projekt muss nicht erst separat einem bereits vorhandenen App-Projekt für das iPhone hinzugefügt werden. Wenn Sie im Vorlagendialog von Xcode direkt die Vorlage *iOS App with WatchKit App* (im Abschnitt *Watch OS → Application*) auswählen, wird automatisch eine (leere) iPhone-App zusätzlich angelegt.

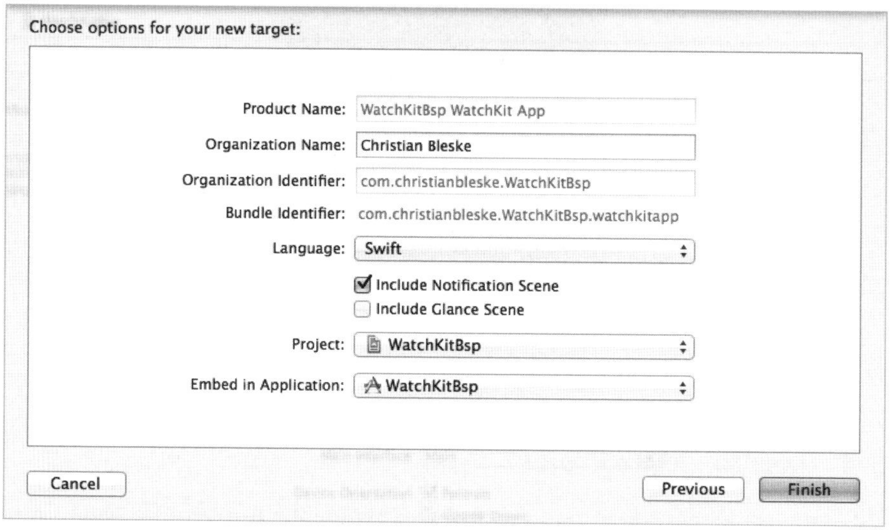

Choose options for your new target:

Product Name:	WatchKitBsp WatchKit App
Organization Name:	Christian Bleske
Organization Identifier:	com.christianbleske.WatchKitBsp
Bundle Identifier:	com.christianbleske.WatchKitBsp.watchkitapp
Language:	Swift
	☑ Include Notification Scene
	☐ Include Glance Scene
Project:	📄 WatchKitBsp
Embed in Application:	🅰 WatchKitBsp

Cancel   Previous   Finish

Abb. 15–2   *Konfiguration der WatchKit-App*

Hierzu muss man wissen, was für Views eine WatchKit-App überhaupt beinhalten kann. So gibt es primär die Möglichkeit, dass normale Views verwendet werden, in denen eine Interaktion des Benutzers mit der App möglich ist. Diese Form der Darstellung unterscheidet sich nicht sehr von bisherigen Apps, beispielsweise auf dem iPhone. Diese Form (des Views) wird im Storyboard von Xcode als *Interface Controller Scene* angezeigt.

Daneben gibt es sogenannte *Notification Scenes*. Diese Form der Kommunikation zwischen App und Anwender ist hauptsächlich dafür gedacht, den Anwender über Änderungen in einer App zu informieren, die auf einem iPhone installiert ist, beispielsweise über den Eingang einer SMS oder über ein eingehendes Telefonat. Neben einer Mitteilung können diese Views auch Elemente, z.B. Schaltflächen enthalten, um Inhalte detailliert anzuzeigen.

Ein *Glance* hingegen ist ein nicht scrollbares Read-only-View, in dem wichtige Informationen angezeigt werden. So ist es beispielsweise sinnvoll, in einem *Glance* eine wichtige Mitteilung anzuzeigen, und zwar nur diese, z.B. die aktuelle Herzfrequenz des Trägers der Uhr.

Möchten Sie eine *Notification-Scene* oder *Glance* einfügen, so müssen Sie die entsprechenden Optionen aktivieren. In den letzten beiden Punkten können Sie das Projekt und die Anwendung angeben, in die die WatchKit-App eingefügt werden soll.

Nach einem Mausklick auf die *Finish*-Schaltfläche wird das zusätzliche WatchKit-Projekt dem vorhandenen iPhone-Projekt hinzugefügt. Während das Projekt angelegt wird, wird der Entwickler noch gefragt, ob das WatchKit-Projekt aktiviert werden soll. Bejaht man diese Anfrage, so wird das WatchKit-Projekt zum aktiven der beiden Projekte, und die Ausführung sowie das Debugging sind direkt möglich. Entscheidet man sich dagegen, so muss vor einem Start der WatchKit-App das entsprechende Projekt erst ausgewählt werden.

15.4   Das WatchKit-Projekt

Es ist jederzeit möglich, zwischen den Projekten (iPhone-App und WatchKit-App) zu wechseln. Zum Wechsel muss nur das entsprechende Scheme in Xcode aktiviert werden, was über ein Drop-down-Menü möglich ist.

Abb. 15–3   *Aktivierung des WatchKit-Schemes zur Ausführung und für das Debugging*

Ein Blick in den *Project Navigator* zeigt die zusätzlich in das Gesamtprojekt eingefügten Dateien.

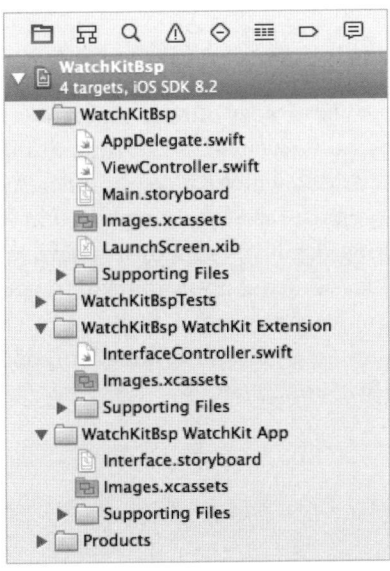

Abb. 15–4   *Das erweiterte (Gesamt-)Projekt im Project Navigator von Xcode*

Unterhalb des Ordners mit dem Test für die iPhone-App stehen die Ordner, die
die Dateien für das WatchKit-Projekt enthalten. Auffällig ist, dass es zwei Ordner
gibt. Einer trägt neben dem Projektnamen die zusätzliche Bezeichnung *WatchKit
Extension*; der Name des zweiten Ordners endet auf *WatchKit App*.

Offensichtlich wirkt sich hier die bereits angesprochene Zweiteilung einer
WatchKit-App aus. Der Code der WatchKit-App liegt im *WatchKit Extension*-
Ordner und dort innerhalb der automatisch generierten Datei *InterfaceControl-
ler.swift*. Das Storyboard zur Watch-App befindet sich im anderen Ordner. Deut-
lich wird die Zweiteilung auch in der *Project and Target List* von Xcode: Beide
Projekte – iPhone- und WatchKit-App – lassen sich dort separat konfigurieren.

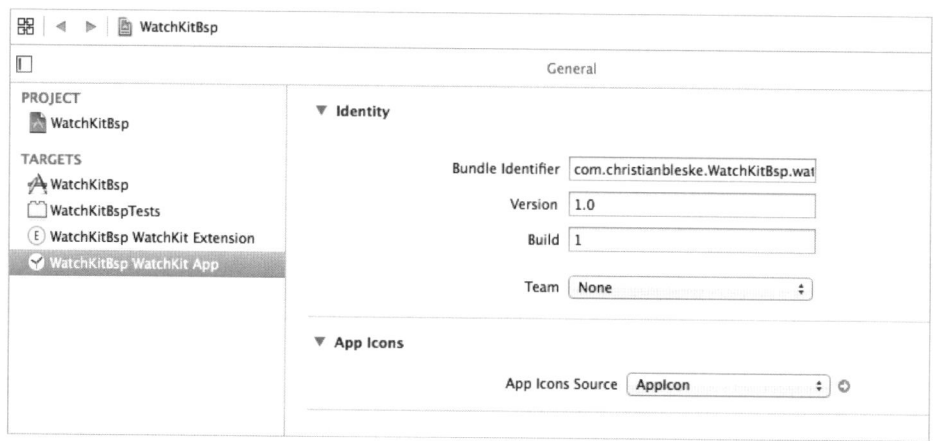

Abb. 15–5   *Die »Project and Target List« mit den »beiden« Projekten*

15.5   GUI für die Watch-App

Nachdem nun ein wenig klarer sein dürfte, wofür die generierten Ordner und
Dateien gut sind, kann es an die weitere Umsetzung des Beispiels gehen. Im ersten
Schritt wird die Oberfläche der WatchKit-Version der App erstellt. Hierzu wählt
man das zugehörige Storyboard *Interface.storyboard* in Xcode aus. Anschließend
öffnet sich eine Darstellung der bereits im Storyboard enthaltenen Views – ganz
so, wie man es von der klassischen App-Entwicklung her gewohnt ist.

Im Document-Outline-Fenster werden natürlich auch die Elemente im Storyboard hierarchisch sortiert angezeigt. Im rechten Teil, dem Interface Builder, wird
das View der WatchKit-App angezeigt.

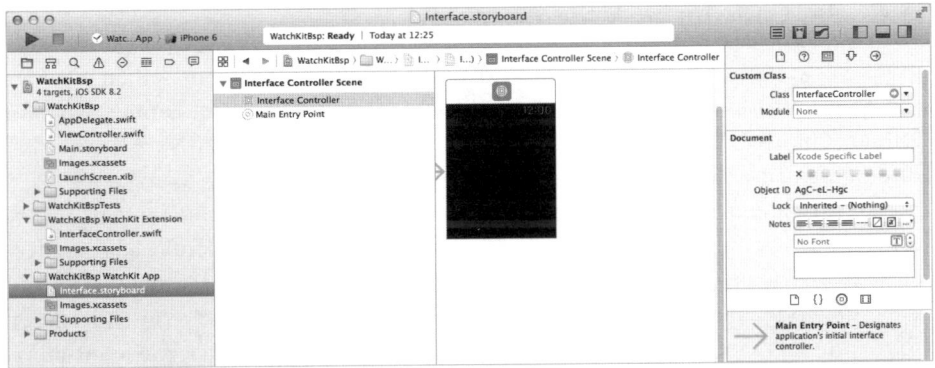

Abb. 15–6   *Das Storyboard der WatchKit-App in Xcode*

Alles ist so, wie man es von der bisherigen App-Entwicklung her kennt. Controls, die im View eingefügt werden sollen, werden aus der *Object Library* via Drag & Drop in das View befördert. Ein Unterschied macht sich aber gleich bemerkbar: Die Controls, die in das View eingefügt wurden, lassen sich nicht wahlfrei positionieren. Man kann die Controls zwar in der gewünschten Reihenfolge einfügen, aber sie müssen dann quasi immer an etwas anderes, den Rand oder ein weiteres Control, geheftet werden. Die Position eines Controls lässt sich zusätzlich durch Änderungen im *Attributes Inspector* von Xcode etwas anpassen. Hierzu gibt es die Möglichkeit, im Abschnitt *Position* die horizontale und vertikale Ausrichtung zu ändern. Diese Vorgehensweise erinnert ein wenig an die Verwendung von AutoLayout.

Dass der Umfang der verfügbaren Controls im Vergleich zur Standard-iOS-App geringer ist, versteht sich von selbst. So gibt es unter anderem ein *Button*-Control sowie *Switch*, *Label*, *Slider*, und sogar ein Control zur Darstellung einer Karte (*Map*) ist vorhanden.

Zur Umsetzung des Beispiels müssen Sie lediglich ein *Button*-Control sowie ein *Label*-Control in das View einfügen. Der Button wird am oberen Rand eingefügt, und für die Hintergrundfarbe wird ein Blauton gewählt. Den entsprechenden Eigenschaften *Horizontal* und *Vertical* werden die Werte *Left* und *Top* zugewiesen. Den Eigenschaften *Horizontal* und *Vertical* des Label-Controls wird jeweils der Wert *Center* zugewiesen. Der Eigenschaft *Text Color* wird, damit die Zitate auch auf dem kleinen Display auffallen, ein Rotton zugewiesen. Damit sind die Arbeiten am View der App schon abgeschlossen.

15.6 Der Code im anderen Abschnitt

Etwas verwirrend ist, dass Storyboard und Codedatei nicht im selben Ordner vorliegen. Die Klasse hinter dem View, das gerade erstellt wurde, befindet sich im Ordner mit der Bezeichnung *WatchKit Extension*. Ein Doppelklick auf den Dateinamen *InterfaceController.swift* öffnet die Datei im Editor von Xcode.

Neben einigen Variablen werden im ersten Schritt ein *Outlet* für das *Label*-Control sowie eine *Action* für den *Button* benötigt. Diese Quellcodeelemente lassen sich auf die bekannte Weise erzeugen. Öffnen Sie parallel das Storyboard und das Quellcodefenster, und zeichnen Sie eine Verbindungslinie vom jeweiligen Control in das Codefenster. Anschließend öffnet sich das Fenster zur Konfiguration der Verbindung.

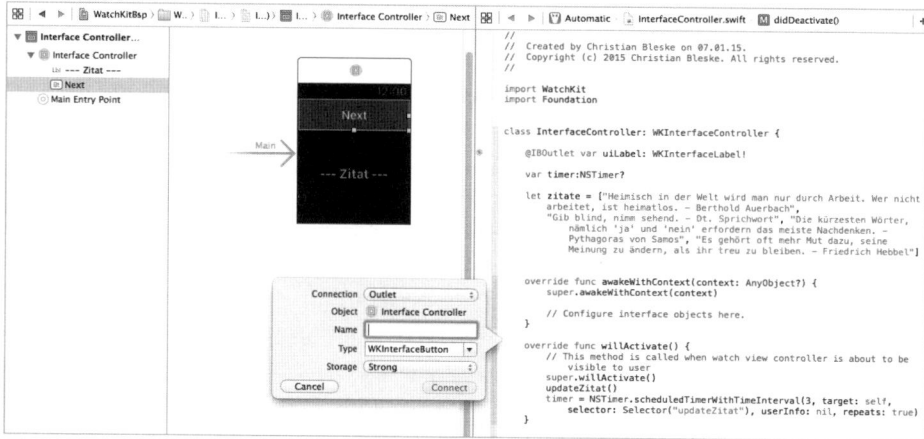

Abb. 15–7   *Das Anlegen von Outlets bzw. Actions unterscheidet sich nicht.*

Nun wird der Code für die Controls automatisch angelegt. Interessant sind dabei die zum Teil verwendeten Klassen für die Controls. Hier hat Apple neue Basisklassen in das *WatchKit-Framework* eingefügt (siehe Listing 15–1).

```
import WatchKit
import Foundation

class InterfaceController: WKInterfaceController {

    @IBOutlet var uiLabel: WKInterfaceLabel!

    var timer:NSTimer?

    let zitate = ["..."]

    override func awakeWithContext(context:
        AnyObject?) {
        super.awakeWithContext(context)
    }
```

```
@IBAction func btnPressed() {
    updateZitat()
}

override func willActivate() {
    super.willActivate()
    updateZitat()
    timer = NSTimer.
        scheduledTimerWithTimeInterval(10,
            target: self, selector:
                Selector("updateZitat"),
                    userInfo: nil, repeats: true
    )
}

override func didDeactivate() {
    super.didDeactivate()
}

func getRandomNumber(min: Int, max:Int) -> Int {
    return min + Int(
    arc4random_uniform(UInt32(max - min + 1)))
}

func updateZitat() {
    let rnd = getRandomNumber(0, max: 3)
    self.uiLabel.setText(zitate[rnd])
}
}
```

Listing 15–1   *Quellcode der Klasse »InterfaceController«*

Als Erstes fällt die Ableitung der Klasse *InterfaceController* auf. Sie wurde von *WKInterfaceController* abgeleitet. Diese Klasse ist das Gegenstück zu *UIViewController*. Für praktisch jede GUI-Klasse von iOS gibt es ein passendes Gegenstück im *WatchKit-Framework*. Tabelle 15–1 zeigt einen kleinen Vergleich der Klassen.

WKInterfaceController	–	UIViewController
WKInterfaceDevice	–	UIDevice
WKInterfaceObject	–	UIView
WKInterfaceButton	–	UIButton
WKInterfaceLabel	–	UILabel
WKInterfaceImage	–	UIImageView
WKInterfaceMap	–	MKMapView
WKInterfaceSwicth	–	UISwitch
WKInterfaceSlider	–	UISlider
WKInterfaceTable	–	UITableView

Tab. 15–1   *Vergleich der Klassen in den entsprechenden Bibliotheken*

Nach der Ableitung folgt die Definition des angelegten *Outlets* für das *Label*. Hier wird natürlich von der neuen Klasse *WKInterfaceLabel* abgeleitet. Die Einblendung der Zitate findet ja zeitgesteuert statt. Aus diesem Grund wird ein Timer-Objekt benötigt, das von *NSTimer* abgeleitet wird.

Es folgt die Definition des Arrays, das die Zitate enthält. Das erste Ereignis, das in der Klasse aufgerufen wird, ist hier nicht *ViewDidLoad*, sondern *awakeWithContext*. Neben *awakeWithContext* gibt es noch zwei weitere Methoden, um das View der App zu initialisieren, und zwar *init* und *willActivate*.

Im Beispiel geht es dann mit der Definition des *Outlets* weiter, das ausgeführt wird, sobald der Button betätigt wurde. Innerhalb der Funktion wird eine weitere Funktion namens *updateZitat* aufgerufen, die dafür sorgt, dass das nächste Zitat angezeigt wird.

Im Quellcode folgt nun die Implementierung von *willActivate*. Im Beispiel wird hier die Methode *updateZitat* aufgerufen (um direkt nach dem Start der App ein Zitat anzuzeigen), und außerdem wird der Timer initialisiert. Die folgende Ereignismethode wird aufgerufen, wenn das View nicht mehr sichtbar ist.

Zum Schluss folgen noch zwei Funktionen. Mit *getRandomNumber* wird eine Zufallszahl erzeugt. In *updateZitat* wird die erzeugte Zufallszahl verwendet, um das Array, das die Zitate enthält, an der entsprechenden Indexposition zu lesen.

15.7   Wie kommt die App auf die Watch?

Auch für die Apple Watch gibt es natürlich einen Simulator. Dieser Punkt macht sich insofern bemerkbar, als dass nach dem Start der Watch-App aus Xcode heraus auch der Simulator, automatisch natürlich, gestartet wird. Neben dem Watch-Simulator wird auch der iPhone-Simulator aktiviert.

Der Watch-Simulator verfügt (genauso wie der iPhone-Simulator) über ein eigenes Menü, in dem spezifische Funktionen aktiviert werden können. So gibt es im Menü *Hardware* den Eintrag *Device*. Wird dieser ausgewählt, stehen dort die Punkte *Apple Watch – 38 mm* und *Apple Watch – 42 mm* zur Auswahl, um die gewünschte Auflösung auszuwählen.

Im Menü *Hardware* befinden sich aber noch weitere Punkte. So gibt es auch einen Punkt, um die Force-Touch-Funktion der Uhr zu simulieren. Unter dem Menüeintrag *Simulate Touch Pressure* kann der »Druck« eingestellt werden, mit dem das Display im Simulator betätigt wird. Zwei Einstellungen gibt es hierfür: *Shallow Press* und *Deep Press*. Auch weitere Funktionen, die von anderen iOS-Simulatoren her bereits bekannt sind, können Sie hier auswählen, beispielsweise die *Home-*, *Lock-* oder auch die *Reboot-*Funktion.

Abb. 15–8   *Der Apple-Watch-Simulator*

Um das Beispiel im Apple-Watch-Simulator zu starten, muss lediglich das entsprechende Projekt-Scheme gewählt und die *Build and Run*-Schaltfläche von Xcode betätigt werden. Anschließend wird die App im Apple-Watch-Simulator angezeigt.

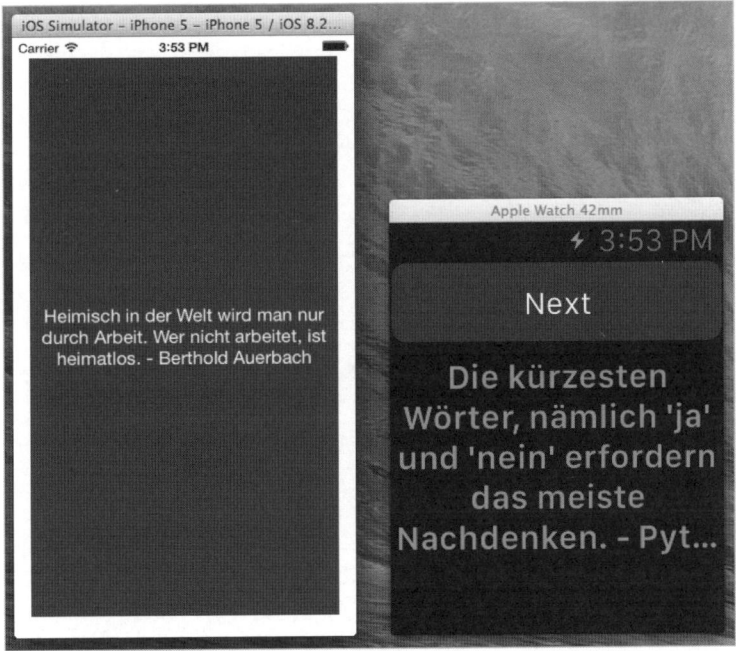

Abb. 15–9   *Die laufende App im iPhone- und im Apple-Watch-Simulator*

Hinweis

Wie entwickelt man nun eine »native« App für watchOS 2? Ganz einfach, indem keine Funktionen implementiert werden, die zur Funktion ein iPhone voraussetzen. Der große Unterschied (und deswegen wird auch von »native« gesprochen) besteht darin, dass der Code der Watch-App (die *WatchKit Extension*) nun auch auf der Uhr ausgeführt wird und nicht mehr auf dem gekoppelten iPhone. Natürlich wird (wie bisher auch) ein iPhone zur Installation und Konfiguration der App benötigt.

Zusammenfassung

Apps für die Apple Watch mit Swift erstellen – das war das Thema dieses Kapitels. Sie sollten jetzt wissen, wie eine einfache App für Apples Uhr geschrieben werden kann. Weitere Informationen zur Entwicklung von Apps für die Apple Watch finden Sie unter:

https://developer.apple.com/library/ios/documentation/General/Conceptual/ WatchKitProgrammingGuide

16 Apps verteilen

In diesem Kapitel geht es um das Thema *Deployment*. Das heißt, wie kommt die App auf das iOS-Gerät bzw. in den App Store, und welche Alternativen gibt es?

Hinweis

Der Prozess zur Veröffentlichung einer App und die damit verbundenen Mittel (Developer Portal, iTunes Connect) unterliegen (leider) einem andauernden Wandel. Was heute noch *up to date* ist, könnte morgen schon wieder überholt und geändert worden sein.

Rechnen Sie also damit, dass die folgenden Beschreibungen nicht mehr aktuell sein könnten. Der grundlegende Prozess zur Veröffentlichung einer App im App Store ist allerdings über die Jahre hinweg mehr oder weniger identisch geblieben.

16.1 Der Distributionsprozess

Zum Testen und zur Veröffentlichung/Verteilung von Apps benötigen Sie die in Kapitel 1 vorgestellten Zertifikate *iOS Development* und *iOS Distribution* sowie die zwei Provisioning Profiles. Erst mit den Zertifikaten und den Profiles ist ein Test oder eine Veröffentlichung von Apps möglich.

Abb. 16–1 *Die Veröffentlichung einer App – ein mehrstufiger Prozess*

iOS-Apps werden nach einem fest definierten Prozess veröffentlicht. Natürlich beginnt dieser Prozess mit der Registrierung als Apple-Developer. Anschließend geht es dann an die Programmierung der App. Möchte man zu diesem Zeitpunkt bereits die App auf einem fremden iOS-Gerät (und nicht nur im Simulator oder dem eigenen Gerät) testen, so müssen die in Kapitel 1 beschriebenen Zertifikate zumindest für die Entwicklung vorliegen. Außerdem muss das iOS-Gerät, das zum Testen verwendet wird, im Bereich *Devices* des Developer Portals als Entwicklungsgerät registriert worden sein.

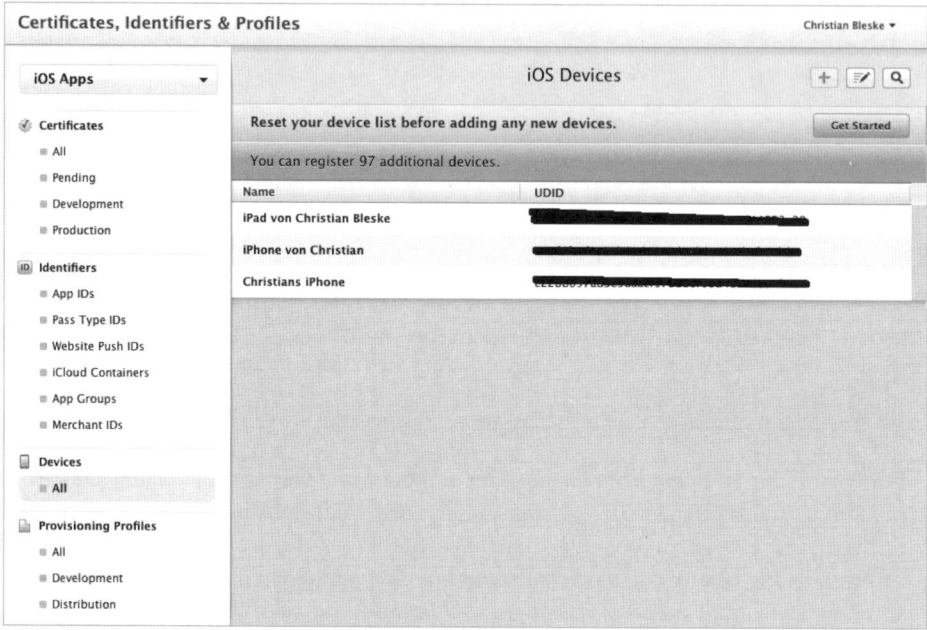

Abb. 16–2   *Registrierte iOS-Geräte im iOS Developer Portal*

Die im Developer Portal registrierten Geräte können anschließend in Xcode importiert werden. Sobald sie in Xcode importiert worden sind, kann eine App direkt auf das Gerät gespielt werden. Somit können Apps schon einmal auf Testgeräte ausgebracht werden. Zur Verteilung einer App – sei es zum Test via Testflight oder zur Veröffentlichung im App Store – wird ein Eintrag der App in iTunes Connect benötigt.

Neben dem Developer Portal ist iTunes Connect das zweite wichtige Standbein, um eine App zu veröffentlichen. Jede App, die verteilt werden soll, muss im Abschnitt zur App-Verwaltung (*Meine Apps*) über einen Eintrag verfügen. Dieser Eintrag wird verwendet, um die Versionen einer App zu verwalten, Preise festzulegen, Beschreibungen oder Bilder zur App zu veröffentlichen, In-App-Käufe zu managen oder auch um Optionen (z.B. Game Center) zu konfigurieren.

Aus iTunes Connect heraus kann eine App auch via Testflight an Tester (interne oder externe) verteilt werden. Ist nach dem Test der App alles in Ordnung, so kann die App zur Begutachtung an Apple weitergegeben werden und wird zuletzt im App Store veröffentlicht.

16.2 iTunes Connect verwenden

Zentraler Dreh- und Angelpunkt für das Veröffentlichen von Apps ist das Portal
iTunes Connect von Apple. Hier müssen unter anderem neue Apps registriert
sowie Benutzer und deren Rollen im Entwicklungsteam definiert werden. Nur
hier können Sie iAds zur Werbung für die App schalten oder die Berichte zu der
Werbung lesen, die Sie in Ihrer eigenen App präsentieren.

Abschnitte zu betriebswirtschaftlichen Themen runden den Bereich ab: Verkäufe und Trends, Zahlungen und Finanzberichte sowie Vereinbarungen (Verträge), Steuern und Bankverbindungen. Nach der Anmeldung in iTunes Connect
zeigt sich das Hauptmenü, von dem aus die wichtigsten Bereiche erreichbar sind.

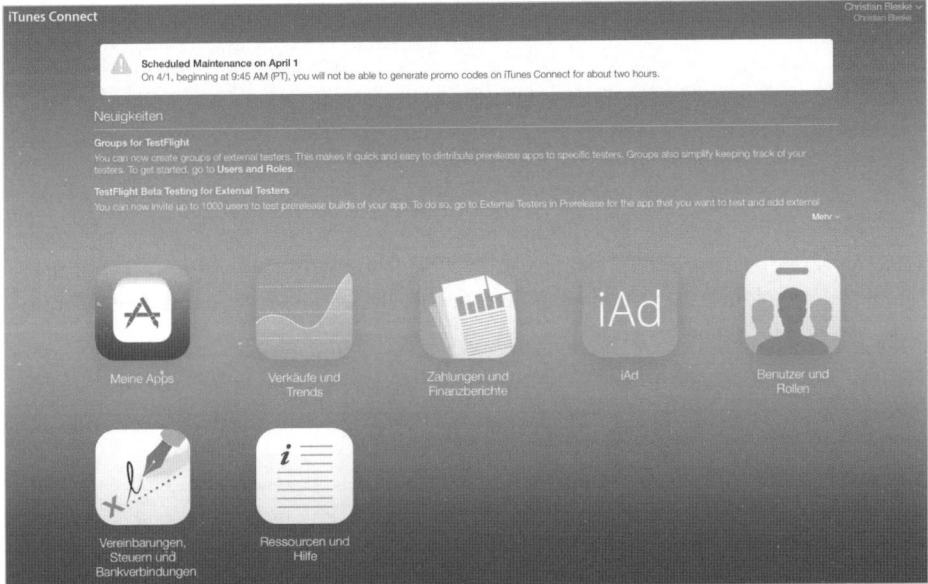

Abb. 16–3   *Das Hauptmenü von iTunes Connect*

Neben den Icons zur Anwahl des entsprechenden Bereichs werden hier auch
wichtige Informationen und Hinweise angezeigt. In der rechten oberen Ecke wird
ein zusätzliches aufklappbares Menü angezeigt. Zwei Menüpunkte sind hier zu
finden: *Persönliche Daten* und *Abmelden*.

Aktiviert man den Menüpunkt *Persönliche Daten*, so werden drei Punkte zur
Auswahl angezeigt: *Benutzerangaben*, *Rollen* und *Benachrichtigungen*. Unter
Benutzerangaben werden der Name des Benutzers (der Person, die den Account
eingerichtet hat) sowie seine Apple-ID angezeigt. Außerdem kann hier festgelegt
werden, ob dieser Benutzer auch in der Liste der internen Tester aufgeführt werden soll. Im Abschnitt *Rollen* werden die Rollen des Benutzers angezeigt sowie
eine Matrix, die anzeigt, auf welche Bereiche von iTunes Connect der Benutzer
Zugriff hat.

iTunes Connect Benutzer und Rollen ⌄   Christian Bleske ⌄
                                                                                         Christian Bleske

‹ iTunes Connect-Benutzer

Christian Bleske

Benutzerangaben   Rollen   Benachrichtigungen

                                                                                                Sichern

Rollen auswählen

	☑ Administrator	☑ Rechtliches	☐ Technik	☐ Finanzen	☐ Verkauf	☐ Marketing
Benutzer und Rollen ?	⊘	⊘	Schreibgeschützt	Schreibgeschützt	Schreibgeschützt	
In-App-Kauf-Tester	⊘	⊘	⊘			
Meine Apps	⊘	⊘	⊘			
Verkäufe und Trends	⊘	⊘		⊘	⊘	
Vereinbarungen, Steuern und Bankverbindungen	⊘	⊘		⊘		
Vereinbarungen	Schreibgeschützt	⊘		Schreibgeschützt		
Zahlungen und Finanzberichte	⊘	⊘		⊘		
Marketing	⊘					⊘
Ressourcen und Hilfe	⊘	⊘	⊘	⊘	⊘	⊘

Abb. 16–4   *Benutzer und Rollen in iTunes Connect*

Hinweis

Für einen iOS-Developer-Zugang können mehrere Personen in unterschiedlichen Rollen
(Administrator, Finanzen, Marketing, Rechtliches, Technik, Verkauf) verantwortlich sein.
Mehr Informationen zum Thema »Benutzer und Rollen« erhalten Sie in Abschnitt »Benut-
zer und Rollen« auf Seite 403.

Dies sind die Funktionen im Hauptmenü von iTunes Connect. Weiter geht es in
den untergeordneten Bereichen.

16.2.1   Meine Apps (App registrieren)

Der wohl wichtigste Punkt in iTunes Connect ist *Meine Apps* – unabhängig
davon, ob Sie einen neuen Eintrag für eine App anlegen möchten oder aber den
Auftritt der App im App Store konfigurieren müssen. Alle Funktionen zu diesen
Punkten finden Sie hier. Sobald der Menüpunkt aufgerufen wurde und unter der
Voraussetzung, dass noch keine Apps vorhanden sind, sind nur wenige Funktio-
nen sichtbar.

iTunes Connect Meine Apps ⌄

╋   ∘∘∘

Abb. 16–5   *Das »Meine Apps«-Menü*

Durch Anklicken des großen Pluszeichens wird die Registrierung einer App oder
eines *Bundles* (das sind mehrere Apps, die zu einem Paket zusammengefasst wer-

den sollen) gestartet. Der Button mit den drei Punkten öffnet die Funktionen *Katalogberichte, Gruppen für Game Center, Anzeigesätze für iCloud verwalten* und *Schlüssel für In-App-Kauf*. In der Mitte gibt es ein Suchen-Feld. Am rechten Rand befinden sich Funktionen zum Filtern der vorhandenen Apps.

Die Registrierung einer App (engl. *App record*) beginnt mit der Eingabe des für die App gewählten Namens. Er darf nicht länger als 255 Zeichen sein und sollte natürlich auch noch nicht verwendet werden. Nach dem Namen wird die Hauptsprache (*Main Language*) festgelegt. Als dritte Information wird die *Bundle-ID* eingegeben: Sie muss mit der *Bundle-ID* übereinstimmen, die im Xcode-Projekt festgelegt wurde.

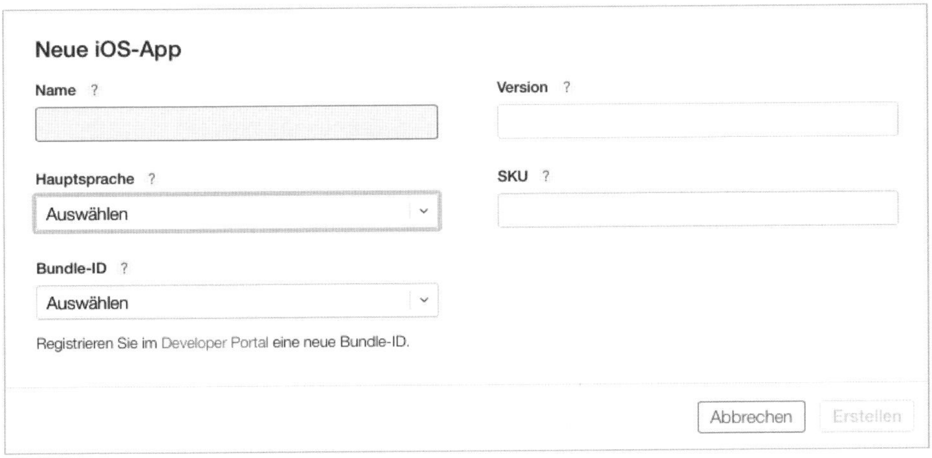

Neue iOS-App

Name   ?

Version   ?

Hauptsprache   ?

Auswählen   ⌄

SKU   ?

Bundle-ID   ?

Auswählen   ⌄

Registrieren Sie im Developer Portal eine neue Bundle-ID.

Abbrechen   Erstellen

Abb. 16–6   *Basisinformationen zur App erfassen*

Alternativ kann auch eine Wildcard-App-ID verwendet werden. Sie wird dann verwendet, wenn mehrere Apps auf einer gemeinsamen ID aufbauen sollen. Das funktioniert aber nur, wenn keine Spezialfunktionen verwendet werden, wie z.B. In-App-Käufe. Anschließend werden die Versionsnummer und die SKU-ID (eindeutige ID für die App) erfasst.

Das Suffix für die Bundle-ID müssen Sie nur eingeben, wenn Sie zuvor bei der Bundle-ID die Wildcard-ID-Option ausgewählt haben. Sie finden sie in der *info.plist*-Datei des Projekts. Beispiel: *com.meinname.beispielapp*. Dann muss nur noch die Schaltfläche *Erstellen* (*Create*) betätigt werden. Anschließend wird der *App record* automatisch angelegt und gespeichert.

Soll eine App nur zum Testen weitergegeben werden, so genügen diese Informationen bereits. Anders verhält es sich, wenn die App im Store veröffentlicht werden soll. In diesem Fall müssen noch weitere Informationen in unterschiedlichen Abschnitten eingegeben werden. Dies beginnt mit dem Abschnitt *Versionsinformationen*, in dem die Screenshots zur App und die Videovorschau erfasst werden.

Hinweis

Ein Video der App für die Videovorschau-Funktion im App Store können Sie ab OS X Yosemite mit Quicktime aufnehmen.

Hierzu schließen Sie ein iOS-Gerät mit dem Verbindungskabel direkt an den Mac an. Starten Sie anschließend den Quicktime Player. Im Menü *Ablage* finden Sie den Punkt *Neue Video-Aufnahme*. Klicken Sie ihn an. Anschließend wird die Quicktime-Funktion zur Aufnahme gestartet.

Voreingestellt ist die Kamera des Mac. Im Quicktime-Fenster, das die momentane Aufnahme anzeigt, befindet sich am unteren Rand der Button, um die Aufnahme zu starten. Direkt daneben sehen Sie ein Pfeil-Symbol, das nach unten zeigt und bei Betätigung ein Pop-up-Menü öffnet. Darin gibt es die Option *Kamera* mit den Punkten *FaceTime HD Kamera* (voreingestellt) und *iPhone* oder *iPad* (je nachdem, welches Gerät gerade angeschlossen ist). Wählt man ein aufgeführtes iOS-Gerät, so wird von der internen Kamera umgeschaltet und das Display des entsprechenden Geräts angezeigt.

Sie benötigen Bilder in verschiedenen Auflösungen für die unterschiedlichen Bildschirmgrößen (4,7 Zoll, 5,5 Zoll, 4 Zoll, 3,5 Zoll und für das iPad). Screenshots der App können im Simulator direkt aufgenommen werden (Menüpunkt *File → Save Screen Shot*) oder über die Aufnahmefunktion von Quicktime. Außerdem müssen Sie eine Beschreibung zur App sowie Schlüsselwörter (für die Suche im App Store) sowie eine Support-URL und ggf. eine Marketing-URL (optional) und eine Datenschutz-URL (ebenfalls optional) angeben. Sollte die App eine Erweiterung für die Apple Watch beinhalten, dann müssen zusätzlich ein Symbol sowie Screenshots für die Apple Watch erfasst werden. Weiter geht es im Abschnitt *Allgemeine Informationen zur App*.

Hinweis

Wählen Sie die Schlüsselwörter mit Bedacht. Sie sind eine der wenigen Möglichkeiten, wie Ihre App direkt im App Store gefunden werden kann. Eine Zeit lang, kurz nachdem Flappy Bird (Kennen Sie nicht? Googeln Sie einmal danach!) so erfolgreich war, wurden unzählige Apps veröffentlicht, die den ganzen Titel oder Teile des Titels im Namen hatten. Auch bei der Eingabe von »Flappy Bird« in der Suchen-Funktion des App Store finden Sie garantiert nicht nur das bekannte Spiel, sondern auch zahllose andere Apps. Woran das wohl liegt?

→

Hinweis (Fortsetzung)

Allgemeine Informationen zur App

App-Symbol ?

Datei auswählen

Apple-ID ?
982826152

Version ?
1.0

Kategorie ?

Primär   ∨

Sekundär (optional)   ∨

Altersfreigabe Bearbeiten
Keine Altersfreigabe

Lizenzvertrag Bearbeiten
Standardlizenzvertrag von Apple

Copyright ?

Kontaktinformationen des Handelsvertreters ?
☐ Zeigen Sie die Kontaktinformationen des Handelsvertreters im koreanischen App Store an.

Christian Bleske

Vorname   Nachname

Adresse

Wohnungs-/Gebäude-Nr. (Optional)

Stadt   Bundesland

Postleitzahl   Germany   ∨

Telefonnummer   E-Mail

Abdeckungsdatei für Routing-Apps ?

Datei auswählen

(Optional)

Abb. 16–7   *Allgemeine Informationen zur App erfassen*

An erster Stelle muss ein Icon für die App hochgeladen werden. Dieses Symbol wird nach der Veröffentlichung im App Store verwendet. Es muss im PNG- oder JPG-Format gespeichert werden und eine Auflösung von mindestens 72 dpi aufweisen.

Im Abschnitt *Kategorie* wird festgelegt, in welchem Bereich (z. B. Wirtschaft, Spiele) die App primär und in welchem sie sekundär (optional) aufgeführt wird.

Direkt darunter wird die Altersfreigabe der App festgelegt. Hier müssen Sie aus einer Liste die Bereiche (in der jeweiligen Intensität) auswählen, die den Inhalt der App beschreiben. Beispielsweise kann dort angegeben werden, ob eine App Horror- oder Gruselszenen enthält.

Apple bietet dem Entwickler an, den Standard-Lizenzvertrag von Apple zu übernehmen. Sie können aber auch einen eigenen Lizenzvertrag hinterlegen.

Dann muss noch der Copyright-Inhaber hinterlegt werden, und (optional) können Sie einen Kontakt als Ansprechpartner für die App angeben. Danach können Sie noch besondere Informationen zur App-Prüfung und einen Ansprechpartner hinzufügen. Zum Abschluss legen Sie fest, ob die App automatisch nach erfolgreicher Prüfung veröffentlicht werden soll oder ob Sie die App manuell veröffentlichen.

Wurde der *App record* angelegt, so stehen noch weitere Funktionen zur Verfügung.

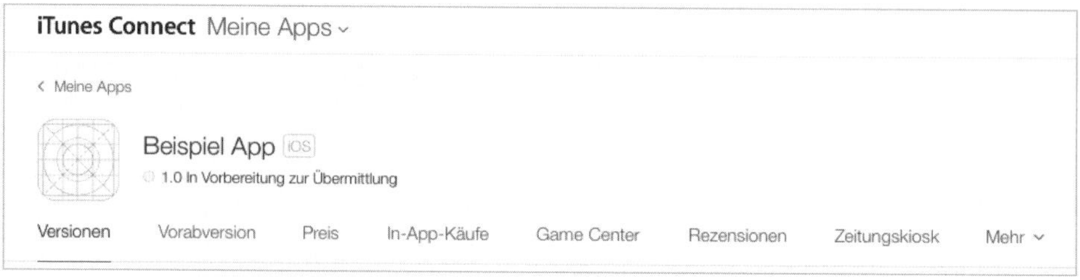

iTunes Connect Meine Apps ⌄

‹ Meine Apps

Beispiel App [iOS]
1.0 In Vorbereitung zur Übermittlung

Versionen   Vorabversion   Preis   In-App-Käufe   Game Center   Rezensionen   Zeitungskiosk   Mehr ⌄

Abb. 16–8   *Optionen zur Konfiguration der App*

Im Menü stehen unter anderem folgende Punkte zur Auswahl: *Vorabversion, Preis, In-App-Käufe, Game Center, Rezensionen.*

Neue Vorabversionen können unter dem gleichnamigen Punkt verwaltet werden. Neben der Auflistung der hochgeladenen Builds befindet sich hier auch eine Liste der internen und externen Tester der App.

Der Preis der App wird im gleichnamigen Punkt konfiguriert. Zur Definition des Preises legen Sie im ersten Schritt ein Verfügbarkeitsdatum fest. Dann folgt die Auswahl der Preisstufe. Es gibt zurzeit ca. 100 verschiedene Preisstufen. Die unterste Stufe beginnt im Moment bei 99 Cent, und die Skala endet bei 999,99 Euro. Der Preis kann fix sein oder für einen anzugebenden Zeitraum gesenkt oder angehoben werden. Natürlich kann die eigene App auch gratis angeboten werden.

Neben dem Verkauf der App und der Gratis-Herausgabe gibt es noch die Möglichkeit, In-App-Käufe zu ermöglichen. Unter dem gleichnamigen Menüpunkt befinden sich entsprechende Konfigurationsmöglichkeiten.

Der Punkt *Game Center* ist nur bei der Entwicklung von Spielen interessant. Unter *Rezensionen* können Sie sich die Bewertungen ansehen, die zu Ihrer App abgegeben wurden.

Verkäufe und Trends

Neben dem Punkt *Meine Apps* gibt es in iTunes Connect auch noch den Bereich *Verkäufe und Trends.* Wie es die Bezeichnung bereits vermuten lässt, finden Sie hier Informationen, die den Verkauf Ihrer App betreffen. Hier können Sie einen Zeitraum auswählen, in dem Sie sich die Anzahl der Verkäufe der App anzeigen lassen möchten. Eine Filterung nach Region, Plattform (z.B. iPhone, iPad oder iPod touch) ist möglich.

Zahlungen und Finanzberichte

Im Bereich *Zahlungen und Finanzberichte* erhalten Sie eine Übersicht über die Beträge, die Apple Ihnen bereits gezahlt hat, und über die, die noch ausstehen.

iAd

Der Bereich *iAd* enthält (zurzeit) zwei Themen. Im ersten Abschnitt können Sie iAds (Anzeigen) für die eigene App aufgeben. Der zweite Abschnitt ermöglicht das Lesen der iAd-Reports. Hierbei handelt es sich um einen Bereich, in dem angezeigt wird, wie viel Geld Sie mit Apps verdient haben, in denen Anzeigen geschaltet werden.

Benutzer und Rollen

Weiter geht es im Abschnitt *Benutzer und Rollen*. Hier können neue Anwender angelegt werden, die den Account mitverwenden sollen. Um einen weiteren Benutzer anzulegen, klicken Sie auf das +-Zeichen. Anschließend sind Vor- und Nachname sowie die Apple-ID des Benutzers zu erfassen. Für jeden Benutzer können im Anschluss Berechtigungen festgelegt werden.

Vereinbarungen, Steuern und Bankverbindungen

In diesem vorletzten Punkt können Sie die mit Apple geschlossenen Verträge einsehen und bearbeiten.

Ressourcen und Hilfe

Unter diesem Punkt finden Sie Informationen zu unterschiedlichen Themen. Beispielsweise befinden sich hier How-to-Videos oder auch detaillierte Beschreibungen der einzelnen Bereiche.

16.3 Apps verteilen

Es gibt unterschiedliche Wege, eine App von der lokalen Festplatte auf ein iOS-Gerät oder in den App Store zu bekommen. Hierbei muss man unterscheiden, ob die App im App Store veröffentlicht oder »nur« zum Test auf ein iOS-Gerät übertragen werden soll oder ob sie innerhalb eines Unternehmens verfügbar sein soll.

Abhängig von der Entscheidung *App Store*, *Ad-Hoc-* (z. B. Verteilung zum Test) oder *Enterprise-Distribution* (innerhalb eines Unternehmens) sind dann unterschiedliche Arbeitsschritte notwendig. Im folgenden Abschnitt wird die Verteilung einer App über den App Store beschrieben.

16.3.1 App Store

Zur Verteilung der App über den App Store muss die App in iTunes Connect angelegt werden. (Wie Sie die App registrieren, haben Sie in Abschnitt 16.2 erfahren.). Denken Sie daran, dass die Bundle-ID, die im Xcode-Projekt verwendet wird, auch bei der Registrierung der App in iTunes Connect verwendet werden muss.

Anschließend ist es erforderlich, in Xcode das passende Archiv zur Übertragung bzw. zum Upload der App zu erzeugen sowie die Signierung der App einzuleiten.

Diese Arbeitsschritte sind zum Glück weitestgehend automatisiert, sodass nur wenig manuell eingegriffen werden muss. Zum Upload der App muss sie in einem definierten Format vorliegen. Zur Erzeugung sind zwei Arbeitsschritte notwendig. Als Erstes wird eine sogenannte Archiv-Datei (*xcarchive*) des Projekts erstellt.

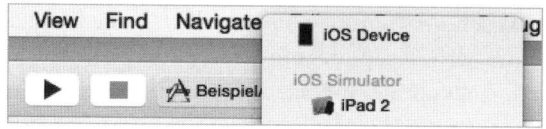

Abb. 16–9   *Erstellung der »xcarchive«-Datei*

Erzeugt werden kann eine solche Datei über einen Menüpunkt im Menü *Product*. In ihm gibt es den Eintrag *Archive*. Allerdings können Sie diesen Menüpunkt nur auswählen, wenn Sie zuvor das passende Schema ausgewählt haben. Abbildung 16–9 zeigt die entsprechende Einstellung: *iOS Device*. Nur wenn dieses Schema für die Erstellung gewählt wurde, lässt sich eine Datei im gewünschten Format erzeugen. Nachdem das Archiv erzeugt worden ist, wird es im Organizer von Xcode angezeigt.

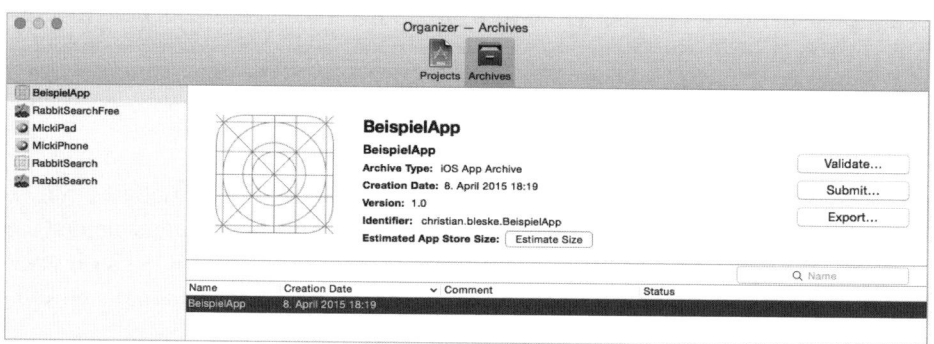

Abb. 16–10   *Der Organizer von Xcode*

Der Organizer von Xcode lässt sich über das Menü *Window* aufrufen. In diesem Menü befindet sich der Punkt *Organizer*. Nach Auswahl wird der Organizer gestartet und zeigt im linken Bereich die vorhandenen Projekte an.

Das Projekt, das veröffentlicht werden soll, muss nun zunächst markiert werden. Als Nächstes kann man sich entscheiden, ob das aktuelle Projekt validiert (*Validate...*), in den App Store übertragen (*Submit to App Store...*) oder exportiert (*Export...*) werden soll.

Nach Auswahl des *Validate*-Buttons wird die App zunächst geprüft und anschließend (bei Erfolg) signiert. Während der Validierung wird unter anderem überprüft, ob der in iTunes Connect angelegte Datensatz alle benötigten Daten (z. B. erforderliche Grafiken) enthält.

Sie müssen die App nicht unbedingt vor der Übertragung validieren. Es besteht auch die Möglichkeit, die App direkt in den App Store zu übertragen. Hierfür verwenden Sie die Schaltfläche *Submit to App Store...* Bevor Sie sie anklicken, müssen Sie zuerst wieder das Projekt auswählen, das Sie übertragen wollen. Anschließend betätigen Sie die Schaltfläche und wählen den zur Signierung verwendeten Developer-Account aus.

Hinweis

Projekte, die in den App Store übertragen oder auch via Enterprise-Deployment verteilt werden sollen, werden in einem speziellen Format abgelegt, einer sogenannten iPA-Datei.

Hierbei handelt es sich um ein Archiv, das neben den binären Dateien auch noch zusätzliche Meta-Informationen enthält, wie z.B. Artwork (Bilder). Die Datei hat die Kennung *.ipa* – daher auch ihr Name. Da es sich um ein Archiv handelt, kann der Inhalt auch ausgepackt werden. Hierzu genügt es, die Dateikennung von *.ipa* in *.zip* zu ändern. Anschließend lässt sich die Datei mit einem Doppelklick auspacken.

Innerhalb des Archivs befinden sich unter anderem auf der ersten Ebene zwei Ordner: *Payload* und *SwiftSupport*. Im Ordner *Payload* befindet sich die App-Datei. Im Ordner *SwiftSupport* befinden sich zusätzliche Bibliotheken, die für die Ausführung der Swift-App auf einem iOS-Gerät benötigt werden.

Im nächsten Schritt werden die erforderlichen Dateien (Bibliotheken) zusammengestellt, und anschließend wird die App übertragen, nachdem Sie im Dialog die Schaltfläche *Submit* betätigt haben. Der Prozess der Übertragung kann je nach Internetverbindung eine Weile dauern.

Nach erfolgreichem Upload der App in den App Store beginnt der Review-Prozess der App von Apple. Über den aktuellen Stand des Reviews können Sie sich in iTunes Connect informieren. Aber Sie werden auch via Mail von Apple hierzu auf dem Laufenden gehalten.

Hinweis

Es gibt eine Alternative zur Übertragung der App in den App Store aus Xcode heraus. Der *Application Loader* ist ein Programm, das genutzt werden kann, um erzeugte iPA-Archive in den App Store zu übertragen.

Wurde das Archiv erzeugt (Option: *Save for iOS App Store Deployment*), dann muss zur Übertragung als Nächstes der Application Loader gestartet werden. Hierzu wählen Sie den entsprechenden Menüpunkt über *Xcode → Open Developer Tools → Application Loader* aus.

→

Hinweis (Fortsetzung)

Der Application Loader fordert Sie nach dem Start zur Eingabe der Apple-ID auf. Als Nächstes müssen Sie dann die Option *App ausliefern* aktivieren und über den Datei-öffnen-Dialog das entsprechende iPA-File der App auswählen. Anschließend müssen Sie nur noch die Anweisungen auf dem Bildschirm befolgen.

16.3.2 Ad Hoc Deployment

Die nächste Möglichkeit, eine App zu verteilen, ist das sogenannte *Ad Hoc Deployment*. Hierbei wird die App nicht in den App Store geladen, sondern es wird ein Archiv erzeugt, das dann an ein oder mehrere iOS-Geräte verteilt werden kann.

Auf diese Form der Verteilung wird zum Beispiel zurückgegriffen, wenn die App nur auf wenige (bekannte) iOS-Geräte zum Testen übertragen werden soll. Auch dieser Prozess beginnt im Organizer von Xcode. Das bedeutet, Sie müssen zuvor ein Archiv über das Menü *Archive* erstellt haben. Anschließend markieren Sie im Organizer das entsprechende Projekt und klicken auf die Schaltfläche *Export…* Ein Dialog erscheint, in dem die Auswahl der Distributionsform stattfindet.

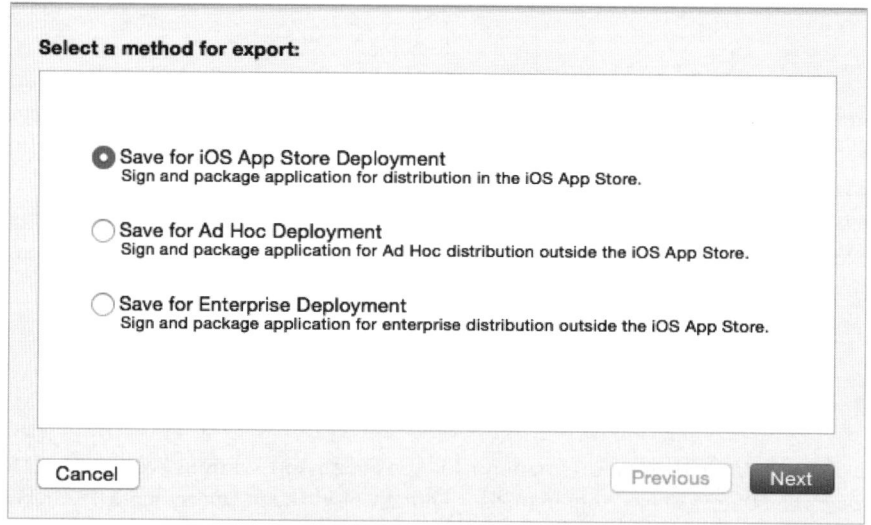

Abb. 16–11 *Auswahl der Distributionsform*

Hier wählen Sie nun die Option *Save for Ad Hoc Deployment*. Die folgenden Schritte sind weitestgehend mit denen zur Übertragung zum App Store identisch. Sie wählen den Developer-Account aus, den Sie verwenden wollen, und anschließend wird die App für den Export vorbereitet.

Der eigentliche Unterschied wird erst im letzten Arbeitsschritt ersichtlich: Die App bzw. das erstellte Archiv wird nicht in den App Store übertragen, sondern es wird ein *Speichern*-Dialog angezeigt. Hier müssen Sie nun festlegen, in welchem Verzeichnis das erzeugte Archiv gesichert werden soll.

Hinweis

Um eine App via *Ad Hoc Deployment* zu verteilen, benötigen Sie zur Signierung der App ein entsprechendes *Provisioning Profile*. Außerdem müssen die iOS-Geräte, auf denen die App installiert werden soll, im Developer Portal registriert sein. Sowohl die Registrierung der iOS-Geräte (Menüpunkt: *Devices*) als auch die Erstellung des benötigten Profils (Menüpunkt: *Provisioning Profiles* → *Distribution*) kann bequem im Developer Portal erledigt werden.

Achten Sie darauf, dass Sie während der Erstellung des Profils bei der Option *Distribution* den Punkt *Ad Hoc* markiert haben. Anschließend muss die App mit diesem Profil signiert werden und kann dann über den beschriebenen Weg verteilt werden.

16.3.3   Enterprise Deployment

Um eine App im Unternehmen zu verteilen, muss sie über die Option *Save for Enterprise Deployment* mit einem sogenannten Enterprise-Zertifikat signiert werden. Es handelt sich hierbei um ein spezielles Programm von Apple, das 299 Euro im Jahr kostet. Unternehmen werden damit in die Lage versetzt, Apps zu verteilen, ohne hierbei den App Store von Apple zu verwenden.

Der (entscheidende) Unterschied zum Ad Hoc Deployment besteht darin, dass in diesem Fall die entsprechenden iOS-Geräte nicht zuvor im Developer-Portal registriert werden müssen. Das bedeutet, dass die App ganz normal auf den Geräten ausgebracht werden kann. Liegt das Enterprise-Zertifikat vor, dann unterscheidet sich die Erzeugung des App-Archivs nicht von der Ad-hoc-Option. Auch in diesem Fall muss lediglich ein Verzeichnis zur Speicherung des erstellten iPA-Files angegeben werden.

16.3.4   Bereitstellung einer App zur Verteilung

Apps, die Sie zum Test (Ad Hoc Deployment) oder im Unternehmen (Enterprise Deployment) verteilen wollen, müssen natürlich irgendwie bereitgestellt werden. Ein Weg, dies zu tun, führt über einen Webserver. Hierzu müssen Sie im ersten Schritt ein Archiv erstellen.

Im Organizer von Xcode betätigen Sie dann die Schaltfläche *Export* und wählen eine der Optionen *Save for Ad Hoc Deployment* oder *Save for Enterprise Deployment* aus. Für die Verteilung im Unternehmen muss natürlich zuvor die entsprechende Option selektiert worden sein.

Nach Auswahl der Option für das Enterprise Deployment der App werden zwei Dateien erzeugt: das *iPA*-File und ein *plist*-File. Diese beiden Dateien müssen Sie auf einen Webserver und dort in ein Verzeichnis kopieren. Zum Download der App und zur Installation müssen Sie dann natürlich noch die URL bereitstellen. Sie sieht wie folgt aus:

```
<a href="itms-services://?action=download-manifest&url=http://beispiel.de/↵
?manifest.plist">Install App</a>
```

Achten Sie darauf, dass Sie hier nicht das *iPA*-File, sondern die *plist*-Datei verlinken. Auf diesem Wege kann natürlich auch eine App via Ad Hoc Deployment bereitgestellt werden. Hierfür müssen Sie allerdings zuvor die Zielgeräte im iOS Developer Portal registriert haben.

Zusammenfassung

In diesem Kapitel haben Sie erfahren, was Sie benötigen, um eine App in den App Store von Apple zu bringen oder innerhalb einer Organisation bzw. einer Firma zu verteilen.

Nachwort

Liebe Leserinnen und Leser,

es gibt noch vielen Themen, die in diesem Buch nicht angeschnitten wurden. Trotzdem hoffe ich, dass die Auswahl Ihnen gefallen und vor allem weitergeholfen hat.

Menschen sind nicht perfekt und machen Fehler. Die Wahrscheinlichkeit ist also groß, dass Sie den einen oder anderen Fehler entdecken werden. Wenn Sie einen Fehler finden oder sich eine Frage in Bezug auf das Buch ergibt, so bin ich unter *cb.2000@hotmail.de* für Sie erreichbar. Vergessen Sie auch nicht, mal unter *christianbleske.wordpress.com* nachzusehen, ob es neue Informationen zum Buch gibt.

Auch für Kritik (beim nächsten Mal wird alles besser) oder Lob bin ich Ihnen dankbar. Schreiben Sie mir ruhig, ich werde versuchen, jede Mail zu beantworten.

Christian Bleske

Index